LPO

LEISTUNGS-PRÜFUNGS-ORDNUNG

2018

Gültig ab 1. Januar 2018
Stand: 1.1.2019

Regelwerk für den deutschen Turniersport

Deutsche Reiterliche Vereinigung e.V. (FN)

Bibliografische Information der Deutschen Nationalbibliothek
Die Deutsche Nationalbibliothek verzeichnet diese Publikation in der Deutschen Nationalbibliografie; detaillierte bibliografische Daten sind im Internet über http://dnb.dnb.de abrufbar.

Bearbeitet und herausgegeben von der Deutschen Reiterlichen Vereinigung e.V. (FN), Bereich Sport, Freiherr-von-Langen-Straße 13, 48231 Warendorf,
Telefon: +49 (0)2581 6362-0, Fax: +49 (0)2581 62144,
Internet: www.pferd-aktuell.de

Neuauflage 2018 (Druck Januar 2019)

Korrektorat: Korrekturbüro G. und W. Kirchhoff, Büren-Brenken

Lektorat: Leonie Süss, FN-Bereich Sport
Roy Bartels, FN-Bereich Sport

Abbildungen: Reitsport Busse, Lohne
Ralf Dermann, Warendorf
Arno Gego, Aachen
Dennis Jansen, www.harryhorse.nl
Reitsport Kallenbach, Schwarzburg
Cornelia Koller, Dierkshausen
Krämer Pferdesport, Hockenheim-Talhaus
Pferdesporthaus Loesdau, Bisingen
Olaf Petersen, Paehl
Ute Schmoll, Bad Schwalbach
Hermann Sprenger, Iserlohn
Reitsport Waldhausen, Köln
Paul Weier, Wincheringen
Barbara Wolfgramm, Hannover

Satz und Layout: **FN***verlag*, Warendorf

Druck: MKL-Druck GmbH & Co KG, Ostbevern

ISBN 978-3-88542-421-5 (komplett mit Ordner)
ISBN 978-3-88542-422-2 (nur Inhalt)

Ergänzungslieferung
zur Leistungs-Prüfungs-Ordnung (LPO) 2018 (Druck: Januar 2019)

Absender:

____
Name, Vorname (Kontoinhaber)

____
Straße, Hausnummer

____
PLZ, Ort

____
E-Mail – **wichtig für kostenlosen Info-Dienst** (s. Rückseite)

____
Kunden-Nr., PM-Nr. oder Reiter-Nr. (wenn bekannt)

FN*verlag* der Deutschen Reiterlichen Vereinigung GmbH
Freiherr-von-Langen-Str. 13
48231 Warendorf
Fax: 02581 6362-212
Gläubiger-Identifikationsnummer: DE96ZZZ00000735441
Mandatsreferenz: WIRD SEPARAT MITGETEILT

SEPA-Lastschrift-Mandat:
Ich ermächtige die **FN***verlag* der Deutschen Reiterlichen Vereinigung GmbH hiermit jederzeit widerruflich, die von mir zu entrichtenden Zahlungen bei Fälligkeit zu Lasten meines u.a. Girokontos per Lastschrift einzuziehen. Zugleich weise ich mein Kreditinstitut an, die von Ihnen auf mein Konto gezogenen Lastschriften einzulösen. Mir ist bekannt, dass ich innerhalb von 8 Wochen – beginnend mit dem Belastungsdatum – die Erstattung des belasteten Betrages verlangen kann. Es gelten dabei die mit meinem Kreditinstitut vereinbarten Bedingungen. Wenn das Konto die erforderliche Deckung nicht aufweist, besteht für das kontoführende Institut keine Verpflichtung zur Einlösung. Durch Rücklastschriften entstehende Kosten gehen zu meinen Lasten.

❑ Ich stimme den AGBs sowie der Datenschutzerklärung des **FN***verlages* zu.
(Diese finden Sie unter www.fnverlag.de)

____
Kontoinhaber (falls abweichend vom oben angegebenen Namen)

IBAN: _ _ _ _ _ _ _ _ _ _ _ _ _ _ _ _ _ _ _ _ _ _

BIC: _ _ _ _ _ _ _ _ _ _ _

____
Kreditinstitut (Name)

____
Ort, Datum, Unterschrift

Ergänzungslieferung zur Leistungs-Prüfungs-Ordnung (LPO) 2018

Sehr geehrte Damen und Herren, liebe Reiterinnen und Reiter,

Sie haben mit diesem Exemplar die zurzeit neueste Ausgabe **(Druck: Januar 2019)** der **Leistungs-Prüfungs-Ordnung (LPO) 2018** erworben. In diesem Exemplar sind alle bis zu diesem Datum von der Deutschen Reiterlichen Vereinigung e.V. (FN) notwendigen Änderungen und Erneuerungen eingearbeitet.

Damit Ihre Leistungs-Prüfungs-Ordnung (LPO) 2018 auch weiterhin jederzeit auf dem neuesten Stand ist, gibt es für Sie die Möglichkeit, eventuell in Zukunft anfallende Änderungen direkt als Ergänzungsblätter zum jeweiligen Selbstkostenpreis bzw. bei sehr umfangreichen Änderungen den kompletten neuen Inhalt oder ggf. den neuen Inhalt mit Ordner zugeschickt zu bekommen. Dazu füllen Sie bitte, **falls noch nicht geschehen**, einfach dieses Antwortformular mit Ihrer vollständigen Adresse, E-Mail-Adresse, Datum und Unterschrift aus und schicken dieses an den **FN***verlag* zurück. Informationen/Änderungen zur Leistungs-Prüfungs-Ordnung (LPO), die nicht als Ergänzungsblätter gedruckt werden, finden Sie im Internet unter www.fnverlag.de (Menüpunkt Downloads).

Damit Sie unseren kostenlosen Infodienst in Anspruch nehmen können, empfehlen wir Ihnen sehr dringend, uns mit diesem Formular oder auf anderem Wege auf alle Fälle Ihre E-Mail-Adresse mitzuteilen. Dann werden wir Sie bei jedweder Änderung der Leistungs-Prüfungs-Ordnung automatisch per Mail informieren.

Die einmalige Zusendung dieses Formulares an den **FN***verlag* reicht aus und gilt somit als Dauerauftrag für weitere Ergänzungslieferungen, den kompletten neuen Inhalt oder ggf. den neuen Inhalt mit Ordner. Dieser Auftrag kann problemlos und jederzeit mit sofortiger Wirkung durch Ihre Mitteilung aufgehoben werden.

Bitte nutzen Sie die für Sie bequemste und einfachste Zahlungsart durch Einzugsermächtigung. Dadurch entfallen für Sie weitere lästige Kosten, wie z.B. Nachnahmegebühren oder Ausfüllen eines Überweisungsträgers und zusätzliche Überweisungskosten usw. Zu diesem Zweck benötigen wir allerdings einmalig Ihre schriftliche Erteilung zur Einzugsermächtigung und Sitz und Name Ihrer Bank, Kontoinhaber, sowie IBAN und BIC. Hierzu nutzen Sie bequemerweise ebenfalls dieses Formular durch Angabe der Daten auf der Vorderseite.

Ihr
FN*verlag*

(Bitte Absender, E-Mail-Adresse und Unterschrift auf der Vorderseite nicht vergessen!)

Die

Deutsche Reiterliche Vereinigung e.V.

Bundesverband für Pferdesport und Pferdezucht

– Fédération Equestre Nationale (FN) –

erlässt die nachstehende, vom Beirat des FN-Bereiches Sport am 7. Dezember 2016/2. Mai 2017 beschlossene

Leistungs-Prüfungs-Ordnung
LPO

In Kraft getreten am 1. Januar 2018

Abkürzungen der LV-/LK-Bereiche

BAW	Baden-Württemberg
BAY	Bayern
BBG	Berlin-Brandenburg
BRE	Bremen
HAM	Hamburg
HAN	Hannover
HES	Hessen
MEV	Mecklenburg-Vorpommern
RHL	Rheinland
RPF	Rheinland-Pfalz
SAL	Saarland
SAC	Sachsen
SAN	Sachsen-Anhalt
SHO	Schleswig-Holstein
THR	Thüringen
WES	Weser-Ems
WEF	Westfalen

Verzeichnis der Abkürzungen

ADMR	Anti-Doping- und Medikamentenkontroll-Regeln für den Pferdesport
AMG	Arzneimittelgesetz
APO	Ausbildungs- und Prüfungs-Ordnung
BGB	Bürgerliches Gesetzbuch
BMI	Bundesministerium des Innern
BRAGO	Bundes-Rechtsanwalts-Gebührenordnung
BZ	Bestzeit
BV	Breitensportliche Veranstaltungen
CAN	Nationales Fahrturnier
CAS	Internationaler Sportgerichtshof (Court of Arbitration for Sports mit Sitz in Lausanne)
CCN	Nationales Vielseitigkeitsturnier
CDN	Nationales Dressurturnier
CEN	Nationaler Distanzritt
CI	Concours International (Internationale PLS)
CN	Concours National (Nationale PLS)
CRN	Nationales Reiningturnier
CSN	Nationales Springturnier
CVN	Nationales Voltigierturnier
DB	Durchführungsbestimmungen
DIS-SportSchO	Sportschiedsgerichtsordnung der Deutschen Institution für Schiedsgerichtsbarkeit e.V.
DKThR	Deutsches Kuratorium für Therapeutisches Reiten e.V.
DOKR	Deutsches Olympiade-Komitee für Reiterei
DOSB	Deutscher Olympischer Sportbund
DRV	Deutsche Richtervereinigung für Pferdeleistungsprüfungen
DV	Doppelvoltigieren
DVR	Direktorium für Vollblutzucht und Rennen e.V.
EWU	Erste Westernreiterunion Deutschland e.V.
EV	Einzelvoltigieren
EZ	Erlaubte Zeit
FAH	Fahrer
FEI	Fédération Equestre Internationale (Internationale Reiterliche Vereinigung)
FN	Fédération Equestre Nationale (Deutsche Reiterliche Vereinigung)
HVT	Hauptverband für Traberzucht e.V.
HZ	Höchstzeit
IGV	Internationale Gangpferdevereinigung
IPO	Islandpferde-Prüfungsordnung
IPZV	Islandpferde-, -reiter- und -züchterverband
JF	Junge Fahrer
JUN	Junioren
JR	Junge Reiter

Kl.	Klasse
LK	Landeskommission für Pferdeleistungsprüfungen
Lkl.	Leistungsklasse
LP	Leistungsprüfung
LPO	Leistungs-Prüfungs-Ordnung
LV	Landesverband der Reit- und Fahrvereine
NADA	Stiftung Nationale Anti Doping Agentur Deutschland; Nationale Anti-Doping-Organisation in Deutschland mit Sitz in Bonn (www.NADA.de)
NADC	Nationaler Anti Doping Code der NADA
NeOn	FN-Nennung-Online-Verfahren
OMADC	„Olympic Movement Anti-Doping-Code" (Anti-Doping-Regelwerk der Olympischen Bewegung)
PLS	Pferdeleistungsschau
REI	Reiter
RG	Reglement General der FEI
RL	Richtlinien für Reiten und Fahren
RLP	Ranglistenpunkte
StVO	Straßenverkehrsordnung
TD	Technischer Delegierter
TP	Teilprüfung
V	Voltigieren
V-LP	Voltigier-Leistungsprüfung
V-PLS	Voltigier-Pferdeleistungsschau
VDD	Verein Deutscher Distanzreiter und -fahrer e.V.
WADA	„World Anti-Doping Agency" (Welt-Anti-Doping-Agentur) (www.WADA-ama.org)
WB	Wettbewerb
WBO	Wettbewerbsordnung
WN	Wertnote
ZE	Zeiteinteilung
ZVO	Zuchtverbandsordnung

Landeskommissionen für Pferdeleistungsprüfungen

Baden-Württemberg
Murrstr. 1/2, 70806 Kornwestheim, Tel.: 07154 8328-0, Fax: 07154 8328-29,
E-Mail: info@pferdesport-bw.de, Internet: www.pferdesport-bw.de

Bayern
Landshamer Str. 11, 81929 München, Tel.: 089 926967-250, Fax: 089 926967-299,
E-Mail: office@brfv.de, Internet: www.brfv.de

Berlin-Brandenburg
Reiterstation Passenheimer Str. 30, 14053 Berlin, Tel.: 030 300922-10,
Fax: 030 300922-20, E-Mail: info@lpbb.de, Internet: www.lpbb.de

Hamburg
Glashütter Landstr. 111, 22417 Hamburg, Tel.: 040 8503006
Fax: 040 8514233, E-Mail: info@pferdesport-hamburg.de,
Internet: www.pferdesport-hamburg.de

Hannover
Hans-Böckler-Allee 20, 30173 Hannover, Tel.: 0511 325768, Fax: 0511 325759,
E-Mail: info@psvhan.de, Internet: www.psvhan.de

Hessen
Wilhelmstr. 24, 35683 Dillenburg, Tel.: 02771 8034-0, Fax: 02771 8034-20,
E-Mail: info@psv-hessen.de, Internet: www.psv-hessen.de

Mecklenburg- Vorpommern
Charles-Darwin-Ring 4, 18059 Rostock, Tel.: 0381 3778735,
Fax: 0381 3778917, E-Mail: k.hendler@pferdesportverband-mv.de,
Internet: www.pferde-in-mv.de

Rheinland
Weißenstein 52, 40764 Langenfeld, Tel.: 02173 1011-100, Fax: 02173 1011-130,
E-Mail: info@PSVR.de, Internet: www.pferdesport-rheinland.de

Rheinland-Pfalz
Riegelgrube 13, 55543 Bad Kreuznach, Tel.: 0671 89403-0, Fax: 0671 89403-29,
E-Mail: info@psvrp.de, Internet: www.psvrp.de

Saarland
Hermann-Neuberger-Sportschule 7, Gebäude 54, 66123 Saarbrücken, Tel.: 0681 3879-239, Fax: 0681 3879-268, E-Mail: psv-saar@lsvs.de,
Internet: www.pferdesportverband-saar.de

Sachsen
Käthe-Kollwitz-Platz 2, 01468 Moritzburg, Tel.: 035207 896-10, Fax: 035207 896-12,
E-Mail: Pferdesport@sachsens-pferde.de, Internet: www.pferdesport-sachsen.de

Sachsen-Anhalt
Parkstr. 13, 06780 Zörbig OT Prussendorf, Tel.: 034956 229-65 oder 229-66,
Fax: 034956 229-67, E-Mail: LK-SAN@online.de,
Internet: www.pferde-sachsen-anhalt.de

Schleswig-Holstein
Marienstr. 15, 23795 Bad Segeberg, Tel.: 04551 8892-0, Fax: 04551 8892-20, E-Mail: info@psvsh.de, Internet: www.pferdesportverband-sh.de

Thüringen
Alfred-Hess-Str. 8, 99094 Erfurt, Tel.: 0361 3460742, Fax: 0361 3460743, E-Mail: info@trfv.de, Internet: www.trfv.de

Weser-Ems
Heidewinkel 8, 49377 Vechta, Tel.: 04441 9140-0, Fax: 04441 9140-17, E-Mail: info@psvwe.de, Internet: www.psvwe.de

Westfalen
Sudmühlenstr. 33, 48157 Münster, Tel.: 0251 32809-30, Fax: 0251 32809-66, E-Mail: zentrale@pv-muenster.de, Internet: www.pferdesportwestfalen.de

Inhaltsverzeichnis

IX. Ausrüstung von Teilnehmern und Pferden

X. Einteilung der LP

Teil B: Besondere Bestimmungen

I. Bestimmungen der Anschlussverbände

1. Wettkampfordnung für Menschen mit Behinderung im Pferdesport

2. Distanzreiten/-fahren

3. Wettkampfbestimmungen für klassisch-barocke Reiterei

4. IPZV-Wettkampfbestimmungen

5. EWU-Wettkampfbestimmungen

6. IGV-Wettkampfbestimmungen

II. Voltigierprüfungen

III. Basis- und Aufbauprüfungen

1. Basisprüfungen

1.1 Gewöhnungs-LP für Reitpferde

1.2 Reitpferde-LP/-Championate für „Deutsche Reitpferde" und „Deutsche Reitponys"

1.3 Freispring-LP für Pferde

1.4 Eignungs-LP/-Championate für Reitpferde

1.5 Eignungs-LP/-Championate für Reitpferde mit Teilprüfung Gelände

1.6 Fahrpferde-LP/-Championate

V. Springprüfungen

Spezial-Spring-LP

VI. Vielseitigkeits- und Geländeprüfungen

A. Vielseitigkeitsprüfungen und große Vielseitigkeitsprüfungen

1. Ausschreibungen, Beurteilung, Reihenfolge

2. Anforderungen und Bewertung

2.1 Dressurprüfung

2.2 Geländeprüfung

2.3 Geländestrecke/Bewertung der Geländeprüfung

2.4 Springprüfung

2.5 Platzierung

B. Geländeritte und Stilgeländeritte

II. Einsprüche

III. Ordnungsmaßnahmen

IV. Revision

V. Wiederaufnahme des Verfahrens

VI. Ausführung der Schiedssprüche, Kostenvorschuss, Kosten und Gnadenrecht

Teil D: Durchführungsbestimmungen (DB)

Anhang

Die Ethischen Grundsätze des Pferdefreundes

1. Wer auch immer sich mit dem Pferd beschäftigt, übernimmt die Verantwortung für das ihm anvertraute Lebewesen.

2. Die Haltung des Pferdes muss seinen natürlichen Bedürfnissen angepasst sein.

3. Der physischen wie psychischen Gesundheit des Pferdes ist unabhängig von seiner Nutzung oberste Bedeutung einzuräumen.

4. Der Mensch hat jedes Pferd gleich zu achten, unabhängig von dessen Rasse, Alter und Geschlecht sowie Einsatz in Zucht, Freizeit oder Sport.

5. Das Wissen um die Geschichte des Pferdes, um seine Bedürfnisse sowie die Kenntnisse im Umgang mit dem Pferd sind kulturgeschichtliche Güter. Diese gilt es zu wahren und zu vermitteln und nachfolgenden Generationen zu überliefern.

6. Der Umgang mit dem Pferd hat eine persönlichkeitsprägende Bedeutung gerade für junge Menschen. Diese Bedeutung ist stets zu beachten und zu fördern.

7. Der Mensch, der gemeinsam mit dem Pferd Sport betreibt, hat sich und das ihm anvertraute Pferd einer Ausbildung zu unterziehen. Ziel jeder Ausbildung ist die größtmögliche Harmonie zwischen Mensch und Pferd.

8. Die Nutzung des Pferdes im Leistungs- sowie im allgemeinen Reit-, Fahr- und Voltigiersport muss sich an seiner Veranlagung, seinem Leistungsvermögen und seiner Leistungsbereitschaft orientieren. Die Beeinflussung des Leistungsvermögens durch medikamentöse sowie nicht pferdegerechte Einwirkung des Menschen ist abzulehnen und muss geahndet werden.

9. Die Verantwortung des Menschen für das ihm anvertraute Pferd erstreckt sich auch auf das Lebensende des Pferdes. Dieser Verantwortung muss der Mensch stets im Sinne des Pferdes gerecht werden.

Die vorliegenden Ethischen Grundsätze wurden vom Verbandsrat der Deutschen Reiterlichen Vereinigung (FN) am 4. Mai 1995 beschlossen und verabschiedet. Sämtliche Gremien der FN haben sich dem Votum angeschlossen.

Zu diesem Thema können die Broschüre „Ethik im Pferdesport, Teil I: Die Ethischen Grundsätze des Pferdefreundes" (kostenfrei) mit ausführlichen Erläuterungen sowie das farbige Kinderposter „Das 1 x 9 der Pferdefreunde" in kindgerechter Aufmachung bei der Deutschen Reiterlichen Vereinigung e.V. (FN), FN-Service, Warendorf, Telefon +49 (0)2581 6362-222, bezogen werden. Es wird eine Versandkostenpauschale in Höhe von 3,00 Euro erhoben. Kostenfreier Download auf www.pferd-aktuell.de/Broschüren, Formulare, Verträge, Unterrichtsmaterial.

Grundregeln des Verhaltens im Pferdesport (Verhaltenskodex)

1. Der Reitbetrieb muss von respektvollem Umgang miteinander geprägt sein. Unabhängig von persönlichen Fähigkeiten, Ausbildungsstand, sportlichem Erfolg, Reitweise, eingesetzter Pferderasse und materiellen Möglichkeiten verdient jeder Pferdesportler die gleiche Achtung und Wertschätzung.
   Der Pferdesport steht dabei Sportlern mit und ohne Behinderung gleichermaßen auf allen Ebenen offen.

2. Jeder Pferdesportler ist zu einer fairen und konstruktiven Auseinandersetzung mit einem Reiterkameraden verpflichtet, wenn bei diesem Missstände in Ausbildung und Umgang mit dem Partner Pferd und damit ein Verstoß gegen die „Ethischen Grundsätze des Pferdefreundes" zu erkennen sind.

3. Erfolg oder Misserfolg im Sport hängen ursächlich von reiterlichen Qualitäten ab. Die (selbst-)kritische und aufmunternde Auseinandersetzung mit der Leistung des Einzelnen oder einer Gruppe ist ehrlicher und wirkungsvoller, als die Fehlerquelle in der Eignung des Pferdes zu suchen.

4. Der Ausbilder muss in pädagogisch einwandfreiem Unterricht fachlich fundiert und motivierend fördern und zugleich Persönlichkeitsentwicklung, eigenverantwortliches Handeln und soziales Verhalten der ihm anvertrauten Schüler fördern. Er soll jederzeit Vorbild sein, ist in höchstem Maße dem Horsemanship verpflichtet und lehnt alle Formen der verbotenen Leistungsbeeinflussung ab.

5. Der Reitschüler bringt dem Reitlehrer denselben Respekt entgegen, den er von ihm erwartet oder bekommt. Ein offenes Gespräch über Ängste und Überforderung hilft mehr als eine emotionale Diskussion in der Reitbahn.

6. Eltern der Reitschüler bzw. Voltigierer sollen motivierend auf ihre Kinder einwirken und die Erwartungen an die sportliche Entwicklung den realen Gegebenheiten anpassen. Übertriebener Ehrgeiz der Eltern fördert Kinder und Jugendliche nicht.

7. Der Pferdesportler vertraut dem Stallbetreiber und dessen Personal sein Pferd an und erwartet eine gute Behandlung sowie eine den Bedürfnissen des Pferdes angepasste Haltung. Die erbrachte Dienstleistung des Betriebes insgesamt wie des einzelnen Mitarbeiters muss anerkannt und honoriert werden. Eventuelle Missstände sind sachlich zu diskutieren und zu beheben.

8. Der Turnierrichter muss eine Leistung vorurteilsfrei und auf der Basis seiner fachlichen Qualifikation bewerten und darf sich nie dem Verdacht der Befangenheit aussetzen.

9. Der Turniersportler hat den Urteilsspruch des Richters im beurteilenden Richtverfahren zu akzeptieren. Bleibt eine Entscheidung unverständlich, ist das klärende Gespräch mit dem Richter das einzig faire Mittel. Polemik in der Öffentlichkeit diskreditiert die Beteiligten und verstößt gegen die Grundregeln des Sports.

10. Der Betreiber eines Handelsstalls bzw. der Pferdeverkäufer muss über die gesetzlichen Vorschriften hinaus im Pferdeverkauf verantwortungsvoll handeln und die Vermittlung eines Pferdes am Ausbildungsstand von Pferd und Käufer sowie an der beabsichtigten Nutzung des Pferdes ausrichten.

11. Der Funktionär im Pferdesport muss sich seiner Vorbildfunktion und besonderen Verantwortung für den Sport- und Freizeitpartner Pferd bewusst sein. Er ist nicht nur für den ordnungsgemäßen Betrieb eines Reitstalls, Verbandes, Turniers o.Ä. zuständig, sondern hat zugleich als Ansprechpartner für Politik, Landwirtschaft und Wirtschaft die Interessen der Pferdesportler und Züchter wahrzunehmen und zu vertreten.

12. Jeder Pferdesportler ist Nutznießer der vorhandenen Strukturen und Möglichkeiten innerhalb seines Sports. All jene, die sich ehren- oder hauptamtlich für die langfristige Sicherung des Pferdesports als Breitensport in Natur und Umwelt sowie als Leistungssport einsetzen, verdienen Anerkennung und Unterstützung.

Zu diesem Thema kann die Broschüre „Ethik im Pferdesport, Teil II: Grundregeln des Verhaltens im Pferdesport" (kostenfrei) bei der Deutschen Reiterlichen Vereinigung e.V. (FN), FN-Service, Warendorf, Telefon 02581 6362-222, bezogen werden. Es wird eine Versandkostenpauschale in Höhe von 3,00 Euro erhoben. Kostenfreier Download auf www.pferd-aktuell.de/Broschüren, Formulare, Verträge, Unterrichtsmaterial.

Teil A: Allgemeine Bestimmungen

I. Grundbestimmungen

§ 1
Definition und Geltungsbereich der Leistungs-Prüfungs-Ordnung (LPO) bzw. der Wettbewerbsordnung (WBO)

1. Die LPO dient der Durchführung von Leistungsprüfungen (LP) zur Förderung des Reit-, Fahr- und Voltigiersports, der deutschen Pferdezucht und der Pferdehaltung. LP sind Leistungsvergleiche von Pferden und/oder Reitern und/oder Fahrern und/oder Voltigierern/Longenführern.
2. Die LPO gilt für alle nationalen Leistungsprüfungen (LP) und Pferdeleistungsschauen (PLS) – Turniere – in der Bundesrepublik Deutschland. §§ 6.1, 20.1 und 920 ff. gelten auch außerhalb von nationalen PLS.
3. Die LPO, ihre Durchführungsbestimmungen, das Aufgabenheft zur LPO, die Richtlinien für Reiten, Fahren und Voltigieren sowie ggf. die in den Anschlussverbänden geltenden Richtlinien sind verbindlich für alle in der Deutschen Reiterlichen Vereinigung (FN) zusammengeschlossenen natürlichen und juristischen Personen, die LP und/oder PLS vorbereiten, durchführen, beaufsichtigen, sowie für alle natürlichen und juristischen Personen, die an ihnen teilnehmen.
   Alle in der LPO erwähnten Personenbezeichnungen gelten für Männer und Frauen, auch wenn sie lediglich in der männlichen Sprachform ausgedrückt sind.
   Alle in der LPO erwähnten Bestimmungen gelten für Pferde und Ponys, sofern für Ponys nicht ausdrücklich eine andere Regelung aufgeführt ist.
4. Für **internationale PLS/LP** gelten das RG der FEI sowie die von FN und FEI genehmigte Ausschreibung und die einschlägigen LPO-Bestimmungen des Allgemeinen Teils sowie die §§ 6.1, 18.1, 20.1 und 920 ff.
5. Für nationale PLS/LP im Ausland gelten die §§ 6.1, 18.1, 20.1 und 920 ff.
6. Sofern nicht vom Veranstalter in der Ausschreibung oder Zeiteinteilung anders festgelegt, beginnt eine PLS spätestens eine Stunde vor Beginn der/des ersten LP/WB und endet eine halbe Stunde nach Bekanntgabe der Platzierung/Siegerehrung der letzten LP der PLS.
7. Die Bestimmungen für Breitensportliche WB und Reiter-/Fahrer-WB sind in der WBO der FN niedergelegt (Grundregeln WBO).

§ 2
Genehmigungspflicht und Aufsicht

1. PLS und/oder LP unterliegen der Genehmigungspflicht der FN oder der zuständigen Landeskommission (LK).
2. Die Genehmigung von internationalen PLS/LP, von Bundesveranstaltungen/-prüfungen und von der FN vergebenen Veranstaltungen/Prüfungen erfolgt durch die FN sowie ggf. gemäß RG durch die FEI. Alle anderen PLS/LP sind von der zuständigen LK zu genehmigen.
3. Die Aufsicht bei internationalen PLS/LP, Bundesveranstaltungen/-prüfungen und von der FN vergebenen PLS/LP erfolgt durch die FN bzw. einen Beauftragten der

FN sowie ggf. gemäß RG der FEI; bei allen anderen PLS/LP durch die zuständige LK bzw. einen Beauftragten der zuständigen LK.

Vergleiche im Übrigen Durchführungsbestimmungen zu §§ 2, 4.2.1, 5.1.1 und 5.1.3.

§ 3
Definition nationaler Breitensportveranstaltungen (BV) und Pferdeleistungsschauen (PLS) – Turniere –

1. Breitensportveranstaltungen (BV) sind Veranstaltungen mit Wettbewerben (WB) gemäß Wettbewerbsordnung (WBO) der FN mit WB bis grundsätzlich zur Kl. E.
2. Pferdeleistungsschauen (PLS) sind Veranstaltungen mit mindestens einer Leistungsprüfung (LP) gemäß Leistungs-Prüfungs-Ordnung (LPO) der FN.

Auf derselben Veranstaltung können WB gemäß WBO und LP gemäß LPO ausgeschrieben werden.

Internationale Veranstaltungen (CI) werden gemäß General-Reglement der FEI definiert (vgl. § 1.4).

§ 4
Aufgaben der Deutschen Reiterlichen Vereinigung (FN)

1. Die FN lenkt und koordiniert als Spitzenfachverband den Reit-, Fahr- und Voltigiersport und das Leistungsprüfungswesen und erlässt die LPO.
2. Sie ist insbesondere zuständig für:
   - 2.1 die Prüfung und Genehmigung der Termine und Ausschreibungen im Einvernehmen mit der zuständigen LK für PLS/LP gemäß § 2.2 (vgl. im Übrigen Durchführungsbestimmungen zu §§ 2, 4.2.1, 5.1.1 und 5.1.3);
   - 2.2 die Anerkennung von Veranstaltern für PLS/LP gemäß § 2.2 sowie die Anerkennung und Vergabe LK-bereichsübergreifender Titel und Serien;
   - 2.3 die Vergabe der Rechte und Koordinierung überregionaler Fernsehübertragungen;
   - 2.4 die Ausstellung der Reit-/Fahr-/Longenführer-Voltigierausweise (FN-Jahresturnierlizenzen) und Startgenehmigungen;
   - 2.5 die Einstufung von Reitern, Fahrern und Voltigierern in Leistungsklassen;
   - 2.6 die Registrierung von Pferden;
   - 2.7 die Einziehung der Züchterprämien zur Weiterleitung an die Empfangsberechtigten;
   - 2.8 die Festsetzung und Einziehung der FN-Gebühren/-Abgaben;
     Die Gebührenordnung wird jeweils zum Anfang eines Jahres im offiziellen Mitteilungsorgan der FN veröffentlicht.
   - 2.9 den Erlass der Durchführungsbestimmungen zur LPO sowie die Herausgabe des Aufgabenheftes und der Richtlinien für Reiten, Fahren und Voltigieren;
   - 2.10 die Genehmigung von Ausnahmen von der LPO in besonders begründeten Fällen in Abstimmung mit der zuständigen LK und ggf. dem Veranstalter;
   - 2.11 die Herausgabe des offiziellen Mitteilungsorgans der FN;
   - 2.12 die Registrierung der Ergebnisse nationaler und internationaler LP;
   - 2.13 die Bereitstellung der Erfolge, Leistungen und Daten aus Pferdesport und Pferdezucht;

2.14 die Anerkennung der Turnierfachleute (Richter, Parcourschefs, Tierärzte, Technische Delegierte, Stewards) für internationale LP im Geltungsbereich der LPO im Einvernehmen mit der zuständigen LK und der Deutschen Richtervereinigung für Pferdeleistungsprüfungen (DRV) sowie ihre Nominierung gegenüber der FEI.

3. Die vorstehenden Aufgaben und Rechte werden vom Bereich Sport der FN wahrgenommen.

§ 5
Aufgaben der Landeskommissionen für Pferdeleistungsprüfungen (LK)

1. Die LK sind in ihrem Zuständigkeitsbereich insbesondere zuständig für:
   1.1 die Koordinierung und Beaufsichtigung der PLS/LP gemäß § 2.2 (vgl. im Übrigen Durchführungsbestimmungen zu §§ 2, 4.2.1, 5.1.1 und 5.1.3);
   1.2 die Abgrenzung der Teilnehmerkreise für PLS/LP;
   1.3 die Prüfung und Genehmigung der Termine und Ausschreibungen für PLS/LP gemäß § 2.2 (vgl. im Übrigen Durchführungsbestimmungen zu §§ 2, 4.2.1, 5.1.1 und 5.1.3);
   1.4 die Anerkennung von Veranstaltern von PLS in ihrem Zuständigkeitsbereich sowie die Anerkennung und Vergabe LK-interner Titel und Serien;
   1.5 die Weiterleitung der Termine und Ausschreibungen aller PLS/LP in ihrem Bereich an die FN;
   1.6 den Erlass von Richtlinien für die Teilnahmeberechtigung nach Wechsel der Stamm-Mitgliedschaft;
   1.7 die Anerkennung der Turnierfachleute (Richter, Parcourschefs etc.) sowie die Führung der entsprechenden Listen in ihrem Zuständigkeitsbereich;
   1.8 die Kennzeichnung der Turnierpferde der Listen II und III mit unverkennbaren Identitätskennzeichen;
   1.9 die Festsetzung und Einziehung der LK-Gebühren/-Abgaben.
2. Jede LK kann Besondere Bestimmungen für ihren Zuständigkeitsbereich erlassen. Diese müssen dem Sinn und Zweck der LPO entsprechen und sind der FN mitzuteilen. Widerspricht die FN nicht innerhalb einer Frist von einem Monat ab Zugang der Mitteilung, ist die LK ermächtigt, diese Besonderen Bestimmungen wirksam werden zu lassen.

II. Voraussetzungen für die Beteiligung im Pferdeleistungssport gemäß LPO

§ 6
Verpflichtung

1. Die im Pferdeleistungssport gemäß § 1 beteiligten Personen sind zur Beachtung der „Ethischen Grundsätze des Pferdefreundes" (siehe auch Tierschutzgesetz) und zur sportlich-fairen Haltung gegenüber dem Pferd und untereinander verpflichtet.
2. Die Ausrüstung der Pferde und der Teilnehmer (Reiter/Fahrer/Voltigierer) und der Umgang mit dem Pferd müssen den Regeln der jeweiligen Reit-, Fahr- und Voltigierlehre sowie den Grundsätzen der Unfallverhütung und des Tierschutzes und ggf. der Straßenverkehrsordnung entsprechen. Für die Einhaltung dieser Grundsätze und Regeln sowie die Beachtung der korrekten Teilnahmevoraussetzungen ist der Teilnehmer verantwortlich.

§ 7
Veranstalter

Veranstalter müssen gemäß § 4.2.2 bzw. 5.1.4 anerkannt sein.
Die Anerkennung eines Veranstalters erfolgt nur, wenn er – bei Veranstaltergemeinschaften wenigstens ein Partner – dem zuständigen LV als Verein angeschlossen ist. Zuständiger LV ist, sofern nicht einvernehmlich zwischen den beteiligten LV anders vereinbart, der LV, dem der Veranstaltungsort politisch-geografisch zuzuordnen ist. Der Veranstalter muss die Voraussetzungen für eine tierschutz- sowie sportgerechte und sachgemäße Durchführung der Veranstaltung bieten und die Bestimmungen der LPO sowie die Bestimmungen der zuständigen LK mit Anmeldung des Veranstaltungstermins und Vorlage der Ausschreibung anerkennen.

§ 9
Fernsehübertragungen

Die FN ist im Geltungsbereich der LPO zur Vergabe, Regelung, Koordinierung und Genehmigung der – auch teilweisen – Fernsehübertragungsrechte der nationalen und internationalen PLS aller Arten, die innerhalb der Bundesrepublik Deutschland stattfinden und soweit sie von Fernsehanstalten zur Übertragung vorgesehen sind, ermächtigt und zuständig.

§ 10
Veranstaltungstermine

1. Bei der FN sind
   - bis zum 1. August des Vorjahres Veranstaltungstermine für internationale PLS/LP sowie für Bundesveranstaltungen/-prüfungen und von der FN vergebene Veranstaltungen/Prüfungen zu beantragen; die zuständige LK ist entsprechend zu informieren.
   - Alle anderen Veranstaltungstermine sind bei der zuständigen LK gemäß den jeweiligen LK-Vorgaben zu beantragen; die FN ist entsprechend zu informieren.

2. Die Genehmigung nachträglich beantragter Veranstaltungstermine bedarf der Zustimmung der zuständigen LK. Bei Veranstaltungsterminen von PLS/LP mit einem über den betroffenen LK-Bereich hinausgehenden zugelassenen Teilnehmerkreis ist zusätzlich die Genehmigung der LK, in deren Bereich Veranstalter betroffen sein können, erforderlich.
   Die Genehmigung nachträglich beantragter Veranstaltungstermine für internationale PLS/LP sowie für Bundesveranstaltungen/-prüfungen und von der FN vergebene PLS/LP bedarf der Zustimmung der FN und ggf. der FEI; die zuständige LK ist entsprechend zu informieren.
3. Die Veranstaltungstermine für PLS mit LP der Kl. S und für internationale PLS/LP sowie für Bundesveranstaltungen/-prüfungen und von der FN vergebene PLS/LP werden im offiziellen Mitteilungsorgan der FN, alle weiteren Veranstaltungstermine für PLS in den Mitteilungsorganen der jeweiligen LK veröffentlicht.

§ 11
Züchter

Sofern die jeweilige Zuchtbuchordnung nichts anderes bestimmt, ist Züchter eines Pferdes der Besitzer der Mutterstute zum Zeitpunkt der Bedeckung. Im Zweifelsfall entscheidet die durchschnittliche Trächtigkeitsdauer.

§ 12
Besitzer

Besitzer eines Pferdes gemäß LPO ist im Zweifelsfall der Eigentümer nach den Bestimmungen des BGB.

§ 13
Deckname des Besitzers

1. Einzelpersonen oder Personengemeinschaften als Pferdebesitzer können einen Decknamen verwenden. Der Deckname bedarf der Genehmigung der FN.
2. Die Genehmigung des Decknamens gilt für das laufende Kalenderjahr.
3. Die wechselnde Verwendung des Besitzer- oder des Decknamens ist unzulässig.

§ 14
Besitzwechsel

1. Der Besitzwechsel eines bei der FN eingetragenen Pferdes ist der FN vom neuen Besitzer unverzüglich **schriftlich** anzuzeigen. Beizufügen ist der Equidenpass dieses Pferdes.
2. Erst mit erfolgter Anzeige kann das Pferd unter dem Namen des neuen Besitzers genannt und gestartet werden.

§ 15
Turnierpferde

1. **Name**
   1.1 Für jedes Turnierpferd ist ein Name festzulegen. Turnierpferde mit gleichem Namen erhalten bei der Eintragung gemäß § 16 eine zum Namen gehörende Zahl. Die FN kann die Eintragung bestimmter Pferdenamen ablehnen.
   1.2 Namensänderungen sind auf Antrag bei der FN zulässig.
2. **Alter**
   Sofern die jeweilige Zuchtbuchordnung nichts anderes bestimmt, gilt für die Altersangabe der 1. Januar des Geburtsjahres als Geburtsdatum.
3. **Geschlecht**
   Das Geschlecht der Turnierpferde (Stute, Wallach, Hengst) ist bei Eintragung und Anzeige des Besitzwechsels vom Antragsteller anzugeben.

§ 16
Registrierung und Identifikation von Turnierpferden

1. Die Registrierung von Turnierpferden erfolgt ausschließlich durch die FN. An LP können nur Pferde teilnehmen, die als Turnierpferd bei der FN registriert sind und für die die FN eine generelle Starterlaubnis erteilt hat.
   Für die Registrierung als Turnierpferd ist ein Equidenpass gemäß EU-Richtlinien erforderlich. Der Eintrag über die Registrierung als Turnierpferd erfolgt im Equidenpass.
2. Registrierung und Erteilung der generellen Starterlaubnis sind vom Pferdebesitzer unter Beifügung der in Ziffer 1 und 4 sowie § 15 aufgeführten Unterlagen/Nachweise schriftlich bei der FN zu beantragen.
3. Die Registrierung gilt jeweils für ein Kalenderjahr und wird auf Antrag in der Regel zum Jahreswechsel fortgeschrieben.
4. **Identifikation** (siehe auch Durchführungsbestimmungen)
   Während einer PLS können jederzeit Identitätskontrollen durchgeführt werden. Die Identifikation eines Turnierpferdes erfolgt anhand des Diagramms und der Abzeichenbeschreibung im Equidenpass. Dieser ist bei jeder PLS-Teilnahme mitzuführen und nach entsprechender Aufforderung den Richtern bzw. dem Turniertierarzt vorzulegen. Darüber hinaus muss jedes als Turnierpferd zu registrierende Pferd mit einer eindeutigen und im Rahmen einer PLS ablesbaren aktiven Kennzeichnung versehen sein. Das ist/kann der Nummernbrand (entweder separat oder in Kombination mit einem Zuchtbrand) oder der implantierte Transponder sein. Alle ab dem 1. Juli 2009 geborenen Pferde müssen mit einem Transponder gekennzeichnet sein. Durchgeführte Identitätskontrollen sind im Equidenpass auf den dafür vorgesehenen Seiten zu vermerken.
5. **Messbescheinigung für Ponys** (siehe auch Durchführungsbestimmungen)
   Folgende Ponygrößen werden unterschieden:

K-Ponys:	bis 127 cm Stockmaß
M-Ponys:	128 bis 137 cm Stockmaß
G-Ponys:	138 bis 148 cm Stockmaß

   Maßgeblich ist die Angabe im Equidenpass.

a) Für die Registrierung von Turnierponys und deren Teilnahme an Pony-LP ist eine Messbescheinigung der zuständigen LK erforderlich.
b) Ponys, die nicht ausdrücklich als Turnierpony registriert wurden, sind als Turnierpferde zu registrieren und werden, unabhängig von ihrer Größe, wie Pferde gemäß Ausschreibung behandelt (vgl. § 64.3); Ausnahme für Fahr-LP: Ponys bis 1,48 m Stockmaß sind in LP ausschließlich für Pferde nicht zugelassen. Im Zweifelsfall gilt Ziffer 1 der Durchführungsbestimmungen zu § 16.5 sinngemäß.

6. Turnierpferde sind bei Erfüllung der entsprechenden Voraussetzungen in eine der nachstehenden Listen bei der FN einzutragen:

Liste I: „Deutsches Pferd" und „Deutsches Pony"
Für den Fall der Eintragung sind Pferde eintragungsberechtigt, für die ein Equidenpass mit integrierter/m Zuchtbescheinigung/Abstammungsnachweis oder einer/s Zuchtbescheinigung/Abstammungsnachweises einer Züchtervereinigung vorliegt, die der FN, dem DVR oder dem HVT angeschlossen ist.

Liste II: Andere in Deutschland geborene Pferde
Für den Fall der Eintragung sind Pferde eintragungsberechtigt, für die ein Equidenpass mit integrierter Zuchtbescheinigung/Geburtsbescheinigung oder einer Zuchtbescheinigung/Geburtsbescheinigung – bestätigt von einer der unter Liste I aufgeführten Züchtervereinigungen – bzw. ein Equidenpass mit integrierter/m Zuchtbescheinigung/Abstammungsnachweis oder einer/m Zuchtbscheinigung/Abstammungsnachweis einer anderen deutschen Züchtervereinigung vorliegt.

Liste III: Übrige Pferde
Für den Fall der Eintragung sind Pferde eintragungsberechtigt, die nicht in die Listen I oder II eingetragen werden können.

7. Sind für ein einzutragendes Pferd die in Ziffer 5 und 6 benannten Dokumente weder im Original noch als Zweitauslieferung beibringbar, ist für die Eintragung eine schriftliche Versicherung des Antragstellers vorzulegen, mit der er seine Verfügungsberechtigung glaubhaft machen kann. Für die Eintragung in Liste I oder II ist zusätzlich eine schriftliche Abstammungsmitteilung einer der in Liste I aufgeführten Züchtervereinigungen erforderlich.

§ 17
Turnierteilnehmer/Altersklassen/„offene" und „geschlossene" (Amateur-)LP

1. LP sind grundsätzlich für männliche und weibliche Teilnehmer auszuschreiben.
2. Es werden folgende Altersklassen unterschieden:
   2.1 **Children (CH/U14)** – werden im laufenden Kalenderjahr höchstens 14 Jahre alt.
   2.2 **Junioren (JUN/U18)** – werden im laufenden Kalenderjahr höchstens 18 Jahre alt.
   2.3 **Junge Reiter (JR/U21)/Junge Fahrer (JF/U21)** – werden im laufenden Kalenderjahr mindestens 19, aber höchstens 21 Jahre alt.
   Junioren, die im laufenden Kalenderjahr 16, 17 oder 18 Jahre alt werden,

können sich für die Altersgruppe „Junge Reiter" bzw. „Junge Fahrer" entscheiden. Diese Entscheidung gilt für das laufende Kalenderjahr.

2.4 **Reiter (REI)/Fahrer (FAH)** – werden im laufenden Kalenderjahr mindestens 22 Jahre alt. Junge Reiter bzw. Junge Fahrer können sich für die Altersgruppe „Reiter" bzw. „Fahrer" entscheiden. Diese Entscheidung gilt für das laufende Kalenderjahr.

Die Ausschreibung bzw. Teilung von LP nach Alter der Teilnehmer ist auch nach Geburtsjahrgängen oder z.B. für die Altersklassen U16, U25, Ü40 etc. möglich.

2.5 **In V-LP** werden unterschieden:

2.5.1 **Longenführer** – unterliegen keiner altersmäßigen Begrenzung.

2.5.2 **Gruppenvoltigierer** der Klasse M und S unterliegen keiner Altersbegrenzung; Gruppenvoltigierer in der Kl. E und in der altersbegrenzten Kl. A werden höchstens 16 Jahre (A16) und in der altersbegrenzten Kl. L höchstens 18 Jahre (L18) alt. Mitglieder in Junior-Gruppen werden im laufenden Kalenderjahr höchstens 18 Jahre alt.

2.5.3 **Einzelvoltigierer** – werden im laufenden Kalenderjahr mindestens 12 Jahre alt.
Junior-Einzelvoltigierer – werden im laufenden Kalenderjahr höchstens 18 Jahre alt.

2.5.4 **Doppelvoltigierer** – werden im laufenden Kalenderjahr mindestens 14 Jahre alt.
Junior-Doppelvoltigierer – werden im laufenden Kalenderjahr mindestens 12 Jahre und höchstens 18 Jahre alt.

3. Turnierteilnehmer in den Disziplinen Dressur und/oder Springen werden mit Beantragung des Reitausweises (FN-Jahresturnierlizenz) anhand der Vorgaben gemäß Durchführungsbestimmungen zu § 20.6.7 (vgl. auch §§ 23.3, 400.5 und 500.4) in Option A oder B eingestuft. Teilnehmer, die für die Teilnahmemöglichkeit an „geschlossenen" (Amateur-)LP der jeweiligen Disziplin (inkl. entsprechender Aufbau-LP) in die Option A eingestuft sind, können eine Einstufung in die Option B beantragen.

§ 18
Stamm-Mitgliedschaft

1. Für die Teilnahme an nationalen und internationalen LP im In- und Ausland ist die Stamm-Mitgliedschaft in einem Verein erforderlich, mit Ausnahme von Gastlizenz-Inhabern gemäß RG der FEI (vgl. Durchführungsbestimmungen zu § 20.5). Der Verein muss Mitglied in einem der FN angeschlossenen LV sein.
2. Die Stamm-Mitgliedschaft ist auf einen Verein beschränkt (Voltigieren: vgl. Ziffer 4), unbeschadet der Mitgliedschaft in anderen Vereinen. Für die Teilnahme nach Wechsel der Stamm-Mitgliedschaft sind die Richtlinien der LK maßgebend.
3. Die Stamm-Mitgliedschaft ist maßgebend bei allen räumlichen Begrenzungen der Teilnehmerkreise in den Ausschreibungen.
4. Voltigieren: Voltigierer können je eine Stamm-Mitgliedschaft zur Teilnahme an Gruppen- und/oder Einzel-V-LP besitzen. Mitglieder einer Gruppe müssen dem-

selben Verein/derselben Turniergemeinschaft angehören. Gruppenvoltigierer können innerhalb eines Kalenderjahres nur für einen Verein/dieselbe Turniergemeinschaft starten (Ausnahme: Junior-Gruppen).

§ 20
Reit-/Fahr-/Longenführer-/Voltigierausweis (FN-Jahresturnierlizenz)

Für die Teilnahme an LP im In- und Ausland ist der Besitz eines Reit-/Fahr-/Longenführer-/Voltigierausweises (FN-Jahresturnierlizenz) erforderlich.

1. Die Ausstellung von Reit-/Fahr-/Longenführer-/Voltigierausweisen (FN-Jahresturnierlizenzen) erfolgt ausschließlich durch die FN. Die Ausstellung kann aus wichtigem Grund verweigert, ein bereits ausgestellter Ausweis (FN-Jahresturnierlizenz) entzogen werden. Als wichtiger Grund kommt insbesondere eine durch die FEI oder durch eine andere nationale FN ausgesprochene Ordnungsmaßnahme oder ein Verstoß gegen die sportlich-faire Haltung und die reiterliche Disziplin in Betracht.
2. Reit-/Fahr-/Longenführer-/Voltigierausweise (FN-Jahresturnierlizenzen) werden jeweils für das laufende Kalenderjahr ausgestellt und werden auf Antrag in der Regel zum Jahreswechsel fortgeschrieben; bei Vereinswechsel im laufenden Jahr ist ein Neuantrag erforderlich. Nachträgliche Änderungen der Jahresturnierlizenz für Voltigiergruppen sind schriftlich auf dem entsprechenden Formblatt über den Stammverein bei der FN einzureichen.
3. Für die Erstausstellung eines Reit- bzw. Fahrausweises (FN-Jahresturnierlizenz) ist der Besitz des Reit- bzw. Fahrabzeichens Kl. IV oder RA 5 bzw. FA 5 oder höher nachzuweisen (vgl. Durchführungsbestimmungen zu § 63). Für die Erstausstellung eines Longenführer-Ausweises (FN-Jahresturnierlizenz) ist das Longierabzeichen DLA IV bzw. LA 5 Voraussetzung.
   Für die Erstausstellung eines Voltigierausweises (FN-Jahresturnierlizenz) für Einzel- und Doppelvoltigierer ist der Besitz des VA 3 nachzuweisen.
   Teilnehmer können auf derselben PLS als Longenführer, Gruppen-, Einzel- und/oder Doppelvoltigierer starten, sofern sie die jeweiligen LPO-Vorgaben erfüllen.
4. Anträge auf Erstausstellung sind schriftlich auf dem entsprechenden Formblatt über den Stammverein bei der FN einzureichen.
   Wird in 3 aufeinanderfolgenden Jahren eine Wiederausstellung/Fortschreibung nicht beantragt, wird ein erneuter Antrag auf Erstausstellung gemäß Ziffer 3 erforderlich.
5. Gastlizenzen werden gemäß RG der FEI ausgestellt. Einzelheiten hierzu sind in den Durchführungsbestimmungen zu § 20.5 geregelt.
6. **Reit-/Fahr-/Longenführer-/Voltigierausweise (FN-Jahresturnierlizenzen) sind wie folgt gekennzeichnet:**
   - 6.1 für Reiter mit den entsprechenden Disziplin-Vermerken „D", „S" und „V"
   - 6.2 für Fahrer mit dem entsprechenden Disziplin-Vermerk „F"
   - 6.3 für Longenführer mit dem Vermerk „LF"
   - 6.4 für Voltigierer mit Disziplin-Vermerk GV E bis S und Junior (Gruppenvoltigierer) bzw. EV L, M, S und Junior (Einzelvoltigierer)
   - 6.5 für Westernreiter (Disziplin Reining) mit dem Vermerk „R"
   - 6.6 für Distanzreiter (Endurance) mit dem Vermerk „E"

6.7 geschlossene/offene (Amateur-)LP (siehe auch Durchführungsbestimmungen)

a) für Teilnehmer, die die Voraussetzungen für die Teilnahmemöglichkeit an „geschlossenen" (Amateur-)LP erfüllen:
mit dem Vermerk: „A"

b) für alle anderen Teilnehmer:
mit dem Vermerk: „B"
Diese Teilnehmer sind in „geschlossenen (Amateur-)LP" nicht startberechtigt.

Sowie mit der jeweiligen Altersklasse gemäß § 17, der Stamm-Mitgliedschaft gemäß § 18, der Leistungsklasse und der Ranglistenpunkte gemäß § 63 (inkl. Durchführungsbestimmungen zu § 63).

III. Ausschreibungen

§ 23

Inhalt der Ausschreibungen

1. Ausschreibungen für PLS müssen Angaben enthalten über:
   - 1.1 Veranstaltungsort und -datum, Nennung-Online-Angaben, Veranstalter mit Anschrift, Telefonnummer und Unterschrift des/der Bevollmächtigten sowie die Turnierleitung;
   - 1.2 Termin des Nennungsschlusses;
   - 1.3 Art der LP, Anforderungen, Bewertung, Richtverfahren, Mindestzahl der verlangten Nennungen, ggf. Maximalzahl der zulässigen Nennungen (nur in Verbindung mit regionalen und sportfachlichen Handicaps gemäß Durchführungsbestimmungen zu § 23.1.3) sowie zusätzlich bei Dressur-LP die Art der vorgeschriebenen Zäumung und die Viereckgröße;
   - 1.4 Teilnahmeberechtigung von Reitern, Fahrern, Longenführern, Voltigierern sowie Pferden; insbesondere die räumlichen Eingrenzungen sowie die zugelassenen Leistungsklassen (Reiten/Fahren/Voltigieren). Diese können mit anderen gemäß LPO möglichen Handicaps gekoppelt werden;
   - 1.5 Ehren- und Geldpreise, Dotierung, Aufteilung, Auszahlungsmodalitäten;
   - 1.6 Höhe von Einsatz bzw. Nenn- und Startgeld;
   - 1.7 Züchterprämien;
   - 1.8 ggf. Quartiere, Stallungen (Entfernung, Art), Stallgeld;
   - 1.9 Angaben zu Anzahl, Maße und Beschaffenheit der Prüfungs- und Vorbereitungsplätze;
   - 1.10 Angaben zu Anwesenheit, Abwesenheit oder schnellste Einsatzbereitschaft eines Hufschmiedes;
   - 1.11 vorläufiger Zeitplan mit Angabe der Tage und der Tageszeit (Vormittag/ Nachmittag/Abend), an denen die einzelnen LP stattfinden sollen, Flutlicht-LP sind gesondert anzugeben;
   - 1.12 Hinweis auf Verbindlichkeit der LPO und der Allgemeinen und Besonderen Bestimmungen der LK für alle beteiligten Personen.
2. In der Ausschreibung von PLS sind LP fortlaufend zu nummerieren, die Ausschreibung von Abteilungen ist nicht zulässig (Ausnahme Voltigieren).
3. Für die Disziplinen Dressur und Springen (inkl. entsprechender Aufbau-LP) sind LP grundsätzlich „offen" auszuschreiben. Mindestens 20% aller LP der Disziplinen Dressur und/oder Springen bis einschließlich Kl. M (inkl. entsprechender Aufbau-LP, exkl. LP nur für JUN/JR sowie LP nur für Lkl. 5, 6 und/oder 7) sind als „geschlossene" (Amateur-)LP auszuschreiben. Dies gilt nicht für PLS mit ausschließlich LP der Klasse M und S sowie für „Late-Entry"-Turniere (vgl. Durchführungsbestimmungen zu § 34), die montags bis einschließlich freitags stattfinden.
4. **Die für die Ausschreibungen maßgebenden Allgemeinen und Besonderen Bestimmungen der LPO sind Rahmenanforderungen, die durch die Ausschreibung eingeengt werden können.**

§ 24
Geld- und Ehrenpreise, Andenken, Stallplaketten und Preisschleifen

1. **Geldpreise**
   1.1 Geldpreise sind die in der Ausschreibung veröffentlichten und/oder im Ergebnisbericht gemäß Durchführungsbestimmungen zu § 25 festgesetzten Beträge. Sie sind in der Regel auf der PLS an die Besitzer der platzierten Pferde auszuzahlen.
   Alle ausgezahlten Geldpreise dienen als Aufwandsentschädigung zur teilweisen Deckung der Kosten, die dem Besitzer gemäß § 12 durch den Unterhalt, das Training und den Transport der Pferde entstehen.
   1.2 Die Höhe des Siegergeldpreises sowie der weiteren Einzelgeldpreise richtet sich in LP mit einem Gesamtgeldpreis von bis zu 4.000,– Euro nach der Anzahl der Nennungen; diese sind gemäß den Durchführungsbestimmungen zu § 25 auszuzahlen.
   1.3 Für nationale LP mit Gesamtgeldpreisen von mehr als 4.000,– Euro sind der Gesamtgeldpreis und die Aufteilung in Einzelgeldpreise in der Ausschreibung festzulegen. Der Siegergeldpreis beträgt ein Viertel bis ein Fünftel des Gesamtgeldpreises der LP, der ausgezahlte Geldpreis je Letztplatziertem beträgt mindestens das Zweifache des Nenn- und Startgeldes.
   1.4 Sind bei Spring-LP gemäß §§ 501.B.4 und 520.3.d) sowie Springpferde-LP gemäß § 363.2.a), c) bis f) mehr als ein Viertel der Teilnehmer zu platzieren, beträgt der ausgezahlte Geldpreis je Letztplatziertem mindestens die Höhe des Einsatzes bzw. Nenn- und Startgeldes.
   1.5 Bei LP mit in der Ausschreibung festgelegter Höchstzahl von Teilnehmern bzw. Nennungen, die auf der Grundlage einer oder mehrerer vorgeschalteter Qualifikation/en basieren, sind alle ausgeschriebenen Einzelgeldpreise bis mindestens zur Höhe des Gesamtgeldpreises auszuzahlen, sobald genügend Teilnehmer für die Platzierung infrage kommen.
   1.6 Startet in einer LP nur ein Teilnehmer und erfüllt die Anforderungen, muss er den Siegergeldpreis erhalten.
   1.7 Bei Teilung einer LP sind in den einzelnen Abteilungen entsprechend der Anzahl der Nennungen die in den Durchführungsbestimmungen zu § 25 bzw. gemäß Ausschreibung festgelegten Einzelgeldpreise auszuzahlen. Bei Teilung von LP der Kl. M** und S kann je Abteilung bis auf den Mindestgeldpreis gemäß Durchführungsbestimmungen zu § 25 zurückgegangen werden, sofern dieses in der Ausschreibung festgelegt ist. Das Startgeld ist entsprechend anzupassen.
2. **Ehrenpreise, Andenken**
   2.1 Ehrenpreise und Andenken sind Erinnerungsgaben für die platzierten Teilnehmer.
   2.2 Der Sieger einer LP erhält einen Ehrenpreis in angemessenem Wert. Gibt es in einer LP/Abteilung mehrere Sieger, entscheidet das Los, welcher Teilnehmer den Ehrenpreis erhält.
   In V-LP der Klassen E, A und L erhalten alle Teilnehmer Andenken.

3. **Stallplaketten und Preisschleifen**
   3.1 Preisschleifen sind an die platzierten Teilnehmer in nachstehender Reihenfolge zu vergeben: 1. Platz Gold, 2. Platz Silber, 3. Platz Weiß, 4. Platz Blau, 5. Platz Rot, 6. Platz und weitere Grün.
   3.2 Weitere Preisschleifen in anderer Farbe sind als Andenken zugelassen.
   3.3 Die Preisschleifen als Kennzeichnung der Platzierung sowie evtl. Stallplaketten erhalten die Besitzer der platzierten Pferde.

§ 25
Geldpreise und Aufteilung in Einzelgeldpreise

Der Geldpreis je LP ist in der Ausschreibung festzulegen und gemäß Durchführungsbestimmungen zu § 25 auszuzahlen. 25% der gestarteten Teilnehmer haben Anspruch auf einen Geldpreis, sofern die Platzierungsvoraussetzungen erfüllt sind. Hinsichtlich der Auszahlung der Geldpreise sind folgende davon abweichende Varianten in LP bis Kl. M (Fahren und Voltigieren bis Kl. S) möglich und in der Ausschreibung festzulegen:

1. Die an 1. bis 4. Stelle platzierten Teilnehmer erhalten einen Geldpreis gemäß Durchführungsbestimmungen zu § 25 oder
2. es wird ein festgelegter Prozentsatz der Geldpreise gemäß Durchführungsbestimmungen zu § 25 ausgezahlt oder
3. es erfolgt keine Auszahlung von Geldpreisen. Die Vergabe von Ehrenpreisen anstelle von Geldpreisen ist möglich.

Bei Ausschreibung/Anwendung einer der gemäß Ziffer 1 bis 3 aufgelisteten Auszahlungsvarianten bildet der jeweils festgelegte Geldpreis (bei Ziffer 2 und 3 max. 1.000,– Euro) gemäß Durchführungsbestimmungen zu § 25 die Bemessungsgrundlage für züchterische und sportliche Auswertungen bzw. die Gebührenberechnung.

Bei jeglicher Form der reduzierten Geldpreisauszahlung gemäß § 25, Ziffer 1 bis 3, ist grundsätzlich der gemäß Durchführungsbestimmungen zu § 25 vorgesehene Mindestgesamtgeldpreis je LP auszuschreiben.

§ 26
Nenngeld, Startgeld, Einsatz, Stallgeld

1. Für jede LP ist Nenn- und Startgeld bzw. Einsatz gemäß Durchführungsbestimmungen zu § 27 vorgeschrieben. Nenn- und Startgeld bzw. Einsatz wird niemandem erlassen. Für Nenngeld und Startgeld bzw. Einsatz haftet der Nenner/Teilnehmer.
2. Das Nenngeld bzw. der Einsatz ist bei Nennungsschluss fällig; Rückerstattung der Teilnehmergebühren sowie ggf. des Stallgeldes erfolgt:
   2.1 Bei Zurückziehen der Nennung bis 24 Stunden vor Nennungsschluss.
   2.2 Wenn der Teilnehmer aufgrund der Verlängerung einer PLS gemäß § 43.2 oder aufgrund der Änderung des Prüfungstages gemäß vorläufiger Zeiteinteilung (§ 23.1.11) in einer oder mehreren LP nicht starten kann, sofern er dies bis PLS-Ende geltend gemacht hat.
   Sind (für max. vier LP je PLS) Ausweichtage in der Ausschreibung aufgeführt, so gilt dies als Bestandteil der vorläufigen Zeiteinteilung.

2.3 Wenn eine oder mehrere LP aufgrund höherer Gewalt (vgl. § 32.5) abgesagt werden müssen, verbleiben dem Veranstalter 3,00 Euro (Vielseitigkeits-LP Reiten/Fahren 10,00 Euro) je reserviertem Startplatz. Der im Einsatz enthaltene Preisgeldanteil (3% vom ausgeschriebenen Geldpreis) bzw. das bereits entrichtete Startgeld und der über 3,00 Euro (Vielseitigkeits-LP Reiten/Fahren 10,00 Euro) hinausgehende Organisationsanteil/Anteil des Nenngeldes sind dem Nenner/Teilnehmer zu erstatten.

3. Das Startgeld wird mit (auch telefonischer) Erklärung der Startbereitschaft fällig. Rückerstattung ist nur zulässig bei Streichung bis Meldeschluss.
4. Evtl. Stallgeld wird mit der Stallbestellung fällig. Erlass bzw. Rückerstattung erfolgt nur bei Zurückziehen der Stallbestellung bis 24 Stunden vor Nennungsschluss.
5. Weitere Veranstaltungsgebühren im Zusammenhang mit der Teilnahme an PLS dürfen nicht erhoben werden.
6. Sofern in der Ausschreibung nicht anders geregelt, handelt es sich bei Nenn- und Startgeld, Einsatz, Stallgeld und sonstigen Gebühren um Bruttobeträge.
7. Mehreinnahmen aus Nenn- und Startgeldern bzw. Einsätzen gegenüber den auszuzahlenden Geldpreisen verbleiben dem Veranstalter zur Bereitstellung der erforderlichen Infrastruktur, der Ehrenpreise, des notwendigen Personals, der Notfallvorsorge sowie zur Begleichung der Gebühren.

§ 27
Höhe von Nenngeld, Startgeld, Einsatz

Nenn- und Startgeld bzw. Einsatz sind abhängig von der ausgeschriebenen LP-Art, LP-Klasse sowie der Höhe des Geldpreises. Einzelheiten sind in den Durchführungsbestimmungen zu § 27 geregelt.

§ 28
Züchterprämien

Für jeden in LP ab Kl. E und internationalen LP ausgeschriebenen Gesamtgeldpreis, Wert der anstelle von Geldpreisen ausgelobten Sachpreise sowie Geldpreise in Sonderwertungen u.Ä. sind zusätzlich Züchterprämien auszuschreiben. Bei Teilung gilt jede Abteilung als eine LP. Einzelheiten sind in den Durchführungsbestimmungen zu § 28 sowie in der Gebührenordnung geregelt.

§ 30
Genehmigung und Gültigkeit der Ausschreibungen

1. Jede nationale Ausschreibung ist, falls in den LK-Bestimmungen nichts anderes bestimmt wird, spätestens 11 Wochen vor Nennungsschluss der LK, jede internationale spätestens 16 Wochen vor Nennungsschluss der FN vorzulegen. Die zuständigen Richter/Parcourschefs und ggf. der Technische Delegierte sind der LK/FN namentlich zu benennen.
2. Ausschreibungen haben erst Gültigkeit mit der Genehmigung; der Wortlaut des genehmigten Ausschreibungstextes ist maßgebend. Ausschreibungen internationaler PLS/LP, Bundes-PLS/-LP und von der FN vergebener PLS/LP sind grund-

sätzlich im offiziellen Mitteilungsorgan der FN (Kalender für Bekanntmachungen, Pferdeleistungsprüfungen und Turniersport) zu veröffentlichen; der Wortlaut des veröffentlichten Ausschreibungstextes ist verbindlich. Sonstige Ausschreibungen können im offiziellen Mitteilungsorgan der FN veröffentlicht werden.
Bei von den LK genehmigten Ausschreibungen ist der im jeweiligen LK-Mitteilungsorgan veröffentlichte Ausschreibungstext verbindlich, soweit eine Veröffentlichung erfolgt.
Alle Ausschreibungen sämtlicher PLS/LP werden im NeOn-Turnierkalender veröffentlicht.

3. Die Versendung oder anderweitige Bekanntmachung von Ausschreibungen durch den Veranstalter darf nur nach Genehmigung und nur im genehmigten Wortlaut erfolgen.
4. Die Genehmigung von Ausschreibungen kann ganz oder teilweise abgelehnt werden, insbesondere wenn z.B.
   4.1 die Ausschreibung nicht den Bestimmungen der LPO und/oder sportfachlichen Grundsätzen entspricht;
   4.2 organisatorische oder andere Voraussetzungen nicht im notwendigen Umfang gegeben sind;
   4.3 der Veranstalter aus früheren PLS seinen Verpflichtungen nicht nachgekommen ist.

§ 31
Änderung der Ausschreibung

1. Änderungen sollen vor Nennungsschluss erfolgen und müssen von der zuständigen LK bzw. der FN genehmigt und, wenn möglich, im jeweiligen Mitteilungsorgan bekannt gegeben werden. Eine Ausschreibungsänderung vor Nennungsschluss muss der genehmigenden LK bzw. der FN bis spätestens 72 Stunden vor Nennungsschluss vorliegen. Bei Überschreiten der Frist ist gemäß Ziffer 2 vorzugehen.
2. Kann eine Änderung erst nach Nennungsschluss erfolgen, ist der Nennungsschluss der LP bzw. PLS neu festzulegen. Alle Nenner sind zu unterrichten, darüber hinaus gilt Ziffer 1 entsprechend.
3. Ist eine Neufestsetzung des Nennungsschlusses nicht mehr möglich, bedarf die Änderung vor Beginn der PLS der Zustimmung aller Nenner/Teilnehmer – Nichtantwort gilt als Zustimmung – und der genehmigenden Stelle.
   Änderungen während einer PLS sind nur mit Zustimmung aller Starter sowie des FN-/LK-Beauftragten zulässig.
   Sie sind der genehmigenden Stelle spätestens mit der Ergebnismeldung mitzuteilen.
4. **Nicht als Änderung der Ausschreibung gelten:**
   4.1 Teilung von LP in Abteilungen mit eigener Platzierung
   4.2 Abänderungen des vorläufigen Zeitplanes
   4.3 Anforderungsidentische LP (z.B. für verschiedene Alters- oder Leistungsklassen) können zusammengelegt werden, wenn die gemäß § 23.1.3 verlangte Mindestzahl an Nennungen nicht erreicht ist.

4.4 Erhöhung der Maximalzahl der zulässigen Nennungen, auch zur Zulassung von Nachnennungen, die die Maximalzahl ggf. überschreiten
4.5 Abänderung der Anzahl der Reiter in einer Dressuraufgabe (einzeln oder zu zweit hintereinander)

§ 32
Zurückziehen der Ausschreibung

1. Die Ausschreibung einer LP kann binnen 7 Tagen nach Nennungsschluss zurückgezogen werden, wenn die gemäß § 23.1.3 verlangte Mindestzahl an Nennungen nicht erreicht ist.
2. Die Ausschreibung einer PLS kann binnen 7 Tagen nach Nennungsschluss zurückgezogen werden, wenn 1/3 der LP gemäß Ziffer 1 zurückgezogen wird.
3. Für alle veröffentlichten Ausschreibungen ist ein Zurückziehen gemäß Ziffer 2 unverzüglich bekannt zu geben.
4. Alle Nenner müssen über zurückgezogene Ausschreibungen von LP unmittelbar benachrichtigt werden.
   Teilnehmergebühren – ggf. auch Stallgeld – sind zurückzuzahlen.
5. PLS und LP können aufgrund höherer Gewalt mit Genehmigung der zuständigen Stelle (vor PLS-Beginn: FN/LK; während einer laufenden PLS: FN-/LK-Beauftragter) abgesagt werden.
6. Jede nicht gemäß Ziffer 1 oder 5 zurückgezogene LP ist durchzuführen.

IV. Nennungen

§ 33
Inhalt der Nennungen

1. Jede Nennung für nationale und internationale LP im Inland hat über das FN-Nennung-Online-Verfahren zu erfolgen. Bei internationalen Turnieren kann ggf. über ein anderes (Online-)Verfahren genannt werden.
2. Jede Nennung muss die im FN-Nennung-Online-Verfahren verlangten Angaben in der geforderten Form enthalten.
   Der Teilnehmer reserviert sich mit der Nennung für jede LP durch Eintragen der betreffenden Zahl die Anzahl der Startplätze, die er wahrnehmen möchte. Für diese reservierten Startplätze wird der Einsatz bzw. das Nenngeld zum Nennungsschluss (§ 26.2) fällig; im FN-Nennung-Online-Verfahren erfolgt die Zahlung der erforderlichen Nenngelder, Einsätze und sonstigen Gebühren durch Erteilung eines entsprechenden Einziehungsauftrages oder auf einem anderen vorgegebenen Zahlungsweg. Je LP können pro Teilnehmer max. drei Startplätze reserviert werden; maßgeblich ist die jeweilige Ausschreibung. Die Nennung im FN-Nennung-Online-Verfahren erfolgt wirksam durch Freigabe und Absenden des Nennungsdatensatzes.
3. Eine vollständige Nennung besteht aus mindestens einer Startplatzreservierung.
4. Der Teilnehmer ist für seine den Anforderungen der Ausschreibung und der LPO entsprechende Nennung verantwortlich.
5. Der Veranstalter ist verpflichtet, jede vollständige, der Ausschreibung entsprechende und termingerecht eingehende Nennung zu berücksichtigen.
6. Besitzer, Nenner und Teilnehmer erkennen mit Abgabe der Nennungen die LPO, bei internationalen LP die LPO und das RG der FEI als verbindlich an.
7. Sonderregelungen Voltigieren siehe entsprechendes Merkblatt bzw. Veröffentlichungen auf der Internetseite www.pferd-aktuell.de.

§ 34
Nennungsschluss

Nennungen für LP sind bis zum in der Ausschreibung festgelegten Nennungsschluss an den Veranstalter zu richten. Maßgebend ist der Zeitpunkt der Datenfreigabe durch den Nenner/Teilnehmer. Einzelheiten sind in den Durchführungsbestimmungen zu § 34 geregelt.

§ 35
Gültigkeit der Nennungen

1. Zur Teilnahme an PLS/LP berechtigen ausschließlich Nennungen, die bis zum Nennungsschluss über NeOn erfolgt sind. Als von der FN bestätigte Nennung gelten die im Datensatz gemäß Ziffer 2 aufgeführten Startplatzreservierungen, Teilnehmer und Pferde.
   In folgenden Fällen sind Ausnahmen möglich:
   1.1 bei LP mit vorausgehenden Qualifikationen; während derselben PLS ist keine Bestätigung durch die FN erforderlich (Meldeschluss = Nennungsschluss)

1.2 **Startplatz-Nachnennung auf Antrag des Veranstalters:** siehe Durchführungsbestimmungen zu § 35
1.3 **Teilnehmerwechsel/Startplatzübernahme:** siehe Durchführungsbestimmungen zu § 35
1.4 **Teilnehmer-Nachnennung:** siehe Durchführungsbestimmungen zu § 35
1.5 **Pferde-Nachnennung:** siehe Durchführungsbestimmungen zu § 35

2. Nach entsprechender Verarbeitung durch die FN wird dem Veranstalter ein Datensatz (per NeOn-Download) mit den Startplatzreservierungen, genannten Teilnehmern und Pferden zur Verfügung gestellt.
3. Mit der Nennung verbundene Vorbehalte sind für den Veranstalter nicht verbindlich.
4. Je Veranstaltungstag dürfen nur bei max. zwei PLS Startplätze in LP mit vorgeschriebener Maximalzahl der zulässigen Nennungen reserviert werden.

§ 36
Zurückziehen einer Nennung

Das Zurückziehen einer Nennung ist nur über das FN-Nennung-Online-Verfahren bis 24 Stunden vor dem jeweiligen Nennungsschluss zulässig (vgl. Allgemeine Geschäftsbedingungen (AGB) „NennungOnline").

V. Ergebnisse

§ 37
Ergebnislisten, Meldung der Ergebnisse

1. Für die Meldung der Ergebnisse gemäß Richterspruch nationaler und internationaler LP ist grundsätzlich nur der dem Veranstalter von der FN gemäß § 35 zur Verfügung gestellte Datensatz zu verwenden. Innerhalb von 2 Werktagen nach Beendigung der PLS ist die TORIS-Ergebnis-Datei (durch Hochladen aus TORIS) bei der FN einzureichen. Soweit vor Ort technisch möglich ist TORIS-Livescoring zu nutzen.
2. Innerhalb von 14 Tagen nach Beendigung der PLS sind Kopien aller LP-Ergebniszettel gemäß § 58.1, die Zeit- und Richtereinteilung, die Formulare für Pferde-/Teilnehmer-/Startplatznachträge sowie Mitteilungen über evtl. Änderungen der Ausschreibung bei der FN (ggf. auch per E-Mail) einzureichen.
3. Kopien aller LP-Ergebniszettel gemäß § 58.1, eine TORIS-Datensicherung, ein Programmheft (sofern vorhanden), die Zeit- und Richtereinteilung sowie Mitteilungen über evtl. Änderungen der Ausschreibung sowie Einsprüche und Ordnungsmaßnahmen im weiteren Sinne sind bei der zuständigen LK (ggf. auch per E-Mail) einzureichen.
4. Zusätzlich beizufügen sind:
   4.1 bei allen Dressur- und Spring-LP der Kl. S***/**** die Gesamt-Notenspiegel/-Rangierung der LP,
   4.2 bei allen Vielseitigkeits-LP Kl. L und höher sowie bei Kombinierten LP der Kl. S (Fahren) die kompletten Ergebnisse (inkl. detaillierter eventueller Ausschlussgründe) aller Teilnehmer und ihrer Pferde in allen Teilprüfungen.

§ 38
Registrierung der Ergebnisse

1. Die Ergebnisse aller nationalen und internationalen LP im In- und Ausland (vgl. Durchführungsbestimmungen zu § 38) werden bei der FN registriert. Für Ergebnisse, die ohne Unterschrift der zuständigen Richter eingereicht werden, kann die Registrierung abgelehnt werden.
2. Gemäß § 59.1 ist grundsätzlich mindestens ein Viertel der Teilnehmer zu platzieren. Generell können für bis zu einem Drittel der Teilnehmer die Erfolge als Platzierung registriert werden (Ausnahmen: vgl. § 24.1.4 und 1.5). Bei LP gemäß § 24.1.5 werden die Erfolge für bis zu max. zwei Drittel der Teilnehmer registriert.

VI. Durchführung von LP

§ 39
Turnierleitung

1. Für jede PLS ist eine Turnierleitung einzusetzen, deren namentliche Besetzung in der Zeiteinteilung bekannt zu geben ist. Während der Veranstaltung muss immer ein Mitglied der Turnierleitung anwesend sein.
2. Die Turnierleitung ist für die Bereitstellung der erforderlichen Infrastruktur sowie für den ordnungsgemäßen Ablauf der PLS verantwortlich.
3. Die Turnierleitung ist befugt, gegen jede Person einzuschreiten oder sie des Platzes zu verweisen, die den allgemeinen Anordnungen für einen geregelten Ablauf der PLS zuwiderhandelt oder diese auf andere Weise stört. Die Anordnung der Maßnahme kann mündlich erfolgen. Gegen eine derartige Maßnahme ist ein Einspruch nicht zulässig.
   Einer derartigen Maßnahme steht ein Ordnungsverfahren nicht entgegen.

§ 40
Arzt, Tierarzt, Hufschmied

Der Veranstalter hat für die Dauer (1/2 Stunde vor Beginn der ersten Prüfung bis 1/2 Stunde nach Ende der letzten Siegerehrung) einer PLS als Mindestanforderungen im Rahmen der Vorgaben der örtlichen Ordnungsbehörden sicherzustellen:

1. Sanitätsdienst und humanmedizinische Versorgung (siehe auch FN-Merkblatt „Organisation der Notfallvorsorge" auf www.pferd-aktuell.de):
   - Bei Anwesenheit eines Sanitätsdienstes (mindestens eine Person mit der Mindestqualifikation „Sanitätshelfer" bzw. Einsatzsanitäter) ist die Anwesenheit eines verantwortlichen Arztes, Rettungsassistenten oder Notfallsanitäters sicherzustellen.
   - Bei Anwesenheit eines Sanitätsdienstes (mindestens eine Person mit der Mindestqualifikation „Rettungssanitäter" sowie eine Person mit der Mindestqualifikation „Sanitätshelfer" bzw. „Einsatzsanitäter") ist die schnellste Einsatzbereitschaft eines verantwortlichen Arztes, Rettungsassistenten oder Notfallsanitäters sicherzustellen.

   Bei Gelände-LP (Reiten/Fahren) ist zusätzlich zur Anwesenheit eines Sanitätsdienstes die Anwesenheit eines verantwortlichen Arztes mit Erfahrung in der Versorgung schwererer Verletzungen vorgeschrieben.

   Der verantwortliche Sanitätsdienst, Arzt, Rettungsassistent und/oder Notfallsanitäter verfügen vor Ort über eine Notfallausrüstung, die geeignet ist, schwerere Verletzungen medizinisch erstzuversorgen.
2. Tierärztliche Versorgung
   Für die tierärztliche Versorgung kann grundsätzlich nur ein Tierarzt eingesetzt werden, der auf einer entsprechenden Liste einer LK als Turniertierarzt geführt wird.
   Bei allen PLS ist die Anwesenheit eines Tierarztes sowie ggf. erforderlichen Hilfspersonals vorgeschrieben (vgl. Durchführungsbestimmungen zu § 40.2). Die LK können für PLS in ihrem Bereich hierzu besondere Bestimmungen festlegen.

3. Transportmöglichkeit für verletzte Pferde
4. Hufschmied
   Bei Vielseitigkeits-LP, Teilprüfung Gelände sowie Gelände-LP Fahren ist die Anwesenheit vorgeschrieben. Bei allen sonstigen LP ist die Anwesenheit eines Hufschmieds, sofern vorgesehen, in der Ausschreibung bekanntzugeben.
5. Medi-Kontrollboxen
   Das Vorhandensein einer Örtlichkeit (i.d.R. einer Box) für die Durchführung von Medikationskontrollen ist vorgeschrieben.

§ 41
Parcourschef

1. Parcourschef
   Für Spring- und Gelände-LP sowie Hindernisfahr-LP ist ein Parcourschef einzusetzen.
   1.1 Parcourschefs sind Sachverständige, die auf der Parcourschef-Liste der LK mit den entsprechenden Qualifikationen geführt werden und sich den Regeln der LPO und ihrer Rechtsordnung unterworfen haben.
   1.2 Die Anerkennung als Parcourschef für nationale Spring-, Fahr- und Gelände-LP erteilt die LK unter anderem auf der Grundlage der bestandenen Parcourschef-Prüfung gemäß APO. Evtl. erforderliche Fortbildungsmaßnahmen für die Fortschreibung der Anerkennung sind in der APO bzw. den Richtlinien für Turnierfachleute der zuständigen LK geregelt.
   Für die Teilprüfung Springen bei Vielseitigkeits-LP können sowohl Parcourschefs mit entsprechender Vielseitigkeits- als auch Spring-Qualifikation eingesetzt werden.
   1.3 Das Verfahren zur Höherqualifikation ist in der APO bzw. den Richtlinien für Turnierfachleute der zuständigen LK geregelt.
   1.4 Die für internationale LP anerkannten Parcourschefs werden in einer Liste bei der FN geführt, die unter www.fn-erfolgsdaten.de veröffentlicht wird.
   1.5 Der Parcourschef oder der von ihm beauftragte qualifizierte Parcourschef-Assistent hat bei LP, die er betreut, grundsätzlich anwesend zu sein.
   1.6 Der Parcourschef ist von der Teilnahme an allen LP ausgeschlossen, an deren Aufbau er beteiligt ist.
2. Parcourschef-Anwärter
   Als Parcourschef-Anwärter gelten diejenigen Personen, die auf der Parcourschef-Anwärterliste der entsprechenden LK geführt werden.
3. Parcourschef-Assistent/-Helfer
   3.1 Bei jeder PLS mit Spring-/Vielseitigkeits- bzw. Fahr-LP ist eine ausreichende Zahl an Parcourshelfern sowie ein Parcourschef-Assistent (Ausnahme: Fahr-LP bis Kl. M) erforderlich.
   3.2 Der Parcourschef-Assistent ist eine mit dem Parcourschef abzustimmende fachkundige Person. Bei PLS mit Spring-/Vielseitigkeits-LP der Kl. S muss der Parcourschef-Assistent mindestens die Parcourschef-Qualifikation SL/GL nachweisen können.

3.3 Parcourshelfer werden zur Unterstützung des Parcourschefs benötigt und entsprechend eingesetzt.

4. Aufgaben des Parcourschefs

4.1 Der Parcourschef ist an die Ausschreibung und die LPO gebunden. Er gestaltet nach freiem Ermessen unter Berücksichtigung der Vorgaben der LPO pferdesportgerechte Parcours.

4.2 Der Parcourschef ist für den regelgerechten Aufbau des Parcours der jeweiligen LP verantwortlich. In diesem Sinne ist der Parcourschef unbeschadet der Zuständigkeit der Richter auch verantwortlich für die Kontrolle der technischen Voraussetzungen und die Tätigkeit der eingesetzten Parcourschef-Assistenten und -helfer.

4.3 Zu diesen Aufgaben gehören insbesondere:
- praktischer Aufbau des Parcours gemäß Ausschreibung und Regelwerk
- Dokumentation in Form einer Parcoursskizze für Teilnehmer und Richter
- Parcoursabnahme in Abstimmung mit den zuständigen Richtern
- das Messen der Gesamtlänge des Parcours
- Festlegung der erlaubten Zeit
- Überprüfung des Hindernismaterials auf dem Vorbereitungsplatz
- Kontrolle der Rahmenbedingungen vor und während der PLS wie z.B. Hindernismaterial, Boden, technische Einrichtungen auf den Vorbereitungs- und Prüfungsplätzen

§ 42
Meldestelle, Rechenstelle

1. Bei jeder PLS ist eine Meldestelle und ggf. eine Rechenstelle einzurichten. Für offizielle Bekanntmachungen ist eine Tafel – das „Schwarze Brett" – anzubringen.

2. In der Meldestelle müssen bei PLS vorhanden sein:

2.1 die LPO mit Durchführungsbestimmungen sowie allen Änderungen und Ergänzungen sowie die gültigen Besonderen Bestimmungen der jeweiligen LK

2.2 ein Aufgabenheft zur LPO mit allen Änderungen und Ergänzungen

2.3 ein FN-Medi-Kontroll-Kit

2.4 Informationen für die Presse

2.5 EDV, Internetzugang empfohlen

2.6 funktionstüchtiges Telefon

2.7 die Mobilnummern von Arzt/Sanitätsdienst, Tierarzt, Hufschmied sowie bei Vielseitigkeits- und Gelände-LP die Mobilnummer des TD

2.8 die genehmigte Ausschreibung sowie alle Änderungen und Ergänzungen

2.9 die sportfachlichen Daten der Teilnehmer und Pferde

3. Der Meldestelle obliegen insbesondere folgende Aufgaben:

3.1 ggf. die Beantwortung bzw. Regelung allgemeiner organisatorischer Fragen

3.2 die Entgegennahme von Startmeldungen sowie die Registrierung von Teilnehmer- bzw. Pferdenachträgen, Einziehung von Startgeldern etc.

3.3 die Erstellung der Starterlisten

3.4 die Ausgabe der Rücken-, Gespann- bzw. Armnummern sowie ggf. der Nummernschilder
3.5 ggf. die Überprüfung der Reit-/Fahr-/Longenführer-/Voltigierausweise (FN-Jahresturnierlizenzen)
3.6 die Entgegennahme von Anträgen, Einsprüchen und Beschwerden
3.7 die Zusammenstellung und Bekanntgabe der Ergebnisse
3.8 ggf. die Auszahlung der Geldpreise

§ 43
Zeiteinteilung

1. Die endgültige Zeiteinteilung ist 5 Tage vor Beginn einer PLS im NeOn-Turnierkalender zu veröffentlichen und der LK bzw. FN (vgl. § 2.2) und dem LK- bzw. FN-Beauftragten 8 Tage vor Beginn einer PLS zuzusenden.
   Diese muss enthalten:
   - Startfolgeregelung
   - Richtereinteilung einschließlich Aufsicht Vorbereitungsplatz
   - Parcourschef
   - Turnierleitung
   - Angabe über die Anwesenheit, Abwesenheit oder schnellste Einsatzbereitschaft eines Hufschmiedes
2. PLS können bei großem Nennungsergebnis bis zu einen Tag früher beginnen oder später enden, als es in dem vorläufigen Zeitplan gemäß § 23.1.11 vorgesehen war.
3. Jede wesentliche Änderung der Zeiteinteilung nach der Veröffentlichung bedarf der Zustimmung des FN-/LK-Beauftragten. Sie ist während der PLS am „Schwarzen Brett" und über Lautsprecher bekannt zu machen.
4. Muss eine LP infolge höherer Gewalt unterbrochen werden, ist sie baldmöglichst da fortzusetzen, wo sie unterbrochen wurde. Die rechtzeitige und eindeutige Unterrichtung der Teilnehmer über den Zeitpunkt der Fortsetzung ist sicherzustellen.
5. Die Zeiteinteilung muss die vorgesehenen Zeiten für Verfassungsprüfungen verbindlich vorgeben, sofern sie vorgeschriebener Teil der LP innerhalb der PLS sind.

§ 44

– gestrichen –

§ 45
Meldeschluss

1. Für jede LP ist ein Meldeschluss festzulegen. Sofern nicht anders geregelt, ist der Meldeschluss jeweils eine Stunde vor Beginn der LP gemäß Zeiteinteilung bzw. bei mehreren Abteilungen eine Stunde vor Beginn der entsprechenden Abteilung gemäß Zeiteinteilung.
2. Mit Erklärung der Startbereitschaft bis zum Meldeschluss bestimmt der Teilnehmer diejenigen zum Turnier genannten bzw. ordnungsgemäß nachgetragenen Pferde, die er auf seinen reservierten Startplätzen gemäß Ausschreibung/LPO einsetzen möchte.

3. Nicht startende Teilnehmer bzw. Pferde sind unverzüglich an der Meldestelle abzumelden.
4. Bei V-LP mit Verfassungsprüfungen ist der Meldeschluss im Anschluss an diese festzulegen.

§ 47
Nummernschilder, Rücken-, Gespann- bzw. Armnummern

Während der gesamten PLS sind die vom Veranstalter ausgegebenen oder zugelassenen Nummernschilder deutlich sichtbar anzubringen. Maße und Beschaffenheitsvorschriften: vgl. Durchführungsbestimmungen zu § 47.
Bei Geländeritten sind eigene Rückennummern zugelassen, sofern in der Ausschreibung nicht anders vorgesehen.
Bei Gelände-LP Fahren und bei V-LP sind außerdem grundsätzlich die vom Veranstalter ausgegebenen oder zugelassenen Rücken-, Gespann- bzw. Armnummern anzubringen.

§ 48
Startfolge

1. Die Startreihenfolge wird durch die alphabetische Startfolgeregelung (maßgeblich ist in der Regel der Pferdename, bei Gespannen der Nachname des Fahrers) bestimmt, sofern die Ausschreibung nicht etwas anderes besagt (z.B. Los, Teilnehmername, Ranglistenpunkte, Ergebnis vorausgehender Qualifikationen/Umläufe). Dies gilt auch für die Reihenfolge der startenden Pferde eines Teilnehmers mit mehreren Pferden; Verstöße gegen diese Vorschrift führen zur Disqualifikation des Teilnehmers. Ausnahme: In Basis- und Aufbau-LP dürfen Teilnehmer mit mehreren Pferden die Reihenfolge dieser selbst festlegen.
   In LP gemäß Teil B IV. (Dressur-LP) mit Abteilungsreiten sowie LP gemäß Teil B III. (Basis- und Aufbau-LP), B V. (Spring-LP) und B VIII. (Kombinierte LP) sollen Ponys grundsätzlich separat starten.
   Die Startfolge einer LP ist grundsätzlich sofort nach Meldeschluss bekannt zu geben.
2. Teilnehmer mit mehreren Starts in einer LP sind nach Möglichkeit so einzuordnen, dass zwischen zwei Starts **wenigstens** acht, möglichst mehr, andere Teilnehmer starten. Wird dazu eine Verschiebung in der Starterliste erforderlich, ist diese, wenn möglich, nach vorne vorzunehmen.
3. Abweichungen von der alphabetischen Startfolgeregelung können in besonders begründeten Fällen von der zuständigen Richtergruppe genehmigt werden.

§ 49
Start

1. Jedes Pferd darf in jeder LP nur einmal gestartet werden (Ausnahme: V-LP sowie § 66.6.2).
2. Bei Stafetten- und Mannschafts-LP gilt die Stafette bzw. die Mannschaft als ein Starter.
3. Vor dem Start ist der Gruß der Teilnehmer vor den Richtern grundsätzlich vorgeschrieben.

4. Als Starter gilt, wer den Prüfungsplatz mit der Absicht, die Prüfung zu absolvieren, betritt.
5. Jeder Teilnehmer hat selbst Sorge für seine rechtzeitige Startbereitschaft zu tragen und muss wenigstens 1/2 Stunde vor Beginn der LP gemäß Zeiteinteilung zur Verfügung stehen. Der Aufforderung zum Einreiten/Einfahren/Einlaufen auf den Prüfungsplatz ist sofort nachzukommen.
6. Der Veranstalter hat für einen ordnungsgemäßen Ablauf am Einlass Sorge zu tragen.

§ 50
Teilung von LP

Nationale LP müssen je nach Nennungszahl (vgl. Ziffer 2) geteilt werden; nach Möglichkeit sind sie, sofern die Abteilungen eine ausreichende Anzahl an Teilnehmern aufweisen, in ihren Abteilungen getrennt durchzuführen. Die Teilungskriterien/Abteilungen sind in der Zeiteinteilung anzugeben.
Wird nach Leistungsklassen der Teilnehmer bzw. nach Leistungsklassen kombiniert mit Ranglistenpunkten der Teilnehmer geteilt, sind die Bestimmungen der §§ 400.5 bzw. 500.7 zu berücksichtigen. Qualifikations-LP sind ab Kl. M grundsätzlich nicht nach Leistungsklassen und/oder Ranglistenpunkten zu teilen.
Die Teilung von Basis- und Aufbau-LP hat möglichst nach Alter der Pferde unter Berücksichtigung des § 50.3 zu erfolgen.

1. Die Teilung von LP gemäß Teil B III.1 **(Basis-LP)** erfolgt nach Ermessen des Veranstalters und der Richter, mindestens jedoch gemäß Ziffer 2.
2. Teilung von LP gemäß Teil B III.2 **(Aufbau-LP)**, B IV. **(Dressur-LP)** Kl. E bis S, B V. **(Spring-LP)** Kl. E bis M, B VI. **(Vielseitigkeits- und Gelände-LP)** Kl. E bis M, Teil B VII. **(Fahr-LP)** Einspänner Kl. E bis S und B VIII. **(Kombinierte LP)**:

Anzahl Abteilungen	Zahl der Nennungen:		
	muss	**kann**	**darf nicht**
2 Abteilungen:	51–100	36– 50	unter 36
3 Abteilungen:	101–150	72–100	unter 72
4 Abteilungen:	151–200	108–150	unter 108
5 Abteilungen:	201–250	144–200	unter 144

3. Eine LP ist so zu teilen, dass je Abteilung mindestens 12 Nennungen vorliegen (Ausnahme: siehe Ziffer 1).
4. LP gemäß Teil B V. **(Spring-LP)** Kl. S und B VI. **(Vielseitigkeits-LP)** VS/GVS: Eine Teilung in höchstens zwei Abteilungen ist möglich, wenn die Zahl der Nennungen 100 übersteigt.
5. Teilung von LP gemäß Teil B VII. **(Fahr-LP)** außer Einspänner:

Anzahl Abteilungen	Zahl der Nennungen:		
	muss	**kann**	**darf nicht**
2 Abteilungen:	31– 60	19–30	unter 19
3 Abteilungen:	61– 90	38–60	unter 38
4 Abteilungen:	91–120	57–90	unter 57

   Eine LP ist so zu teilen, dass je Abteilung mindestens 9 Nennungen vorliegen.
6. Die Teilungsvorgaben gelten auch für eine ggf. nachträgliche, zusätzlich notwen-

dig werdende Teilung nach Veröffentlichung der LP bzw. Einteilung in Abteilungen in der Zeiteinteilung (z.B. durch Startplatznachträge). Als Teilungskriterium wird dann „erbrachte Leistung" empfohlen.

7. Teilung von LP gemäß Teil B II. **(Voltigier-LP)**:
   Eine Teilung ist nach einem der folgenden Kriterien zulässig:
   7.1 Zahl der Starter:
   - bei mehr als 12 Gruppen
   - bei mehr als 20 Einzelvoltigierern
   - bei mehr als 10 Paaren

   7.2 Alter
   in der Kl. A: Voltigiergruppen mit Voltigierern, die im laufenden Kalenderjahr höchstens 16 Jahre alt werden (A16) und Voltigiergruppen mit Voltigierern, die älter sind
   in der Kl. L: Voltigiergruppen mit Voltigierern, die im laufenden Kalenderjahr höchstens 18 Jahre alt werden (L18), und Voltigiergruppen mit Voltigierern, die älter sind

   7.3 Leistung
   in der Kl. M: Voltigiergruppen, die in der Kl. M noch nicht zweimal die Wertnote 6,3 oder besser erreicht haben (M*), und solche, die mindestens zweimal diese Note erreicht haben (M**)

   7.4 in der Kl. S: Voltigiergruppen, die in der Kl. S noch nicht zweimal die Wertnote 7,0 oder besser erreicht haben (S*), und solche, die mindestens zweimal diese Note erreicht haben (S**)

   7.5 Geschlecht
   beim Einzelvoltigieren

§ 51
Prüfungs- und Vorbereitungsplätze

Vorbemerkung:

Die Prüfungsplätze müssen für die Durchführung der betreffenden LP geeignet sein. Der Veranstalter hat für eine den Erfordernissen entsprechende Pflege Sorge zu tragen. Eine Umgrenzung ist sicherzustellen.

A. Dressur-LP, Dressurreiter-LP, Dressurpferde-LP, Gewöhnungs-, Reitpferde- und Eignungs-LP

Für die Durchführung von Dressur-LP oder einer Teilprüfung Dressur, Dressurreiter-LP, Dressurpferde-LP, Gewöhnungs-, Reitpferde- und Eignungs-LP ist ein Viereck gemäß Aufgabenheft erforderlich. Dieses ist deutlich zu markieren, mindestens durch:

- Kennzeichnung der Ecken mit bis zu 40 cm hohen Begrenzungen, sofern nicht durch Hallenbande oder ortsfeste Viereck-Umzäunung vorgegeben,
- Kennzeichnung der Mittelpunkte der langen und kurzen Seiten mit bis zu 40 cm hohen Begrenzungen und Kegeln,
- Kennzeichnung der Zirkel- und Wechselpunkte mit Kegeln und Anbringung der Buchstaben gemäß Aufgabenheft zur LPO.
  Ab Kl. M muss das Viereck geschlossen sein (Ausnahme Einritt).

Im Einzelnen gilt für

1. **Basis-LP**
   I. Das Viereck für die Durchführung von Gewöhnungs-, Reitpferde- und Eignungs-LP muss folgende Größe aufweisen:
      a) bei Gewöhnungs- und Eignungs-LP:
         mindestens 20 x 40 m
      b) bei Reitpferde-LP:
         grundsätzlich 20 x 60 m, ggf. 20 x 40 m oder auch sonstige Maße bei einer Mindestbreite von 20 m
2. **Dressur-LP, Dressurreiter-LP, Dressurpferde-LP bzw. Teilprüfung Dressur**
   Der Platz für die Durchführung von Dressur-LP für Reitpferde oder einer Teilprüfung Dressur (Reiten) muss je nach Ausschreibung die Maße 20 x 40 m oder 20 x 60 m aufweisen.
   Für die Richtergruppe sollen (ca. 50 cm hohe) erhöhte Arbeitsplätze (z.B. Podium) bereitgestellt werden.

B. Spring-LP, Springpferde-LP bzw. Teilprüfung Springen

1. Der Platz für die Durchführung von Spring-LP, Springpferde-LP oder einer Teilprüfung Springen muss folgende Mindestmaße aufweisen:
   In der Halle:

Kl. E bis M*:	800 m²	(Mindestbreite 20 m)
Kl. M** und höher:	1200 m²	(Mindestbreite 20 m)

   Im Freien:

Kl. E bis M*:	ca. 2800 m²	(durchschnittlich Mindestbreite 40 m)
Kl. M** und höher:	ca. 4000 m²	(durchschnittlich Mindestbreite 50 m)

   Eine evtl. Unterschreitung ist von der zuständigen LK zu genehmigen und in der Ausschreibung bekannt zu geben.
2. Ein Springplatz im Freien, auf dem Spring-LP Kl. M und/oder Kl. S ausgetragen werden, muss über mindestens einen, ggf. mobilen, Wassergraben verfügen.

C. Fahr-LP

1. **Dressur-LP Fahren, Fahrpferde-LP, Eignungs-LP und Gebrauchs-LP Fahren**
   Für die Durchführung von Dressur-LP Fahren, Fahrpferde-LP, Eignungs-LP und Gebrauchs-LP Fahren ist ein Viereck gemäß Aufgabenheft erforderlich. Dieses ist deutlich zu markieren, mindestens durch
   a) Kennzeichnung der Ecken mit bis zu 40 cm hohen Begrenzungen,
   b) Kennzeichnung der Mittelpunkte der langen und kurzen Seiten mit bis zu 40 cm hohen Begrenzungen und Kegeln,
   c) Kennzeichnung der Zirkel- und Wechselpunkte mit Kegeln und ggf. Anbringung der Buchstaben gemäß Aufgabenheft zur LPO.

   Ab Kl. S muss das Viereck komplett geschlossen sein (Ausnahme Einfahrt).
   Der Platz für die Durchführung von Dressur-LP für Fahrpferde, Fahrpferde-LP, Eignungs-LP und Gebrauchs-LP für Fahrpferde oder einer Teilprüfung Dressur (Fahren) muss je nach Ausschreibung folgende Maße aufweisen:
   – Dressur-LP für Ein- und Zweispänner:
     je nach Ausschreibung 30 x 60 m, 40 x 80 m oder 40 x 100 m, bei Hallen-LP mindestens 20 x 40 m

- Dressur-LP für Vier- und Mehrspänner:
  40 x 80 m, 40 x 100 m, bei Hallen-LP mindestens 30 x 60 m
- Fahrpferde-, Eignungs- und Gebrauchs-LP für Fahrpferde:
  30 x 60 m, 40 x 80 m bzw. 40 x 100 m, bei Hallen-LP je nach Ausschreibung, jedoch mindestens 20 x 40 m

2. **Hindernisfahr-LP**
   Der Platz für die Durchführung von Hindernisfahr-LP muss folgende Mindestmaße aufweisen:
   In der Halle:

Kl. E bis M:	800 m^2	(Mindestbreite 20 m)
Kl. S:	1200 m^2	(Mindestbreite 25 m)

   Im Freien:

Kl. E bis M:	ca. 4000 m^2	(Mindestbreite 50 m)
Kl. S:	ca. 5000 m^2	(Mindestbreite 50 m)

D. Voltigier-LP
Der Prüfungsplatz muss mindestens einen Durchmesser von 20 m haben. Bei überdachten Prüfungsplätzen sollte die lichte Höhe mindestens 5 m betragen. Der Abstand zwischen Zirkel und Umgrenzung sollte mindestens 2 m betragen.

E. Vorbereitungsplätze

1. Bei jeder PLS muss mindestens ein Vorbereitungsplatz vorhanden sein. Der Vorbereitungsplatz muss in der Nähe des Prüfungsplatzes liegen und als solcher ausgewiesen sein. Seine Größe muss in angemessenem Verhältnis zum Prüfungsplatz stehen und im Regelfall mindestens 20 x 60 m – Vorbereitungshallen mindestens 20 x 40 m – betragen. Eventuelle Abweichungen nach unten sind von der zuständigen LK zu genehmigen und in der Ausschreibung zu veröffentlichen. Er ist in geeigneter Form abzugrenzen.
2. Die Bodenverhältnisse auf dem Vorbereitungsplatz sind ebenso sorgfältig zu beachten und in Ordnung zu halten wie auf dem Prüfungsplatz.
3. Werden mehrere Disziplinen gleichzeitig ausgetragen, sind für jede Disziplin gesonderte Vorbereitungsplätze bereitzustellen.
4. Für das Longieren von Pferden ist nach Möglichkeit ein gesonderter Platz bereitzustellen.
5. Auf dem Vorbereitungsplatz ist grundsätzlich nur das vom Veranstalter bereitgestellte Hindernismaterial zugelassen. Das Hindernismaterial muss in einwandfreiem Zustand sein und ist in Sprung- bzw. Fahrrichtung dauerhaft auszuflaggen oder zu markieren. Der Veranstalter hat mindestens bereitzustellen:
   - für Spring-LP: mindestens je einen Steilsprung (zwei Ständer und mindestens drei Stangen) und einen Hochweitsprung (vier Ständer und mindestens vier Stangen) sowie nach Möglichkeit einen Trabsprung, maximale Höhe 1,00 m,
   - für Hindernisfahren: mindestens vier Kegelpaare.
6. Für Geländeritte, Geländepferde-LP und die Teilprüfung Gelände bei Vielseitigkeits-LP etc. sind zum Galoppieren im Prüfungstempo geeignete Vorbereitungsmöglichkeiten mit mindestens drei Übungshindernissen, davon mindes-

tens zwei geländetypische Hindernisse in den Abmessungen der jeweiligen Klasse entsprechend, bereitzustellen.

7. Für Gelände-LP (Fahren) ohne Wege- und Schrittstrecke sind ausreichende Aufwärmmöglichkeiten (außerhalb der Streckenführung) für die teilnehmenden Gespanne sicherzustellen, z.B. entsprechend große Plätze, Rundkurse o.Ä. Ein oder mehrere Übungshindernis/se ist/sind zulässig, sofern diese/s vom aufsichtsführenden Richter einsehbar ist/sind.
8. Für Voltigier-LP muss mindestens ein Vorbereitungsplatz, der wie der Prüfungsplatz beschaffen sein soll, zur Verfügung stehen.
9. Für die Aufsicht auf dem Vorbereitungsplatz ist ein ausgewiesener, angemessener Arbeitsplatz mit Verbindungsmöglichkeiten zu den übrigen Richtern der betreffenden LP bereitzustellen.

§ 52
Verhalten auf PLS und Aufsicht

1. Teilnehmer an PLS (sowie dem Teilnehmer zuzuordnende Personen, z.B. Ausbilder, Besitzer, Pfleger, Beifahrer) sind auf dem gesamten, dem Turnierablauf dienenden Gelände sowie in dessen Umgebung zur sportlich-fairer Haltung verpflichtet.
2. **Unsportliches Verhalten**
   Als unsportliches Verhalten ist insbesondere anzusehen:
   a) die unangemessene und/oder aggressive Einwirkung des Teilnehmers, die erkennbar zu Stress- oder Schmerzsymptomen des Pferdes führt
   b) Überforderung des Leistungsvermögens eines Pferdes
   c) Rücksichtslosigkeit gegenüber anderen
   d) Anwendung im Rahmen von PLS unzulässiger Trainingsmethoden, dazu zählen u.a.
      - die Benutzung unzulässiger Hilfsmittel/Ausrüstung
      - das Überwinden von Hindernissen, die gemäß Durchführungsbestimmungen zu § 52 zu den nicht erlaubten Aufbauarten zählen
      - das bewusste „Hineinreiten" in ein Hindernis
      - das Festhalten eines Hindernisteils (auch Ständer)
      - die „Arbeit an der Hand" (Ausnahme Longieren)
3. **Aufsicht**
   a) **Vorbereitungsplätze**
      1. Für den Vorbereitungsplatz ist ein zuständiger Richter, für V-LP mindestens eine Person mit APO-Ausbilderqualifikation, als Aufsicht einzuteilen. Diese Position muss spätestens 1/2 Stunde vor Beginn der ersten LP bis zum Ende der jeweils letzten LP der PLS bzw. des Tages besetzt sein.
         Der ausgewiesene Arbeitsplatz sowie der aufsichtführende Richter sowie gegebenenfalls eingesetzte Hilfsrichter sind in geeigneter Weise kenntlich zu machen.
      2. Die Aufsicht auf dem Vorbereitungsplatz ist berechtigt und verpflichtet, die Ordnung aufrechtzuerhalten. Bei Verdacht auf Anwendung unzulässiger Trainingsmethoden/Benutzung unzulässiger Hilfsmittel bzw. Ausrüstung hat die Aufsicht unmittelbar einzuschreiten.

3. Bei unsportlichem Verhalten hat die Aufsicht eine mündliche Rüge auszusprechen; zusätzlich kann diese durch das Zeigen der „Gelben Karte“ visualisiert werden.
4. Sie kann bei wiederholtem oder grobem unsportlichem Verhalten oder bei Gefahr für die Gesundheit von Pferden und Teilnehmern den sofortigen Ausschluss des betreffenden Pferde-/Teilnehmer-Paares (bzw. Gespanns) von der betreffenden LP verfügen; zusätzlich kann dieser durch das Zeigen der „Roten Karte“ visualisiert werden.
5. Gegen die Rüge bzw. den Ausschluss von der LP ist ein Einspruch nicht zulässig.
6. Die Aufsicht auf dem Vorbereitungsplatz hat Verstöße gemäß § 920 dem FN-/LK-Beauftragten und/oder Veranstalter zur Einleitung eines Ordnungsverfahrens unverzüglich anzuzeigen.
7. Maßnahmen gemäß Ziffer 3.a).3 bzw. 3.a).4 (Rüge bzw. Gelbe Karte/Ausschluss von der betreffenden LP bzw. Rote Karte) sind am „Schwarzen Brett“ der Veranstaltung bekannt zu machen und im LK-/FN-Beauftragten-Bericht zu vermerken.

b) **Prüfungsplatz**
Vergleiche § 55.6 sowie die einschlägigen Regelungen der Besonderen Bestimmungen (Teil B) der LPO.

c) **Übriges Turniergelände (inkl. Stallbereich)**
Im Übrigen obliegt die Aufsicht – ggf. in Abstimmung mit dem FN-/LK-Beauftragten (vgl. § 53) – der Turnierleitung (vgl. § 39.2 und 3).

4. Veranstalter/Turnierleitung (vgl. § 39) haben für geeignete Kontrollmaßnahmen und die Bereitstellung des erforderlichen Personals Sorge zu tragen.

Notizen

VII. Beaufsichtigung von LP, Platzierung und Beurteilung

§ 53
FN-/LK-Beauftragter/Technischer Delegierter

1. Die LK haben für jede PLS einen Sachverständigen als Beauftragten zu benennen. Bei Bundesveranstaltungen bzw. von der FN vergebenen Veranstaltungen oder Prüfungen sowie bei internationalen PLS wird ein FN-Beauftragter im Einvernehmen mit der zuständigen LK benannt.
2. LK-Beauftragte sind Sachverständige, die auf einer Liste der LK geführt werden, FN-Beauftragte sind nationale oder internationale Richter, Parcourschefs, Technische Delegierte oder Stewards. FN-/LK-Beauftragte vertreten auf PLS die FN und die LK.
3. Der FN-/LK-Beauftragte ist zuständig für die Abnahme der technischen Voraussetzungen, u.a.:
   - Prüfungs- und Vorbereitungsplätze einschließlich Aufsicht, ggf. Geländestrecke
   - Hindernismaterial
   - Zeitnahme
   - Melde- und Rechenstelle
   - Notfallvorsorgedienste – z.B. Arzt und Sanitätsdienst, Tierarzt, Hufschmied etc. (vgl. § 40)
   - Pferdeunterbringung, Behandlungsmöglichkeiten für verletzte Pferde, ggf. separate Boxen für Medikationskontrollen sowie Einrichtungen für die Pfleger
   - Parkmöglichkeiten für Pferdetransporter
   - vorgesehene Kontrollmaßnahmen auf dem gesamten Turniergelände sowie dafür bereitgestelltes Personal

   Hierzu hat er rechtzeitig vor Beginn der PLS mit dem Veranstalter Verbindung aufzunehmen. Eine Delegierung von Einzelbereichen auf andere Richter ist möglich.
4. Der FN-/LK-Beauftragte hat das Recht, im Einvernehmen mit der Turnierleitung und ihren zuständigen Mitarbeitern notwendige Änderungen in Organisation und Anforderungen vornehmen zu lassen. Er ist über alle wesentlichen Entscheidungen der Turnierleitung zu unterrichten, bestimmte Entscheidungen können nicht ohne seine Zustimmung getroffen werden; dazu gehören insbesondere:
   4.1 Änderung der Ausschreibung während einer PLS (§ 31.3)
   4.2 Abbruch/Absage von LP bei höherer Gewalt (§ 32.5)
   4.3 ggf. Kontrolle der Ergebnislisten (§ 37)
   4.4 wesentliche Änderungen der bekannt gegebenen Zeiteinteilung (§ 43)
   4.5 Kontrolle bzw. Genehmigung von LPO-Ausnahmen hinsichtlich folgender Bestimmungen:
      a) Teilnehmer-Nachnennung (§ 35.1.4)
      b) Pferde-Nachnennung (§ 35.1.5)
      c) Ausnahmen zu Startfolge (§ 48), Startbereitschaft (§ 49.5)
      d) ggf. Teilnahmeberechtigung von Teilnehmern und Pferden (§§ 64/65)
      e) sonstiger LPO-Vorschriften, sofern dazu gemäß LPO ermächtigt
   4.6 ggf. Anordnung von Verfassungsprüfungen/Identitätskontrollen/Pferdekontrollen/Medikationskontrollen/Fitnesskontrollen (§ 67)

4.7 Tätigwerden bei jeder Art von Verstößen gegen die LPO
4.8 Abfassung eines LK-Beauftragten-Berichts

5. Der FN-/LK-Beauftragte hat die Pflicht, bei Streitfällen vermittelnd einzugreifen. Er ist über alle Einsprüche zu unterrichten und ist vor einem evtl. Ordnungsverfahren hinzuzuziehen; insbesondere bei evtl. Ordnungsmaßnahmen der Turnierleitung (§ 924) und/oder bei Einleitung eines Ordnungsverfahrens wegen Verstoßes gegen die Bestimmungen des § 52 (Verhalten auf PLS und Aufsicht) bzw. § 55.6.
6. Der Name des FN-/LK-Beauftragten ist im Programm oder am „Schwarzen Brett" bekannt zu geben.
7. Beim Unfall eines Teilnehmers und daraus resultierender Einweisung in ein Krankenhaus ist durch den FN-/LK-Beauftragen ein entsprechender Bericht an die LK und an die FN zu senden (s. FN-Formular „Unfallbericht" in der Broschüre „Organisation für Notfallvorsorge auf Turnieren" auf www.pferd-aktuell.de.
8. Bei Gelände- und Vielseitigkeits-LP (Reiten)
   - Der TD überprüft und genehmigt die technischen und administrativen Voraussetzungen für die Durchführung einer Gelände- bzw. Vielseitigkeits-LP/-PLS.
   - Bei allen drei Teilprüfungen einer Vielseitigkeits-LP hat der TD die Strecken, Plätze, Umgrenzungen etc. zu überprüfen und abzunehmen, einschließlich Beschaffenheit und Abmessungen der Hindernisse aller Strecken, mit besonderem Augenmerk auf einen angemessenen Schwierigkeitsgrad der ausgeschriebenen Prüfungsklasse.
     Deshalb muss er die Strecken frühzeitig besichtigen, damit noch Änderungen vorgenommen werden können. Er hat die Einweisung und den Einsatz des Hilfspersonals sicherzustellen. Er hat die Teilnehmerbesprechung (das „Briefing") durchzuführen bzw. sicherzustellen, dass alle wichtigen Informationen den Teilnehmern zugänglich gemacht werden.
   - Die alleinige Zuständigkeit liegt so lange beim TD, bis er der Richtergruppe mitgeteilt hat, dass er mit den Prüfungsbedingungen einverstanden ist. Danach wird er weiterhin technische und administrative Angelegenheiten überwachen und der Richtergruppe und dem Veranstalter beratend zur Seite stehen.
   - Ggf. notwendige Veränderungen an der abgenommenen Geländestrecke können nicht ohne seine Mitwirkung vorgenommen werden.
   - Er kontrolliert das vorläufige Ergebnis jeder einzelnen Teilprüfung sowie das Endergebnis.
   - Er hat alle Anfragen bzgl. unklarer Ergebnisse, einschließlich der deswegen zu vergebenden Strafpunkte, zu überprüfen und der Richtergruppe Vorschläge hinsichtlich einer zu treffenden Entscheidung zu unterbreiten.
   - Der TD hat die Befugnis, einen Teilnehmer auf einer Geländestrecke zu verwarnen bzw. anzuhalten, wenn „gefährliches Reiten" vorliegt, ein Teilnehmer ein erschöpftes Pferd reitet, bei übertriebenem Vorwärtstreiben eines müden Pferdes, wenn ein offensichtlich lahmes Pferd geritten wird, bei übertriebener Anwendung der Gerte und/oder Sporen oder wenn ein Teilnehmer nicht sicher reitet.
   - Der TD hat im Anschluss an die Geländeprüfungen zur Analyse eine Nachbesprechung („Debriefing") zu organisieren, an der die zuständigen Richter

und Parcourschef(s) der Prüfungen sowie jeweils mindestens ein (erfahrener) Reitervertreter teilnehmen.
- Der TD hat der zuständigen Geschäftsstelle Bericht zu erstatten.

Bei Gelände- und Vielseitigkeits-LP (Reiten) der Klasse E können diese Aufgaben auch durch einen Richter/Parcourschef mit den entsprechenden Qualifikationen wahrgenommen werden.

9. Bei Vielseitigkeits- bzw. Kombinierten LP Fahren (mit Geländeprüfungen) werden die unter Ziffer 3 bis 8 genannten Aufgaben sinngemäß durch einen Technischen Delegierten Fahren wahrgenommen. Dieser ist im Regelfall Mitglied der Richtergruppe sowie LK- bzw. FN-Beauftragter.

§ 54
Richter, Richteranwärter, Hilfsrichter

1. **Richter**
   1.1 Richter sind Sachverständige, die auf der Richterliste ihrer LK (maßgeblich ist der erste Wohnsitz des Richters, sofern nicht einvernehmlich zwischen den beteiligten LK anderweitig vereinbart) mit den entsprechenden Qualifikationen geführt werden und sich den Regeln der LPO und ihrer Rechtsordnung unterworfen haben. Sie sind ehrenamtlich tätig.
   1.2 Die Anerkennung als Richter für nationale LP zunächst bis zur Kl. L im Reiten, bis zur Kl. A im Fahren bzw. als Voltigierrichter erteilt die LK nach bestandener Richterprüfung gemäß APO. Die Fortschreibung der Anerkennung inkl. ggf. erforderlicher Fortbildungsmaßnahmen sind in der APO bzw. den Richtlinien für Turnierfachleute der zuständigen LK geregelt.
   1.3 Das Verfahren zur Höherqualifikation ist in der APO bzw. den Richtlinien für Turnierfachleute der zuständigen LK geregelt.
   1.4 Die für internationale LP anerkannten Richter werden in einer Liste bei der FN geführt, die unter www.fn-erfolgsdaten.de veröffentlicht wird.
2. **Richteranwärter**
   Als Richteranwärter gelten diejenigen Personen, die auf der Turnierfachleuteliste ihrer Landeskommissionen als solche geführt werden.
3. **Hilfsrichter**
   Hilfsrichter können zur Unterstützung der Richter eingesetzt werden. Ihre Aufgabe ist die Feststellung einzelner Vorgänge, die sich der Beobachtung durch die Richter entziehen. Voraussetzung für den Einsatz von Hilfsrichtern ist ihre vorhergehende eingehende Unterweisung durch einen Richter.

§ 55
Aufgabe der Richter

1. Die Richter sind an die Ausschreibung und an die LPO gebunden. Sie beurteilen nach freiem Ermessen nach den in den Richtlinien für Reiten und Fahren festgelegten Grundsätzen, was sie während der LP wahrnehmen, und fällen danach ihren Richterspruch.
2. Nur die zuständigen Richter erteilen verbindliche Auskunft über die Prüfungsbedingungen.

3. Die Richter sind dem Veranstalter für die regelgerechte Durchführung der LP verantwortlich. In diesem Sinne sind sie unbeschadet der Zuständigkeit des FN-/LK-Beauftragten und ggf. des Parcourschefs auch verantwortlich für die Kontrolle/Abnahme der technischen Voraussetzungen und die Tätigkeit der damit befassten Mitarbeiter; dazu gehören insbesondere:
   3.1 Abnahme von Spring-/Hindernisfahr-Parcours sowie Geländestrecken Vielseitigkeit und Fahren
   3.2 ggf. Teilung von LP (vgl. § 50)
   3.3 Aufsicht auf dem Vorbereitungsplatz, sofern entsprechend eingeteilt (vgl. § 52)
   3.4 Richter am Wassergraben (vgl. § 507.1.d.1) gemäß entsprechender Einteilung
   3.5 Wahrnehmung der Richteraufgaben bei Gelände-LP Reiten und Fahren (Kontrollzentrum, Zielbereich, auf der Strecke, je nach örtlichen Gegebenheiten) gemäß entsprechender Einteilung
   3.6 Wahrnehmung von FN-/LK-Beauftragten-Aufgaben (vgl. § 53) nach entsprechender Delegierung
   3.7 Kontrolle und Abzeichnung der Richterkarten und Ergebnisunterlagen (vgl. § 58.1)
   3.8 Entscheidungen bzgl. Platzierung sowie Vornahme der Platzierung (vgl. § 59.1)
   3.9 ggf. Ausschluss von Teilnehmern (Reiter/Fahrer/Longenführer/Voltigierer bzw. Pferde) mangels Teilnahmeberechtigung gemäß §§ 65.5 und 66.7
   3.10 ggf. Vornahme von Verfassungsprüfungen, Identitätskontrollen, Pferdekontrollen (vgl. § 67)
   3.11 Tätigwerden bei jedweder Art von Verstößen gegen die LPO
   3.12 ggf. Genehmigung von Ausnahmen zu LPO-Vorschriften, sofern dazu gemäß LPO ermächtigt (z.B. Meldeschluss (§ 45)
   3.13 Korrektheit der Zeitnahme (inkl. Beginn und Unterbrechung des „Countdown")
4. Kein amtierender Richter, Richteranwärter oder Hilfsrichter darf einem Teilnehmer während einer LP, außer bei Not- und Unfällen, irgendeine Hilfe gewähren.
5. Wenigstens ein Richter ist verpflichtet, bis ½ Stunde nach der Platzierung an Ort und Stelle zu verbleiben, um bei Einsprüchen zur Verfügung zu stehen.
6. Die Richter können in Fällen unsportlichen Verhaltens (§ 52.2) auf dem gesamten dem Turnierablauf dienenden Gelände sowie in dessen Umgebung Rügen aussprechen.
7. Die in der jeweiligen LP eingesetzten Richter können im Fall einer offensichtlich groben Misshandlung eines Pferdes den Teilnehmer von den LP bzw. der Platzierung in diesen LP ausschließen. Bei stark herabgesetzter Leistungsfähigkeit des Pferdes können die Richter das Pferd von den LP ausschließen.
8. Maßnahmen gemäß Ziffer 6 und 7 sind der Turnierleitung und dem FN-/LK-Beauftragten sofort mitzuteilen und am „Schwarzen Brett" zu veröffentlichen. Diese Maßnahmen können mündlich erfolgen; gegen sie ist ein Einspruch nicht zulässig. Sie stehen einem Ordnungsverfahren wegen desselben Verstoßes nicht entgegen.

§ 56
Richtereinsatz

1. **Beurteilendes Richtverfahren**
   1.1 Richten mit Gesamtwertnoten für die jeweilige Vorstellung in Reit- und Fahr-LP.
      1.1.1 Richten mit einer Gesamtwertnote mit einem Richter/einer Richtergruppe:
      Für jede LP ist mindestens ein Richter mit der erforderlichen Qualifikation einzusetzen. Für LP ab Kl. M** sind zwei Richter einzusetzen, davon einer mit der erforderlichen Qualifikation.
      1.1.2 Richten mit Gesamtwertnoten mit getrennt sitzenden Richtern/Richtergruppen; auf jeder Richterposition ist jeweils mindestens ein Richter mit der erforderlichen Qualifikation einzusetzen.
      Die Gesamtwertnoten der einzelnen Richter/Richtergruppen werden addiert und anschließend durch die Anzahl der Richter/Richtergruppen geteilt.
   1.2 Richten mit Einzelnoten gemäß Notenbogen für die Lektionen einer vorgegebenen (Dressur-)Aufgabe:
      1.2.1 Reiten, Fahren
      Das Richten mit Einzelnoten ist zugelassen
         a) mit mindestens zwei anerkannten Richtern mit der erforderlichen Qualifikation in allen Dressur-LP Kl. L** und M*, Vielseitigkeits-LP ab Kl. L, Fahr-LP Kl. M*; für Dressur-LP der Kl. L* ist dieses Verfahren möglich, wenn jeweils mindestens eine weitere Dressur-LP Kl. L nach § 56.1.1 (mit einer Gesamtwertnote) ausgeschrieben wird;
         b) mit mindestens drei, höchstens fünf anerkannten Richtern mit der erforderlichen Qualifikation in LP ab Kl. M** (Reiten), Fahren ab Kl. M**.
      1.2.2 Voltigieren
      LP der Kl. E bis L: mindestens zwei getrennt sitzende Richter mit der erforderlichen Qualifikation
      LP der Kl. M, S und Junior: mindestens drei, höchstens sechs getrennt sitzende Richter mit der erforderlichen Qualifikation
2. **Beobachtendes Richtverfahren**
   Für jede LP ist mindestens ein Richter mit der erforderlichen Qualifikation einzusetzen. Für LP ab Kl. M** sind zwei Richter einzusetzen, davon einer mit der erforderlichen Qualifikation.
3. Als Aufsicht auf jedem Vorbereitungsplatz sowie zur Kontrolle des übrigen Turniergeländes sind in der jeweiligen Disziplin (Reiten/Fahren/Voltigieren) qualifizierte und auf der Richterliste einer LK geführte Richter einzusetzen. Bei V-LP kann als Aufsicht auch eine Person mit Ausbilderqualifikation Voltigieren gemäß APO eingesetzt werden (siehe auch Durchführungsbestimmungen).
4. Für internationale LP gelten die Bestimmungen des RG der FEI.
5. Die personelle Besetzung (einschließlich Aufsicht auf dem Vorbereitungsplatz) ist in die Zeiteinteilung aufzunehmen.

6. In LP mit beurteilendem Richtverfahren bzw. bei anderweitig zu treffenden Entscheidungen mit Ermessensspielraum im Rahmen einer LP sind Richter und Veranstalter gemeinsam dafür verantwortlich, dass keine Besorgnis der Befangenheit (z.B. Verwandtschaft, Besitzer, Ausbilder, Arbeitgeber-Arbeitnehmer-Verhältnis, wirtschaftliche Beziehungen) besteht.
   Eine in der Person der Richter begründete Besorgnis der Befangenheit ist durch den betroffenen Teilnehmer dem Veranstalter vor PLS-Beginn mitzuteilen, sobald er (z.B. durch die Zeiteinteilung) davon Kenntnis erlangt.
7. Das Richten und die Teilnahme an LP bei derselben PLS sind unzulässig. Ausnahme: Richteranwärter im Rahmen von Testat-Richtereinsätzen o.Ä., jedoch nicht in LP, an denen sie teilnehmen.
8. Das Richten/der TD-Einsatz und der verantwortliche Parcoursaufbau derselben LP sind unzulässig.
9. Die Zusammensetzung einer Richtergruppe darf während einer LP bzw. separat ausgetragener Abteilungen einer LP nicht geändert werden.
   Dies gilt nicht für die Teilprüfungen einer mehrteiligen oder Kombinierten LP, wenn dabei verschiedene Richtverfahren zur Anwendung kommen, sowie für den Richter auf dem Vorbereitungsplatz.
10. Bei Eignungs-LP und Jagdpferde-LP haben die Richter die Möglichkeit, für die Platzierung infrage kommende Pferde unter dem Sattel auf ihre Rittigkeit – ohne Springen – zu prüfen. Bei Eignungs-LP für Fahrpferde haben die Richter die Möglichkeit, für die Platzierung infrage kommende Pferde vom Bock auf ihr Gefahrensein zu prüfen.
11. Die Durchführung von „Testreiter-Überprüfungen" ist nur in Basis- und Aufbau-LP (Teil B III) bei Landesverbands-/Bundeschampionaten zulässig (Ausnahme: Zucht-LP gemäß § 330).
12. Ein Richter/TD darf in nicht mehr als 5 aufeinanderfolgenden Jahren auf einer PLS tätig sein.
13. Bei jeder PLS ist pro Veranstaltungsjahr (Ausnahme: Voltigier-LP) mindestens ein Richter auszutauschen.

§ 57
Richtverfahren

Die Bewertung der LP erfolgt entsprechend den Vorschriften in Teil B nach folgenden Richtverfahren:

1. **Beobachtendes/beurteilendes Richtverfahren**
   1.1 Beim beobachtenden Richtverfahren sind vorwiegend Kriterien wie „Hindernisfehler", „Zeit" u.a. maßgebend.
   1.2 Beim beurteilenden Richtverfahren wird nach freiem Ermessen nach den in den Richtlinien für Reiten und Fahren festgelegten Grundsätzen entschieden. Hierbei finden die folgenden Wertnoten Anwendung:

10 = ausgezeichnet	6 = befriedigend	2 = schlecht
9 = sehr gut	5 = genügend	1 = sehr schlecht
8 = gut	4 = mangelhaft	0 = nicht ausgeführt
7 = ziemlich gut	3 = ziemlich schlecht	

Dezimalstellen sind grundsätzlich zulässig; beim Richten mit Einzelnoten sind nur ganze und halbe Noten zulässig.
Beim beurteilenden Richtverfahren wird zwischen „Richten mit einer Gesamtwertnote" und „Richten mit Einzelnoten" (für die Lektionen einer vorgegebenen Aufgabe) unterschieden.

1.3 Nach Beendigung einer LP mit gravierenden Mängeln und/oder entsprechenden Wertnotenabzügen kann/können der/die Richter das Urteil „Ohne Wertung" bekannt geben. Gilt nicht bei Teilprüfungen einer Kombinierten LP.

2. **Beurteilendes Richten mit einer Gesamtwertnote/mit Einzelnoten**

2.1 Beim Richten mit einer Gesamtwertnote drückt der Richter sein Urteil/drücken die Richter ihr gemeinsames Urteil über die Gesamtleistung jedes Teilnehmers durch eine mündlich oder schriftlich zu begründende Wertnote von 10 bis 0 (vgl. Ziffer 1.2) aus.

2.2 Beim Richten mit Einzelnoten erteilt jeder Richter für jede Vorstellung bzw. Lektion einer Aufgabe eine Einzelnote von 10 bis 0 (vgl. Ziffer 1.2). In Dressur-LP (Reiten und Fahren) bzw. der Teilprüfung Dressur bei Vielseitigkeits-LP/Kombinierten LP (Fahren) sind volle und halbe Einzelnoten zulässig.

2.3 Das Richten mit Einzelnoten ist grundsätzlich nur bei Dressur-LP ab Kl. L** möglich. (Ausnahme: Sofern ein Veranstalter mehr als eine Dressur-LP Kl. L* ausschreibt, ist ab der 2. Dressur-LP das Richtverfahren mit Einzelnoten möglich.)

2.4 Bei Vielseitigkeits-LP ab Kl. L, Fahr-LP ab Kl. M in der Teilprüfung Dressur sowie in allen Voltigier-LP ist das Richten mit Einzelnoten zugelassen.

§ 58
Richterspruch

1. Der Richterspruch, ggf. jede Teilwertung, ist im Einzelnen schriftlich festzuhalten. Die platzierten Teilnehmer und die im Ergebnis folgenden zwei Teilnehmer sind auf den von der LK zugelassenen Ergebniszetteln aufzuführen. Richterkarten und Ergebniszettel sind von den Richtern zu unterschreiben. Bei Verwendung von Notenbögen/Leitfäden (als Hilfsmittel) sind nur die gemäß Aufgabenheft durch den FNverlag der FN herausgegebenen Vordrucke bzw. die Bewertungsbögen der FEI zulässig.
2. Wenn der Richterspruch nicht direkt nach den Bestimmungen der LPO gefällt werden kann, ist die Entscheidung zu fällen, die dem Sinn der Bestimmungen am nächsten kommt. In Zweifelsfällen soll ohne Benachteiligung anderer Teilnehmer zugunsten des Teilnehmers entschieden werden.
3. Die Richterunterlagen jeder LP sind unverzüglich an der Melde-/Rechenstelle abzugeben.
4. Das Ergebnis jeder LP ist unverzüglich am „Schwarzen Brett" bekannt zu geben, den Teilnehmern ist danach Einsicht in die betreffenden Richterunterlagen zu gewähren.

§ 59
Platzierung/Siegerehrung

1. Platzierung
   1.1 Die Platzierung einer LP wird durch die Richter entschieden, bei eventuellen Mehrplatzierungen im Einvernehmen mit dem Veranstalter festgelegt und durch einen Richter vorgenommen. Wenigstens ein Viertel der Teilnehmer, jedoch mindestens vier, sind zu platzieren, sofern sie die Platzierungsvoraussetzungen (vgl. Ziffer 1.3) erfüllen.
   1.2 Für die Zahl der Platzierungen ist grundsätzlich die Zahl der gestarteten Teilnehmer in der LP, bei geteilten LP in der Abteilung, gemäß § 49.4 maßgebend; Ausnahme: LP/Abteilungen mit vorangegangenen Qualifikationen und festgelegter Höchstzahl von Teilnehmern.
   1.3 Für die Platzierung ist der Richterspruch maßgebend. Es kommt für eine Platzierung nur infrage, wer die LP beendet und
      a) bei Bewertung nach dem beobachtenden Richtverfahren mindestens 50% der Hindernisse der LP ohne Strafpunkte bzw. -sekunden überwunden/durchfahren hat (Ausnahme: Spezial-Spring-/-Fahr-LP gemäß §§ 521 bis 531 und 534 bzw. §§ 738 bis 740);
      b) bei Bewertung nach dem beurteilenden oder nach dem beurteilenden und beobachtenden Richtverfahren mindestens 50% der erreichbaren Wertnotensumme oder Wertnote erreicht hat.

      Bei V-LP werden keine Mindestwertnoten verlangt.
   1.4 Zeigt sich während einer LP oder einer Teilprüfung eindeutig, dass keine Aussicht auf Platzierung besteht oder die gestellten Anforderungen nicht erfüllt werden, können die Richter für diesen Teilnehmer auf vorzeitige Beendigung von der LP entscheiden.
   1.5 Erfüllt ein Teilnehmer infolge eines durch den Veranstalter oder die Richter zu vertretenden offensichtlichen Verschuldens eine oder mehrere Anforderungen einer LP nicht, soll er, wenn möglich, die LP beenden und ist entsprechend seiner Leistung zusätzlich zu bewerten bzw. zu platzieren.
   1.6 Bei mehreren Teilnehmern mit gleichem Ergebnis ist nach folgendem Beispiel zu platzieren: 1., 1., 1., 4., 5., 5., 7.
   1.7 Die besondere Handhabung der Platzierung beim Stechen ergibt sich aus den Vorschriften im Teil B.
2. Siegerehrung
   2.1 Die Siegerehrung (inkl. Ehrenrunde) ist Bestandteil der LP. Die Teilnahme an ihr ist grundsätzlich für alle an 1. bis 6. Stelle platzierten Teilnehmer mit dem platzierten Pferd/Gespann Pflicht; hiervon abweichende Regelungen sind vom Veranstalter spätestens mit der endgültigen Zeiteinteilung bekannt zu geben. Nichtteilnahme dieser Teilnehmer hat die Aberkennung der Platzierung zur Folge. Teilnehmer, die sich mit mehreren Pferden/Gespannen platzieren konnten, sollen mit dem höchstplatzierten Pferd/Gespann teilnehmen. Bei V-LP ist die Teilnahme an der Siegerehrung grundsätzlich für alle platzierten Teilnehmer und Pferde Pflicht.

2.2 In LP, die nach beurteilendem Richtverfahren bewertet werden, kann der Siegerehrung eine Vorstellung der Teilnehmer vorausgehen. Für jede Teilnahme an der Vorstellung gilt Ziffer 2.1 entsprechend. Nichtteilnahme hat die Aberkennung der Platzierung zur Folge.

2.3 Aus wichtigem Grund können mit vorheriger Zustimmung der Turnierleitung und der Richter Ausnahmen zugelassen werden.

§ 60
Berichtigung eines Richterspruches

1. Wird aufgrund der Berichtigung eines Richterspruches die Änderung einer Platzierung erforderlich, müssen die Richter die neue Platzierung unmittelbar der Turnierleitung bekannt geben. Diese hat eine Bekanntmachung am „Schwarzen Brett" vorzunehmen und ausschließlich nach der neuen Platzierung zu verfahren.
2. Sind die Richter nicht bereit, den Richterspruch zu ändern, ist der FN-/LK-Beauftragte zur Vermittlung einzuschalten. Erreicht dieser keine Einigung, hat er von Amts wegen eine Entscheidung des LK-Schiedsgerichts herbeizuführen.
3. Nach Beendigung der PLS liegt die Zuständigkeit für die Berichtigung eines Richterspruches bei der LK bzw. FN.
4. Die Berichtigung eines Richterspruches von Amts wegen ist ausgeschlossen, solange ein Schiedsgerichtsverfahren anhängig ist.
5. Disqualifikationen platzierter Teilnehmer aufgrund fehlender Teilnahmeberechtigung sind vom Veranstalter unverzüglich vorzunehmen, sobald er Kenntnis davon erlangt hat.
   Nach der PLS liegt die Zuständigkeit hierfür bei der LK bzw. FN.
   Der Teilnehmer hat Geldpreis, Preisschleife und ggf. Ehrenpreis unverzüglich an den Veranstalter zurückzugeben.

§ 61
Einsprüche

Einsprüche anlässlich einer PLS, ausgenommen gegen Maßnahmen der FN oder LK, sind über die Turnierleitung durch den FN-/LK-Beauftragten bei dem FN-/LK-Schiedsgericht einzulegen. Es gelten die Bestimmungen der §§ 910 ff. LPO. Durch den FN-/LK-Beauftragten ist vorher eine gütliche Erledigung gemäß § 914 anzustreben.

VIII. Teilnahmeberechtigung

§ 62
Erfolgsanrechnung

1. Die Erfolgsanrechnung für Reiter/Fahrer/Voltigierer und Pferde wird wie folgt gehandhabt:
   Erfolge ab dem 1. Oktober des vorvorletzten Jahres und Erfolge bis zum 30. September des letzten Jahres. Für gemäß Ausschreibung verlangte Mindesterfolge gilt grundsätzlich der Nennungsschluss der betreffenden PLS.
   Der Erfolgsanrechnungszeitraum kann durch die Ausschreibung maximal bis zum Nennungsschluss ausgedehnt werden.
2. Angerechnet werden die gemäß § 38 registrierten Siege und Platzierungen. Als Sieg und Platzierung gelten nur Erfolge in Einzel-LP und Kombinierten Dressur-/Spring-LP gemäß §§ 810, 820, 830, 840 bzw. in Kombinierten LP für Fahrpferde/-ponys gemäß §§ 760, 850 und 860.
   Gleichgestellt sind Nationenpreise und offizielle Mannschaftschampionate der FEI.
3. Bei Beschränkungen aufgrund von Vorerfolgen (Handicaps/Ausschlusskriterien) in LP gemäß Teil B IV. bis VIII. gelten die Erfolge in Aufbau-LP der entsprechenden Disziplin nicht. Bei verlangten Mindesterfolgen der Pferde gelten die Erfolge in Aufbau-LP der entsprechenden Disziplin hingegen schon.

§ 63
Teilnahmevoraussetzungen und Leistungsklassen (Reiten/Fahren/Voltigieren)

1. Die Teilnahmevoraussetzungen in nationalen LP ergeben sich aufgrund der Ausschreibung sowie der Zugehörigkeit zu einer bestimmten Leistungsklasse (Reiten/Fahren/Voltigieren) (im Übrigen findet § 6.2 Anwendung).
   Die Einstufung in eine Leistungsklasse (sowie ggf. die erzielten RLP) berechtigt je nach Einstufung zur Teilnahme an LP der einzelnen Klassen; maßgeblich ist jeweils die Festlegung in der genehmigten Ausschreibung.
   1.1 Reiten:
   Die Teilnahmeberechtigung in LP gemäß Teil B III.2 (Aufbau-LP), B IV. (Dressur-LP), B V. (Spring-LP) und B VI. (Vielseitigkeits- und Gelände-LP) ist gekoppelt an die jährliche Einstufung in eine Leistungsklasse, die auf dem Reitausweis (FN-Jahresturnierlizenz) vermerkt wird sowie zusätzlich in LP gemäß Teil B III.2 (Aufbau-LP Springen/Dressur) und B IV. (Dressur-LP) und B V. (Spring-LP) mit dem Vermerk „A" (geschlossene (Amateur-)LP) bzw. Vermerk „B" (offene LP). Ferner werden dort die im Anrechnungszeitraum (vgl. §§ 62/63 bzw. Durchführungsbestimmungen) erzielten Ranglistenpunkte vermerkt.
   1.2 Fahren:
   Die Teilnahmeberechtigung in LP gemäß Teil B VII. (Fahr-LP) ist gekoppelt an die jährliche Einstufung in eine Leistungsklasse, die auf dem Fahrausweis (FN-Jahresturnierlizenz) vermerkt wird.

1.3 Voltigieren:
Für die Teilnahme an V-LP ist der Besitz eines Voltigier- bzw. Longenführerausweises (FN-Jahresturnierlizenz) erforderlich. Zusätzlich sind alle Gruppen- und Einzelvoltigierer verpflichtet, über ihre Ergebnisse des laufenden und vergangenen Kalenderjahres einen Leistungsnachweis zu führen, der von der FN ausgegeben wird (vgl. Leistungsnachweisvordruck im Aufgabenheft Voltigieren). Dieser muss ebenso wie evtl. vorhandene Rück- oder Höherstufungsbescheide bei der Meldung zum Start vorgelegt werden.
Wenn ein Verein Gruppen verschiedener Leistungsklassen registriert hat, kann bis zu zweimal pro Kalenderjahr ein regelmäßiges Mitglied einer höheren Leistungsgruppe in einer niedriger eingestuften Gruppe eingesetzt werden, diese Einschränkung gilt nicht bei LP für Junior-Gruppen.

2. Einzelheiten über die Leistungsklassen (Reiten/Fahren/Voltigieren) und Ranglistenpunkte, die Einstufungskriterien und die damit verbundenen Startberechtigungen sowie die Kriterien für die Höher- und Rückstufung werden jeweils zum Ende eines Jahres für das folgende Kalenderjahr vom FN-Bereich Sport im Rahmen von Durchführungsbestimmungen festgelegt und bei Änderungen im offiziellen Mitteilungsorgan der FN veröffentlicht.

3. Teilnahmevoraussetzungen/Startgenehmigungen – zusätzlich zum gültigen Reit-/Fahr-/Longenführer-/Voltigierausweis (Jahresturnierlizenz) gemäß § 20 – für internationale LP und nationale LP im Ausland:

3.1 Die Erteilung von Startgenehmigungen für internationale LP im In- und Ausland sowie für nationale LP im Ausland ist gemäß der jeweiligen genehmigten Ausschreibung bzw. gemäß den einschlägigen Bestimmungen der FEI geregelt. Teilnehmer, die von der FN oder einer LK gesperrt sind, dürfen auch in internationalen LP bzw. nationalen LP im Ausland nicht starten.

3.2 Für die Teilnahme an internationalen LP im Ausland ist gemäß RG der FEI die Nennung über die FN vorgeschrieben. Startanträge für internationale PLS/LP sind spätestens bis eine Woche vor Nennungsschluss schriftlich beim DOKR zu stellen.

3.3 Für die Teilnahme an nationalen LP im Ausland ist eine Startgenehmigung der FN (für LP ≈ der Kl. S) bzw. der zuständigen LK (für LP ≈ der Kl. E bis M) erforderlich.

3.4 Mindestalter der Beifahrer in Fahr-LP aller Klassen und Anspannungsarten:
Beifahrer müssen im laufenden Kalenderjahr mindestens 14 Jahre alt werden. Bei Teilnehmern, die im laufenden Kalenderjahr noch nicht 14 Jahre alt werden, muss mindestens ein Beifahrer im laufenden Kalenderjahr mindestens 18 Jahre alt sein und mindestens im Besitz des DFA IV (FA 5) sein.

3.5 Jeder Teilnehmer und Pferdebesitzer bei internationalen LP im In- und Ausland unterwirft sich dem RG der FEI einschließlich seiner Rechtsordnung mit Strafbestimmungen. Das gilt bei Teilnehmern unter 18 Jahren auch für die Erziehungsberechtigten. Daneben gelten bei Verstößen auch die Vorschriften der LPO (§§ 920 ff.).

§ 64
Teilnahmeberechtigung der Pferde

Die generelle Teilnahmeberechtigung ergibt sich aufgrund der Ausschreibung und der Eintragung in eine der Listen für Turnierpferde der FN (vgl. § 16).

1. Die für die einzelnen LP geltenden Rahmenbestimmungen sind in Teil B II. bis VIII. der LPO geregelt.
2. Auf derselben PLS sind Pferde in LP einer Disziplin (inkl. Aufbau-LP) nur teilnahmeberechtigt in: Reiten: Kl. A und L oder Kl. L und M oder Kl. M und S
Fahren: Kl. A und M oder Kl. M und S

   Von dieser Regelung sind ausgenommen:
   - Mannschafts-LP
   - LP der Kl. E
   - LP der Kl. A, sofern das Pferd/Gespann von einem Teilnehmer der LKl. 5 oder 6 gestartet wird
   - Eignungs-LP für Fahrpferde
3. Ponys gemäß § 16 sind in Reit-LP gemäß Teil B III. bis V. zugelassen, wenn die Ausschreibung dies nicht ausdrücklich ausschließt. Vielseitigkeits-LP/Gelände-LP vgl. §§ 370 und 600.

   Ponys bis 148 cm Stockmaß gemäß § 16.5 sind in allen Fahr-LP für Pferde nicht zugelassen. Das gilt auch dann, wenn keine ausdrückliche Registrierung als Turnierpony vorliegt. Im Übrigen vgl. §§ 390 sowie 701, 710, 720, 750 und 760.
4. Auf die Bestimmungen der §§ 6.2 und 60.5 wird verwiesen.

§ 65
Allgemeine Teilnahmebeschränkungen von Reitern, Fahrern, Beifahrern, Longenführern und Voltigierern

1. Zu PLS sind nicht zugelassen:
   - 1.1 Von der FN, den LK, den FN-Anschlussverbänden, der NRHA, DQHA, EWU, PHCG, ApHCG, dem DVR oder dem HVT gesperrte, vorläufig suspendierte oder von Turnier- und/oder Rennplätzen verwiesene Teilnehmer.
   - 1.2 Mit einer bis zum Nennungsschluss nicht erledigten unanfechtbaren Ordnungsmaßnahme belegte Teilnehmer.
   - 1.3 Teilnehmer, solange gegen sie eine Sperre oder eine vorläufige Suspendierung nach den Bestimmungen der FEI verhängt ist (und keine anders lautende Entscheidung der FN vorliegt).
   - 1.4 Teilnehmer, solange gegen sie eine Sperre oder eine vorläufige Suspendierung einer anderen nationalen FN verhängt ist (und keine anderslautende Entscheidung der FN vorliegt).
2. Zu LP sind nicht zugelassen und ggf. zu disqualifizieren:
   - 2.1 Teilnehmer, die während der PLS mit einer entsprechenden Ordnungsmaßnahme belegt werden bzw. gemäß § 52.3.a).4 wegen unsportlichen Verhaltens von der Teilnahme an der betreffenden LP ausgeschlossen wurden.
   - 2.2 Teilnehmer mit stark herabgesetzter Leistungsfähigkeit (z.B. nach schwerem Sturz) oder offensichtlichem Unvermögen oder unvorschriftsmäßiger Ausrüstung.

2.3 Je Teilnehmer mehr als drei Pferde/zwei Gespanne je LP. Auch bei einer Teilung darf jeder Teilnehmer höchstens bis zu drei Pferde bzw. zwei Gespanne insgesamt in allen Abteilungen der geteilten LP reiten bzw. fahren.

2.4 Teilnehmer, die ohne Genehmigung gemäß § 48.3 die alphabetische Startfolgeregelung nicht einhalten, bzw. Teilnehmer mit mehreren Pferden, die ihre Pferde entgegen der generellen Startfolge starten.

3. Voltigier-LP:
Einzel-/Gruppen-/Doppelvoltigierer dürfen in einer Voltigier-LP nur einmal starten.
Ein Gruppenvoltigierer darf auf einer PLS nur in einer Gruppen-Voltigier-LP starten (Ausnahme: Start in Junior-Gruppen-LP).
Juniorvoltigierer dürfen pro Wettkampftag höchstens in zwei V-LP starten.
4. Inhaber von Gastlizenzen (gemäß § 20.5) sind in lokalen, regionalen und überregionalen Mannschafts-LP, Meisterschaften und ähnlichen LP nicht zugelassen.
5. Teilnehmer, die nach Ziffer 1 bis 4 nicht teilnahmeberechtigt sind, sind sofort von der betreffenden LP auszuschließen. Die Entscheidung kann von jedem Richter der betreffenden PLS sowie vom FN-/LK-Beauftragten getroffen werden. Der Ausschluss erfolgt mündlich gegenüber dem Teilnehmer. Gegen diese Entscheidung ist ein Einspruch gemäß LPO nicht zulässig. Sie steht jedoch einem Ordnungsverfahren wegen desselben Verstoßes nicht entgegen.
6. Im Übrigen finden sowohl § 6.2 als auch § 60.5 Anwendung.

§ 66
Allgemeine Teilnahmebeschränkungen von Pferden

1. Zu PLS sind nicht zugelassen:

1.1 Pferde, die von der FEI, der FN, den LK, den Anschlussverbänden, der NRHA, DQHA, EWU, PHCG, ApHCG, dem DVR oder dem HVT oder deren regionalen Organisationen gesperrt bzw. vorläufig suspendiert sind.

1.2 Pferde, deren Besitzer oder Eigentümer von der FEI, der FN, den LK, den Anschlussverbänden, dem DVR oder dem HVT oder deren regionalen Organisationen gesperrt bzw. vorläufig suspendiert oder von PLS oder Turnier- und/oder Rennplätzen verwiesen sind.

1.3 Pferde, die an ansteckenden Krankheiten leiden, sich in Gesundheitsbeobachtung befinden oder bösartig sind.

1.4 Pferde, bei denen eine vorübergehende lokale Schmerzausschaltung oder Neurektomie vorgenommen wurde oder bei denen akute Veränderungen der Haut bestehen oder bei denen die Tasthaare am Kopf entfernt (Clippen) und/oder die Ohrmuschel ausrasiert wurden, sowie Pferde mit implantiertem Tracheotubus.

1.5 Pferde, denen gemäß § 920.2.e) eine verbotene Substanz gemäß Liste Anhang I bis III der Anti-Doping- und Medikamentenkontroll-Regeln verabreicht oder an denen eine verbotene Methode gemäß Liste Anhang I der Anti-Doping- und Medikamentenkontroll-Regeln angewendet wurde.
Die Disqualifikation erfolgt unabhängig davon, ob wegen des Verstoßes eine Ordnungsmaßnahme zu verhängen ist.

1.6 Pferde, die zu einer nach § 67 angeordneten Maßnahme nicht gestellt werden.

1.7 Pferde, die nicht gegen Influenza-Viren geimpft sind oder deren Impfungen im Equidenpass nicht ordnungsgemäß gemäß den Durchführungsbestimmungen zu § 66.1.7 dokumentiert sind.

1.8 Pferde, die am selben Tag auf einer anderen PLS gestartet werden.

2. Die Teilnahmeberechtigung je Pferd auf PLS ist beschränkt:
Pro Tag drei Starts (Ausnahme: Mannschafts-LP und LP der Kl. E und WB gemäß WBO insgesamt jedoch maximal fünf Starts pro Tag). Die Teilnahmemöglichkeit für 3-jährige Pferde ist auf eine PLS je Woche mit max. einem Start pro Tag beschränkt. Maßgebend ist die Festlegung gemäß Ausschreibung bzw. den jeweiligen LK-Bestimmungen. In Vielseitigkeits- und Kombinierten LP im Reiten bzw. Fahren gilt jede Teilprüfung als ein Start.

3. Pro PLS-Tag ist grundsätzlich maximal ein Start in Geländeritten bzw. der Teilprüfung Gelände bei Vielseitigkeits-LP zulässig. Ausnahme: Bei Teilnahme an einem Stilgeländeritt und/oder einer Geländepferde-LP ist ein Start in einem/r weiteren Stilgeländeritt/Geländepferde-LP zulässig. In Kombination mit anderen Disziplinen gilt Ziffer 2.

4. Je PLS-Tag ist ein Pferd nur einmal in einer Geländefahrt startberechtigt. Nach der Teilnahme an einer solchen LP darf maximal eine weitere LP am selben PLS-Tag absolviert werden.

5. Bei V-PLS ist die Teilnahme pro Tag wie folgt beschränkt (ein Start in einer V-LP besteht aus Pflicht bzw. Technikprogramm und Kür, auch wenn diese zeitlich getrennt durchgeführt werden):
Ein Voltigierpferd darf pro Tag maximal wie folgt gestartet werden:
- in Kl. E und A: mit zwei Gruppen
- in LP aller Klassen:
  - mit einer Gruppe und mit bis zu vier Einzelvoltigierern
  - mit einer Gruppe und mit bis zu zwei Einzelvoltigierern und einem Paar
  - mit einer Gruppe und mit bis zu zwei Paaren
  - mit bis zu zweimal vier Einzelvoltigierern
  - mit bis zu zweimal zwei Paaren
  - mit bis zu zwei Paaren und vier Einzelvoltigierern

6. Zu LP sind nicht zugelassen:

6.1 Pferde, die außer Konkurrenz gestartet werden sollen.

6.2 Pferde, die in den betreffenden LP oder einer ihrer Unterabteilungen bereits gestartet sind. Ausnahmen:
- in Stil-Spring-LP Kl. E, Stil-Gelände-LP Kl. E, Stil-Fahr-LP Kl. E sowie Dressur-Reiter-(keine Dressur-LP) LP Kl. E/Dressur-Fahr-LP Kl. E sind max. zwei Teilnehmer pro Pferd/Gespann zugelassen
- LP gemäß Teil B II. (Voltigieren) bzw. WB gemäß WBO: gemäß Ausschreibung

6.3 Pferde, die aufgrund ihrer Verfassung den Anforderungen offensichtlich nicht gewachsen sind, z.B. nach schwerem Sturz, bei akuter Verletzung, oder Pferde, die vor oder im Verlauf der Prüfung für lahm befunden werden.

6.4 Pferde, die unter Anwendung unzulässiger Trainingsmethoden (vgl. § 52.2) auf die LP vorbereitet wurden und/oder deren Leistungsvermögen bewusst überfordert wurde.

6.5 Pferde, die sich im Verlauf einer LP oder auf dem Vorbereitungsplatz mehrfach der Einwirkung des Teilnehmers entziehen. Sie können von Turnierleitung bzw. Richter für die Dauer der Gesamtveranstaltung ausgeschlossen werden.

6.6 Pferde, an denen in Bereichen, an denen üblicherweise mit Einwirkung(en) durch den Teilnehmer zu rechnen ist, frisches Blut festgestellt wird (vgl. hierzu Durchführungsbestimmungen zu § 66.6.6).

7. Nicht teilnahmeberechtigte Pferde sind sofort von der betreffenden LP bzw. PLS (bei Vorliegen eines Verstoßes gegen Ziffer 1.8 bei beiden Veranstaltungen) auszuschließen bzw. zu disqualifizieren. Bei Verstoß gegen Ziffer 1.3 und/oder 1.7 ist das betreffende Pferd von der betreffenden PLS auszuschließen und unverzüglich vom Veranstaltungsgelände zu entfernen.
Die Entscheidung kann von jedem Richter der betreffenden PLS sowie vom FN-/LK-Beauftragten getroffen werden. Der Ausschluss erfolgt mündlich gegenüber dem Teilnehmer und ist kurz zu begründen. Gegen diese Entscheidung ist ein Einspruch nicht zulässig. Sie steht jedoch einem Ordnungsverfahren wegen desselben Verstoßes nicht entgegen.

8. Bei Verstößen gemäß Ziffer 6.4 und 6.5 kann einem Ausschluss wegen dieses Grundes eine Rüge gemäß §§ 52.3/55.6 vorausgehen.

§ 67
Medikationskontrollen, Verfassungsprüfungen und Pferde- sowie Fitnesskontrollen u.Ä.

1. Die FN/LK bzw. die zuständigen Richter können jederzeit im Rahmen einer PLS Pferde bestimmen, an denen Medikationskontrollen und/oder Verfassungsprüfungen/Identitätskontrollen/Pferdekontrollen/Fitnesskontrollen vorzunehmen sind.
FN/LK sind berechtigt, beauftragte und geschulte Tierärzte eigens für die Entnahme von Medikationskontrollen zu PLS zu entsenden. Diese Tierärzte sind befugt selbstständig Pferde für Medikationskontrollen auszuwählen.

2. Verfassungsprüfungen/Pferdekontrollen/Fitnesskontrollen sind von einem vom Veranstalter bestellten Tierarzt gemeinsam mit dem FN-/LK-Beauftragten und/oder einem Richter der LP vorzunehmen. Die Fitnesskontrolle nach einer Gelände-LP kann auch allein von einem vom Veranstalter bestellten Tierarzt und/oder Richter durchgeführt werden. Identitätskontrollen sind von dem FN-/LK-Beauftragten und/oder einem Richter und/oder von einem vom Veranstalter bestellten Tierarzt im Auftrag des FN-/LK-Beauftragten oder eines Richters vorzunehmen.

3. Die aufgrund des Ergebnisses einer Verfassungsprüfung/Pferdekontrolle/Fitnesskontrolle erforderliche Entscheidung wird bei Verfassungsprüfungen durch die Richter der LP in Abstimmung mit dem untersuchenden Tierarzt getroffen. Gegen diese Entscheidung ist ein Einspruch nicht zulässig.

4. Medikationskontrollen sind durch einen vom Veranstalter bestellten oder von der FN/LK beauftragten Tierarzt zu entnehmen und an das von der FN bestimmte

Untersuchungsinstitut einzusenden. Bei Tod oder Nottötung eines Pferdes im Rahmen einer PLS ist eine Medikationskontrolle vorzunehmen sowie eine Obduktion durch den FN-/LK-Beauftragten zu veranlassen. Das Einverständnis des Pferdebesitzers zur Untersuchung des Pferdes ist einzuholen. Auftraggeber und Kostenträger für Obduktion und diesbezüglichen Transport ist die FN (siehe auch Durchführungsbestimmungen).

5. Einzelheiten zu Medikationskontrollen sind in den Anti-Doping- und Medikamentenkontroll-Regeln festgelegt. Einzelheiten zu Pferde- und Fitnesskontrollen sind in den Durchführungsbestimmungen zu § 67 geregelt.
6. Verfassungsprüfungen/Pferdekontrollen/Fitnesskontrollen sind verpflichtend vorgeschrieben bei:
   6.1 Bei jedem Auftreten von frischem Blut am Pferd wird eine Pferdekontrolle angeordnet (vgl. § 66.6.6). Kann die Ursache der Blutung nicht identifiziert werden, ist eine weiterführende Untersuchung durch den Turniertierarzt zu veranlassen. Das Ergebnis der Pferdekontrolle und/oder der weiterführenden Untersuchung dient als Entscheidungsgrundlage für die Zulassung für weitere Starts auf derselben PLS.

   6.2 **Vielseitigkeits-LP, Kombinierte LP mit Teilprüfung Gelände sowie Geländeritten**
      a) Verfassungsprüfung vor der Dressur durch Richter und Tierarzt oder Fitnesskontrolle während der Dressur durch die Richter bei allen Vielseitigkeits-LP und Kombinierten LP mit Teilprüfung Gelände. In Zweifelsfällen hinsichtlich der Fitness ist eine Verfassungsprüfung durchzuführen.
      b) Fitnesskontrolle unmittelbar nach der Gelände-LP bei allen Vielseitigkeits-LP, Kombinierten LP mit Teilprüfung Gelände sowie Geländeritten im beobachtendem Richtverfahren durch einen Richter und/oder Tierarzt.
      c) Findet die Springprüfung nach der Geländeprüfung statt, so ist vor der Springprüfung eine Verfassungsprüfung vorgeschrieben.

   6.3 **Kombinierte/Vielseitigkeits-LP mit Teilprüfung Gelände für Fahrpferde**
      a) Verfassungsprüfung vor der Dressur, sofern entsprechend gemäß Ausschreibung vorgesehen, entweder angespannt oder an der Hand
      b) Verfassungsprüfung (inkl. Überprüfung der Anspannung/Ausrüstung) vor der Hindernisstrecke (angespannt)
      c) Fitness- oder Pferdekontrolle (angespannt) nach dem Ziel der Hindernisstrecke durch einen Richter und/oder Tierarzt
      d) Verfassungsprüfung vor dem Hindernisfahren (angespannt bzw. sofern gemäß Ausschreibung vorgesehen an der Hand)

      Wird eine andere Reihenfolge der Teilprüfungen als die herkömmliche gewählt, entfällt die Verfassungsprüfung vor dem Hindernisfahren.

   6.4 **Voltigier-LP**
      Verfassungsprüfungen bei Landes- und Deutschen Meisterschaften

   6.5 Verfassungsprüfungen sind vorgeschrieben für Pferde vor einem erneuten Start bei einer PLS nach Ausschluss bzw. Nichtzulassung gemäß § 66.6.3 bis 4 im Rahmen derselben PLS.

   6.6 Bei allen Verfassungsprüfungen muss ein „Holding-Areal" vorhanden sein.

6.7 Bei Verfassungsprüfungen ist außer Zäumung keine andere Ausrüstung zugelassen (Ausnahme: Verfassungsprüfung in der Ruhephase bzw. bei Fahr-LP in Anspannung).

IX. Ausrüstung von Teilnehmern und Pferden

§ 68
Ausrüstung der Reiter
Vorbemerkung

Die Ausrüstung der Reiter muss den Regeln der Reitlehre (Richtlinien für Reiten und Fahren) und den Grundsätzen der Unfallverhütung und des Tierschutzes entsprechen (vgl. auch § 6) und darf bei normaler Anwendung nicht geeignet sein, Verletzungen zu verursachen. Der Anzug richtet sich nach Art und Anlass der LP.

Das Tragen des Bundesadlers ist ausschließlich Mitgliedern des A-, B- und C-Kaders des DOKR sowie vom DOKR entsandten Teilnehmern an FEI-Nationenpreisen gestattet. Bei offiziellen FEI-Championaten und FEI-Nationenpreisen ist das Tragen des Bundesadlers verpflichtend. Der Bundesadler darf nur auf der aktuellen Kaderausrüstung getragen werden. Der Bundesadler darf nur in Verbindung mit den Logos der aktuellen DOKR-Ausrüstungs- und DOKR-Teamsponsoren der jeweiligen Disziplinen und Altersklassen verwendet werden. Mit dem Ausscheiden aus den Kadern bzw. der Beendigung des Nationenpreiseinsatzes erlischt das Recht zum Tragen des Bundesadlers vollständig. Ausnahmen von den genannten Regelungen erfordern die schriftliche Freigabe durch die Geschäftsstelle des DOKR.

Der Sicherheit dienende Ausrüstungsgegenstände sind grundsätzlich zugelassen.

Im Einzelnen gelten die folgenden Bestimmungen:

A. Dressur-, Dressurreiter-, Dressurpferde-LP, Gewöhnungs- und Reitpferde-LP

I. Anzug

Vorgeschrieben sind:

1. In LP der Kl. E bis S: helle Stiefelhose, Jackett und Hemd oder hemdähnliches Oberteil mit Krawatte bzw. Bluse oder blusenähnliches Oberteil ggf. mit Plastron sowie dunkle Reitstiefel, zusätzlich in Kl. M und S helle Handschuhe. Zulässig sind auch Stiefeletten und gleichfarbige, eng anliegende Glattleder-Chaps (Gamaschen), sofern sie optisch einteiligen Reitstiefeln entsprechen (die Bestimmungen bzgl. Stiefeletten und Glattleder-Chaps (Gamaschen) gelten auch für den Vorbereitungsplatz).
2. In LP mit internationalen Dressuraufgaben (ergänzend zu Abs. 1) für Senioren und Reiter: dunkler Reitfrack und Handschuhe. Für Junioren und Junge Reiter ist auch in diesen LP gedecktes Jackett zugelassen.

In allen LP ist zugelassen: Vereins- oder Klubdress in Anlehnung an Ziffer 1, für Bundeswehr- und Polizeiangehörige Uniform.

Abweichende Vorgaben von den Anzug-Vorschriften (wie „Marscherleichterung“) können von der Turnierleitung mit Zustimmung der Richtergruppe zugelassen werden. Wird die sogenannte Marscherleichterung erteilt, kann auf das Tragen des Jacketts verzichtet werden (alle weiteren Anzugvorschriften bleiben bestehen).

Schutzweste (siehe C.b).I) erlaubt.

II. Kopfbedeckung

1. Junioren und Children:
   In Basis-LP (Gewöhnungs- und Reitpferde-LP), Aufbau-LP (Dressurpferde-

LP) aller Klassen, Dressur-/Dressurreiter-LP aller Klassen: Reithelm*) vorgeschrieben. Diese Bestimmung gilt auch für den Vorbereitungsplatz.

2. Junge Reiter und Reiter:
   - 2.1 In Basis-LP (Gewöhnungs- und Reitpferde-LP) und Aufbau-LP bis Kl. A (Dressurpferde-LP): Reithelm*) vorgeschrieben. Diese Bestimmung gilt auch für den Vorbereitungsplatz.
   - 2.2 In Dressur- und Dressurreiter-LP der Kl. E und A: Reithelm*) vorgeschrieben. Diese Bestimmung gilt auch für den Vorbereitungsplatz.
   - 2.3 In Dressur- und Dressurreiter-LP der Kl. L bis S sowie Dressurpferde-LP Kl. L und M: Reithelm*) oder Reitkappe, Melone bzw. Zylinder vorgeschrieben.
   - 2.4 In LP mit internationalen Dressuraufgaben für Senioren: Zylinder oder Reithelm*) vorgeschrieben; für Junge Reiter ist auch in diesen LP Melone zugelassen.

*) *Anmerkung zum Reithelm: Reithelm* gemäß *Europäischer Norm „EN 1384"; es wird die jeweils aktuellste Europäische Norm empfohlen.*

III. Hilfsmittel in allen LP zu A

1. Eine Gerte: max. 120 cm lang (inkl. Schlag) zugelassen.
2. Ein Paar Sporen: zugelassen, sofern sie bei normaler Anwendung nicht geeignet sind, Stich- oder Schnittverletzungen zu verursachen, max. Länge 4,5 cm, gemessen ab dem Stiefel (inkl. Rädchen, beweglich). Der Sporn ist so anzubringen, dass der Dorn am Ende horizontal bzw. nach unten geneigt ausgerichtet ist.

Diese Bestimmungen gelten auch für den Vorbereitungsplatz.

B. Spring-LP, Springpferde-LP, Eignungs-LP, Kombinierte Dressur-/Spring-LP analog Eignungs-LP

I. Anzug

Vorgeschrieben sind:

In LP der Kl. E bis S: Helle Stiefelhose; Jackett (rotes Jackett nur ab Kl. M** und höher zugelassen), Hemd oder hemdähnliches Oberteil mit Krawatte bzw. Bluse oder blusenähnliches Oberteil ggf. mit Plastron sowie dunkle Reitstiefel. Zulässig sind auch Stiefeletten und gleichfarbige, eng anliegende Glattleder-Chaps (Gamaschen), sofern sie optisch einteiligen Reitstiefeln entsprechen (die Bestimmungen bzgl. Stiefeletten und Glattleder-Chaps (Gamaschen) gelten auch für den Vorbereitungsplatz).

In allen LP ist zugelassen: Vereins- oder Klubdress in Anlehnung an Ziffer 2, für Bundeswehr- und Polizeiangehörige Uniform.

Abweichende Vorgaben von den Anzug-Vorschriften (wie „Marscherleichterung") können von der Turnierleitung mit Zustimmung der Richtergruppe zugelassen werden. Wird die sogenannte Marscherleichterung erteilt, kann auf das Tragen des Jacketts verzichtet werden (alle weiteren Anzugvorschriften bleiben bestehen). Schutzweste/Rückenschutz (siehe C.b).I) erlaubt, in LP gemäß § 536 vorgeschrieben.

II. Kopfbedeckung

Vorgeschrieben ist (auch auf dem Vorbereitungsplatz) in allen LP: Reithelm gemäß Europäischer Norm „EN 1384"; es wird die jeweils aktuellste Europäische Norm empfohlen.

III. Hilfsmittel in allen LP zu B

1. Eine Gerte: max. 75 cm lang (inkl. Schlag) zugelassen.
2. Ein Paar Sporen: zugelassen, sofern sie bei normaler Anwendung nicht geeignet sind, Stich- oder Schnittverletzungen zu verursachen, max. Länge 4,5 cm, gemessen ab dem Stiefel (inkl. Rädchen, beweglich). Der Sporn ist so anzubringen, dass der Dorn horizontal bzw. nach unten geneigt ausgerichtet ist.

Diese Bestimmungen gelten auch für den Vorbereitungsplatz. Ausnahme: In der dressurmäßigen Arbeit auf dem Vorbereitungsplatz ist auch eine Gerte max. 120 cm lang (inkl. Schlag) zugelassen.

C. Vielseitigkeits- und Gelände-LP, Geländepferde- sowie Jagdpferde-LP

a) Teilprüfung Dressur

I. Anzug

wie A. Ausnahme: Tiefdunkler Frack und Handschuhe ab VM zugelassen.

II. Kopfbedeckung

Vorgeschrieben ist:

1. Junioren:
   In LP aller Klassen: Reithelm*) vorgeschrieben. Diese Bestimmung gilt auch für den Vorbereitungsplatz.
2. Junge Reiter und Reiter:
   2.1 In LP der Kl. E und A: Reithelm*) vorgeschrieben. Diese Bestimmung gilt auch für den Vorbereitungsplatz.
   2.2 In LP der Kl. L bis S: Reithelm*) oder Reitkappe, Melone oder Zylinder vorgeschrieben.
   *) *Anmerkung zum Reithelm: Reithelm* gemäß *Europäischer Norm „EN 1384"; es wird die jeweils aktuellste Europäische Norm empfohlen.*

III. Hilfsmittel

1. Eine Gerte ist in der Prüfung nicht erlaubt (auf dem Vorbereitungsplatz zugelassen (max. 1,20 m inkl. Schlag)).
2. Ein Paar Sporen, nur wie folgt zugelassen: max. Länge 4,0 cm, gemessen ab dem Stiefel (ggf. inkl. Rädchen, beweglich – jedoch ohne Zacken), mit glatten Endflächen, die bei normaler Anwendung nicht geeignet sind, Stich- oder Schnittverletzungen zu verursachen. Der Sporn ist so anzubringen, dass der Dorn horizontal bzw. nach unten geneigt ausgerichtet ist.

Diese Bestimmungen gelten auch für den Vorbereitungsplatz.

b) Teilprüfung Gelände bzw. Gelände-LP aller Art und Eignungs-LP mit Teilprüfung Gelände, Komb. Dressur-/Spring-LP analog Eignungs-LP mit Teilprüfung Gelände sowie LP gem. § 536 (Spring-LP mit Geländehindernissen)

I. Anzug

Beliebig; Stiefelhose und dunkle Reitstiefel bzw. Stiefeletten und gleichfarbige, eng anliegende Glattleder-Chaps (Gamaschen), sofern sie optisch einteiligen Reitstiefeln entsprechen (die Bestimmungen bzgl. Stiefeletten und Glattleder-Chaps (Gamaschen) gelten auch für den Vorbereitungsplatz); Schutzweste vorgeschrieben; empfohlen wird eine Schutzweste/ Rückenschutz gemäß Europäischer Norm „EN 13158", Level 3.

II. **Kopfbedeckung** (auch auf dem Vorbereitungsplatz)
Reithelm gemäß Europäischer Norm „EN 1384"; es wird die jeweils aktuellste Europäische Norm empfohlen.

III. **Hilfsmittel**
1. Eine Gerte: max. 75 cm lang (inkl. Schlag) zugelassen.
2. Ein Paar Sporen nur wie folgt zugelassen: Länge max. 4,0 cm, gemessen ab dem Stiefel (ggf. inkl. Rädchen, beweglich – jedoch ohne Zacken), mit glatten Endflächen, die bei normaler Anwendung nicht geeignet sind, Stich- oder Schnittverletzungen zu verursachen. Der Sporn ist so anzubringen, dass der Dorn horizontal bzw. nach unten geneigt ausgerichtet ist.

Diese Bestimmungen gelten auch für den Vorbereitungsplatz.

c) **Teilprüfung Springen** wie B.

§ 69
Ausrüstung der Fahrer und Beifahrer

Vorbemerkung

Die Ausrüstung der Fahrer und Beifahrer muss den Regeln der Fahrlehre (Richtlinien für Reiten und Fahren, Band 5) und den Grundsätzen der Unfallverhütung und des Tierschutzes entsprechen und darf bei normaler Anwendung nicht geeignet sein, Verletzungen zu verursachen. Anzug und Ausrüstung der Fahrer und Beifahrer richten sich nach der Art des Wagens und dem Stil der Anspannung. Einheit des Gesamtbildes und reiner Stil sind anzustreben.

Das Tragen des Bundesadlers ist ausschließlich Mitgliedern des A-, B- und C-Kaders des DOKR sowie vom DOKR entsandten Teilnehmern an FEI-Nationenpreisen gestattet. Bei offiziellen FEI-Championaten und FEI-Nationenpreisen ist das Tragen des Bundesadlers verpflichtend. Der Bundesadler darf nur auf der aktuellen Kaderausrüstung getragen werden. Der Bundesadler darf nur in Verbindung mit den Logos der aktuellen DOKR-Ausrüstungs- und DOKR-Teamsponsoren der jeweiligen Disziplinen und Altersklassen verwendet werden. Mit dem Ausscheiden aus den Kadern bzw. der Beendigung des Nationenpreiseinsatzes erlischt das Recht zum Tragen des Bundesadlers vollständig.

Ausnahmen von den genannten Regelungen erfordern die schriftliche Freigabe durch die Geschäftsstelle des DOKR.

A. **Gespannkontrollen, Eignungs- und Gebrauchs-LP, Dressur- und Hindernisfahr-LP der Kl. E bis S**

a) **Fahrer:**

I. **Anzug**
Zum Stil der Anspannungsart passend sind vorgeschrieben: Jackett oder Tracht/Uniform und Kniedecke und Handschuhe sowie Peitsche mit Schlag, mit dem alle Pferde erreicht werden können.

II. **Kopfbedeckung**
Vorgeschrieben ist (auch auf dem Vorbereitungsplatz):
1. 18 Jahre und jünger: Helm*)
2. 19 Jahre und älter: Hut oder Helm*)

b) **Beifahrer:**

I. **Anzug**
Zum Stil der Anspannungsart passend sind vorgeschrieben: Jackett oder Tracht/Uniform und Handschuhe.
Abweichende Vorgaben von den Anzug-Vorschriften können von der zuständigen Richtergruppe im Einvernehmen mit der Turnierleitung zugelassen werden.

II. **Kopfbedeckung**
Vorgeschrieben ist (auch auf dem Vorbreitungsplatz):
1. Für Beifahrer 18 Jahre und jünger: Helm*)
2. Für Beifahrer 19 Jahre und älter: Hut oder Helm*)

B. **Bei allen Fahr-LP im Gelände**
Fahrer und Beifahrer:

I. **Anzug**
Zweckmäßige Kleidung (lange Hose vorgeschrieben) im Gelände (Hindernisstrecke); Schutzweste/Rückenschutz vorgeschrieben; empfohlen wird eine Schutzweste gemäß Europäischer Norm „EN 13158", Level 3.
Bei Verwendung einer Peitsche: Schlag vorgeschrieben.

II. **Kopfbedeckung**
Junioren/Junge Fahrer/Fahrer:
Helm*) vorgeschrieben (auch auf dem Vorbereitungsplatz und in allen Teilstrecken der Geländestrecke).

*) *Anmerkung zum Helm: Helm gemäß Europäischer Norm „EN 1384"; es wird die jeweils aktuellste Europäische Norm empfohlen.*

§ 70
Ausrüstung der Reitpferde
Vorbemerkung

Die Ausrüstung der Pferde muss den Regeln der Reitlehre (Richtlinien für Reiten und Fahren) und den Grundsätzen der Unfallverhütung und des Tierschutzes entsprechen und darf bei normaler Anwendung nicht geeignet sein, Verletzungen zu verursachen.
Jede andere, nicht ausdrücklich erwähnte Ausrüstung ist nicht zugelassen.
Im Einzelnen gelten die folgenden Bestimmungen:

A. **Sattel** (Pritschensattel, englische Sattelform) einschließlich Steigbügeln/Steigbügelriemen (frei von der Sturzfeder herabhängend) und Sattelgurt vorgeschrieben.

B. **Zäumung, Gebisse, Reithalfter und sonstige Ausrüstung**
Zulässig sind in:

I. Gewöhnungs-, Reitpferde-LP, Eignungs-LP, Dressurpferde-LP ab Kl. A, Dressur-LP der Kl. E und A, Dressur-LP ab Kl. L bei gemäß Ausschreibung zugelassener bzw. vorgeschriebener Zäumung auf Trense, Teilprüfung Dressur bei Vielseitigkeits-LP ab Kl. E und Kombinierten LP gemäß §§ 830/840:

1. Gebrochene Trensengebisse gemäß Abb. 1 bis 7 und Durchführungsbestimmungen mit
2. Reithalfter gemäß Abb. 18 bis 21
3. Sonstiges:
   a) Gummischeiben am Gebiss gemäß Abb. 8
   b) Vorderzeug gemäß Abb. 30 (Ausnahme: Dressur-LP gemäß internationalem Aufgabenheft Reiten, jedoch in Teilprüfung Dressur bei Vielseitigkeits-LP immer zugelassen)
   c) Ohrenschutz gemäß Abb. 24
   d) Fell oder sonstige schonende Unterlagen an Ausrüstungsgegenständen. Bodenblenden o.Ä. aus Schaffell oder ähnlichem Material mit mehr als 3 cm Durchmesser am Trensenzaum sind nicht zulässig.
4. Hilfszügel:
   Einfache oder doppelte (Dreiecks-, Lauffer-) beidseitig verschnallte Ausbindezügel aus Leder und/oder Gurtband (vgl. „Erlaubte Hilfszügel" Abb. 27 bis 29): zugelassen in Dressurreiter-LP Kl. E.

II. Dressur-LP ab Kl. L bei gemäß Ausschreibung zugelassener bzw. vorgeschriebener Zäumung auf Kandare sowie in der Teilprüfung Dressur bei Vielseitigkeits-LP ab Kl. M:
1. Kandarengebisse gemäß Abb. 9 bis 12 mit Unterlegtrense gemäß Durchführungsbestimmungen und Kinnkette gemäß Abb. 13 sowie mit
2. Reithalfter gemäß Abb. 19
3. Sonstiges gemäß B.I.3.b) bis d)

III. Spring-LP der Kl. E bis M*, Gelände-LP und Teilprüfungen Gelände und Springen bei Vielseitigkeits-LP der Kl. E bis L, FN-Hunterklasse 75er und höher sowie in allen Springpferde-, Geländepferde- und Jagdpferde-LP:
1. Gebrochene Trensengebisse gemäß Abb. 1 bis 7
2. Stangengebisse, Drei-Ringe-Gebiss und Pelhams gemäß Abb. 14 bis 16 (nicht in Spring- und Gelände-LP der Kl. E und FN-Hunterklasse 75er/85er)
3. Reithalfter gemäß Abb. 18 bis 21, bei Drei-Ringe-Gebiss und Pelhamzäumung nur gemäß Abb. 19 bis 21
4. Sonstiges gemäß B.I.3.a) bis d) sowie Nosecover gemäß Abb. 25
5. Hilfszügel:
   Gleitendes Ringmartingal (auch Rennmartingal/mit Lederdreieck) gemäß Abb. 26

IV. Spring-LP ab der Kl. M**, Gelände-LP und Teilprüfungen Gelände und Springen bei Vielseitigkeits-LP ab der Kl. M und Jagdpferde-LP der Kl. M und S:
1. Beliebige Zäumung mit Gebiss und/oder gebisslose Zäumung mit oder ohne Reithalfter gemäß Vorbemerkung zu § 70
2. Sonstiges gemäß B.I.3.a) bis d) sowie Nosecover gemäß Abb. 25
3. Hilfszügel:
   Gleitendes Ringmartingal (auch Rennmartingal/mit Lederdreieck) gemäß Abb. 26

C. Beinschutz

Zugelassen in allen LP über Hindernisse: Bandagen, Gamaschen, Fesselringe/-bänder, Springglocken und Ballenschoner gemäß Durchführungsbestimmungen.
Ausnahme: In Springpferde-, Freispring-, Eignungs-LP für Reitpferde gemäß § 310 sind an den Hinterbeinen nur Streichkappen gemäß Abb. 22 zugelassen.
Nicht gestattet sind mit Gewichten beschwerte Gamaschen, Springglocken etc. Die zum Schutz an den Pferdebeinen angebrachten Ausrüstungsgegenstände dürfen das zulässige Höchstgewicht von 500 g je Pferdebein (ohne Hufeisen) nicht überschreiten.

D. Hufbeschlag und Hufpflege

Diese müssen zweckdienlich und in Ordnung sein; nicht gestattet sind Bleiplatten oder Gewichte, ob sichtbar oder unsichtbar.
Hufschuhe sind grundsätzlich erlaubt; solche, die über den Kronenrand des Hufes hinausreichen, sind nicht zugelassen.

E. Vorbereitungsplatz:

I. Dressur-/Dressurreiter- und Spring-LP Kl. E:
Ausrüstung wie in der jeweiligen LP vorgeschrieben. Erlaubte Hilfszügel: einfache oder doppelte (Dreiecks-, Lauffer-) beidseitig verschnallte Ausbindezügel aus Leder und/oder Gurtband, jedoch nicht beim Überwinden von Hindernissen. Ein Nosecover gemäß Abb. 25 sowie das gleitende Ringmartingal gemäß Abb. 26 sind erlaubt.

II. Gewöhnungs-, Reitpferde-LP, Eignungs-LP, Dressurpferde- und Dressur-LP ab Kl. A, Teilprüfung Dressur bei Vielseitigkeits-LP ab Kl. E und Kombinierte LP gemäß §§ 830 und 840: Ausrüstung wie in der jeweiligen LP vorgeschrieben. Zäumung gemäß § 70.B.I ist immer zugelassen; Nosecover gemäß Abb. 25 erlaubt.

III. Springpferde-LP bis Kl. M** und Spring-LP Kl. A* bis M*, Teilprüfung Springen bei Vielseitigkeits-LP ab Kl. E: Ausrüstung wie in den jeweiligen LP vorgeschrieben.

IV. Spring-LP ab der Kl. M**:
Ausrüstung wie in den jeweiligen LP vorgeschrieben.
Erlaubte sonstige Hilfszügel: Schlaufzügel; jedoch nicht beim Überwinden von Hindernissen.

V. Geländepferde-, Jagdpferde-, Vielseitigkeits-LP und Geländeritte: Ausrüstung wie in den jeweiligen (Teil-)LP vorgeschrieben.

VI. Longieren:
Vgl. Vorbemerkung.

VII. Beinschutz gemäß C (vgl. Durchführungsbestimmung zu § 70.E) ist auf dem Vorbereitungsplatz immer zugelassen. (Ausnahme: In Springpferde-, Freispring-, Eignungs-LP für Reitpferde gemäß §§ 310 und 315 ff. und Kombinierten LP gemäß §§ 830 und 840 ff. sind an den Hinterbeinen nur Streichkappen gemäß Abb. 22 zugelassen.)

F. Platzierung/Siegerehrung gemäß **§ 59**

Ausrüstung wie für die jeweiligen LP auf dem Vorbereitungsplatz erlaubt (Ausnahme: Ziffer VI. – Longieren).

Erlaubte Gebisse und Ausrüstungsgegenstände

(Abbildungsbeispiele zu § 70.B)

Erlaubte Gebisse

I. Alle Prüfungsarten und -klassen bei Zäumung auf Trense

(jeweils nur ein Zügelpaar zulässig; in doppelt gebrochener Form (vgl. Abb. 4) oder gebogen mit Zungenwölbung (vgl. Abb. 3)

Dicke der Gebisse, im Maulwinkel gemessen:

Ponys: 10 bis 18 mm
Pferde: 14 bis 21 mm

Weitere Kriterien zur Zulassung von Gebissen s. Durchführungsbestimmungen zu § 70.

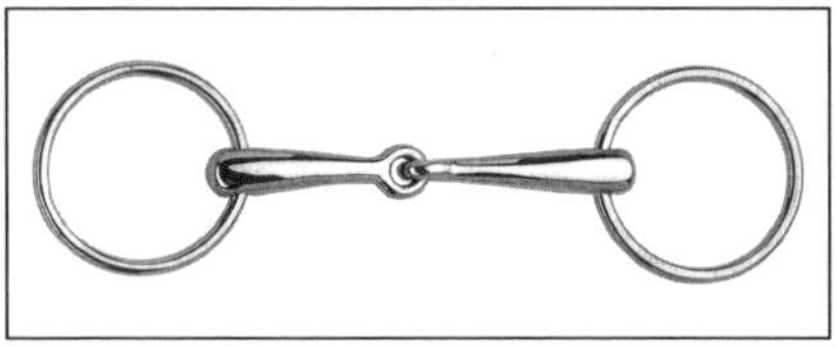

Abb. 1:
Wassertrense (einfach gebrochen)

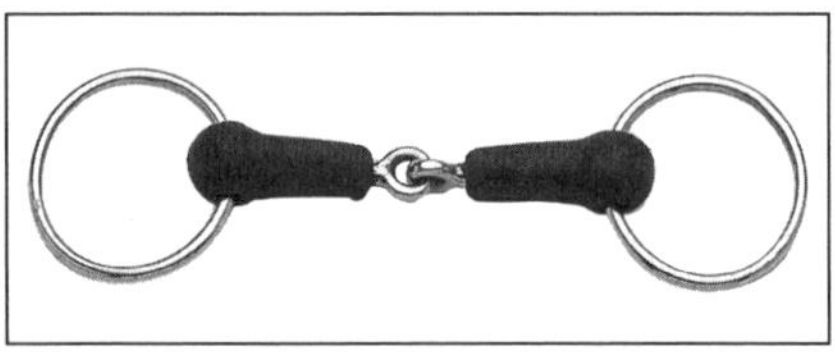

Abb. 2:
Wassertrense (einfach gebrochen)

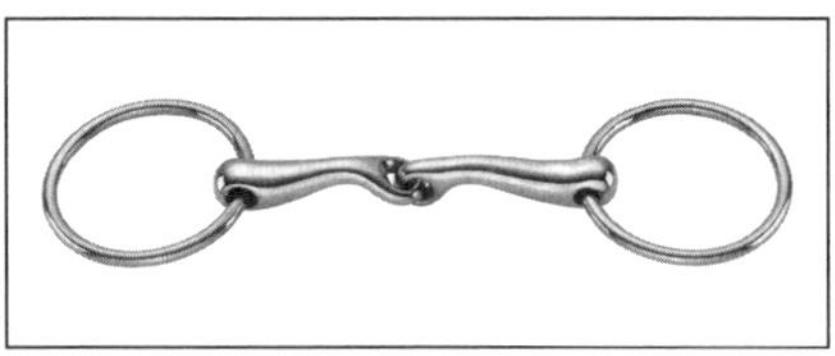

Abb. 3:
Gebogene Wassertrense mit Zungenwölbung („Conrad-Trense") (einfach gebrochen)

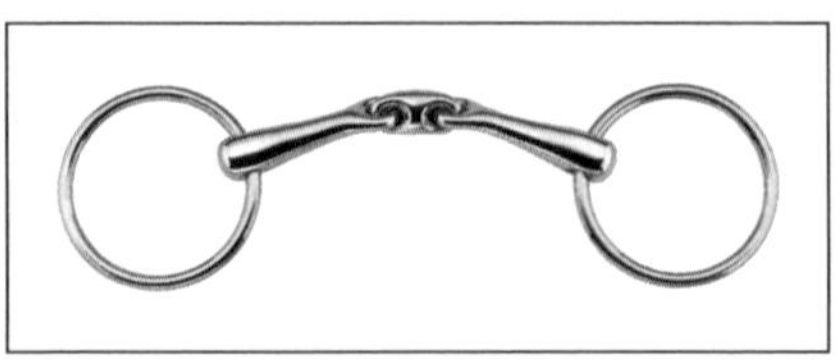

Abb. 4:
Doppelt gebrochene Wassertrense

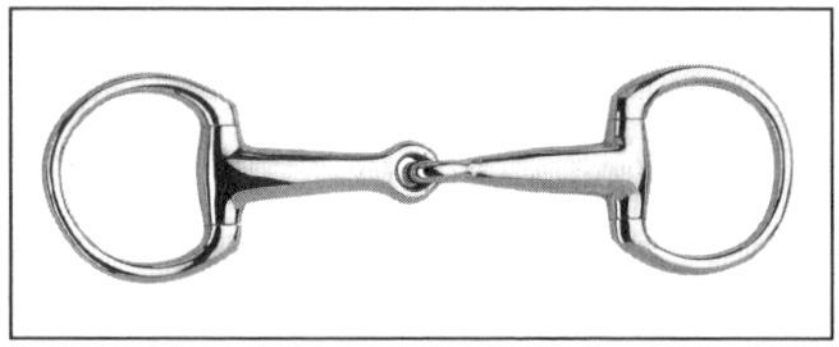

Abb. 5:
Olivenkopftrense, auch mit durchlaufenden Trensenringen zulässig

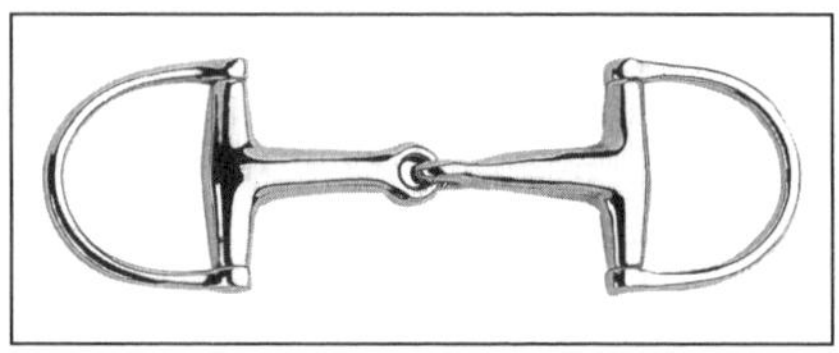

Abb. 6:
Renn-(D-)Trense

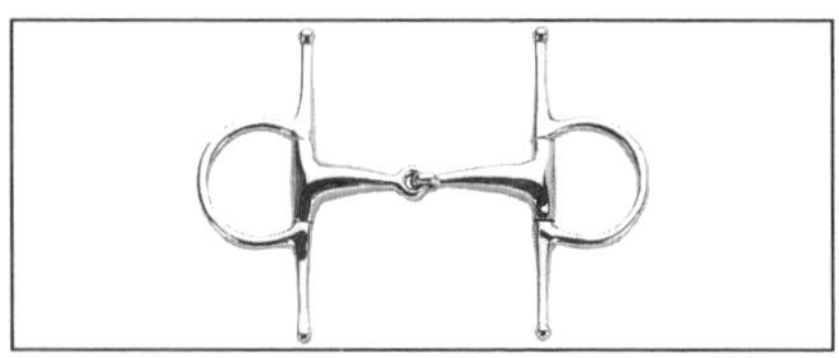

Abb. 7:
Schenkeltrense (in Dressurpferde-, Dressur-LP, Eignungs- und Reitpferde-LP nur ohne Stegbefestigung zulässig)

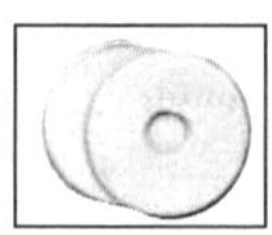

Abb. 8:
Gummischeiben

II. Dressur-LP Kl. L bis S (gemäß Ausschreibung) sowie in Teilprüfung Dressur bei Vielseitigkeits-LP ab VM (zugelassen) bei Zäumung auf Kandare

Dicke der Kandarengebisse, im Maulwinkel gemessen:

Ponys:	10 bis 18 mm
Pferde:	14 bis 21 mm
Unterlegtrense:	10 bis 16 mm
Länge der Kandarenanzüge:	gemäß Abb. 9 bis 12, 5 bis 10 cm; nur feststehende, nicht drehbare Anzüge zugelassen. Kinnkettenhaken müssen frei beweglich sein.
Zungenfreiheit:	0 bis 40 mm
Material:	Metall oder Kunststoff (starr)

Weitere Kriterien zur Zulassung von Gebissen s. Durchführungsbestimmungen zu § 70.

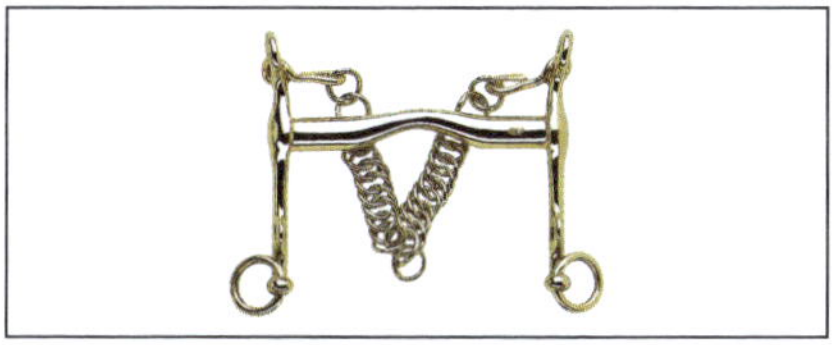

Abb. 9 bis 12:
Material: Metall oder Kunststoff, unterschiedliche Metalle und Kunststoffe sind grundsätzlich kombinierbar. Ausnahme: nachweislich gesundheitsschädigende Kombinationen.
Scherriemen zulässig.

Abb. 9:
Kandare

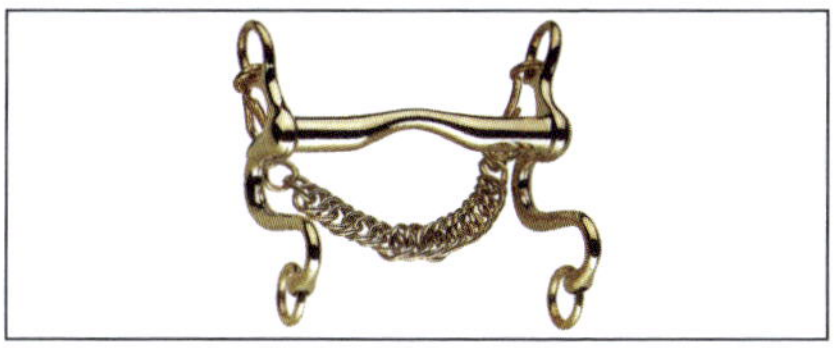

Abb. 10:
S-Kandare

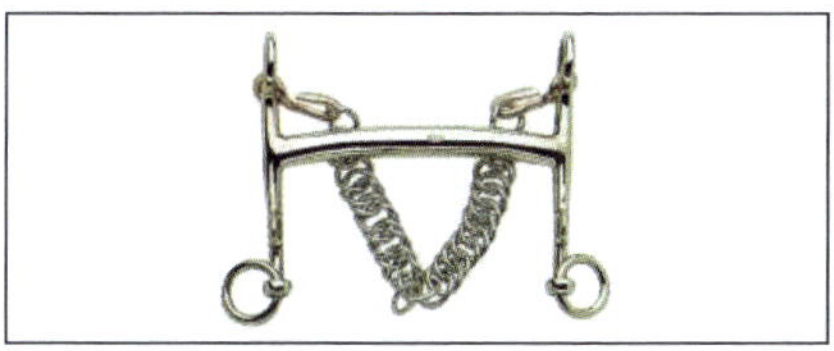

Abb. 11:
Französische Kandare

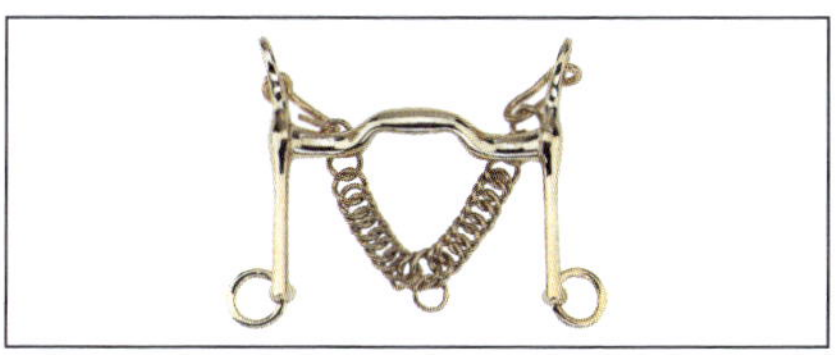

Abb. 12:
Conrad-Kandare

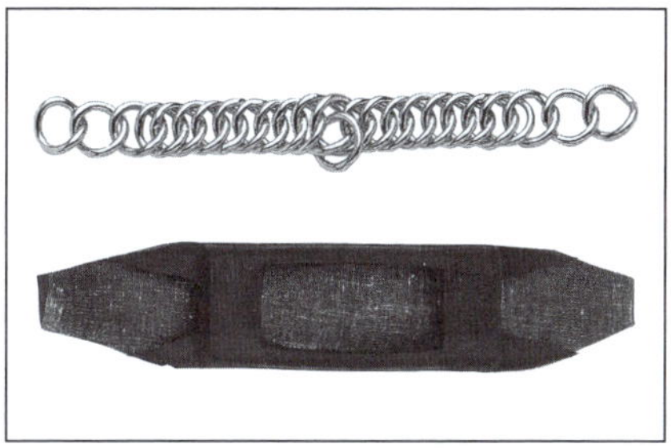

Abb. 13:
Kinnkette. Für Kandarenzäumung vorgeschrieben. Mit Kinnkettenunterlage aus Leder oder weichem Gummi/Plastik zulässig.

III. Springpferde-, Geländepferde-, Jagdpferde-LP; Spring-LP Kl. A bis M*, Gelände-LP und Teilprüfungen Gelände und Springen bei Vielseitigkeits-LP der Kl. A bis L, in Kl. E nur gemäß I. zulässig. (Jeweils nur ein Zügelpaar zulässig.)

Dicke der Gebisse, im Maulwinkel gemessen:

Ponys:	10 bis 18 mm	Länge der Pelhamanzüge:	max. 7 cm
Pferde:	14 bis 21 mm	Zungenfreiheit:	0 bis 40 mm

Weitere Kriterien zur Zulassung von Gebissen s. Durchführungsbestimmungen zu § 70.

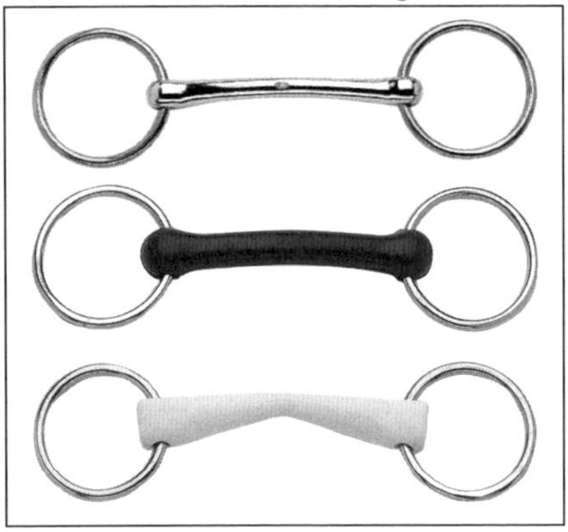

Abb. 14:
Beispiele Stangengebisse
(Stangengebisse (ungebrochen, auch biegsam) auch als Olivenkopf- (vgl. Abb. 5)/Renn-(D-)- (vgl. Abb. 6)/Schenkeltrense (vgl. Abb. 7) zugelassen.)

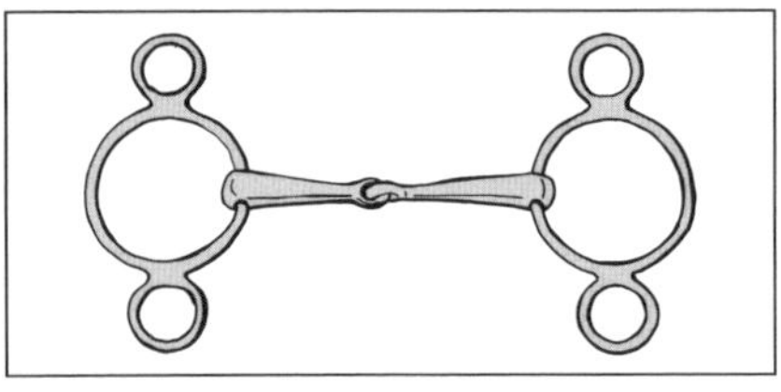

Abb. 15:
Drei-Ringe-Gebiss einfach gebrochen oder in doppelt gebrochener Form (vgl. Abb. 4) oder gebogen mit Zungenwölbung (vgl. Abb. 3) oder ungebrochen (vgl. Abb. 14) zulässig. Nur mit Reithalfter gemäß Abb. 19 bis 21 zulässig.
Zulässige Zügelbefestigung:
Ein Paar Zügel in den großen Ringen oder ein Paar Zügel in den kleinen Ringen.

Abb. 16:
Beispiele Pelhams
Pelham einfach gebrochen oder in doppelt gebrochener Form (vgl. Abb. 4) oder gebogen mit Zungenwölbung (vgl. Abb. 3) oder ungebrochen (vgl. Abb. 14) zulässig.
Nur mit Zügelverbindung (Steg gemäß Abbildung vorgeschrieben), bewegliche Kinnkette mit Kinnkettenunterlage vorgeschrieben und nur mit Reithalfter gemäß Abb. 19 bis 21 zulässig.
Scherriemen zulässig.
Vorgeschriebene Zügelbefestigung: ein Paar Zügel im Steg.

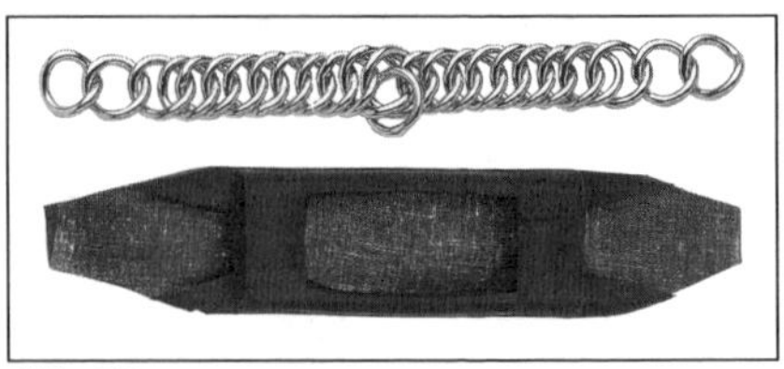

Abb. 17:
Kinnkette mit Kinnkettenunterlage aus Leder oder weichem Gummi/Plastik; bei Pelhamzäumung vorgeschrieben

IV. Spring-LP ab Kl. M (zusätzlich zu I. und III.), Gelände-LP und Teilprüfungen Gelände und Springen bei Vielseitigkeits-LP ab Kl. M sowie Jagdpferde-LP ab Kl. M**
Beliebige Zäumung mit Gebiss und/oder gebisslose Zäumung mit oder ohne Reithalfter im Sinne der Vorbemerkung

Erlaubte Reithalfter

(Abbildungsbeispiele zu § 70.B)

I. Alle Prüfungsarten Zäumung auf Trense (Leder bzw. lederähnliches Material)

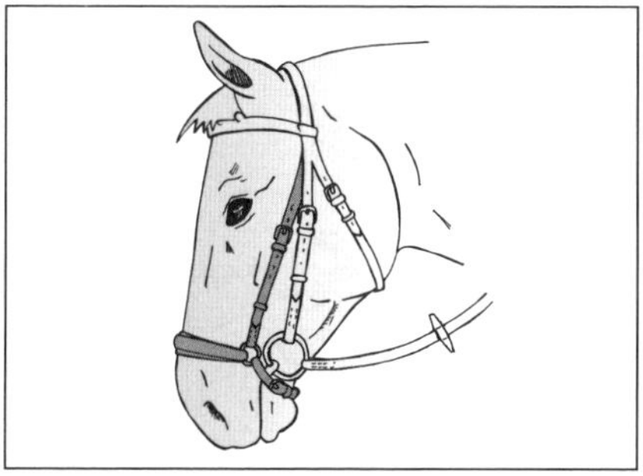

Abb. 18:
Hannoversches Reithalfter

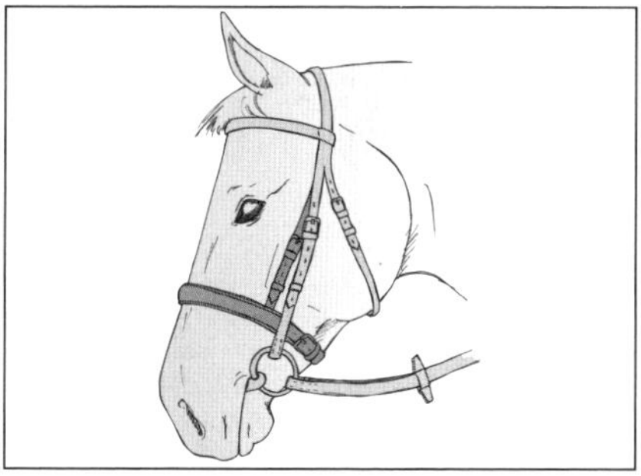

Abb. 19:
Englisches Reithalfter

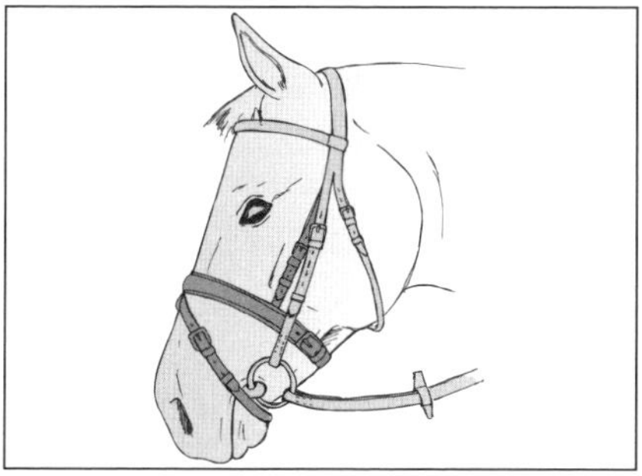

Abb. 20:
Kombiniertes Reithalfter

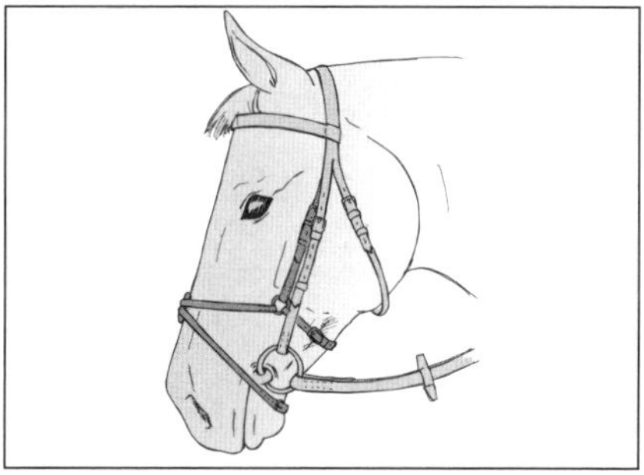

Abb. 21:
Mexikanisches Reithalfter

II. Dressur-LP Kl. L, Kl. M und S sowie in Teilprüfung Dressur bei Vielseitigkeits-LP ab Kl. M (zugelassen), bei Zäumung auf Kandare (Leder bzw. lederähnliches Material)
Englisches Reithalfter, (vgl. Abb. 19 „Erlaubte Reithalfter") vorgeschrieben.

III. Springpferde-, Geländepferde-, Jagdpferde-LP; Spring-LP Kl. E bis M*; Gelände-LP und Teilprüfungen Gelände und Springen bei Vielseitigkeits-LP der Kl. E bis L (Leder bzw. lederähnliches Material)
Erlaubte Reithalfter gemäß Abb. 18 bis 21 zugelassen. Ausnahme: Drei-Ringe-Gebiss und Pelhamzäumung, nur gemäß Abb. 19 bis 21.

IV. Spring-LP Kl. M und S, Gelände-LP und Teilprüfungen Gelände und Springen bei Vielseitigkeits-LP Kl. M und S sowie Jagdpferde-LP Kl. M und S (zusätzlich zu I. und III.)**
Beliebige Zäumung mit Gebiss und/oder gebisslose Zäumung mit beliebigem oder ohne Reithalfter im Sinne der Vorbemerkung

Das Reithalfter soll leicht anliegen und darf weder die Atmung beeinträchtigen noch die Maultätigkeit (Kauen) des Pferdes unterbinden.

Sonstige erlaubte Ausrüstung

Zugelassen in Prüfungen gemäß § 70.C

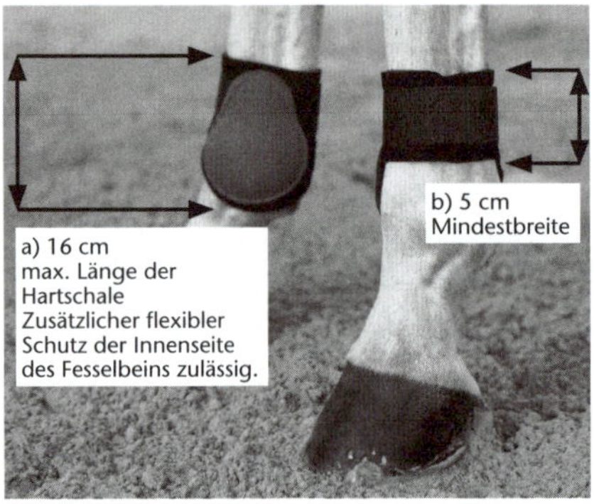

Abb. 22: Streichkappen

a) Glatte Innenstruktur ohne Aufwölbung, Fell o.Ä.
b) Einfacher oder doppelt-gegenläufiger Klettverschluss (5 cm Mindestbreite), keine Riemen/Schnallen o.Ä.
c) Die „Schale“ muss am Fesselkopf (nicht am Röhrbein) anliegen und rundum geschlossen angebracht werden.
d) Es ist kein weiterer bzw. zusätzlicher oder anderweitiger Beinschutz an den Hintergliedmaßen zugelassen.

Abb. 23: Fesselring

Zugelassen in Prüfungen gemäß § 70

Abb. 24: Ohrenschutz
Das Verbinden mit dem Nasenriemen ist nicht gestattet. Der Bereich der Augen und des Nasenrückens muss frei bleiben, das Ohrenspiel darf nicht beeinträchtigt sein, der Lärmschutz (lärmdämmendes Material) darf nicht in den Gehörgang/Ohrmuschel hineinreichen, Geräusche und der Gehörsinn dürfen nicht ausgeschaltet werden.

Zugelassen in Prüfungen gemäß § 70

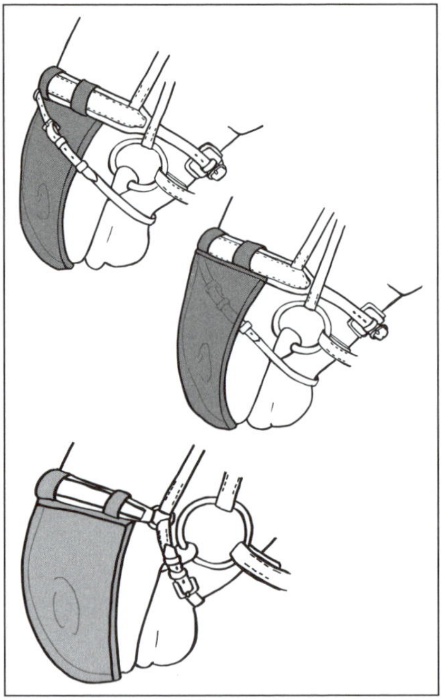

Abb. 25: Nasennetz (Nosecover)
Die Maulspalte muss frei bleiben; jegliche Formen eines Netzes, die die Atmung des Pferdes beeinträchtigen können, sind nicht zugelassen. Zu befestigen am Reithalfter gemäß „Erlaubte Reithalfter“ Abb. 18 bis 21.

Erlaubte Hilfszügel (und Verschnallungen)

Zugelassen in Prüfungen gemäß § 70

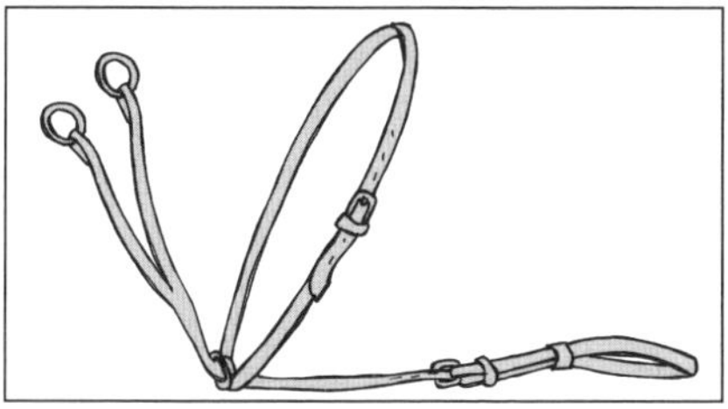

Abb. 26:
Gleitendes Ringmartingal (auch Rennmartingal/ mit Lederdreieck und in Kombination mit Vorderzeug zulässig)

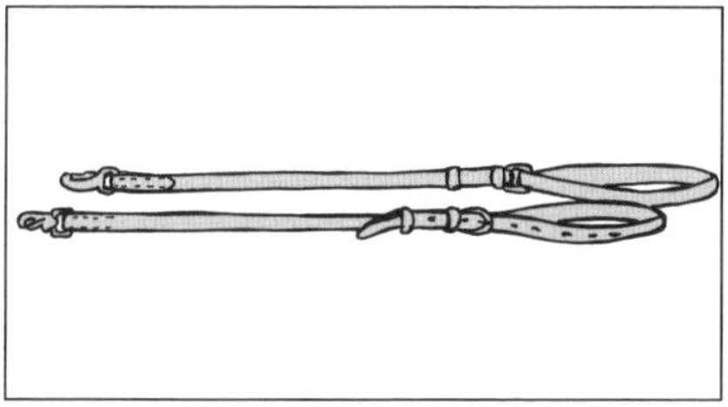

Abb. 27:
Beidseitig verschnallte einfache Ausbindezügel, ggf. mit fixiertem Gummiring

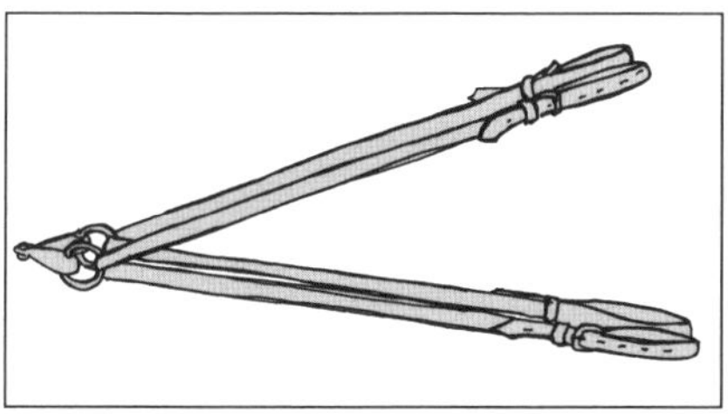

Abb. 28:
Beidseitig verschnallte doppelte Ausbinde- (Lauffer-)zügel

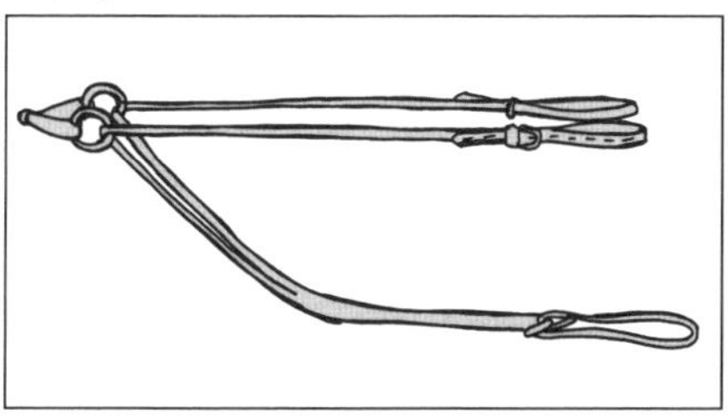

Abb. 29:
Beidseitig verschnallte doppelte Dreieckszügel

Abb. 30: Vorderzeug

Hinweis:
Detaillierte Informationen zu den zulässigen Ausrüstungsgegenständen sind im LPO-Ausrüstungskatalog zu finden, siehe www.pferd-aktuell.de

§ 71
Ausrüstung der Fahrpferde sowie der Gespanne
Vorbemerkung

Die Ausrüstung der Fahrpferde und der Gespanne sowie die Wagenbesetzung müssen den Regeln der Fahrlehre (Richtlinien für Reiten und Fahren) und den Grundsätzen der Unfallverhütung und des Tierschutzes entsprechen und dürfen bei normaler Anwendung nicht geeignet sein, Verletzungen zu verursachen. Im Einzelnen gelten die folgenden Bestimmungen:

A. Anspannung und Geschirr

Die Anspannung muss gepflegt, zweckmäßig, passend und verkehrssicher sein. Einheit des Gesamtbildes und reiner Stil sind anzustreben. Das Festbinden des Schweifes eines Pferdes an Teilen des Wagens oder Geschirres ist verboten. Nicht zugelassen sind jegliche Veränderungen am Geschirr, die eine Hebelwirkung auf Leinen oder Gebisse haben. Die Verwendung zusätzlicher Schlaufen auf den Leinen ist nur in Hindernisfahr-LP und Gelände-LP zugelassen.

In Dressur-LP mit Gespannkontrolle muss in der Gespannkontrolle und in der Dressur-LP dasselbe Geschirr verwendet werden.

Bei Gelände-LP kann Geschirr (inkl. Leinen) jeden Stils gemäß Vorbemerkung verwendet werden.

Hintergeschirr und (bzw. kombiniert mit) Schlagriemen sind in Fahr-LP bei Einspännern sowie bei Tandem- und Randomgabelpferd vorgeschrieben.

Blendklappen sind bei allen LP vorgeschrieben.

B. Zäumung

I. Erlaubte Gebisse: Maßgeblich ist grundsätzlich die Form des Gebisses gemäß den nachfolgenden Abbildungen (vgl. auch Richtlinien für Reiten und Fahren).

1. Alle Prüfungsarten Kl. E bis M: gemäß „Erlaubte Fahrgebisse und Zubehör" Abb. 31 bis 42, „Erlaubte Gebisse und Ausrüstungsgegenstände", Abb. 1 bis 7 und 14 sowie „Erlaubte Fahrgebisse und Zubehör" gemäß Abb. 43 bis 47. Der Kinnriemen gemäß Abb. 45 „Erlaubte Fahrgebisse und Zubehör" ist bei gebrochenen Trensengebissen (Abb. 42 „Erlaubte Fahrgebisse und Zubehör" und Abb. 1 bis 7 „Erlaubte Gebisse und Ausrüstungsgegenstände") sowie bei Stangengebissen (Abb. 14) generell zugelassen, nicht jedoch bei Kandarengebissen (gebrochen oder starr). Die Verwendung eines Pullerriemens gemäß Abb. 46 ist zulässig, solange nicht gleichzeitig der Kinnriemen verwendet wird, nicht jedoch bei Kandarengebissen (gebrochen oder starr).
2. Alle Prüfungsarten Kl. S: beliebig; gebisslose Zäumung bzw. Kombination aus Hackamore o.Ä. und Gebiss ist nicht zugelassen. Der Kinnriemen gemäß Abb. 45 „Erlaubte Fahrgebisse und Zubehör" ist bei allen Gebissformen zugelassen.

II. Erlaubtes Zubehör:

1. Gummischeiben gemäß Abb. 47 „Erlaubte Fahrgebisse und Zubehör" sind in allen LP Fahren zugelassen.
2. Zungenstrecker gemäß Abb. 49 „Erlaubte Fahrgebisse und Zubehör" ist nur in Gelände-LP und Hindernisfahr-LP zugelassen.

3. Ohrenschutz gemäß Abb. 24 „Sonstige erlaubte Ausrüstung" zu § 70: zugelassen in allen LP, inklusive Lärmschutz zugelassen.

C. Sonstige Ausrüstung

I. Bandagen, Gamaschen, Streichkappen und Springglocken sind bei Gelände-LP, bei Hindernisfahr-LP sowie auf dem Vorbereitungsplatz zulässig.

II. Hufbeschlag und Hufpflege: Diese müssen zweckdienlich und in Ordnung sein; nicht gestattet sind Bleiplatten oder Gewichte, ob sichtbar oder unsichtbar. Hufschuhe sind grundsätzlich erlaubt; solche, die über den Kronenrand des Hufes hinausreichen, sind nicht zugelassen.

III. Fell- oder sonstige schonende Unterlagen an den Ausrüstungsgegenständen sind in allen LP zugelassen. Bodenblenden o.Ä. aus Schaffell oder ähnlichem Material mit mehr als 3 cm Durchmesser an den Kopfstücken sind nicht zulässig.

IV. Ein Schweifhalter gemäß „Erlaubte Fahrgebisse und Zubehör" Abb. 48 ist zugelassen.

V. Fliegendecken sind bei Gelände-LP auf der Wegstrecke und auf der Schrittstrecke zugelassen.

VI. Ein Nasennetz (Nosecover) gemäß „Sonstige erlaubte Ausrüstung" Abb. 25 zu § 70 ist bei allen LP zugelassen.

D. Wagen

I. Gebrauchs- und Eignungs-LP Dressur- und Hindernisfahr-LP Kl. E bis S
Es sind nur vierrädrige Wagen zulässig, ausgenommen für Einspänner, Tandem und Random. Die Wagen müssen gemäß StVO mit Betriebs- und Feststellbremse, Wagenlaternen (nur ab Kl. A), Rückstrahlern und Seitenreflektoren sowie Eisen- oder Vollgummireifen ausgerüstet sein. Wagen mit Ballonbereifung sind nur zulässig für LP der Kl. E bis M sowie Eignungs- und Gebrauchs-LP. Drehkranzbremse und Lenkverzögerung sind zulässig.
Die Docken müssen am äußersten seitlichen Ende der Bracke angebracht sein und dürfen nicht verändert werden; die Stränge müssen an den äußeren Enden der Ortscheite oder an den Docken befestigt sein. Der Abstand zwischen den beiden Strängen eines Pferdes (gemessen ca. 10 cm vom Ortscheit) darf im Zug bei Pferden 55 cm, bei Ponys 45 cm nicht unterschreiten. Die Stränge dürfen sich nicht kreuzen. Die Vorderbracke bei Vierspännern muss mindestens 1 m breit und die Strangbefestigungen an den Vorderortscheiten müssen mindestens 45 cm auseinander angebracht sein. Bei Ponys muss die Vorderbracke des Gespannes mindestens 85 cm breit und die Strangbefestigung an den Vorderortscheiten müssen mindestens 35 cm auseinander angebracht sein.

Spurbreiten:	Kl. S (Minimum) (keine maximale Spurbreite vorgeschrieben)	Kl. E bis M (Maximum) (keine minimale Spurbreite vorgeschrieben)
Vier-/Mehrspänner Pferde	158 cm	160 cm
Vier-/Mehrspänner Ponys	138 cm	140 cm
Zweispänner Pferde	148 cm	160 cm
Zweispänner Ponys	138 cm	140 cm
Einspänner Pferde	138 cm	160 cm
Einspänner Ponys	138 cm	140 cm
Tandem Pferde	148 cm	160 cm
Tandem Ponys	138 cm	140 cm

In der Teilprüfung Hindernisfahren einer Kombinierten- bzw. Vielseitigkeits-LP muss derselbe Wagen wie in der Teilprüfung Dressur-/Gebrauchs-LP verwendet werden.

II. Gelände-LP Kl. E bis S

Es sind nur vierrädrige gemäß StVO ausgerüstete Wagen zulässig. Wagen mit Ballonbereifung sind nur zulässig in LP der Kl. E bis M. Kein Teil des Wagens darf breiter sein als die äußere Spurbreite (hintere Räder) mit Ausnahme der Radnaben und Ortscheite.

Die Vorderbracke bei Vierspännern muss mindestens 1 m breit und die Strangbefestigungen an den Vorderortscheiten müssen mindestens 45 cm auseinander angebracht sein. Bei Ponys muss die Vorderbracke des Gespanns mindestens 85 cm breit und die Strangbefestigung an den Vorderortscheiten müssen mindestens 35 cm auseinander angebracht sein. In allen Teilstrecken (Phase A, D und Geländestrecke) darf der Abstand zwischen den beiden Strängen eines Pferdes (gemessen ca. 10 cm vom Ortscheit) im Zug bei Pferden 55 cm, bei Ponys 45 cm nicht unterschreiten. Die Stränge dürfen sich nicht kreuzen. Die Stränge sind an den äußeren Ortscheitenden zu befestigen. Die Mindestdistanz zwischen Pferd/en und Wagen muss im Zug 50 cm betragen, Ponys entsprechend.

Die Deichsel muss im Zug bis zur Mitte der Pferdehälse reichen. Bei Jochanspannung kann die Deichsel kürzer sein; Mindestjochbreite bei Pferden 45 cm, bei Ponys 40 cm. Das Joch muss horizontal und vertikal beweglich sein.

Spurbreite und Gewichte:	Mindestspurbreite	Mindestgewicht
Vier-/Mehrspänner Pferde	125 cm	600 kg (Kl. E bis M 350 kg)
Vier-/Mehrspänner Ponys	125 cm	300 kg (Kl. E bis M 225 kg)
Zweispänner Pferde	125 cm	350 kg
Zweispänner Ponys	125 cm	225 kg
Einspänner Pferde	125 cm	150 kg
Einspänner Ponys	125 cm	90 kg
Tandem Pferde	125 cm	150 kg
Tandem Ponys	125 cm	90 kg

E. Jede andere, nicht ausdrücklich erwähnte bzw. unvollständige Ausrüstung ist nicht zugelassen und führt zum Ausschluss, sofern der Vorfall nicht mit Strafpunkten geahndet wird.

F. Besetzung der Wagen

I. LP der Kl. A bis S, Vierspänner: Fahrer und zwei Beifahrer.

II. LP der Kl. E bis S, Zweispänner sowie Tandem und Random: Fahrer und ein Beifahrer.

III. Bei einer gesonderten Gespannkontrolle bzw. der Siegerehrung sind weitere Passagiere erlaubt.

IV. LP der Kl. E bis S, Einspänner: Fahrer und ein Beifahrer. Ausnahme: Pony-Einspänner (K-Ponys) in Basis- und Aufbau-, Dressur- und Hindernisfahr-LP; hier gilt: eine Hilfsperson (vgl. G) ist vorgeschrieben.

V. Während einer LP darf die Wagenbesetzung nicht gewechselt werden.

VI. In den Teilprüfungen einer Vielseitigkeits-LP oder Kombinierten LP sind unterschiedliche Wagenbesetzungen zulässig.

VII. Beifahrer haben hinter dem Fahrer zu sitzen (Ausnahme: Einspänner-LP und einachsige Wagen sowie LP der Kl. E: Beifahrer hat je nach vorhandener Sitzgelegenheit neben oder hinter dem Fahrer zu sitzen).

G. Vorbereitungsplatz

Die Ausrüstungsbestimmungen A bis D sind in allen LP auch für den Vorbereitungsplatz bindend. Longieren/Reiten vgl. Vorbemerkung. Das Mitführen eines nicht ordnungsgemäß angespannten Pferdes vom Wagen aus ist auf dem gesamten Turniergelände verboten. Die Anwesenheit eines Beifahrers ist vorgeschrieben, bei Einspännern auch als Hilfsperson am Boden. Für deren Eignung ist der Teilnehmer verantwortlich (vgl. § 6).

Erlaubte Fahrgebisse und Zubehör

(Abbildungsbeispiele zu § 71.B.I/II)

I. Alle Prüfungsarten (bis Kl. M)

Für alle abgebildeten Fahrkandaren-Gebisse gilt:

Zungenfreiheit 0 bis 40 mm

Das Kürzen der Kandarenanzüge ist zulässig. Schaumbügel erlaubt. Verwendung einer Kinnkette vorgeschrieben.

Mindestdicke aller Gebisse, im Maulwinkel gemessen:

Ponys:	10 mm
Pferde:	14 mm

Trensengebiss gemäß Abb. 1 bis 8 sowie 14 Reiten zulässig.

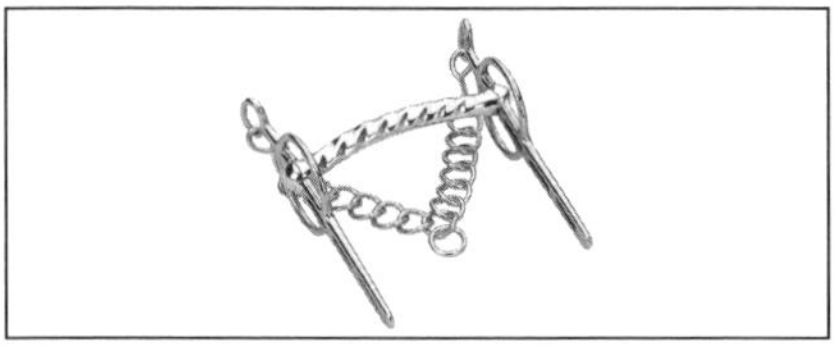

Abb. 31: Liverpool-Kandare mit festem Gebiss

Abb. 32: Liverpool-Kandare mit starrem Gebiss

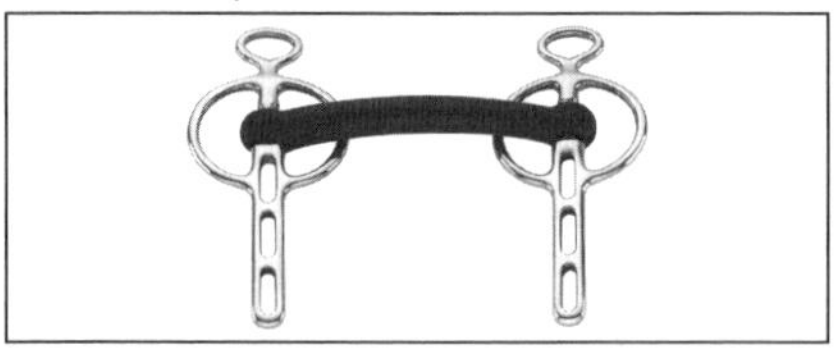

Abb. 33:
Liverpool-Kandare mit starrem Gebiss und Zungenfreiheit

Abb. 31 bis 33:
Liverpool-Kandare mit festem, starrem Gebiss und Zungenfreiheit, auch um 90° nach vorn gekippt; mit festen oder beweglichen Seitenteilen und als Pumpgebiss zulässig.

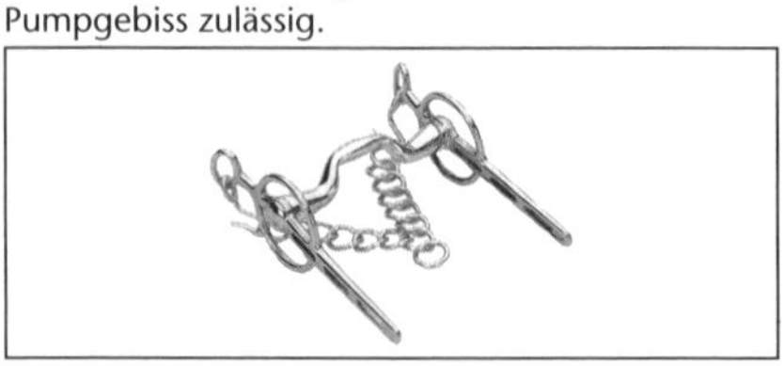

Abb. 34:
Liverpool-Kandare mit KK-Conrad-Zungenfreiheit. (Achtung: Muss so angepasst sein, dass die Seitenteile leicht am Maulwinkel anliegen!)

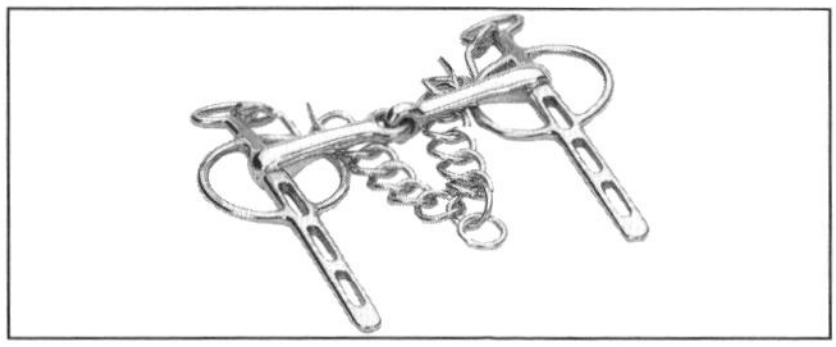

Abb. 35:
Liverpool-Kandare einfach gebrochen; auch in doppelt gebrochener Form (vgl. Abb. 4) oder gebogen mit Zungenwölbung (vgl. Abb. 3) zulässig.

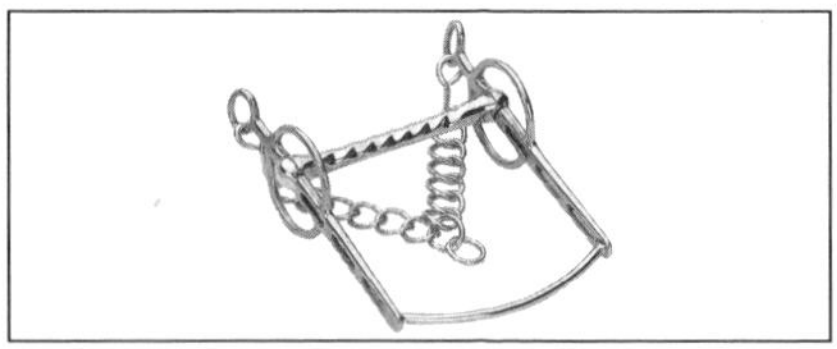

Abb. 36:
Liverpool-Kandare mit Schaumbügel

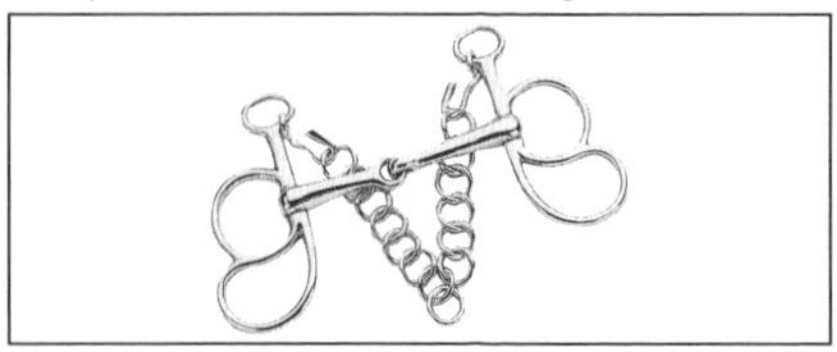

Abb. 37:
Postkandare, Außenanzüge mit zwei Ringen; auch mit Mundstück gemäß Abbildungstext 31 bis 35 zulässig.

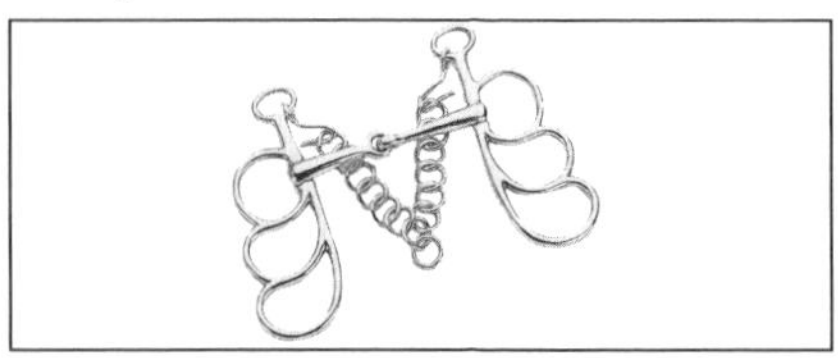

Abb. 38:
Postkandare, Außenanzüge mit drei Ringen; auch mit Mundstück gemäß Abbildungstext 31 bis 35 zulässig.

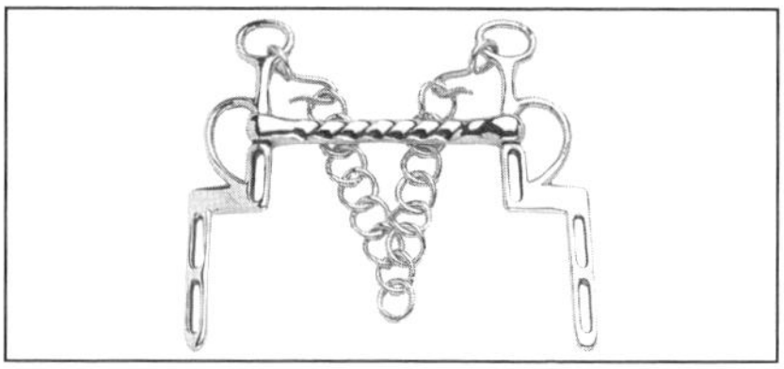

Abb. 39:
Ellbogen-Kandare; auch mit Mundstück gemäß Abbildungstext 31 bis 36 zulässig.

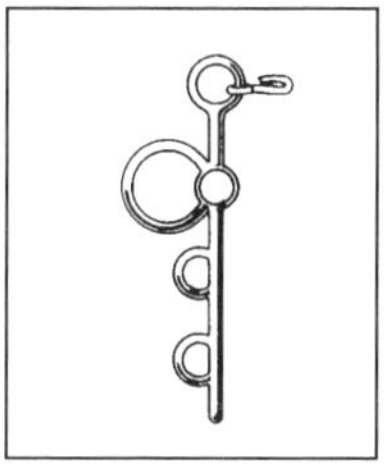

Abb. 40:
Tilbury-Kandare

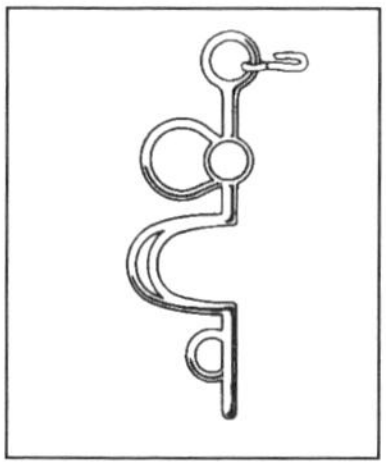

Abb. 41:
Buxton-Kandare

Abb. 40 bis 41:
Auch mit Mundstück gemäß Abbildungstext 31 bis 36 zulässig.

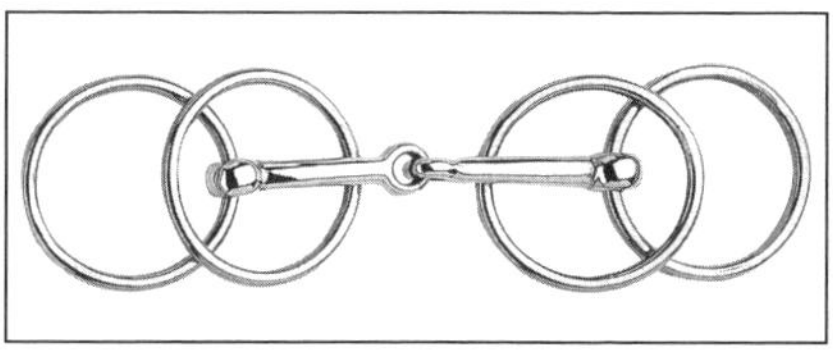

Abb. 42:
Doppelringtrense (auch mit gezacktem Außenring – Esterhazy – Juckertrense – oder mit ungebrochenem Gummimundstück) zulässig.

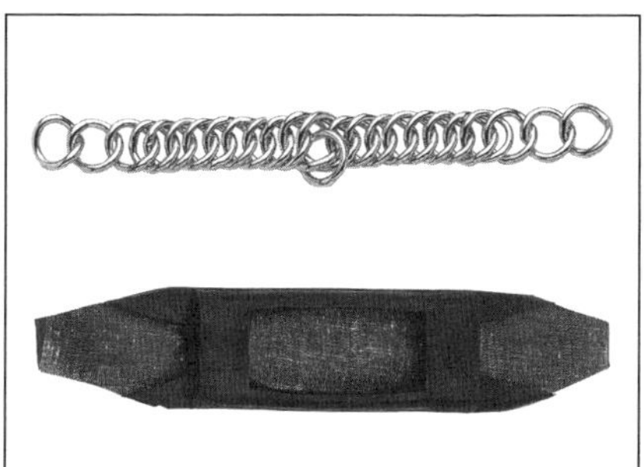

Abb. 43:
Kinnkette, auch mit Kinnkettenunterlage zulässig.

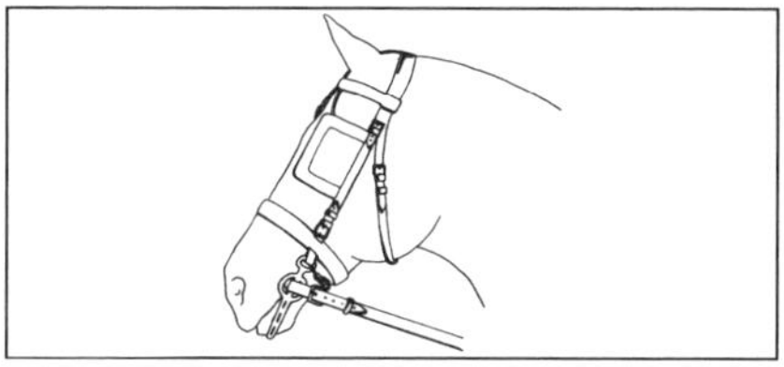

Abb. 44:
Fahrkopfstück mit Blendklappen (auch mit englischem Reithalfter zulässig).

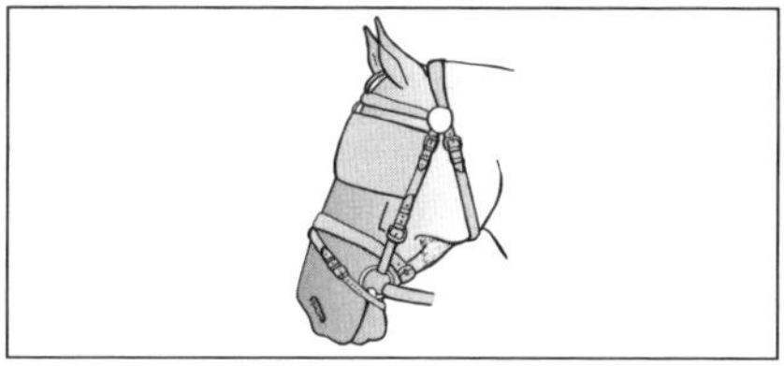

Abb. 45:
Fahrkopfstück mit Kinnriemen

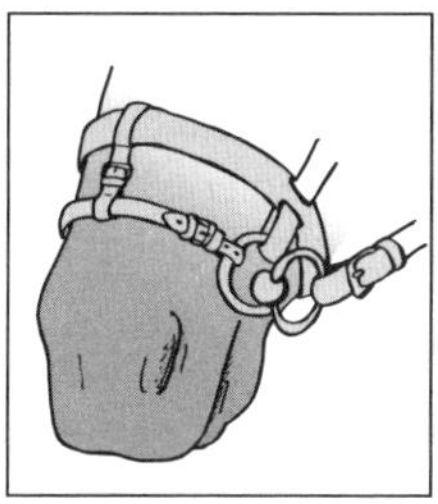

Abb. 46:
Pullerriemen

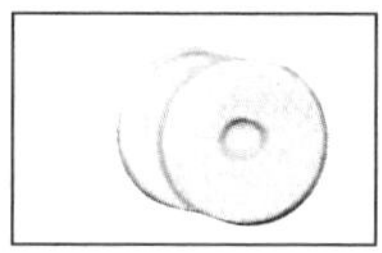

Abb. 47:
Gummischeiben

Abb. 48:
Schweifhalter

II. Gelände-LP und Hindernisfahr-LP der Kl. E bis S (zusätzlich zu I.)

Abb. 49:
Gummi-Zungenstrecker (aufsteckbar)

III. Alle Prüfungsarten der Kl. S

Beliebig; gebisslose Zäumung bzw. Kombinationen aus Hackamore o.Ä. und Gebiss nicht erlaubt.

§ 72
Ausrüstung der Voltigierer und Voltigierpferde

1. **Ausrüstung der Teilnehmer**

   Vorbemerkung:

   Die Ausrüstung der Voltigierer muss den Regeln der Reit- und Voltigierlehre (Richtlinien für Reiten, Fahren und Voltigieren) und den Grundsätzen der Unfallverhütung und des Tierschutzes entsprechen und darf bei normaler Anwendung nicht geeignet sein, Verletzungen zu verursachen.

   Das Tragen des Bundesadlers ist ausschließlich Mitgliedern des A-, B- und C-Kaders des DOKR sowie vom DOKR entsandten Teilnehmern an FEI-Nationenpreisen gestattet. Bei offiziellen FEI-Championaten und FEI-Nationenpreisen ist das Tragen des Bundesadlers verpflichtend. Der Bundesadler darf nur auf der aktuellen Kaderausrüstung getragen werden. Der Bundesadler darf nur in Verbindung mit den Logos der aktuellen DOKR-Ausrüstungs- und DOKR-Teamsponsoren der jeweiligen Disziplinen und Altersklassen verwendet werden. Mit dem Ausscheiden aus den Kadern bzw. der Beendigung des Nationenpreiseinsatzes erlischt das Recht zum Tragen des Bundesadlers vollständig. Ausnahmen von den genannten Regelungen erfordern die schriftliche Freigabe durch die Geschäftsstelle des DOKR.

   I. **Kleidung:**
      1. Die Kleidung der Teilnehmer muss sportgerecht und zweckmäßig sein.
      2. In Gruppenvoltigier-LP sollte die Kleidung des Longenführers auf die Gruppe abgestimmt sein.

   II. **Nummern:**
      1. Für die Teilnahme an Gruppenvoltigier-LP ist für jeden Voltigierer eine 10 bis 12 cm große Nummer vorgeschrieben, die deutlich sichtbar am rechten Arm oder am Rücken anzubringen ist.
      2. In Einzelvoltigier-LP müssen die Voltigierer die vom Veranstalter ausgegebenen Startnummern am rechten Arm oder am rechten Bein sichtbar anbringen.

2. **Ausrüstung der Pferde**

   Vorbemerkung: Die Ausrüstung der Pferde muss den allgemeinen Regeln der Reit- und Voltigierlehre (Richtlinien für Reiten, Fahren und Voltigieren) und den Grundsätzen der Unfallverhütung und des Tierschutzes entsprechen und darf bei normaler Anwendung nicht geeignet sein, Verletzungen zu verursachen.

   A. **Zäumung, Gebisse und Reithalfter**

   Maßgeblich ist grundsätzlich die Art der Zäumung, des Gebisses bzw. des Reithalfters gemäß den Abbildungsbeispielen zu § 70.B, den Durchführungsbestimmungen zu § 70 sowie den Richtlinien für Reiten und Fahren.

   Trensenzaum mit

   I. Gebiss gemäß „Erlaubte Gebisse und Ausrüstungsgegenstände" Abb. 1 bis 7 zu § 70

   II. – Reithalfter gemäß „Erlaubte Reithalfter" Abb. 18 bis 21 zu § 70 oder
   – Kappzaum (über Trensenzaum) oder
   – Reithalfter gemäß „Erlaubte Reithalfter" Abb. 18 zu § 70 und Kappzaum
   Material des Kappzaums: Leder

B. Voltigiergurt
mit zwei Griffen, zwei Fußschlaufen, einer Halteschlaufe und einer Unterlage. Zusätzlich zur Gurtunterlage kann ein Gelkissen verwendet werden.

C. Weiteres Zubehör

I. Pad: Erlaubte Maße, am Pferd gemessen:
Gesamtlänge: max. 110 cm, davon max. 80 cm nach hinten, vom hinteren Gurtrand, und max. 30 cm nach vorne, vom vorderen Gurtrand gemessen
Breite: max. 93 cm, vom tiefsten Punkt gemessen
Dicke: max. 4 cm, einschließlich Bezug
Bei getrennter Durchführung von Pflicht und Kür ist das Wechseln von Gurt und Pad erlaubt.

II. Beidseitig verschnallte Ausbindezügel aus Leder und/oder Gurtband (vgl. „Erlaubte Hilfszügel" Abb. 27), die in die Trensenringe eingeschnallt bzw. eingehakt werden. In LP Kl. E und A sind alternativ beidseitig verschnallte doppelte Ausbinde-(Lauffer-)zügel (vgl. „Erlaubte Hilfszügel" Abb. 28) erlaubt. Abstand der Befestigungspunkte am Gurt: max. 15 cm.

III. Longe (Befestigung nur am inneren Trensenring erlaubt bzw. am mittleren Ring des Kappzaums.)

IV. Longierpeitsche

D. Sonstige erlaubte Ausrüstung
Zugelassen in allen Voltigier-LP

I. Bandagen, Gamaschen und Springglocken

II. Fell- oder sonstige schonende Unterlagen an den Ausrüstungsgegenständen. Bodenblenden o.Ä. aus Schaffell oder ähnlichem Material mit mehr als 3 cm Durchmesser am Trensenzaum sind nicht zulässig.

III. Ohrenschutz inkl. Lärmschutz gemäß „Sonstige erlaubte Ausrüstung" Abb. 24 zu § 70

IV. Gummischeiben am Gebiss (vgl. § 70 „Erlaubte Gebisse und Ausrüstungsgegenstände" Abb. 8)

E. Jede andere, nicht ausdrücklich erwähnte Ausrüstung ist nicht zugelassen.

F. Hufbeschlag und Hufpflege
Diese müssen zweckdienlich und in Ordnung sein; nicht gestattet sind Bleiplatten oder Gewichte, ob sichtbar oder unsichtbar.
Hufschuhe sind grundsätzlich erlaubt, solche, die über den Kronenrand des Hufes hinausreichen, sind nicht zugelassen.

G. Bestimmungen für den Vorbereitungsplatz
Zusätzlich zu der unter Ziffer 2. A, B, C und D aufgeführten Ausrüstung ist folgende Ausrüstung erlaubt:

- Lauffer-/Dreieckszügel
- Gogue
- Chambon
- Doppellonge

Die Doppellonge auf dem Vorbereitungsplatz Voltigieren ist so zu verschnallen, dass sie am Gebissring eingehakt wird, von dort in Richtung Gurt läuft und somit der Wirkung eines Zügels/Ausbinders entspricht. Ein

Durchziehen durch die Gebissringe und eine Zurückführung von dort an den Gurt (seitlich oder zwischen den Beinen) und eine damit einhergehende flaschenzugartige, dem Schlaufzügel entsprechende Wirkung ist nicht zulässig!
Eine Umlenkung ab den am Gurt befestigten Ringen, ein Durchlaufen durch die Fußschlaufen und das Einschnallen in unterschiedlichen Höhen ist erlaubt. Die so definierte Nutzung der Doppellonge auf dem Vorbereitungsplatz Voltigieren kann auch in Kombination mit entsprechend erlaubten Hilfszügeln erfolgen.

– Nasennetz (Nosecover) gemäß „Sonstige erlaubte Ausrüstung“ Abb. 25 zu § 70

Beim Longieren mit einem Voltigierer auf dem Pferd sind ausschließlich Lauffer-/Dreiecks- und/oder Ausbindezügel erlaubt.

Abb. 50: Ausrüstung des Voltigierpferdes

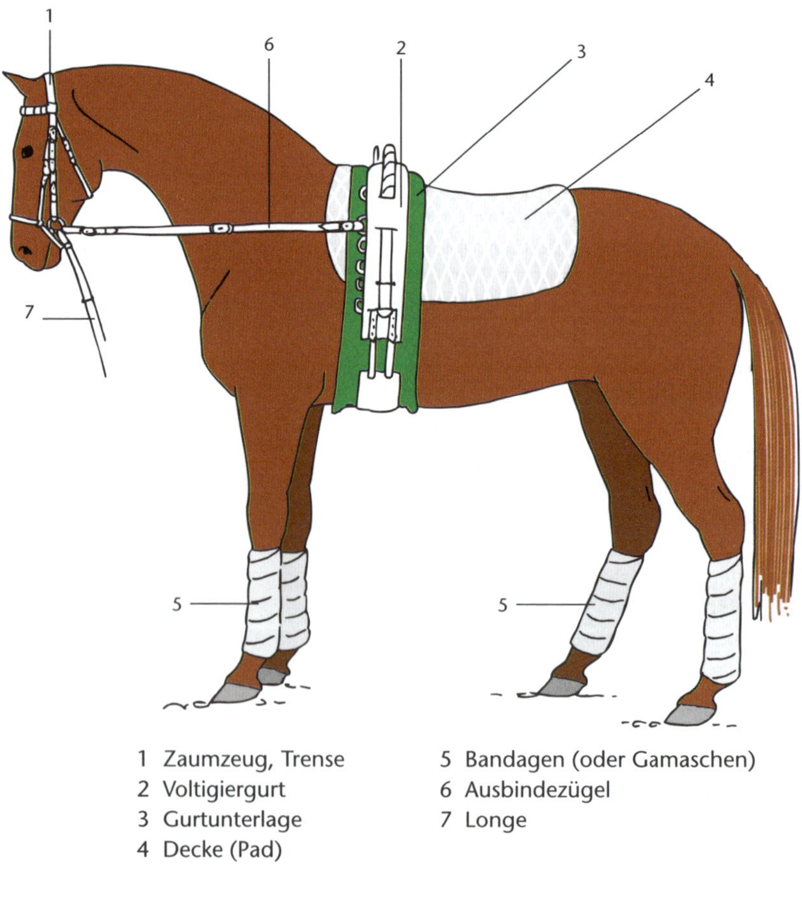

1 Zaumzeug, Trense
2 Voltigiergurt
3 Gurtunterlage
4 Decke (Pad)
5 Bandagen (oder Gamaschen)
6 Ausbindezügel
7 Longe

§ 73
Produktkennzeichnung und Werbung

1. Produktkennzeichnung

Produktkennzeichnung an Ausrüstungsgegenständen und Kleidung gilt während LP inkl. Siegerehrung nicht als Werbung, sofern sie die folgenden Größen nicht überschreitet:

- einmalig an Ausrüstungsgegenständen und Kleidung auf einer Fläche von 3 cm²
- an Kutschen auf einer Fläche von 50 cm²
- einmalig an einem Riemen des Geschirrs, nicht länger als 10 cm

2. Werbung

Werbung an Ausrüstungsgegenständen und Kleidung während LP inkl. Siegerehrung ist zugelassen, sofern sie die folgenden Größen nicht überschreitet:

– Satteldecke:	auf einer Fläche von 200 cm² auf jeder Seite
– Ohrenschützer:	auf einer Fläche von 75 cm²
– Jackett bzw. sonstige zulässige Oberbekleidung in Dressur-/Spring-LP sowie Teilprüfungen Dressur/Springen einer Vielseitigkeits-LP:	beidseitig auf einer Fläche von 80 cm² in Höhe der Brusttasche
– Jackett bzw. sonstige zulässige Oberbekleidung in Reining-LP, Dressurfahr-/Hindernisfahr-LP:	einmalig auf einer Fläche von 80 cm² in Höhe der Brusttasche
– Hemdkragen/Plastron o.Ä.:	auf einer Fläche von 16 cm² auf jeder Seite am Hemdkragen oder zentral in der Mitte des Plastrons o.Ä.
– Helm in Spring- und Gelände-LP Reiten/Fahren sowie bei Distanzritten:	in der Mitte des Helmes; Länge max. 25 cm, Breite max. 5 cm
– Oberbekleidung während Gelände-LP und Distanzritten:	einmalig auf einer Fläche von 200 cm² an einem Ärmel oder je 100 cm² an beiden Ärmeln
– Reithose in Spring- und Gelände-LP sowie bei Distanzritten:	auf einer Fläche von 80 cm² (max. 20 cm lang/4 cm breit) in Längsrichtung am linken Hosenbein
– Oberbekleidung der Fahrer und Beifahrer während der Gelände-LP:	beliebig
– Kutschen:	
Dressur- und Hindernisfahren:	auf einer Fläche von 400 cm² auf jeder Seite
Gelände-LP:	beliebig
– Voltigierdecke/-pad:	auf einer Fläche von 400 cm² auf jeder Seite
– Voltigieranzug:	auf einer Fläche von einmalig 100 cm²
– Oberbekleidung der Longenführer:	auf einer Fläche von 400 cm²

Jegliche andere Form von Produktkennzeichnung bzw. Werbung an Teilnehmern, Kutschen und Pferden während LP inkl. Siegerehrung ist verboten.

Ausnahme: Vom Veranstalter gestellte Rückennummern sowie Pferdedecken mit Sponsorenlogo und Trainingsanzüge der Voltigierer während der Siegerehrung

Hinweis: Nationalitäts-Embleme, Ehrenzeichen der Pferdesportverbände und des DOSB bzw. der Deutschen Sporthilfe o.Ä. sowie Kaderzugehörigkeits-Abzeichen gelten nicht als Werbung.

X. Einteilung der LP

§ 74
Einteilung der LP

1. Disziplinen:

B.I	1:	§ 140	=	Wettkampfordnung für Menschen mit Behinderung im Pferdesport
	2:	§ 150	=	Distanzreiten/-fahren
	3:	§ 160	=	Wettkampfbestimmungen für klassisch-barocke Reiterei
	4:	§ 170	=	IPZV-Wettkampfbestimmungen
	5:	§ 180	=	EWU-Wettkampfbestimmungen
	6:	§ 190	=	IGV-Wettkampfbestimmungen
B.II		§§ 200 ff.	=	Voltigier-LP
B.III		§§ 300 ff.	=	Basis- und Aufbau-LP
B.IV		§§ 400 ff.	=	Dressur-LP
B.V		§§ 500 ff.	=	Spring-LP
B.VI		§§ 600 ff.	=	Vielseitigkeits- und Gelände-LP
B.VII		§§ 700 ff.	=	Fahr-LP
B.VIII		§§ 800 ff.	=	Kombinierte LP

2. Zur Kennzeichnung unterschiedlicher Anforderungen werden LP grundsätzlich in folgende Klassen eingeteilt:

Klasse E	=	Eingangsstufe
Klasse A	=	Anfangsstufe
Klasse L	=	Leicht (Vielseitigkeit: CNC/CCN*)
Klasse M	=	Mittelschwer (Vielseitigkeit: CNC/CCN**)
Klasse S	=	Schwer (Vielseitigkeit: CNC/CCN***)

Teil B: Besondere Bestimmungen

I. Bestimmungen der Anschlussverbände

1. Wettkampfordnung für Menschen mit Behinderung im Pferdesport

§ 140
Bestimmungen des DKThR
Die LPO hat auch für behinderte Turnierteilnehmer, die im Regelsport starten wollen, volle Gültigkeit mit folgenden Ergänzungen:
Behinderte Reiter/Fahrer erhalten einen Sportgesundheitspass, in dem ggf. die Einschränkung der Reitsporttauglichkeit und die zugelassenen kompensatorischen Hilfsmittel eingetragen werden. Der Sportgesundheitspass wird auf Antrag vom Deutschen Kuratorium für Therapeutisches Reiten e.V. (DKThR) ausgestellt. Voraussetzung dafür ist eine vom DKThR durchgeführte Klassifizierung. Es werden nur solche kompensatorischen Hilfsmittel zugelassen, die nicht die Einwirkung des Reiters/Fahrers unterstützen, sondern lediglich seine behinderungsbedingten Fehlfunktionen kompensieren. Unter zusätzlicher Berücksichtigung der individuellen Beeinträchtigung werden für die Reiter z.B. genehmigt: Spezialzügel, Spezialreithandschuhe, Spezialsättel und Spezialbügel. Den Fahrern werden spezielle Wagen, spezielle Geschirrtechnik, spezielle Sitzposition erlaubt. Sehbehinderten und Blinden wird eine Einweisung (Orientierungshilfe) in das Viereck oder den Parcours durch ihre Betreuer gestattet. Näheres ist in den Durchführungsbestimmungen (Wettkampfordnung für Menschen mit Behinderung im Pferdesport) geregelt.

2. Distanzreiten/-fahren

§ 150
Bestimmungen des VDD für Turnierprüfungen
Die Bestimmungen des VDD für Turnierprüfungen sind im Regelwerk des VDD (Reglement für das Distanzreiten und -fahren) niedergelegt; diese sportfachlichen Bestimmungen sind Bestandteil der LPO. Im Übrigen gelten die allgemeinen Bestimmungen, soweit nichts anderes geregelt ist.

3. Wettkampfbestimmungen für klassisch-barocke Reiterei

§ 160
Bestimmungen des Bundesverbandes für klassisch-barocke Reiterei
Die Bestimmungen für klassisch-barocke Reiterei sind im Regelwerk des Bundesverbandes für klassisch-barocke Reiterei Deutschland e.V. niedergelegt; diese sportfachlichen Bestimmungen sind Bestandteil der LPO. Im Übrigen gelten die Allgemeinen Bestimmungen.

4. IPZV-Wettkampfbestimmungen

§ 170
Bestimmungen des IPZV für Turnierprüfungen

Die Bestimmungen des IPZV für Turnierprüfungen sind im Regelwerk des IPZV (Islandpferde-Prüfungsordnung IPO) niedergelegt; diese sportfachlichen Bestimmungen sind Bestandteil der LPO. Im Übrigen gelten die Allgemeinen Bestimmungen.

5. EWU-Wettkampfbestimmungen

§ 180
Bestimmungen der EWU für Turnierprüfungen

Die Bestimmungen der EWU für Turnierprüfungen sind im Regelwerk der EWU (Regelbuch der EWU) niedergelegt; diese sportfachlichen Bestimmungen sind Bestandteil der LPO. Im Übrigen gelten die Allgemeinen Bestimmungen.

6. IGV-Wettkampfbestimmungen

§ 190
Bestimmungen der IGV für Turnierprüfungen

Die Bestimmungen der IGV für Turnierprüfungen sind im Regelwerk der IGV (Regelbuch der IGV) niedergelegt; diese sportfachlichen Bestimmungen sind Bestandteil der LPO. Im Übrigen gelten die Allgemeinen Bestimmungen.

II. Voltigierprüfungen

§ 200
Ausschreibungen

Zulässig sind:

1. **Gruppenvoltigier-LP**
   6er- bis 8er-Gruppen
   a) Kl. E
   b) Kl. A (Ausschreibung in Abteilungen nach Alter möglich: bis 16 Jahre (A16) bzw. altersoffen)
   c) Kl. L (Ausschreibung in Abteilungen nach Alter möglich: bis 18 Jahre (L18) bzw. altersoffen)
   d) Kl. M (Ausschreibung in Abteilungen nach Vorerfolgen möglich: M* (zweimal WN 5,8 oder höher in Kl. L); M** (zweimal WN 6,3 oder höher in Kl. M))
   6er-Gruppen
   e) Kl. S (Ausschreibung in Abteilungen nach Vorerfolgen möglich: S* (zweimal WN 6,5 oder höher in Kl M); S** (zweimal WN 7,0 oder höher in Kl. M oder S*))
   f) Junior-LP
   Zugelassen sind 7-jährige und ältere Pferde.
2. **Einzelvoltigier-LP**
   a) Kl. L
   b) Kl. M
   c) Kl. S
   d) Junior
   Zugelassen sind 6-jährige und ältere Pferde.
3. **Doppelvoltigier-LP** (Pas de Deux nur für gemischt-geschlechtliche Paare)
   Zugelassen sind 7-jährige und ältere Pferde.

§ 201
Beurteilung

1. **Gruppen**
   Beurteilt werden die Leistungen der Voltigierer und des Pferdes sowie des Longenführers (Pflicht, Kür und Pferdenote).
2. **Einzel- und Doppelvoltigieren**
   Beurteilt werden die Leistungen der/des Voltigierer/s (Pflicht, Kür und ggf. Technikprogramm) sowie des Longenführers und die Leistungen des Pferdes (Pferdenote).

§ 202
Anforderungen

Die Anforderungen für die Klassen aller V-LP im Gruppen-, Einzel- bzw. Doppelvoltigieren sowie die Bewegungsbeschreibungen der Pflichtübungen sind im Aufgabenheft Voltigieren sowie in den Richtlinien Voltigieren, Band 3, geregelt.

Alle Übungen müssen im Linksgalopp ausgeführt werden. In V-LP der Klassen E, A und L dürfen die Übungen im Handgalopp auf der linken oder rechten Hand ausgeführt werden. Bei getrennt durchgeführten Durchgängen von Pflicht und Kür kann ein Handwechsel zwischen Pflicht und Kür erfolgen.

1. **Gruppen-LP**

   Gruppen-LP bestehen grundsätzlich aus Pflicht und Kür.

   Jeder Voltigierer muss jede vorgeschriebene Pflichtübung der entsprechenden Klasse zeigen und zusätzlich an mindestens einem Übungsteil an der Kür/Pflichtkür teilnehmen.

   In LP aller Klassen zeigen alle Voltigierer die Pflicht in einem Übungsblock.

   1.1 Zusammensetzung der Voltigiergruppe

   In LP Kl. E bis M besteht eine Gruppe aus:
   - Pferd
   - Longenführer
   - sechs bis acht Voltigierern

   In LP Kl. S und Junior-LP besteht eine Gruppe aus:
   - Pferd
   - Longenführer
   - sechs Voltigierern

   Bei Ausfall eines Voltigierers während einer PLS/LP kann die Voltigiergruppe mit den restlichen Voltigierern fortfahren.

2. **Einzelvoltigier-LP**

   Einzelvoltigier-LP bestehen aus Pflicht und Kür. LP der Kl. S mit zwei Umläufen bestehen aus:

   1. Pflicht und Kür
   2. Technikprogramm und Kür oder
   1. Pflicht und Kür
   2. Technikprogramm

   Während der Vorführung befinden sich außer dem Longenführer keine weiteren Personen in der Zirkelmitte. Der nächste Starter darf erst dann zur Zirkelmitte laufen, wenn der vorherige Voltigierer die letzte Übung beginnt.

3. **Doppelvoltigier-LP**

   ausschließlich Kür

§ 203
Durchführung

1. Eine zeitlich getrennte Durchführung von Pflicht und Kür ist möglich, dies muss in der Ausschreibung festgelegt sein.
2. Das Pferd galoppiert im Handgalopp auf einem Zirkel mit einem Mindestdurchmesser von 15 m.
3. Das Einlaufen erfolgt im Trab auf direktem Weg in die Zirkelmitte mit Blickrichtung zum Richter bei A mit anschließender Grußaufstellung. Vor dem Anlaufen des ersten Voltigierers ist das Pferd bis zur Startfreigabe durch den Richter bei A im Trab auf dem Zirkel vorzustellen. Nach Beendigung der Vorstellung erfolgt die Grußaufstellung wiederum vor Richter A und anschließend das Auslaufen im Trab.

4. Ein-/Auslaufen, Pflicht, Technikprogramm und Kür werden nach einer selbst gewählten Musik präsentiert. Bei LP der Kl. E, A und L für Gruppen darf während der gesamten LP lediglich Instrumentalmusik eingesetzt werden; in den übrigen Klassen ist der Einsatz von Vokalmusik erlaubt.
5. Ein akustisches Signal/Klingelzeichen durch Richter A erfolgt:
   - zur Freigabe für das Einlaufen in den Prüfungszirkel
   - zur Startfreigabe
   - zum Ende der erlaubten Zeit
   - bei besonderen Vorkommnissen
   - in Einzel-V-LP zu Beginn der Kürvorführung
   - bei Sturz während der Einzel-Kür bzw. Sturz beider Voltigierer während der Doppelkür
     Die Zeit wird angehalten bis zum Anfassen der Griffe zum unmittelbar darauffolgenden Wiederaufsprung. Die Kür muss spätestens innerhalb einer Minute fortgesetzt werden.
6. In Einzel-V-LP zeigen alle Teilnehmer, die auf demselben Pferd starten, zunächst die Pflichtübungen, anschließend folgen in gleicher Reihenfolge die Kürvorführungen. Zwischen den Kürvorführungen der einzelnen Voltigierer kann eine Pause je nach Weisung der Richter eingelegt werden.
   Ist auf einem Pferd nur ein Voltigierer am Start, so ist zwischen Pflicht und Kür eine Pause von 30 Sekunden zu gewähren.

§ 204
Richtverfahren

Die Bewertung der LP erfolgt nach freiem Ermessen im Rahmen der in den Richtlinien für Reiten, Fahren und Voltigieren festgelegten Grundsätze gemäß § 57 nach Notenbogen mit getrennt sitzenden Richtern.
Die Richter sitzen auf den Positionen A-B(-C-D-E-F). Die Bewertung der LP in den Kl. M, S und Junior kann durch eine Aufteilung der einzelnen Bewertungskategorien in Richterrotation erfolgen, s.a. www.pferd-aktuell.de.

§ 205
Bewertung und Errechnung der Endnote

Die Bewertung der LP erfolgt nach den im Aufgabenheft Voltigieren beschriebenen Kriterien. Die Zwischen- und Endnoten werden bis auf drei Stellen hinter dem Komma errechnet und nicht gerundet.
Richten nach Notenbogen mit getrennt sitzenden Richtern: Die Endnote der einzelnen Richter wird addiert und anschließend durch die Anzahl der Richter geteilt.
Die Endnote ist unverzüglich bekannt zu geben.

§ 206
Platzierung

Sieger ist der Teilnehmer bzw. die Gruppe mit der höchsten Endnote. Bei Endnotengleichheit entscheidet die höhere Pflichtnotensumme, bei mehreren Umläufen die höchste Pflichtnotensumme aller Umläufe.

Bei Endnotengleichheit im Doppelvoltigieren mit einem Umlauf wird gleich platziert, bei solchen mit zwei Umläufen entscheidet die Endnote des zweiten Umlaufs.

§ 207
Protokoll

Grundsätzlich ist ein Protokoll in kurzer Form schriftlich oder mündlich zu erstellen. In Einzel- und Doppelvoltigier-LP müssen die gezeigten Schwierigkeiten in der Kür und evtl. Ausführungsabzüge von der Endnote im Protokoll vermerkt werden, im Technikprogramm sind nur evtl. Ausführungsabzüge im Protokoll zu vermerken.

§ 208
Zeitmessung

Bei Landes- und Bundesmeisterschaften muss zusätzlich zur Richtergruppe ein Zeitnehmer eingesetzt werden.
Innerhalb von 30 Sekunden nach Startfreigabe muss mit der Vorführung begonnen werden.
Die Zeitmessung bei Gruppen-LP beginnt mit dem Berühren der Griffe bzw. des Pferdes durch den ersten Voltigierer.
Die Pflicht endet spätestens nach der vorgegebenen Pflichtzeit.
Anschließend beginnt mit Berühren der Griffe bzw. des Pferdes die Kürzeit.
Die Zeitmessung in der Kür bei EV-/DV-LP beginnt mit dem Berühren der Griffe bzw. des Pferdes zum Aufsprung und endet nach Ablauf von einer Minute (EV) bzw. 2 Minuten (DV).

§ 209
Besondere Vorkommnisse

Bei besonderen Vorkommnissen, z.B. Unfall oder akuter Gefährdung von Voltigierern, Longenführern oder Pferd, kann die Vorführung durch Richter A unterbrochen werden. Auf Anweisung des Richters A ist die Vorführung fortzusetzen. Die Zeit wird angehalten und vergütet. Richter A kann in derartigen Fällen auch gemäß § 65 bzw. 66 den/die Teilnehmer ausschließen.

§ 210
Ausschlüsse und verbotene bzw. erlaubte „Fremde Hilfe"

1. **Ausschlüsse**

   In allen nachfolgenden Fällen erfolgt Ausschluss:

   a) Bei Verwendung nicht erlaubter Ausrüstung.
   b) Bei unsportlichem Verhalten während der Vorbereitung oder im Verlauf der V-LP (vgl. § 52 und § 66) sowie auf dem gesamten dem Turnierablauf dienenden Gelände sowie in dessen Umgebung. Einem Ausschluss aus diesem Grunde kann eine Rüge gemäß § 55.6 vorausgehen.
   c) Bei verbotener „Fremder Hilfe" (siehe Ziffer 2).
   d) Wenn sich mehr als drei Voltigierer auf dem Pferd befinden.
   e) Wenn bei Dreierübungen zwei Voltigierer keinen Kontakt mehr zum Pferd haben.

f) Wenn die Vorführung von EV/DV nach einem Sturz nicht innerhalb einer Minute fortgesetzt wird.
g) Beim dritten Sturz mit Aufgabe der Verbindung zum Pferd von EV/DV (eines oder beider Voltigierer) während einer LP.
h) Bei Nichtbeachtung entsprechender Vorschriften, Gebote und Verbote der LPO.
i) Beim Verlassen des Prüfungszirkels während der Vorführung.
j) Wenn der Einlauf nicht binnen 60 Sekunden nach dem Klingelzeichen erfolgt.
k) Wenn die Vorführung nicht binnen 30 Sekunden nach Startfreigabe beginnt.

2. Verbotene „Fremde Hilfe"
Als verbotene „Fremde Hilfe" wird jede Einmischung eines Dritten mit der Absicht, die Aufgabe der Teilnehmer zu erleichtern, angesehen. Unerheblich ist, ob der Dritte dazu aufgefordert wurde oder nicht. In Zweifelsfällen entscheiden die Richter endgültig. Jede Hilfeleistung bei Unfällen sowie die Übergabe einer Ersatzpeitsche/Ersatzlonge sind erlaubt.

3. Verlassen des Prüfungszirkels
Verletzungsbedingtes Entfernen gilt nicht als Verlassen des Prüfungszirkels, wenn die Vorführung zuvor deswegen unterbrochen wurde.

4. Zeitbasierte Entscheidungen
In den Fällen f), j) und k) entscheiden die Richter endgültig.

III. Basis- und Aufbauprüfungen

1. Basisprüfungen

1.1 Gewöhnungs-LP für Reitpferde

§ 300
Ausschreibungen
Zulässig sind:
Gewöhnungs-LP für 3- und 4-jährige „Reitpferde" und/oder „M- und G-Reitponys" ohne Erfolge in Eignungs- oder sonstigen LP der Kl. A und/oder höher;
3-jährige Pferde und/oder M- und G-Ponys sind erst ab 1. Mai des laufenden Jahres zugelassen.

§ 301
Beurteilung
Beurteilt werden die Kriterien der Ausbildungsskala in der Gewöhnungsphase (Takt, Losgelassenheit, Anlehnung) in den drei Grundgangarten sowie der Gesamteindruck als Reitpferd inkl. Charakter und Temperament unter Berücksichtigung der beginnenden Ausbildung zum Reitpferd. Das Bewegungspotenzial fließt nicht in die Notenfindung ein.

§ 302
Anforderungen und Bewertung
1. Anforderungen:
   Vorstellung der Pferde unter dem Teilnehmer und an der Hand in Gruppen von bis zu vier Pferden gemäß Aufgabenheft Reiten.
2. Bewertung:
   Gemäß § 57.2.1 mit einer Gesamtwertnote; als Dezimalstellen sind nur halbe Noten zulässig. Ausschlüsse gemäß §§ 406 (Ausnahme: § 406.5) bzw. 404.2.3 und 2.4.

1.2 Reitpferde-LP/-Championate für „Deutsche Reitpferde"und „Deutsche Reitponys"

§ 303
Ausschreibungen
Zulässig sind:
- Reitpferde-LP für 3- und 4-jährige „Reitpferde" und/oder „M- und G-Reitponys";
- Reitpferde-Championate für 3- und 4-jährige „Deutsche Reitpferde" und/oder „Deutsche M- und G-Ponys" gemäß ZVO der FN. Diese dürfen einmal im Jahr auf Landesreiterverbands-, Züchterverbands- und Bundesebene durchgeführt werden.

3-jährige Pferde und Ponys sind erst ab 1. Mai des laufenden Jahres zugelassen.

§ 304
Beurteilung
Beurteilt werden die natürlichen Bewegungen des Pferdes in den drei Grundgangarten:
- Trab
- Galopp
- Schritt
- die altersgemäße Erfüllung der Kriterien der Skala der Ausbildung, Temperament und die Harmonie der Vorstellung
- der Typ sowie die Qualität des Körperbaus

§ 305
Anforderungen und Bewertung
1. Anforderungen:
   Vorstellung der Pferde unter dem Teilnehmer in Gruppen von bis zu drei Pferden und an der Hand (ohne Sattel) gemäß Aufgabenheft Reiten.
2. Bewertung:
   Gemäß § 57.2.2 (fünf Einzelnoten gemäß den in § 304 festgelegten Beurteilungskriterien); als Dezimalstellen sind nur halbe Noten zulässig.
   Ausschlüsse gemäß §§ 406 (Ausnahme: § 406.5) bzw. 404.2.3 und 2.4.

1.3 Freispring-LP für Pferde

Freispring-LP im Rahmen von PLS oder als eigenständige PLS sind von der jeweils zuständigen LK zu genehmigen.
Freispring-LP im Rahmen von Zuchtprogrammen der der FN angeschlossenen Zuchtverbände sind von diesen zu genehmigen und zu beaufsichtigen.

§ 306
Ausschreibungen
Zulässig sind:
Freispring-LP grundsätzlich für 3- und 4-jährige Pferde und/oder M- und G-Ponys.

§ 307
Beurteilung, Anforderungen und Bewertung
In Anlehnung an die „Leitlinien für die Veranlagungsprüfung für Hengste der Deutschen Reitpferdezuchten des Bundesministeriums für Verbraucherschutz, Ernährung und Landwirtschaft", S. 15 (vgl. Durchführungsbestimmungen).

1.4 Eignungs-LP/-Championate für Reitpferde

§ 310
Ausschreibungen

Zulässig sind:
- Eignungs-LP für 4- bis 6-jährige Reitpferde und/oder M- und G-Reitponys
- Eignungschampionate für 4- bis 6-jährige „Deutsche Reitpferde" oder „Deutsche Reitponys" gemäß ZVO der FN. Diese dürfen einmal im Jahr auf Landesverbands-, Züchterverbands- und Bundesebene durchgeführt werden.

§ 311
Beurteilung

Beurteilt werden die Grundgangarten, die Springmanier und der Gesamteindruck als Reitpferd. Maßgebend ist die Eignung als Reitpferd zum sofortigen Einsatz.

§ 312
Anforderungen und Bewertung

1. Anforderungen:
   Vorstellung der Pferde gemäß Aufgabenheft Reiten unter dem Teilnehmer einzeln, zu zweit oder in der Abteilung mit bis zu drei Pferden entweder mit unmittelbar folgendem Springen einer Folge von mindestens fünf Sprüngen mit mindestens einem Handwechsel oder dem anschließendem Überwinden eines Parcours mit mindestens fünf Sprüngen ohne Zeitwertung.
   Hindernishöhen gemäß Spring-LP Kl. A* (vgl. § 504)
2. Bewertung
   2.1 Eine Gesamtwertnote gemäß § 57.2.1 und § 404 für die Rittigkeit, die Grundgangarten und den Gesamteindruck
   Ausschlüsse gemäß § 406
   2.2 Eine Gesamtwertnote gemäß § 57.2.1 für die Rittigkeit, die Springmanier und den Gesamteindruck.
   Von dieser Gesamtwertnote werden abgezogen:

– Erster Ungehorsam gemäß § 514	0,5 Strafpunkte
– Zweiter Ungehorsam gemäß § 514	1,0 Strafpunkte
– Zweiter Ungehorsam am selben Hindernis	2,0 Strafpunkte
– Dritter Ungehorsam gemäß § 514	Ausschluss
– Sturz des Teilnehmers und/oder Pferdes gemäß § 513	Ausschluss

   Ausschlüsse gemäß § 519
   2.3 Für das Endergebnis werden die Gesamtwertnoten (inklusive eventueller Abzüge) 2.1 und 2.2 addiert und durch zwei geteilt.

1.5 Eignungs-LP/-Championate für Reitpferde mit Teilprüfung Gelände

§ 315
Ausschreibungen

Zulässig sind:

- Eignungs-LP mit Teilprüfung Gelände für 4- bis 6-jährige Reitpferde und/oder M- und G-Reitponys
- Eignungschampionate mit TP Gelände für 4- bis 6-jährige „Deutsche Reitpferde" oder „Deutsche Reitponys" gemäß ZVO der FN. Diese dürfen einmal im Jahr auf Landesverbands-, Züchterverbands- und Bundesebene durchgeführt werden.

§ 316
Beurteilung

Beurteilt werden die Rittigkeit, die Grundgangarten, die Springmanier, das Verhalten im Gelände und der Gesamteindruck als Reitpferd. Maßgebend ist die Eignung als vielseitig verwendbares Reitpferd zum sofortigen Einsatz.

§ 317
Anforderungen und Bewertung

1. Anforderungen:
   Vorstellung der Pferde gemäß Aufgabenheft Reiten unter dem Teilnehmer einzeln, zu zweit oder in der Abteilung mit bis zu drei Pferden mit unmittelbar folgendem Springen einer Folge von mindestens fünf Sprüngen mit mindestens einem Handwechsel oder dem anschließendem Überwinden eines Parcours mit mindestens fünf Sprüngen ohne Zeitwertung. Hindernishöhen gemäß Spring-LP Kl. A* (vgl. § 504). Im Anschluss ist eine Geländestrecke mit ca. fünf Geländehindernissen (möglichst inkl. Wasserdurchritt) zu absolvieren. Hindernishöhen gemäß Geländeritt Kl. E (vgl. § 620).
2. Bewertung:
   2.1 Eine Gesamtwertnote gemäß § 57.2.1 und § 404 für die Rittigkeit, die Grundgangarten und den Gesamteindruck.
   Ausschlüsse gemäß § 406
   2.2 Eine Gesamtwertnote gemäß § 57.2.1 für die Rittigkeit, die Springmanier und den Gesamteindruck.
   Abzüge und Ausschlüsse analog § 312.2.2
   2.3 Eine Gesamtwertnote gemäß § 57.2.1 für das Verhalten im Gelände.
   Von dieser Gesamtwertnote werden abgezogen:

– Erster Ungehorsam gemäß §§ 643.2	0,5 Strafpunkte
– Zweiter Ungehorsam gemäß §§ 643.2	1,0 Strafpunkte
– Zweiter Ungehorsam am selben Hindernis gemäß §§ 643.2	2,0 Strafpunkte
– Dritter Ungehorsam gemäß §§ 643.2	Ausschluss
– Sturz des Teilnehmers und/oder Pferdes gemäß §§ 643.1 im Verlauf der Prüfung	Ausschluss

   Ausschlüsse gemäß § 646

2.4 Für das Endergebnis werden die Gesamtwertnoten (inklusive eventueller Abzüge) 2.1, 2.2 und 2.3 addiert und durch drei geteilt.

1.6 Fahrpferde-LP/-Championate

§ 320
Ausschreibungen

Zulässig sind:

- Fahrpferde-LP für Einspänner, 3- und 4-jährige Pferde und/oder Ponys;
- Championate für Einspänner, 3- und 4-jährige „Deutsche Reitpferde" oder „Deutsche Reitponys" gemäß ZVO der FN. Diese dürfen einmal im Jahr auf Landesverbands-, Züchterverbands- und Bundesebene durchgeführt werden.

§ 321
Beurteilung

Beurteilt werden die natürlichen Bewegungen des Pferdes in beiden Grundgangarten:

- Trab
- Schritt
- die altersgemäße Erfüllung der Kriterien der Skala der Ausbildung
- das Temperament und die Harmonie der Vorstellung sowie das Herausbringen des Gespanns
- der Typ sowie die Qualität des Körperbaus

§ 322
Anforderungen und Bewertung

1. Vorstellen des Pferdes gemäß Aufgabenheft sowie Vorstellung an der Hand (ggf. separat/in Gruppen).
2. Bewertung gemäß § 57.2.2 (Einzelnoten gemäß den o.g. festgelegten Beurteilungskriterien); als Dezimalstellen sind nur halbe Noten zulässig. Von dieser Note werden Strafpunkte gemäß § 714 abgezogen;
   Ausschlüsse gemäß § 716.

1.7 Zuchtprüfungen

§ 330
Zuchtprüfungen

Zuchtprüfungen sind gemäß den geltenden Vorgaben des Tierzuchtgesetzes sowie der zugehörigen Verordnung über die Leistungsprüfungen und Zuchtwertfeststellung bei Pferden durchzuführen. Zuchtprüfungen können als Veranlagungs-, Hengstleistungs-, Zuchtstuten- und/oder Freispring-LP durchgeführt werden und sind Prüfungsformen, die maßgeblich der Zuchtwertfeststellung dienen. Für Hengste und Stuten, die in das Zuchtbuch einer Züchtervereinigung eingetragen sind, die der FN angeschlossen ist, gelten zusätzlich die jeweils gültigen Bestimmungen der Zuchtverbandsordnung (ZVO) des Bereiches Zucht der Deutschen Reiterlichen Vereinigung e.V. sowie der Zuchtbuchordnung der zuständigen Züchtervereinigung.

2. Aufbauprüfungen für Pferde

2.1 Dressurpferde-LP/-Championate

§ 350
Ausschreibungen

Zulässig sind:

Kl. A: Dressurpferde-LP Kl. A für 4- bis 6-jährige Pferde und/oder M- und G-Ponys, 6-jährige nur mit nicht mehr als einem Erfolg in Dressur- bzw. Dressurpferde-LP der Kl. A und höher im Anrechnungszeitraum gemäß § 62.1.

Kl. L: Dressurpferde-LP Kl. L für 4- bis 7-jährige Pferde und/oder M- und G-Ponys 7-jährige nur mit nicht mehr als einem Erfolg in Dressur- bzw. Dressurpferde-LP Kl. L und/oder höher im Anrechnungszeitraum gemäß § 62.1. 4-jährige Pferde sind erst ab 1. Mai des laufenden Jahres zugelassen.

Kl. M: Dressurpferde-LP Kl. M für 5- bis 7-jährige Pferde und/oder M- und G-Ponys, 7-jährige nur mit nicht mehr als einem Erfolg in Dressur- bzw. Dressurpferde-LP Kl. M und/oder höher im Anrechnungszeitraum gemäß § 62.1.

Dressurpferde-Championate für „Deutsche Reitpferde" oder „Deutsche Reitponys" gemäß ZVO der FN. Diese dürfen einmal im Jahr auf Landesverbands-, Züchterverbands- und Bundesebene durchgeführt werden.

§ 351
Beurteilung

Beurteilt werden die Rittigkeit und die Grundgangarten sowie der Gesamteindruck als Dressurpferd.

§ 352
Anforderungen

Reiten einer Aufgabe der betreffenden Klasse gemäß Aufgabenheft Reiten.

§ 353
Bewertung

Bewertung gemäß § 57.2.1 und 404; Ausschlüsse gemäß § 406.

A. Die Richter drücken ihr Urteil in einer Gesamtwertnote gemäß § 57.2.1 aus. Dieses Richtverfahren ist vorgeschrieben für Dressurpferde-LP Kl. A zu zweit geritten und ist zugelassen für Dressurpferde-LP der Kl. A und L.

B. Die Richter drücken ihr Urteil in fünf Einzelnoten gemäß § 57.2.2 (als Dezimalstellen sind nur halbe Noten zulässig) für die Grundgangarten Schritt, Trab, Galopp, die Durchlässigkeit sowie den Gesamteindruck aus. Die fünf Einzelnoten werden addiert und durch fünf geteilt. Dieses Richtverfahren ist zugelassen für Einzelaufgaben der Kl. A und L und vorgeschrieben für Kl. M.

2.2 Springpferde-LP/-Championate

§ 360
Ausschreibungen

Zulässig sind:
Standard-Springpferde-LP Kl. A bis M und Spezial-Springpferde-LP Kl. L und M.

Kl. A: Springpferde-LP Kl. A für 4- bis 6-jährige Pferde und/oder M- und G-Ponys, 6-jährige nur mit nicht mehr als einem Erfolg in Spring- bzw. Springpferde-LP der Kl. A und höher im Anrechnungszeitraum gemäß § 62.1.
Ausnahme: 6-jährige Ponys sind generell ohne Einschränkungen zugelassen, sofern die Ausschreibung nichts anderes besagt.

Kl. L: Springpferde-LP Kl. L für 4- bis 7-jährige Pferde und/oder M- und G-Ponys, 7-jährige nur mit nicht mehr als einem Erfolg in Spring- bzw. Springpferde-LP Kl. L und/oder höher im Anrechnungszeitraum gemäß § 62.1. 4-jährige Pferde sind erst ab 1. Mai des laufenden Jahres zugelassen.

Kl. M*: Springpferde-LP Kl. M für 5- bis 7-jährige Pferde und/oder M- und G-Ponys, 7-jährige nur mit nicht mehr als einem Erfolg in Spring- bzw. Springpferde-LP Kl. M und/oder höher im Anrechnungszeitraum gemäß § 62.1.

Kl. M**: Springpferde-LP Kl. M** für 6- bis 7-jährige Pferde, 7-jährige nur mit nicht mehr als einem Erfolg in Spring- bzw. Springpferde-LP Kl. M** und/oder höher im Anrechnungszeitraum gemäß § 62.1.

Die Ausschreibung einer Spezial-Springpferde-LP ist nur zulässig, wenn auf derselben PLS je Spezial-Springpferde-LP eine Standard-Springpferde-LP der gleichen Klasse ausgeschrieben ist.
Springpferde-Championate für „Deutsche Reitpferde" oder „Deutsche Reitponys" gemäß ZVO der FN. Diese dürfen einmal im Jahr auf Landesverbands-, Züchterverbands- und Bundesebene durchgeführt werden.

§ 361
Beurteilung

Beurteilt wird, je nach Ausschreibung und Richtverfahren, die Rittigkeit einschließlich Springmanier des Pferdes, ausgedrückt in einer Wertnote gemäß § 57.2.1 abzüglich der Strafpunkte und/oder in Punkten und Sekunden.

§ 362
Anforderungen (vgl. Aufgabenheft Reiten)

Einzelnes Überwinden eines Parcours der betreffenden Klasse (A*/A**/L/M*/M**) gemäß § 504.1, 2 und 3.

§ 363
Bewertung

1. **Standard-Springpferde-LP**
   Nach Rittigkeit einschließlich Springmanier mit EZ:
   Für Rittigkeit einschließlich Springmanier wird eine Wertnote gemäß § 57.2.1 vergeben. Von dieser Wertnote werden abgezogen für
   - Hindernisfehler gemäß § 512 — je 0,5 Strafpunkte
   - Erster Ungehorsam gemäß § 514 — 0,5 Strafpunkte
   - Zweiter Ungehorsam gemäß § 514 — 1,0 Strafpunkte
   - Zweiter Ungehorsam am selben Hindernis gemäß § 514 — 2,0 Strafpunkte
   - Überschreiten der EZ je angefangene Sekunde — 0,1 Strafpunkte

   Ausschluss erfolgt bei:
   - Dritter Ungehorsam gemäß § 514
   - Sturz des Teilnehmers und/oder Pferdes gemäß § 513
   - Überschreiten der HZ

   Sonstige Ausschlüsse gemäß § 519
2. **Spezial-Springpferde-LP**
   Spezial-Springpferde-LP sind grundsätzlich mit EZ auszuschreiben.
   a) **nach Strafpunkten mit Stechen nach Rittigkeit einschließlich Springmanier** (Kl. L und M):
   Die Bewertung im Umlauf erfolgt nur nach Strafpunkten gemäß § 503, Richtverfahren A/B, bei Strafpunktgleichheit gleiche Platzierung. Bei Strafpunktgleichheit auf dem ersten Platz erfolgt einmaliges Stechen. Die Bewertung im Stechen erfolgt nach Rittigkeit einschließlich Springmanier gemäß Ziffer 1.
   b) **nach Rittigkeit einschließlich Springmanier mit Stechen nach Strafpunkten** (Kl. L und M):
   Die Bewertung im Umlauf erfolgt nach Rittigkeit einschließlich Springmanier gemäß Ziffer 1. Für die besten 25% der Teilnehmer erfolgt einmaliges Stechen. Die Bewertung im Stechen erfolgt nur nach Strafpunkten gemäß § 503, Richtverfahren A/B, bei Strafpunktgleichheit im Stechen gleiche Platzierung.
   c) **nach Strafpunkten in der ersten Phase und nach Rittigkeit einschließlich Springmanier in der zweiten Phase** (Kl. L und M):
   Die Bewertung erfolgt in der ersten Phase nur nach Strafpunkten gemäß § 503, Richtverfahren A, bei Strafpunktgleichheit gleiche Platzierung. Bei fehlerfrei überwundenem Parcours unmittelbarer Übergang in die zweite Phase sinngemäß wie in § 525. Die Bewertung in der zweiten Phase erfolgt nach Rittigkeit einschl. Springmanier gemäß Ziffer 1.
   d) **nach Strafpunkten mit Stechen nach Strafpunkten** (nur für Kl. M):
   Die Bewertung im Umlauf erfolgt nur nach Strafpunkten gemäß § 503, Richtverfahren A/B, bei Strafpunktgleichheit gleiche Platzierung. Bei Strafpunktgleichheit auf dem ersten Platz erfolgt einmaliges Stechen. Die Bewertung im Stechen erfolgt ebenfalls nur nach Strafpunkten gemäß § 503, Richtverfahren A/B, bei Strafpunktgleichheit im Stechen gleiche Platzierung.

e) **nach Strafpunkten mit Stechen nach Strafpunkten und Zeit** (nur für Kl. M): Die Bewertung im Umlauf erfolgt nur nach Strafpunkten gemäß § 503, Richtverfahren A/B, bei Strafpunktgleichheit gleiche Platzierung. Bei Strafpunktgleichheit auf dem ersten Platz erfolgt einmaliges Stechen mit Bewertung nach Strafpunkten und Zeit gemäß § 501.B.1.

f) **nach Strafpunkten in der ersten Phase und nach Strafpunkten und Zeit in der zweiten Phase** (nur für Kl. M):
Die Bewertung erfolgt in der ersten Phase nur nach Strafpunkten gemäß § 503, Richtverfahren A, bei Strafpunktgleichheit gleiche Platzierung. Bei fehlerfrei überwundenem Parcours unmittelbarer Übergang in die zweite Phase, sinngemäß wie in § 525. Die Bewertung in der zweiten Phase erfolgt nach Strafpunkten und Zeit gemäß § 501.A.1.

Für alle Springpferde-LP mit Stechen gilt § 502 sinngemäß.

2.3 Geländepferde-LP/-Championate

§ 370
Ausschreibungen

Zulässig sind:

Kl. A*/**: Geländepferde-LP für 4- bis 6-jährige Pferde und/oder M- und G-Ponys, 6-jährige (Ausnahme: M- und G-Ponys) nur mit nicht mehr als einem Erfolg in Vielseitigkeits-, Gelände- bzw. Geländepferde-LP der Kl. A*/** und höher im Anrechnungszeitraum gemäß § 62.1

Kl. L: Geländepferde-LP für 5- bis 7-jährige Pferde und/oder M- und G-Ponys, 7-jährige nur mit nicht mehr als einem Erfolg in Vielseitigkeits-, Gelände- bzw. Geländepferde-LP der Kl. L und/oder höher im Anrechnungszeitraum gemäß § 62.1

Kl. M: Geländepferde-LP für 6- bis 8-jährige Pferde (Ponys sind nicht zugelassen) mit mindestens einer Platzierung in einer Gelände-, Geländepferde- oder Vielseitigkeits-LP, 8-jährige nur ohne Erfolge in Vielseitigkeits-, Gelände- bzw. Geländepferde-LP der Kl. M und/oder höher

Geländepferde-Championate für „Deutsche Reitpferde" oder „Deutsche Reitponys" gemäß ZVO der FN. Diese dürfen einmal im Jahr auf Landesverbands-, Züchterverbands- und Bundesebene durchgeführt werden.

§ 371
Beurteilung

Beurteilt werden Rittigkeit, Springmanier und Galoppiervermögen des Pferdes. Die Richter drücken ihr gemeinsames Urteil über die Gesamtleistung jedes Teilnehmers durch eine mündlich oder schriftlich zu begründende Wertnote gemäß § 57.2.1 abzüglich der Strafpunkte gemäß § 373 aus. Die Wertnoten werden nach jedem Ritt bekannt gegeben.

§ 372

Anforderungen (vgl. Aufgabenheft Reiten)

Überwinden einer Geländestrecke

Kl. A*/**:	ca. 1500 m	mit ca. 12 Sprüngen bis 1,00 m hoch gemäß § 633, Tempo 400 bis 450 m/Min. Bzgl. unterschiedlicher Anforderungen in A* bzw. A** siehe §§ 620/633.
Kl. L:	ca. 1500 m	mit ca. 15 Sprüngen bis 1,10 m hoch gemäß § 633, Tempo 450 bis 500 m/Min.
Kl. M:	ca. 2000 m	mit ca. 20 Sprüngen bis 1,15 m hoch gemäß § 633, Tempo 500 m/Min.

Geländeskizze: Vgl. §§ 506 und 632.

Das Tempo ist je nach Streckenführung rechtzeitig vor Beginn der Prüfung nach Absprache zwischen Richtern, Technischem Delegierten und Parcourschef festzulegen. Eine Änderung der EZ durch die Richter ist nur in Absprache mit dem Technischen Delegierten und Parcourschef bis zur Parcoursbeendigung des dritten Teilnehmers der LP ohne Ungehorsam zulässig. Ein Herabsetzen der EZ ist nur insoweit möglich, dass die bereits gestarteten Teilnehmer nicht mit zusätzlichen Strafpunkten belastet werden.

§ 373

Bewertung

Für Rittigkeit, Springmanier und Galoppiervermögen wird eine Note gemäß § 57.2.1 vergeben. Von dieser Note werden nachfolgend aufgeführte Strafpunkte abgezogen, sofern sie sich im Zusammenhang mit dem versuchten oder tatsächlichen Überwinden eines nummerierten Hindernisses oder einer Kombination ereignen (Ausnahme: Sturz Pferd und/oder Teilnehmer, dieser führt immer zum Ausschluss):

– Erster Ungehorsam gemäß § 643.2	0,5 Strafpunkte
– Zweiter Ungehorsam gemäß § 643.2	1,0 Strafpunkte
– Zweiter Ungehorsam am selben Hindernis gemäß § 643.2	2,0 Strafpunkte
– Überschreiten der EZ je angefangene Sekunde	0,1 Strafpunkte
– Dritter Ungehorsam gemäß § 643.2	Ausschluss
– Sturz des Teilnehmers und/oder Pferdes (vgl. §§ 513.1, 2 und 643.1.a) und b)) im Verlauf der Strecke	Ausschluss
– Überschreiten der HZ	Ausschluss
– Fehler an Kombinationen gemäß § 644	
– Sonstige Ausschlüsse gemäß § 646	
– Gefährliches Reiten (vgl. § 645)	2,5 bzw. 1,0 Strafpunkte

2.4 Jagdpferde-LP/-Championate

§ 380
Ausschreibungen

Zulässig sind:

Kl. A: Jagdpferde-LP für 5-jährige und ältere Pferde und/oder G-Ponys,
Kl. L: Jagdpferde-LP für 5-jährige und ältere Pferde und/oder G-Ponys,
Kl. M: Jagdpferde-LP für 6-jährige und ältere Pferde,
Kl. S: Jagdpferde-LP für 6-jährige und ältere Pferde

sowie Jagdpferdechampionate für „Deutsche Reitpferde" gemäß ZVO der FN. Diese dürfen einmal im Jahr auf Landesverbands-, Züchterverbands- und Bundesebene durchgeführt werden.

Ponys sind in Jagdpferde-LP der Klassen M und S sowie in Jagdpferde-Championaten nicht zugelassen.

§ 381
Beurteilung

Beurteilt werden Rittigkeit, Springmanier, Galoppiervermögen und der Gesamteindruck als Jagdpferd, ausgedrückt in einer Gesamtwertnote gemäß § 57.2.1 abzüglich evtl. Strafpunkte gemäß § 373. Bei den für eine Platzierung infrage kommenden Pferden wird darüber hinaus das Verhalten im Jagdfeld überprüft.

§ 382
Anforderungen

Einzelnes Überwinden einer Jagd- bzw. Geländestrecke

Kl. A: ca. 1,5 km mit ca. 8 festen Jagdhindernissen, nicht über 0,90 m hoch bzw. 2,50 m weit, darunter wenigstens ein Graben, Tempo 450 m/Min.
Kl. L: ca. 2 km mit ca. 10 festen Jagdhindernissen, nicht über 1,00 m hoch bzw. 3,00 m weit, darunter wenigstens ein Graben, Tempo 500 m/Min.
Kl. M: ca. 2,5 bis 3 km mit ca. 12 festen Jagdhindernissen, nicht über 1,10 m hoch bzw. 3,50 m weit, darunter wenigstens ein Graben, Tempo 500 m/Min.
Kl. S: ca. 3,5 bis 4 km mit ca. 14 festen Jagdhindernissen, nicht über 1,20 m hoch bzw. 4 m weit, darunter wenigstens ein Graben, Tempo 500 m/Min.

Die für eine Platzierung infrage kommenden Teilnehmer überwinden nach Weisung der Richter einen Teil der Jagdstrecke in geschlossenen Gruppen von wenigstens vier Teilnehmern mit wiederholtem Wechsel des Anfangsreiters.

Geländeskizze: Vgl. §§ 506 und 632.

§ 383
Bewertung

Bewertet werden: Für Rittigkeit, Springmanier, Galoppiervermögen und den Gesamteindruck als Jagdpferd wird eine Gesamtwertnote gemäß § 57.2.1 vergeben. Von dieser Wertnote werden Strafpunkte gemäß § 373 abgezogen. Ausschlüsse gemäß § 373. Für die für eine Platzierung infrage kommenden Teilnehmer wird eine weitere Gesamtwertnote für das Verhalten des Pferdes im Jagdfeld gemäß § 57.2.1 vergeben.

§ 384
Platzierung

Maßgeblich für die Platzierung sind die für das einzelne Überwinden der Jagdstrecke vergebenen Gesamtwertnoten abzüglich evtl. Strafpunkte sowie die Wertnote für das Verhalten im Jagdfeld im Verhältnis 1:1.

2.5 Eignungs-LP/-Championate für Fahrpferde

§ 390
Ausschreibungen

Zulässig sind:

Kl. A: Eignungs-LP für Einspänner für 4- bis 6-jährige Pferde und/oder Ponys,

Kl. M: Eignungs-LP für Einspänner für 5- bis 7-jährige Pferde und/oder M- und G-Ponys

sowie Eignungs-Championate für Einspänner für „Deutsche Reitpferde" oder „Deutsche Reitponys" gemäß ZVO der FN. Diese dürfen einmal im Jahr auf Landesverbands-, Züchterverbands- und Bundesebene durchgeführt werden.

§ 391
Beurteilung

Beurteilt werden die Grundgangarten Schritt und Trab sowie das Tritteverlängern, die altersgemäße Erfüllung der Kriterien der Skala der Ausbildung, der Gesamteindruck einschließlich Temperament und das Gefahrensein im Parcours, ausgedrückt in Einzelnoten gemäß § 57.2.2, abzüglich evtl. Strafpunkte gemäß § 392. Maßgebend ist die Eignung als Fahrpferd zum sofortigen Einsatz.

§ 392
Anforderungen und Bewertung

1. Fahren einer Dressurprüfung gemäß Aufgabenheft Fahren mit unmittelbar anschließendem Hindernisfahren.
2. Die Richter drücken ihr Urteil in Einzelnoten gemäß § 57.2.2 (als Dezimalstellen sind nur halbe Noten zulässig) im Rahmen der Vorgaben des Aufgabenheftes Fahren aus. Von der ermittelten Endwertnote werden Strafpunkte abgezogen.
   Abzüge in der Teilprüfung Dressur gemäß § 714;
   Abzüge in der Teilprüfung Hindernisfahren:

– Abwerfen eines Hindernisses/Hindernisteils oder Abwurf eines Balles	0,2 Strafpunkte
– Erster Ungehorsam	0,5 Strafpunkte
– Zweiter Ungehorsam	1,0 Strafpunkte
– Dritter Ungehorsam	Ausschluss
– Erstes Absteigen von Fahrer/Beifahrer	0,5 Strafpunkte
– Zweites Absteigen von Fahrer/Beifahrer	1,0 Strafpunkte
– Drittes Absteigen von Fahrer/Beifahrer	Ausschluss

   in der Gesamtprüfung:

– Überschreiten der EZ je angefangene Sekunde	0,1 Strafpunkte

   Ausschlüsse gemäß § 716 bzw. § 735

Hinweis: Die Kombination verschiedener Aufbau-LP gem. §§ 800 ff. ist zulässig.

IV. Dressurprüfungen

§ 400
Ausschreibungen

1. Zulässig sind:
   1. Dressur-LP Kl. E bis S für
      Kl. E und A*/**: 4-jährige und ältere Pferde und/oder Ponys
      Kl. L*: 5-jährige und ältere Pferde und/oder M- und G-Ponys
      Kl. L**/M*/**: 6-jährige und ältere Pferde und/oder M- und G-Ponys
      Kl. S*/**: 7-jährige und ältere Pferde und/oder M- und G-Ponys
      Kl. S***/****: 8-jährige und ältere Pferde und/oder M- und G-Ponys
   2. Kombinierte Dressur-LP als Pflichtaufgabe und Stechen oder Kür Kl. E bis S für
      Kl. E und A*/**: 4-jährige und ältere Pferde und/oder Ponys
      Kl. L*: 5-jährige und ältere Pferde und/oder M- und G-Ponys
      Kl. L**/M*/**: 6-jährige und ältere Pferde und/oder M- und G-Ponys
      Kl. S*/**: 7-jährige und ältere Pferde und/oder M- und G-Ponys
      Kl. S***/****: 8-jährige und ältere Pferde und/oder M- und G-Ponys
   3. Dressur-LP – Kür in Kl. E bis S für
      Kl. E und A*/**: 4-jährige und ältere Pferde und/oder Ponys
      Kl. L*: 5-jährige und ältere Pferde und/oder M- und G-Ponys
      Kl. L**/M*/**: 6-jährige und ältere Pferde und/oder M- und G-Ponys
      Kl. S*/**: 7-jährige und ältere Pferde und/oder M- und G-Ponys
      Kl. S***/****: 8-jährige und ältere Pferde und/oder M- und G-Ponys
   4. Dressurreiter-LP Kl. E bis M für
      Kl. E und A: 4-jährige und ältere Pferde und/oder Ponys
      Kl. L: 5-jährige und ältere Pferde und/oder M- und G-Ponys
      Kl. M: 6-jährige und ältere Pferde und/oder M- und G-Ponys

   Dressur-LP der Kl. L auf Kandarenzäumung sowie Dressur-LP der Kl. L** sind nur für einen Teilnehmerkreis ab Lkl. D4 und höher auszuschreiben.
2. Die Teilnahme an einer LP-Kür (Kl. E bis M max. 25, Kl. S max. 15 Teilnehmer) ist grundsätzlich nur für Teilnehmer mit Pferden auszuschreiben, die bereits in einer Dressur-LP der gleichen Klasse mindestens 60% der Wertnotensumme bzw. die Wertnote 6,0 erzielt haben. Dieses Qualifikationsergebnis kann je nach Ausschreibung bei einer LP derselben PLS oder auf einer anderen (ggf. in der Ausschreibung benannten) PLS nachgewiesen werden.
3. Wird eine Qualifikations-LP für eine andere LP ausgeschrieben, ist eine Zulassung zu dieser LP nur möglich, wenn mindestens 60% der max. Wertnotensumme bzw. Wertnote 6,0 in der Qualifikations-LP erreicht wurden.
   Folgende Qualifikationswege sind zulässig:
   von A* nach A* oder A**
   von A** nach A** oder L*
   von L* nach L* oder L**
   von L** nach L** oder M*
   von M* nach M* oder M**
   von M** nach M** oder S*

von S* nach S* oder S**
von S** nach S**
von S*** nach S*** oder S****
von S**** nach S****

4. Sogenannte „Trostprüfungen“ sind eine Klasse bzw. *-Kategorie niedriger auszuschreiben, als die vorangegangene Qualifikations-LP.
5. Bei PLS mit LP der Kl. A, L und M sind mindestens 20% der LP inkl. Aufbau-LP, exkl. LP nur für JUN/JR sowie LP nur für Lkl. 5, 6 und/oder 7) als „geschlossene“ LP (vgl. § 23.3 und Durchführungsbestimmungen zu § 20.6.7) auszuschreiben.
6. Zulässig sind gemäß Ziffer 1:
   - Dressur- und Dressurreiter-LP der Kl. E für Lkl. 6 und 7
   - Dressur- und Dressurreiter-LP der Kl. A für Lkl. 6 und/oder höher
   - Dressur- und Dressurreiter-LP der Kl. L für Lkl. 5 und höher, jedoch nicht ausschließlich für Lkl. 5
   - Dressur- und Dressurreiter-LP der Kl. M für Lkl. 4 und höher, jedoch nicht ausschließlich für Lkl. 4
   - Dressur-LP der Kl. S für Lkl. 3 und höher, jedoch nicht ausschließlich für Lkl. 3
7. Dressur-LP der Kl. M*/** für 6- bis 8-jährige Pferde, Dressur-LP der Kl. S* für 7- bis 8-jährige Pferde und Dressurreiter-LP der Kl. M können auf Trense ausgeschrieben werden.

§ 401
Beurteilung

1. Dressur-LP:
   Beurteilt werden die Leistungen von Teilnehmer und Pferd. Maßgebend sind der Grad der Ausbildung des Pferdes sowie Sitz, Hilfengebung, Gefühl und Einwirkung des Teilnehmers.
2. Dressurreiter-LP:
   Beurteilt werden Sitz, Hilfengebung, Gefühl und Einwirkung des Teilnehmers, die Skala der Ausbildung ohne Berücksichtigung der Qualität der Grundgangarten sowie die Korrektheit der Hufschlagfiguren und Lektionen.

§ 402
Richtverfahren

Das Richten erfolgt nach freiem Ermessen im Rahmen der Richtlinien für Reiten und Fahren gemäß § 57. Es werden folgende Richtverfahren unterschieden:

A. **Richten mit** Gesamtwertnoten

Dieses Verfahren ist grundsätzlich vorgeschrieben für Dressur-LP der Kl. E, A und L* sowie Dressurreiter-LP. Für Dressur-LP der Kl. L**, M und S ist es anzuwenden, wenn es die Ausschreibung vorsieht.

Das Urteil des Richters/der Richter bzw. Richtergruppe/n über die Gesamtleistung jedes Teilnehmers wird durch eine (ggf. mehrere, sofern gemäß Aufgabenheft Reiten vorgesehen) mündlich oder schriftlich zu begründende Gesamtwertnote(n) gemäß § 57.2.1 ausgedrückt. Die Wertnoten werden nach jedem Ritt bekannt gegeben.

B. Richten mit Einzelnoten

Dieses Verfahren ist für Dressur-LP der Kl. L**, M und S zugelassen, für die Dressuraufgaben der FEI vorgeschrieben. Für Dressur-LP der Kl. L* ist dieses Verfahren möglich, wenn jeweils mindestens eine weitere Dressur-LP Kl. L nach § 402.A ausgeschrieben wird.

Jeder Richter erteilt für jede Vorstellung bzw. Lektion einer Aufgabe eine Einzelnote gemäß § 57.2.2. Jede Einzelnote von 5 oder schlechter ist schriftlich zu begründen. Die Gesamtsummen der Einzelnoten werden unverzüglich bekannt gegeben. Die Platzierung ergibt sich aus der Summe der Einzelnoten, die durch die Zahl der Richter geteilt werden kann.

Die Summe der Einzelnoten ist bei Verwendung des Notenbogens zusätzlich in Prozentpunkten anzugeben. In der Kür vergibt jeder Richter Einzelnoten für die Ausführung (A-Note) und für die künstlerische Gestaltung (B-Note) der Vorstellung des Teilnehmers gemäß Aufgabenheft Reiten.

§ 403
Durchführung

1. Einreiten/Startfreigabe:

   Das Einreiten auf den Prüfungsplatz ist nur nach Aufforderung durch die Richter (Glockenzeichen) oder einer für die gesamte Prüfung geltenden Vorgabe der Richter erlaubt.

2. Prüfung:

   Einzelreiten; in den Klassen E, A und L auch zu mehreren oder in der Abteilung möglich, wenn laut Aufgabenheft vorgesehen.

3. Glockenzeichen:

   Das Glocken- oder ein anderes akustisches Zeichen dient als Signal für den Teilnehmer:

   a) zur Freigabe des Starts,
   b) zum Anhalten (z.B. nach einem Verreiten),
   c) zur Unterbrechung und zur Fortsetzung nach einer Unterbrechung,
   d) für den Ausschluss bzw. für die vorzeitige Beendigung der LP durch wiederholte Betätigung.

4. Start:

   Gestartet ist, wer in der laut Aufgabe vorgeschriebenen (Kür: beliebigen) Gangart auf die Mittelinie abwendet. Bei Abteilungsaufgaben gelten die Parallellinien zur Mittellinie entsprechend. Die Bewertung beginnt mit dem Abwenden bei A auf die Mittellinie (Einzelaufgabe) und/oder von der kurzen Seite auf eine Parallellinie (Abteilungs-/Mannschaftsaufgaben).

   Die Aufgabe endet mit dem Anreiten nach der letzten Grußaufstellung.

5. Verreiten:

   Grundsätzlich gilt, dass eine Aufgabe durch die/den Richter (im Richtverfahren mit Einzelnoten gemäß 402.B – den Richter bei C) bei folgenden Vorfällen unterbrochen werden muss, wenn der Teilnehmer

   – einen falschen Weg einschlägt,
   – eine Lektion auslässt,

- eine Lektion an einem falschen Punkt reitet,
- eine Lektion in einer falschen Gangart reitet,
- eine Lektion abbricht.

Als „falscher Weg/Punkt" ist nicht das ungenaue Reiten der Hufschlagfiguren gemeint bzw. als falsche Gangart nicht der unbeabsichtigte Gangartwechsel.

Für die Bewertung gilt die nach dem Abläuten durch die Richter auf korrektem Weg gerittene Lektion. Bei einer durch den Teilnehmer abgebrochenen Lektion gilt für die Bewertung die abgebrochene Lektion zzgl. des Abzugs für das Verreiten.

Ein Punktabzug für das Verreiten erfolgt nur dann, wenn abgeläutet wird (Ausnahme: die durch den Teilnehmer abgebrochene Lektion). Wenn nicht abgeläutet wurde, ist die fehlerhafte Ausführung in der Gesamtwertnote bzw. der Wertnote für die betreffende Lektion entsprechend zu berücksichtigen.

6. Fremde Hilfe:
   Als verbotene „Fremde Hilfe" wird jede Einmischung eines Dritten mit der Absicht, die Aufgabe des Teilnehmers zu erleichtern oder seinem Pferd zu helfen, angesehen. Unerheblich ist, ob der Dritte dazu aufgefordert wurde oder nicht. Im Zweifelsfall entscheiden die Richter endgültig.
   Erlaubt ist die Rückgabe von Brille und Kopfbedeckung sowie der Hinweis nach einem Verreiten, mit welcher Lektion die Aufgabe fortgesetzt werden muss.
7. Platzierung/Siegerehrung:
   Vorstellung der platzierten Teilnehmer mit den in der Prüfung gerittenen Pferden (vgl. § 59).
8. Pausen:
   Sollten aufgrund der Teilnehmerzahl Pausen erforderlich werden, darf die Pausenzeit max. 2 Stunden betragen. Wenn die Anzahl der Teilnehmer 40 überschreitet, kann der Veranstalter die Prüfung an 2 aufeinanderfolgenden Tagen durchführen.
9. Wenn laut Ausschreibung nicht ausdrücklich etwas anderes bestimmt ist, sind
   a) alle Einzelaufgaben auswendig oder mit eigenem Kommandogeber (Ausnahme: Kür/FEI-Aufgaben),
   b) alle Abteilungsaufgaben mit Kommandogeber (vom Veranstalter gestellt)
   zu reiten.

§ 404
Bewertung

1. Verlangt und bewertet werden alle Lektionen der in der Ausschreibung festgelegten Aufgabe gemäß Aufgabenheft Reiten.
2. Folgende Abzüge sind zu berücksichtigen:

	Richtverfahren mit Wertnote/n	**Richtverfahren mit Einzelnoten je Richter**
2.1 Prüfungen mit vorgegebener Aufgabe vom Teilnehmer verschuldetes Verreiten		
das 1. Mal	0,2 Punkte	2 Punkte
das 2. Mal	0,4 Punkte	4 Punkte
das 3. Mal	Ausschluss	Ausschluss

	Richtverfahren mit Wertnote/n	Richtverfahren mit Einzelnoten je Richter
2.2 Kür-Prüfungen		
a) Auslassen einer Pflichtlektion		
A-Note	0,5 Punkte	0 Punkte für die Lektion
B-Note	0,5 Punkte	
Choreografie		WN < 6
Schwierigkeitsgrad		WN < 6
b) Überziehen einer Pflichtlektion		
A-Note	0,2 Punkte	WN < 5
B-Note	0,5 Punkte	
Choreografie		WN < 6
Schwierigkeitsgrad		WN < 6
c) Zeigen einer Lektion einer höheren Klasse		
B-Note	0,5 Punkte	
Choreografie		WN < 6
Schwierigkeitsgrad		WN < 6
d) Über-/oder Unterschreiten des jeweiligen Zeitlimits		
B-Note	0,2 Punkte	2 Punkte
2.3 Sturz des Teilnehmers	Ausschluss	Ausschluss
2.4 Sturz des Pferdes (vgl. § 513)	Ausschluss	Ausschluss

Ziffer 2.3 und 2.4 gelten auch zwischen Einritt auf den Prüfungsplatz und dem Anreiten nach der letzten Grußaufstellung.

3. Für die Platzierung in einer Kombinierten Dressur-LP ist je nach Ausschreibung die Summe der Wertnoten aus den Teilprüfungen oder die Wertnote für das Stechen bzw. die Kür maßgebend.
4. Bei Wertnoten- bzw. Prozentpunktegleichheit erfolgt gleiche Platzierung.

§ 405
Anforderungen

Die Anforderungen an das Reiten in Dressur-LP und Dressurreiter-LP sind im Aufgabenheft Reiten und in den Richtlinien für Reiten und Fahren, Band 1 und 2, der FN geregelt.

§ 406
Ausschlüsse

In allen nachfolgenden Fällen erfolgt Ausschluss des Teilnehmers:

1. Wenn er nach Aufruf zum Start nicht binnen 60 Sekunden auf den Prüfungsplatz eingeritten ist.
2. Wenn nicht binnen 45 Sekunden nach Glockenzeichen der Start erfolgt ist.
3. Beim Start vor dem Glockenzeichen.

4. Wenn sich ein Pferd 30 Sekunden ununterbrochen während der Prüfung widersetzt.
5. Beim Verlassen des Vierecks mit allen vier Beinen.
6. Bei Verwendung nicht erlaubter Ausrüstung.
7. Beim unsportlichem Verhalten bei der Vorbereitung oder im Verlauf der Prüfung (vgl. §§ 52 und 66) sowie auf dem gesamten dem Turnierablauf dienenden Gelände sowie in dessen Umgebung.
   Einem Ausschluss wegen dieses Grundes kann eine Rüge gemäß § 55.6 vorausgehen.
8. Bei verbotener „Fremder Hilfe" vgl. § 403.6.
9. Beim Gebrauch jeglicher Art von elektronischen Kommunikationsmitteln während einer LP.
10. Bei Nichtbeachtung entsprechender Vorschriften, Gebote und Verbote der LPO.
11. Wenn er außerhalb der LP mit dem Pferd den Prüfungsplatz betritt. Ausnahmen können von der Turnierleitung zugelassen werden.

V. Springprüfungen

§ 500
Ausschreibungen

1. Zulässig sind:
   1. Standard-Spring-LP und Spezial-Spring-LP (Ausnahme: Stil-Spring-LP und FN-Hunterklassen)

Kl. E:	für 5-jährige und ältere Pferde und/oder Ponys
Kl. A*/**:	für 5-jährige und ältere Pferde und/oder M- und G-Ponys
Kl. L/M*/**	für 6-jährige und ältere Pferde und/oder M- und G-Ponys
Kl. S*/**/***/****:	für 7-jährige und ältere Pferde und/oder M- und G-Ponys

   2. Folgende Spezial-Spring-LP werden unterschieden:
      2.1 Stil-Spring-LP (ggf. mit Standardanforderungen)
      Kl. E für 4-jährige und ältere Pferde und/oder Ponys und Kl. A für 4-jährige und ältere Pferde und/oder M- und G-Ponys, Kl. L für 5-jährige und ältere Pferde und/oder M- und G-Ponys
      4-jährige Pferde/Ponys in Kl. E und 4-jährige Pferde und/oder M- und G-Ponys in Kl. A sowie 5-jährige Pferde und/oder M- und G-Ponys in Kl. L sind erst ab 1. Mai des laufenden Jahres zugelassen.
      2.2 Stafetten-Spring-LP
      2.3 Glücks-Spring-LP
      2.4 „Jagd" um Punkte (nur in Kl. M** und S)
      2.5 Punkte-Spring-LP (nur in Kl. A bis S)
      2.6 Zwei-Phasen-Spring-LP
      2.7 Wahl-Spring-LP (nur in Kl. M** und S)
      2.8 Zwei-Pferde-Spring-LP
      2.9 Zweikampf-Spring-LP (nur nach vorausgehender Qualifikation in einer Spring-LP mindestens der Kl. L)
      2.10 Mannschafts-Spring-LP
      2.11 Mächtigkeits-Spring-LP (nur als S*)
      2.12 Barrieren-Spring-LP (nur als S*)
      2.13 Spring-LP mit Siegerrunde
      2.14 Gruppen-Spring-LP
      2.15 Spring-LP mit Idealzeit
      2.16 Springprüfung mit Geländehindernissen
      2.17 Springen mit steigenden Anforderungen
      2.18 Spring-LP mit Mindeststilnote
      2.19 FN-Hunterklassen (nur für Teilnehmer der Altersklassen Reiter)

75er/85er:	4-jährige und ältere Pferde und/oder M- und G-Ponys
95er/105er:	5-jährige und ältere Pferde und/oder M- und G-Ponys
115er:	6-jährige und ältere Pferde und/oder M- und G-Ponys

2. Spezial-Spring-LP – ausgenommen Stil-Spring-LP, Spring-LP mit Siegerrunde und Zwei-Phasen-Spring-LP sowie Hunterklassen – sind nur in Verbindung mit einer weiteren Standard-Spring-LP derselben Klasse zulässig.

3. Pro drei Spring-LP Kl. A, L und M ist wenigstens eine Springpferde-LP auszuschreiben. Bei Errechnung des Verhältnisses können Stil-Spring-LP mit Standardanforderungen gemäß § 520, Hunterklassen gemäß § 540 und Kombinierte Dressur-/Spring-LP gemäß §§ 810, 820, 830, 840 dem Anteil der Springpferde-LP hinzugerechnet werden.
4. Bei PLS mit LP der Kl. A, L und M sind mindestens 20% der LP (inkl. Aufbau-LP, exkl. LP nur für JUN/JR sowie LP für Lkl. 5, 6 und/oder 7) als „geschlossene" LP (vgl. § 23.3 und Durchführungsbestimmungen zu § 20.6.7) auszuschreiben.
5. Je zwei Spring-LP Kl. E ist wenigstens einmal das Richtverfahren nach Stil gemäß § 520 auszuschreiben; wird bei einer PLS lediglich eine Spring-LP Kl. E ausgeschrieben, ist das Richtverfahren gemäß § 520 vorgeschrieben.
6. Sogenannte „Trostprüfungen" sind eine Klasse bzw. *-Kategorie niedriger auszuschreiben als die vorangegangene Qualifikations-LP.
7. Zulässig sind:
   Spring-LP der Kl. E/FN-Hunterklasse 75er für Lkl. 6 und 7
   FN-Hunterklasse 85er für Lkl. 6 und 5
   FN-Hunterklasse 95er und 105er für Lkl. 6 bis 4
   Spring-LP der Kl. A für Lkl. 6 und/oder höher
   FN-Hunterklasse 115er für Lkl. 5 bis 3
   Spring-LP der Kl. L für Lkl. 5 und höher, jedoch nicht ausschließlich für Lkl. 5
   Spring-LP der Kl. M für Lkl. 4 und höher, jedoch nicht ausschließlich für Lkl. 4
   Spring-LP der Kl. S für Lkl. 3 und höher, jedoch nicht ausschließlich für Lkl. 3
8. Als Qualifikation(en) für eine weitere Prüfung sind folgende Qualifikationswege zulässig:
   von A* nach A* oder A**
   von A** nach A** oder L
   von L nach L oder M*
   von M* nach M* oder M**
   von M** nach M** oder S*
   von S* nach S* oder S**
   von S** nach S** oder S***
   von S*** nach S*** oder S****
   von S**** nach S****

Unabhängig von diesen LP können andere Prüfungsarten ausgeschrieben werden, deren Abwicklung und Richtverfahren hier nicht aufgeführt sind, jedoch sinngemäß den Bestimmungen gemäß Teil B V. entsprechen. Voraussetzung ist die Genehmigung der FN bzw. der zuständigen LK.

§ 501
Beurteilung und Richtverfahren

Beurteilt wird die Leistung von Teilnehmer und Pferd zwischen Start- und Ziellinie, ausgedrückt in Strafpunkten, Punkten, Sekunden und/oder Wertnoten, je nach Ausschreibung und Richtverfahren, soweit nachfolgende Bestimmungen nicht ausdrücklich etwas anderes festlegen.

Es werden folgende Richtverfahren unterschieden:

A. Richtverfahren A für Standard-Spring-LP nach Strafpunkten und Zeit

1. Die Platzierung wird durch Zusammenzählen der Strafpunkte gemäß § 503 ermittelt. Bei Strafpunktgleichheit werden die Teilnehmer nach der Zeit platziert, die sie für ihren Parcours gebraucht haben. Bei Gleichheit der Strafpunktzahl und der für den Parcours benötigten Zeit werden die Teilnehmer gleichplatziert.
2. Nur für LP der Kl. A bis S nach Strafpunkten und Zeit mit zwei Umläufen, die Platzierung erfolgt gemäß Ziffer A.1. Die Ergebnisse aus beiden Umläufen werden addiert. Maßgeblich ist die genehmigte Ausschreibung.

B. Richtverfahren B für Standard-Spring-LP mit Stechen

1. Nach Strafpunkten und Zeit mit einmaligem Stechen um den Sieg. Die Platzierung erfolgt gemäß Ziffer A.1. Bei Strafpunktgleichheit auf dem ersten Platz: einmaliges Stechen nach Strafpunkten und Zeit.
   Im Stechen: Bei gleicher Strafpunktzahl entscheidet die bessere Zeit. Bei gleicher Strafpunktzahl und gleicher Zeit erfolgt gleiche Platzierung.
2. Nur für Spring-LP Kl. S*** und S****
   Nach Strafpunkten und Zeit mit zweimaligem Stechen um den Sieg. Die Platzierung erfolgt gemäß Ziffer A.1. Bei Strafpunktgleichheit auf dem ersten Platz: erstes Stechen nach Strafpunkten und Zeit. Bei erneuter Strafpunktgleichheit auf dem ersten Platz: zweites Stechen nach Strafpunkten und Zeit. Bei gleicher Strafpunktzahl entscheidet die bessere Zeit. Bei gleicher Strafpunktzahl und gleicher Zeit erfolgt gleiche Platzierung.
3. Nur für Spring-LP Kl. S*** und S****
   Zwei Umläufe mit einmaligem Stechen nach Strafpunkten und Zeit. Der zweite Umlauf kann geändert werden, wenn dies in der Ausschreibung festgelegt ist. Die Mindestzahl an Hindernissen im zweiten Umlauf beträgt in der Halle 8, im Freien 10. Die Platzierung erfolgt gemäß Ziffer B.1.
4. Richtverfahren ohne Zeitwertung, jedoch mit EZ
   Für die Platzierung ist nur die Gesamtzahl der Strafpunkte entscheidend. Bei Strafpunktgleichheit erfolgt gleiche Platzierung. Bei Strafpunktgleichheit auf dem ersten Platz erfolgt einmaliges Stechen mit Bewertung nach Strafpunkten und Zeit.
5. Richtverfahren ohne Zeitwertung und ohne EZ
   Nur für Mächtigkeits-Spring-LP und Barrieren-Spring-LP.
   Nach Strafpunkten mit bis zu vier Stechen. Für die Platzierung ist nur die Gesamtzahl der Strafpunkte entscheidend.
   Bei Strafpunktgleichheit erfolgt gleiche Platzierung. Bei Strafpunktgleichheit auf dem ersten Platz finden weitere Stechen über eine verringerte Anzahl erhöhter und/oder erweiterter Hindernisse ohne EZ statt. Nach dem dritten Stechen können die Richter die Prüfung abbrechen. Bei Spring-LP mit mehr als zwei Stechen kann ab dem dritten Stechen bei Aufgabe durch die Richtergruppe auf Sieg entschieden werden. Die Regelungen zum Countdown gemäß § 518.1 finden keine Anwendung.

C. Richtverfahren C für Standard-Spring-LP als Zeit-Spring-LP – nur ab Kl. L
Für die Platzierung ist die für den Parcours benötigte Zeit zuzüglich eventueller Strafsekunden gemäß § 503 maßgebend. Bei gleicher Gesamtzeit auf dem ersten Platz erfolgt gleiche Platzierung.

D. Richtverfahren D für Spezial-Spring-LP
Die Richtverfahren für Spezial-Spring-LP sind in den Spezialbestimmungen (§§ 520 ff.) aufgeführt. Auch für Spezial-Spring-LP gelten bis auf beschriebene Ausnahmen die §§ 502 bis 519.

§ 502
Bestimmungen für Stechen/Siegerrunde

A. Stechen

1. Die für die LP erstellte Starterliste gilt grundsätzlich auch für das Stechen. Soll im Stechen eine andere Startfolge gelten (z.B. nach Leistung im Umlauf), so ist dies in der Ausschreibung festzulegen. Maßgeblich ist die genehmigte Ausschreibung.
2. Der Parcours für das Stechen bei Standard-Spring-LP kann verkürzt werden (Zahl der Hindernisse und Länge); der Stechparcours muss jedoch mindestens sechs Hindernisse enthalten.
3. Standort, Sprungrichtung, Profil und Aussehen der Hindernisse dürfen im Stechen nicht verändert werden. Die Änderung der Reihenfolge der Hindernisse ist ebenso wie die Herausnahme eines oder mehrerer Sprunges/Sprünge einer Kombination – mit Ausnahme des mittleren Sprungs einer dreifachen Kombination – zulässig.
   Der Stechparcours kann max. zwei zusätzliche Einzelhindernisse enthalten. Beide Hindernisse müssen bereits bei der Besichtigung im Parcours vorhanden sein bzw. müssen aus den Hindernissen des Umlaufs entwickelt werden und wie folgt zusätzlich nummeriert sein: Zwischen der Nummer des letzten Hindernisses und der zusätzlichen Hindernisse für den Stechparcours bleibt jeweils eine Nummer frei (z.B.: hat das letzte Hindernis die Nummer 10, so hat das erste zusätzliche Hindernis die Nummer 12, das zweite die Nummer 13).
4. Bei Strafpunktfreiheit der für das Stechen qualifizierten Teilnehmer können die Hindernisse bis zu 10 cm (im ersten und zweiten Stechen einer Mächtigkeits-Spring-LP bis zu 20 cm) erhöht und/oder erweitert werden. Bei Strafpunktgleichheit ist eine Erhöhung und/oder Erweiterung der Hindernisse nicht zulässig.
5. Die Platzierung ist in numerischer Reihenfolge nach erbrachter Leistung vorzunehmen, wobei ausgeschlossene Teilnehmer vor Teilnehmern rangieren, die nicht angetreten sind oder aufgegeben haben.
   Treten jedoch alle für das Stechen qualifizierten Teilnehmer nicht an oder geben auf, so werden sie gleichplatziert auf dem letzten Platz der für das Stechen qualifizierten Teilnehmer.
6. Wenn für ein Stechen nur Pferde unter demselben Teilnehmer qualifiziert sind, wird bei Verzicht auf das Stechen auf gleiche Platzierung als Sieger erkannt.

7. Über diese Bestimmungen hinausgehende oder abweichende Regeln für Stechen in Spezial-Spring-LP sind in den Spezialbestimmungen (§§ 520 ff.) aufgeführt.

B. Siegerrunde

1. Die für die LP erstellte Starterliste gilt grundsätzlich auch für die Siegerrunde. Soll in der Siegerrunde eine andere Startfolge gelten (z.B. nach Leistung im Umlauf), so ist dies in der Ausschreibung festzulegen. Maßgeblich ist die genehmigte Ausschreibung.
2. Der Parcours für die Siegerrunde kann verkürzt werden (Zahl der Hindernisse und Länge); der Parcours für die Siegerrunde muss jedoch mindestens sechs Hindernisse enthalten.
3. Standort, Sprungrichtung, Profil und Aussehen der Hindernisse dürfen in der Siegerrunde nicht verändert werden. Die Änderung der Reihenfolge der Hindernisse ist ebenso wie die Herausnahme eines oder mehrerer Sprünge einer Kombination – mit Ausnahme des mittleren Sprungs einer dreifachen Kombination – zulässig.
   Der Parcours für die Siegerrunde kann max. zwei zusätzliche Einzelhindernisse enthalten. Beide Hindernisse müssen bereits bei der Besichtigung im Parcours vorhanden sein bzw. aus den Hindernissen des Umlaufs entwickelt werden und wie folgt zusätzlich nummeriert sein: Zwischen der Nummer des letzten Hindernisses und der zusätzlichen Hindernisse für den Parcours der Siegerrunde bleibt jeweils eine Nummer frei (z.B.: hat das letzte Hindernis die Nummer 10, so hat das erste zusätzliche Hindernis die Nummer 12, das zweite die Nummer 13).
4. Sofern für die Siegerrunde nur strafpunktfreie Teilnehmer qualifiziert sind, können die Hindernisse bis zu 10 cm erhöht und/oder erweitert werden; anderenfalls ist eine Erhöhung und/oder Erweiterung der Hindernisse nicht zulässig.
5. Die Platzierung ist in numerischer Reihenfolge nach erbrachter Leistung vorzunehmen, wobei ausgeschlossene Teilnehmer vor Teilnehmern rangieren, die nicht angetreten sind oder aufgegeben haben.
   Treten jedoch alle für die Siegerrunde qualifizierten Teilnehmer nicht an oder geben auf, so werden sie gleichplatziert auf dem letzten Platz der für die Siegerrunde qualifizierten Teilnehmer.
6. Abbruch einer Siegerrunde aufgrund höherer Gewalt
   a) Bei LP gemäß § 533.a:
      Die Teilnehmer werden entsprechend ihrer im Umlauf erbrachten Leistung (nach Strafpunkten) platziert.
   b) Bei LP gemäß § 533.b:
      Alle Teilnehmer der Siegerrunde werden als Sieger platziert.

§ 503
Bewertung

Bewertung	Richtverfahren A/B	Richtverfahren C
– Erster Ungehorsam/ Korrigiertes Verreiten	4 Strafpunkte	–
– Hindernisfehler	4 Strafpunkte	4 Strafsekunden (3 Strafsekunden in Zwei-Phasen-Spring-LP mit Richtverfahren C in der zweiten Phase)
– Zweiter Ungehorsam/ Korrigiertes Verreiten	8 Strafpunkte	–
– Sturz des Teilnehmers und/oder Pferdes	Ausschluss	Ausschluss
– Dritter Ungehorsam/Korrigiertes Verreiten und andere in § 519 vorgesehene Fälle	Ausschluss	Ausschluss
– Überschreiten der EZ im Umlauf je angefangene 4 Sekunden	1 Strafpunkt	–
im Stechen je angefangene Sekunde	1 Strafpunkt	
in einer Siegerrunde je angefangene 4 Sekunden	1 Strafpunkt	
– Überschreiten der HZ	Ausschluss	Ausschluss
– Umwerfen einer Flagge	–	–
– Überschreiten von 45 Sekunden nach Passieren der Startlinie oder dem Beginn der Zeitmessung bis zum Überwinden des ersten Hindernisses	Ausschluss	Ausschluss

§ 504
Anforderungen

1. Mindestzahl und Abmessung der Hindernisse in den Klassen

	E	A*	A**	L	M*	M**	S*	S**	S***	S****
a) **Parcours in der Halle**										
Hindernisse – Mindestzahl	6	6	6	7	8	9	9	9	10	10
b) **Parcours im Freien**										
Hindernisse – Mindestzahl	7	7	7	8	9	10	10	10	11	11
c) **Abmessungen in der Halle und im Freien in Metern**										
Höhe/Weite	0,85	0,95	1,05	1,15	1,25	1,35	1,40	1,45	1,50	1,55

Ausnahme bzgl. Weite: Doppelricks, max. zwei je Parcours
Abweichungen von bis zu +/-5 cm in der Höhe und -10 cm/+20 cm (ab Kl. S Weite beliebig) in der Weite sind zulässig; Triplebarre max. +50 cm Weite.
Je Parcours müssen 25% der Sprünge, davon wenigstens ein Steilsprung und

ein Oxer, die erforderlichen Maße (Höhe/Weite) der entsprechenden Klasse aufweisen.

	E	A*	A**	L	M*	M**	S*	S**	S***	S****
Max. Wassergrabenweite	–	–	2,50	3,00	3,50	4,00	4,10	4,30	4,50	4,50

Mindestweite: Kl. A** bis S****: 2,50 m

	E	A*	A**	L	M*	M**	S*	S**	S***	S****
d) **Kombinationen – Höchstzahl**										
zweifache	1	2	2	2	2	frei	frei	frei	frei	frei
dreifache	–	–	–	1	1	frei	frei	frei	frei	frei

Starten Pferde und Ponys in einer LP der Kl. E bis L, können die Abstände in Kombinationen und/oder Distanzen mit bis zu 5 Galoppsprüngen für Ponys angepasst werden, und zwar minus 40 cm bei einer Kombination mit einem Galoppsprung und minus 60 cm bei einer Kombination mit zwei Galoppsprüngen.

Ab Kl. A* ist mindestens eine Kombination vorgeschrieben, mit Ausnahme der Spezial-Spring-LP, in denen diese ausgeschlossen sind.

2. Die Gesamtlänge eines Parcours (Ausnahme: Mächtigkeits-Spring-LP) in Metern darf niemals die Anzahl der Hindernisse der betreffenden Prüfung multipliziert mit 60 übersteigen.
3. Tempo und Zeit
   Folgendes Tempo ist zulässig:
   Richtverfahren A und B 1. bis 4.:
   Halle: 300 m/Min., 325 m/Min. oder 350 m/Min.
   im Freien: 350 m/Min., 375 m/Min. oder 400 m/Min.
   Sofern in der Ausschreibung nicht anders geregelt, beträgt das vorgeschriebene Tempo 350 m/Min.
   Aus dem Tempo und der Parcourslänge errechnet sich die EZ gemäß folgender Formel:
   $$\frac{\text{Streckenlänge in Metern x 60}}{\text{Tempo in Metern/Min.}} = \text{EZ in Sekunden}$$
   Die ermittelte Zeit ist in vollen Sekunden anzugeben.
   Tabelle 3 siehe Anhang. Die HZ beträgt das Doppelte der EZ; EZ und HZ sind vor Prüfungsbeginn bekannt zu geben.
   Eine Änderung der EZ durch die Richter ist nur in Absprache mit dem Parcourschef bis zur Parcoursbeendigung des dritten Teilnehmers der LP ohne Ungehorsam und ohne Überschreiten des Countdown zulässig. Ein Herabsetzen der EZ ist nur insoweit möglich, dass die bereits gestarteten Teilnehmer (ohne Ungehorsam) nicht mit zusätzlichen Strafpunkten belastet werden.
   Beim Richtverfahren C ist keine EZ vorgesehen. Die HZ beträgt:
   a) wenn die Länge des Parcours bis 600 m beträgt: 2 Min.
   b) wenn die Länge des Parcours mehr als 600 m beträgt: 3 Min.
4. Bei PLS mit Spring-LP der Kl. S*** und höher muss mindestens in einer LP Kl. S*** und höher ein offener Wassergraben im Parcours (Ausnahme: Hallen-LP) enthalten sein.
5. Die EZ je Parcourslänge und Tempo sind im Anhang (siehe Tabelle 3) zusammengestellt.

§ 505
Prüfungsplatz und Parcours

1. Teilnehmer im Reitanzug gemäß § 68 und Begleitpersonen dürfen den Prüfungsplatz auch bei LP mit Stechen bzw. Siegerrunde nur vor der LP bzw. vor Beginn der jeweiligen Abteilung zu Fuß betreten (Ausnahme: vom Veranstalter vorgesehene Parcoursbesichtigung zu Pferde im Schritt). Die Genehmigung wird von den Richtern durch ein Glockenzeichen erteilt. Zum Verlassen des Prüfungsplatzes fordert ein zweites Glockenzeichen auf.
2. Der Eingang des Prüfungsplatzes ist geschlossen zu halten, solange ein Teilnehmer seinen Parcours absolviert. Als geschlossener Eingang gilt auch eine Schleuse, die optisch geschlossen wirkt.
   Sofern es die örtlichen Gegebenheiten zulassen, kann sich mit der Genehmigung der Richter und der Turnierleitung in Spring- und Springpferdeprüfungen der nächste Teilnehmer auf dem Prüfungsplatz aufhalten. Die Genehmigung ist mit Beginn der LP bekannt zu geben und gilt für die gesamte LP.
3. Als Parcours wird der Weg bezeichnet, der vom Start bis zum Ziel zurückzulegen ist. Seine Länge wird über die Mitte der Hindernisse unter besonderer Beachtung des Weges in den Wendungen gemessen.
4. Start- und Ziellinie dürfen keinen größeren Abstand als 15 m und keinen kleineren Abstand als 6 m vom ersten bzw. letzten Hindernis haben; diese Abstände gelten auch für Stechen.
5. Die Hindernisse sind in der Reihenfolge, in der sie zu überwinden sind, zu nummerieren. Die Nummerierung wird bei Änderung der Reihenfolge im Stechen nicht geändert. Die Nummernschilder sind kein Bestandteil der Hindernisse.
6. Die fortlaufende Nummerierung der Hindernisse gilt nicht für die Sprünge einer Kombination. Für deren Kennzeichnung werden zusätzlich zu der Nummer Unterscheidungsbuchstaben an den Einzelsprüngen verwendet (z.B. 7a, b, c).
7. Der Parcours einer begonnenen Prüfung darf nicht geändert werden; es sei denn, die LP wurde vorher geteilt. Eine Änderung muss unterbleiben, wenn es sich um mehrere Abteilungen einer Qualifikations-LP oder einer Teil-LP einer Kombinierten LP handelt. Davon ausgenommen ist das seitliche Versetzen der Hindernisse aufgrund witterungsbedingter Notwendigkeit.

§ 506
Parcoursskizze

1. Eine Parcoursskizze mit genauer Wiedergabe der Einzelheiten muss vor der Besichtigung durch die Teilnehmer in der Nähe des Einritts angeschlagen sein; die Richter müssen eine Kopie erhalten.
2. Die Parcoursskizze muss enthalten:
   a) den Parcours, anzudeuten durch Richtungspfeile gemäß c) oder, wo er genau eingehalten werden muss, anzuzeigen durch eine fortlaufende Linie,
   b) Start- und Ziellinie (auch des Stechens),
   c) die Hindernisse/Aufgaben in Stilspring-LP mit Standardanforderungen; diese sind zu nummerieren und mit Pfeilen zu versehen, die die Richtung angeben, in der die Hindernisse zu überwinden sind,

   d) Wendepunkte,
   e) Länge des Parcours,
   f) Richtverfahren,
   g) Tempo, EZ und HZ,
   h) Entscheidungen der Richter, die sich auf diesen Parcours beziehen (z.B. geschlossene Kombination),
   i) bei LP mit Stechen: zusätzlich die Nummern und Reihenfolge der vorgesehenen Hindernisse, Parcourslänge und EZ.
3. Eine Änderung der bereits angeschlagenen Parcoursskizzen ist nur mit Zustimmung der Richter zulässig. Die Änderung ist den Teilnehmern unverzüglich bekannt zu geben.

§ 507
Hindernisse

Die Hindernisse müssen Achtung gebietend und fair sein. Bei Steil- und Hochweitsprüngen muss mindestens das obere Viertel des zu überwindenden Teils des Hindernisses abwerfbar oder das ganze Hindernis umwerfbar sein.

1. Es gibt folgende Hindernistypen:
   a) Steilsprünge wie Mauer, Gatter, Rick usw.,
   b) Hochweitsprünge wie Oxer, Triplebarre, Doppelrick usw.,
   c) Auf- und Absprünge wie Billard, Wall usw.,
   d) Weitsprünge als offener Wassergraben – Mindestweite: 2,50 m.
      1) Bei einem offenen Wassergraben darf sich weder vor noch in der Mitte noch über oder hinter dem wassergefüllten Graben ein Hindernisteil befinden. Die Weite des Grabens ist auf der Landeseite am Rand des Wasserspiegels durch eine Holzlatte oder ein Gummi- bzw. Kunststoffband (ab S*** mit Stechen oder Siegerrunde aus Plasticinteilen gemäß RG Springen der FEI) zu begrenzen. Auf der Absprungseite ist eine 40 bis 50 cm hohe Absprungbegrenzung, z.B. Hürde o.Ä., vorgeschrieben. Diese wird in die Weite des Grabens einbezogen, gilt im Übrigen aber nicht als Teil des Hindernisses.
      2) Ein offener Wassergraben kann mit einem Steilsprung überbaut werden; die max. Höhe beträgt 1,50 m. Die Anzahl der Stangen ist beliebig. Das Hindernis darf max. 2 m von der Absprungbegrenzung entfernt aufgebaut werden. Dieses Hindernis wird wie ein Steilsprung bewertet; eine Begrenzung auf der Landeseite ist nicht erforderlich.
   e) „Liverpool"-Hindernis: Transportable oder stationäre Gräben mit einer max. Grabenweite von 2,00 m können mit jedweder Form von Hindernissen gemäß a) und/oder b) überbaut werden.
2. Ein nicht mehr in seinen ursprünglichen Zustand zu versetzendes Hindernis ist durch ein annähernd gleichartiges zu ersetzen.
3. In Spring-LP müssen bei Hochweitsprüngen jeweils für die hintere Stange, bei Triplebarren jeweils für die hinteren und mittleren Stangen und beim überbauten Wassergraben (gemäß 1.d)2) für alle Stangen Sicherheitsauflagen verwendet werden.

4. Alternativ-Hindernis
   Wenn in einem Parcours zwei Hindernisse mit derselben Nummer enthalten sind, kann der Teilnehmer wählen, welches der beiden Hindernisse er überwinden möchte.
   Bei Ungehorsam oder Ausbrechen ohne Veränderung eines Hindernisses kann der Teilnehmer dasselbe oder das Alternativ-Hindernis überwinden.
   Bei Ungehorsam oder Ausbrechen mit Veränderung eines Hindernisses muss der Teilnehmer warten, bis das Hindernis wieder aufgebaut wurde und die Richtergruppe den Start wieder freigibt, danach kann der Teilnehmer dasselbe oder das Alternativ-Hindernis überwinden.
5. Zur Beschaffenheit des Hindernismaterials siehe Empfehlungen im Anhang, Ziffer 1.

§ 508
Kombinationen

1. Eine Kombination ist ein Hindernis, bestehend aus zwei, drei oder mehr Sprüngen zwischen denen mind. ein, aber höchstens zwei Galoppsprünge vorgesehen sind.
2. Bei Stil-Spring-LP mit Standardanforderungen gilt ein „In-Out" als Kombination.
3. Es werden unterschieden:
   3.1 offene Kombinationen,
   3.2 geschlossene Kombinationen, wenn ihre Begrenzung in jeder Richtung nur durch einen Sprung zu überwinden ist,
   3.3 teils offene, teils geschlossene Kombinationen.
4. Eine Triplebarre darf nur als Einsprung einer Kombination aufgebaut werden.
   Vor der LP müssen die Richter festlegen, ob eine Kombination als geschlossene oder teils geschlossene Kombination gilt. Diese Entscheidung muss auf der Parcoursskizze angegeben werden, andernfalls gilt die Kombination als offen.

§ 509
Flaggen

1. Die nachstehenden Einzelheiten eines Parcours werden unter Verwendung von roten und weißen Flaggen angezeigt:
   a) die Startlinie,
   b) die äußere Begrenzung der für die Bewertung maßgebenden Teile der Hindernisse,
   c) die Wendepunkte,
   d) die Ziellinie.
2. Die Flaggen müssen so angebracht sein, dass der Teilnehmer die rote Flagge zur Rechten und die weiße Flagge zur Linken hat.
3. Nur Hindernisse, die gemäß § 509.2 ausgeflaggt sind, gehören zum Parcours der laufenden LP.

§ 510
Glockenzeichen

Das Glocken- oder ein anderes akustisches Zeichen dient als Signal für den Teilnehmer:

1. gemäß § 505.1 – Parcoursbesichtigung,

2. zur Freigabe des Starts,
3. zum Anhalten,
4. zur Fortsetzung seiner LP nach einer Unterbrechung,
5. dass ein nicht korrekt überwundenes Hindernis erneut zu springen ist,
6. für den Ausschluss aus der LP durch wiederholte Betätigung.

§ 511
Durchreiten von Start- und Ziellinie, Überwinden der Hindernisse

1. Die Zeitnahme beginnt, wenn der Reiter zu Pferde die Startlinie erstmalig nach dem Glockenzeichen in der vorgeschriebenen Richtung überquert.
   Darüber hinaus liegt es in dem Ermessen des Richters, die Startlinie nicht zu aktivieren, den Startprozess abzubrechen, ein neues Startsignal zu geben und/oder den Couwntdown erneut zu starten, wenn die Situation es rechtfertigt.
2. Jedes Hindernis muss zwischen seinen Begrenzungsflaggen in der ausgeflaggten Richtung überwunden werden.

§ 512
Hindernisfehler

A. Steil- und Hochweitsprünge

1. Ein durch Pferd und/oder Teilnehmer beim Überwinden eines Hindernisses verursachter Hindernisfehler liegt vor, solange der Teilnehmer sich zwischen Start- und Ziellinie befindet (Ausnahme: beim letzten Hindernis des betreffenden Parcours bzw. Umlaufs: solange sich der Teilnehmer auf dem Prüfungsplatz befindet), wenn:
   a) ein Hindernisteil oder das ganze Hindernis fällt oder ein Teil nicht mehr mit der Auflage Berührung hat, auch wenn der fallende Teil von irgendeinem anderen Teil des Hindernisses im Fallen aufgefangen wird,
   b) der die Auflage tragende Teil durch andere Teile des Hindernisses aufgefangen wird.

   Je Hindernis wird nur ein Hindernisfehler berechnet, auch wenn mehrere Hindernisteile fallen. Kombinationen siehe § 516.
2. Ist ein Hindernis oder ein Hindernisteil auf seiner Absprungseite oder an anderer Stelle aus genau senkrecht übereinandergebauten Teilen zusammengesetzt, so wird an dieser Stelle nur das Abwerfen des obersten Hindernisteiles als Fehler berechnet.
3. Bei überbauten Gräben werden Hindernisfehler nur gemäß Ziffer 1 gewertet. Hindernisfehler gemäß B. sind ausgeschlossen.

B. Weitsprünge (Wassergräben)

1. Als Hindernisfehler gilt das Berühren (mit dem/den Huf/en inkl. Beschlag) von Wasserspiegel sowie von Bändern, Latten o.Ä., die den Wassergraben auf der Landeseite begrenzen.
2. Wird die vordere Absprungbegrenzung durch Einwirkung des Pferdes umgeworfen, verschoben oder zerbrochen, gilt dies nicht als Hindernisfehler.

§ 513
Sturz

1. Ein Sturz des Teilnehmers liegt vor, wenn er sich ohne Sturz des Pferdes von diesem trennt und erneut aufsitzen oder aufspringen muss, um in den Sattel zu gelangen.
2. Ein Sturz des Pferdes liegt vor, wenn Schulter- und Hüftpartie gleichzeitig den Boden oder das Hindernis und den Boden berühren.
3. Beim Sturz gemäß Ziffer 1 und/oder 2 ist das Überwinden eines sogenannten Korrektursprungs gemäß § 514.E nicht zugelassen.

§ 514
Ungehorsam

1. Hierzu gehören:

A. Stehenbleiben

1. Ein Stehenbleiben liegt vor, wenn ein Pferd vor einem zu überwindenden Hindernis stehen bleibt, gleichgültig, ob dieses dabei durch Berühren, Verschieben oder Umwerfen verändert wird. Stehenbleiben ohne Veränderung des Hindernisses ohne Rückwärtstreten oder Seitwärtstreten des Pferdes mit unmittelbar folgendem Springen aus dem Stand gilt nicht als Ungehorsam.
2. Beim Stehenbleiben mit Veränderung des Hindernisses und folgendem Überwinden oder Durchgleiten eines Hindernisses entscheiden die Richter unverzüglich, ob Ungehorsam oder Hindernisfehler anzurechnen ist. Bei Entscheidung auf Ungehorsam ist der Teilnehmer sofort anzuhalten.

B. Ausbrechen

Ein Ausbrechen liegt vor, wenn das Pferd sich vor dem zu überwindenden Hindernis der Einwirkung des Teilnehmers entzieht und/oder nicht springt.

C. Widersetzlichkeit

1. Eine Widersetzlichkeit liegt vor, wenn sich das Pferd an irgendeiner Stelle des Parcours durch Stehenbleiben, Rückwärtsbewegung, Kehrtwendung, Steigen usw. der Vorwärtsbewegung entzieht.
2. Bei grober und/oder längerer Widersetzlichkeit entscheiden die Richter, ob ein- oder mehrfacher Ungehorsam anzurechnen ist.

D. Volte

Ein Ungehorsam in Form einer Volte liegt vor, wenn das Pferd zwischen zwei aufeinanderfolgenden Hindernissen, Punkten oder Linien seinen Weg kreuzt, ohne dass eine besondere Erlaubnis vorliegt. Volten im Zusammenhang mit Stehenbleiben, Ausbrechen oder Widersetzlichkeit zum erneuten Anreiten eines Hindernisses gelten nicht als Ungehorsam.

E. Korrektursprung

Ein Teilnehmer, der ausscheidet (Ausnahme: nach Sturz von Teilnehmer und/ oder Pferd) oder aufgibt, hat vor Verlassen des Prüfungsplatzes die Möglichkeit eines Korrektursprunges. Dieser kann nur über ein Hindernis desselben Parcours – niemals eine Kombination – vorgenommen werden. Anschließend hat der Teilnehmer den Prüfungsplatz schnellstmöglich zu verlassen.

§ 515
Verreiten

1. Als Verreiten gilt das Nichteinhalten des der Skizze entsprechenden Parcours:
   a) durch Nichtbeachten der eingetragenen Richtungszeichen und Flaggen,
   b) durch Nichteinhalten der vorgeschriebenen Reihenfolge der Hindernisse,
   c) durch Springen eines nicht zum Parcours gehörenden Hindernisses oder Auslassen eines Hindernisses.
2. Ein korrigiertes Verreiten liegt vor, wenn der Teilnehmer
   a) nach Verreiten gemäß § 515 den Parcours dort wieder aufnimmt, wo der Fehler begangen wurde, ohne vorher ein falsches Hindernis überwunden zu haben, oder
   b) während seines Parcours deutlich vom Normalweg abweicht und infolgedessen nur durch Wenden oder Rückwärtsrichten das Hindernis, den Wendepunkt oder das Ziel ordnungsgemäß zwischen den Flaggen passieren kann.

§ 516
Fehler an Kombinationen

Alle Hindernisfehler und Fälle von Ungehorsam werden bei jedem einzelnen Sprung und bei jedem Versuch gesondert bewertet.

A. Offene Kombinationen
Beim Ungehorsam ist der Teilnehmer verpflichtet, alle Sprünge der Kombination zu wiederholen.

B. Geschlossene Kombinationen und geschlossene Kombinationsteile
1. Beim Ungehorsam ist der Teilnehmer verpflichtet, den Parcours durch Springen der noch nicht überwundenen Sprünge der Kombination fortzusetzen.
2. Springt ein Teilnehmer auf einer anderen Seite als der vorgeschriebenen heraus, wird dies als Springen eines nicht zum Parcours gehörenden Hindernisses gewertet.

C. Teils offene, teils geschlossene Kombination
Beim Ungehorsam innerhalb des offenen Teils der Kombination ist auch der ggf. bereits überwundene geschlossene Teil zu wiederholen.

§ 517
„Fremde Hilfe"

Als verbotene „Fremde Hilfe" wird jede Einmischung eines Dritten mit der Absicht, die Aufgabe des Teilnehmers während der LP zu erleichtern oder seinem Pferd zu helfen, angesehen. Unerheblich ist, ob der Dritte dazu aufgefordert wurde oder nicht. In Zweifelsfällen entscheiden die Richter endgültig.
Lediglich die Rückgabe von Brille und Kopfbedeckung und die Hilfeleistung bei Unfällen sind jederzeit erlaubt.

§ 518
Zeitmessung

1. Gemessen wird die Zeit, die der Teilnehmer benötigt, um den Parcours zurückzulegen. Sie beginnt in dem Augenblick, in dem der Teilnehmer zu Pferde nach dem

Glockenzeichen die Startlinie passiert bzw. wenn die 45 Sekunden des „Countdown" abgelaufen sind, und endet in dem Augenblick, in dem er zu Pferde die Ziellinie passiert.

2. Für die Zeitmessung in LP der Kl. A bis S ist eine automatische Zeitmessanlage vorgeschrieben, in Spring-LP der Kl. E empfohlen. Darüber hinaus ist wenigstens eine von Hand zu bedienende Stoppuhr durch einen Richter zu verwenden. Die von Hand oder automatisch gemessene Zeit ist auf Zehntel- oder Hundertstelsekunden genau anzugeben.
3. Die Zeitmessung wird bei jedem durch die Richter veranlassten Anhalten des Teilnehmers unterbrochen. Sie wird erneut in Gang gesetzt, wenn der Teilnehmer sich an der Stelle befindet, an der er angehalten wurde. Wird ein Hindernis aufgrund eines Ungehorsams verschoben oder umgeworfen, ist die Uhr anzuhalten und die Glocke zu läuten. Sobald das Hindernis wieder aufgebaut ist, wird die Glocke erneut geläutet und der Teilnehmer kann den Parcours fortsetzen. Die Uhr wird wieder in Gang gesetzt, wenn das Pferd (bei einer Kombination vor dem ersten Element) zum Sprung ansetzt bzw. die Richtergruppe auf zweite Verweigerung entscheidet.
4. Bei Unterbrechung der Zeitmessung wegen Ungehorsams gemäß Ziffer 3 werden der für den Parcours benötigten Zeit Zuschläge hinzugerechnet. Sie betragen:
   a) beim Ungehorsam vor einem einfachen Hindernis oder dem ersten Sprung einer offenen Kombination oder einem Sprung einer geschlossenen Kombination 6 Sekunden,
   b) beim Ungehorsam vor dem zweiten Sprung einer offenen Kombination 8 Sekunden,
   c) beim Ungehorsam vor dem dritten oder weiteren Sprung einer offenen Kombination 10 Sekunden.
5. Während der Unterbrechung der Zeitmessung kann sich der Teilnehmer frei auf dem Prüfungsplatz bewegen. Allein die Vorschriften hinsichtlich evtl. Ausschluss behalten Gültigkeit.

§ 519
Ausschlüsse

In allen nachfolgenden Fällen erfolgt Ausschluss des Teilnehmers:

1. Wenn er nach Aufruf zum Start durch die Richter binnen 60 Sekunden nicht auf den Prüfungsplatz eingeritten ist.
2. Wenn er ohne Sondergenehmigung der Richter abgesessen den Prüfungsplatz betritt oder verlässt bzw. aufgesessen das Pferd hineinführen lässt.
3. Beim Überschreiten von 45 Sekunden nach Passieren der Startlinie oder dem Beginn der Zeitmessung bis zum Überwinden des ersten Hindernisses.
4. Beim Start, bevor das Signal zum Start gegeben ist.
5. Bei vorsätzlichem Springen eines Hindernisses auf dem Prüfungsplatz vor dem Start bzw. nach dem Ziel.
6. Beim Springen eines Hindernisses auf dem Prüfungsplatz, das nicht zum Parcours der LP gehört.
7. Beim Springen eines Hindernisses außerhalb der vorgeschriebenen Reihenfolge.

8. Wenn er außerhalb der LP mit dem Pferd den Prüfungsplatz betritt. Ausnahme: vom Veranstalter vorgesehene Parcoursbesichtigung zu Pferde im Schritt.
9. Beim Verreiten ohne Korrektur.
10. Wenn er mehr als 45 Sekunden benötigt, um ein Hindernis zu überwinden.
11. Wenn er nach einem Ungehorsam in einer offenen oder dem offenen Teil einer Kombination nicht alle Sprünge der Kombination wiederholt.
12. Beim Verlassen einer geschlossenen Kombination an falscher Stelle zu Pferd.
13. Wenn er nach einer Unterbrechung weiterreitet, ohne das Freigabesignal abgewartet zu haben.
14. Beim Vornehmen von Veränderungen an Einzelheiten des Parcours.
15. Beim Springen eines Hindernisses von der falschen Seite auf dem Prüfungsplatz.
16. Wenn ein Pferd sich 45 Sekunden ununterbrochen während des Parcours widersetzt.
17. Bei Verwendung nicht erlaubter Ausrüstung.
18. Bei verbotener „Fremder Hilfe".
19. Beim Gebrauch jeglicher Art von elektronischen Kommunikationsmitteln während einer LP.
20. Wenn Teilnehmer und/oder Pferd nach dem Start den Prüfungsplatz vor Beendigung des Parcours verlassen.
21. Wenn er nach Beginn der Prüfung ohne Genehmigung der Richter zu Fuß den Prüfungsplatz betritt.
22. Bei unsportlichem Verhalten bei der Vorbereitung oder im Verlauf der Prüfung (vgl. §§ 52 und 66) sowie auf dem gesamten dem Turnierablauf dienenden Gelände sowie in dessen Umgebung.
    Einem Ausschluss wegen dieses Grundes kann eine Rüge gemäß § 55.6 vorausgehen.
23. Bei Nichtbeachtung entsprechender Vorschriften, Gebote und Verbote der LPO.
24. Beim Sturz des Teilnehmers vor Passieren der Startlinie, sofern er gemäß § 49.4 als Starter gilt.

Spezial-Spring-LP

§ 520
Stil-Spring-LP

1. Beurteilt werden Sitz und Einwirkung des Teilnehmers, die harmonische Erfüllung der gestellten Aufgabe und der Gesamteindruck, ausgedrückt in einer Gesamtwertnote gemäß § 57.2.1 (vgl. auch Aufgabenheft Reiten).
2. Davon abgezogen werden für Vorkommnisse zwischen Start und Ziellinie:

– Hindernisfehler	je 0,5 Strafpunkte
– Erster Ungehorsam	0,5 Strafpunkte
– Zweiter Ungehorsam	1,0 Strafpunkte
– Zweiter Ungehorsam am selben Hindernis	2,0 Strafpunkte
– Dritter Ungehorsam	Ausschluss
– Sturz des Teilnehmers und/oder Pferdes	Ausschluss
– Überschreiten der EZ je angefangener Sekunde	0,1 Strafpunkte
– Überschreiten der HZ	Ausschluss

   Sonstige Ausschlussgründe siehe § 519.
   (vgl. auch § 500 ff.)
3. Für die Bewertung sind folgende Richtverfahren möglich:
   a) Stil-Spring-LP (mit EZ):
   Von der Wertnote gemäß Ziffer 1 werden die Strafpunkte gemäß Ziffer 2 abgezogen.
   b) Stil-Spring-LP mit Stechen:
   Bewertung wie unter a), ausgenommen für die besten 25% der Teilnehmer (mindestens vier); sie reiten ein Stechen über den gleichen oder einen verkürzten Parcours gemäß § 501.B.1.
   c) Stil-Spring-LP (ohne EZ) (nur in Kl. E zulässig):
   Bewertung wie unter a), jedoch ohne EZ.
   d) Spring-LP mit Stilwertung:
   Richtverfahren B gemäß § 501.B.4 (ohne Stechen) mit folgender Abweichung: Alle Teilnehmer ohne Strafpunkte werden platziert. Alle Teilnehmer erhalten eine Wertnote gemäß § 520.1. Bei Strafpunktgleichheit für die an 1. bis 5. Stelle platzierten Teilnehmer ist die Wertnote maßgebend. Alle weiteren platzierten Teilnehmer werden nach Strafpunkten platziert.
   e) Spring-LP mit Stilwertung:
   Richtverfahren B gemäß § 501.B.4 (ohne Stechen) mit folgender Abweichung: Alle Teilnehmer erhalten eine Wertnote gemäß § 520.1. Bei Strafpunktgleichheit ist die Wertnote maßgebend.
   f) Stil-Spring-LP mit Standardanforderungen/Modulen:
   Wie a) oder b), mit oder ohne EZ; je nach Ausschreibung kann der Springparcours vorgeschriebene Standardanforderungen/Module gemäß Aufgabenheft Reiten enthalten.
   g) Variante Stil-Spring-LP „Weg & Zeit"
   Bewertung wie unter a), jedoch mit durch die Linienführung des Parcours und die festgelegte EZ vorgegebenen „kurzen Wegen".

h) Stil-Spring-LP mit Zeitpunkten
Bewertung wie unter a), jedoch werden der Wertnote je angefangener Sekunde unter der EZ 0,1 hinzugefügt; bei gleichem Endergebnis entscheidet das bessere Ergebnis ohne Zeitpunkte.

§ 521
Stafetten-Spring-LP

Diese LP werden je nach Ausschreibung von Gruppen aus zwei oder drei Teilnehmern bestritten. Durchführung und Bewertung sind in einer der beiden folgenden Formen möglich:

A. mit Übergabe eines Stafettenstabes

1. Hier findet das Richtverfahren C (§ 501.C) Anwendung.
2. Ein- und Ausritt jeder Gruppe erfolgen gemeinsam.
3. Als Staffelstab dient die Gerte gemäß § 68.B.III.1, die jeweils nach Überwinden des letzten Hindernisses dem nächstfolgenden Teilnehmer übergeben wird.
4. Lässt ein Teilnehmer während seines Parcours oder bei der Übergabe die Gerte fallen, muss er absitzen, die Gerte aufheben, aufsitzen und kann erst danach weiterreiten bzw. die Gerte übergeben.
5. Die Bewertung der Gruppe erfolgt vom Durchreiten der Startlinie durch den ersten Teilnehmer bis zum Durchreiten der Ziellinie durch den letzten Teilnehmer der Gruppe.
6. Ausschluss eines Teilnehmers bzw. dreimaliger Ungehorsam innerhalb der Gruppe während der Bewertung gemäß Ziffer 5 bedeuten Ausschluss der Gruppe.

B. ohne Übergabe eines Stafettenstabes

1. Jede Stafette besteht aus zwei Reitern. Der Parcours – ca. zehn Hindernisse, keine Kombinationen – ist von jeder Stafette insgesamt zweimal zu durchreiten.
2. Es finden die Bestimmungen von A, Ziffer 1, 2, 5 und 6 entsprechende Anwendung.
3. Außerdem gilt:
   a) Ablösung innerhalb einer Stafette ist jederzeit möglich, jedoch muss das Pferd des abzulösenden Teilnehmers mit den Vorderhufen gelandet sein.
   b) Ablösung muss erfolgen
      - beim ersten Fehler, gleich welcher Art,
      - nachdem der erste Teilnehmer seinen Parcours fehlerlos beendet hat.

      In den Fällen zu b) wird der Teilnehmer abgeläutet. Der andere Teilnehmer der Stafette nimmt den Parcours an dem Hindernis auf, das der abgeläutete Teilnehmer anzureiten hatte.

§ 522
Glücks-Spring-LP

1. Für diese LP wird eine Zeit zwischen 60 und 90 Sekunden vorgegeben (bei Hallen-LP 45 Sekunden). Innerhalb dieser Zeit sind die Hindernisse in der vorgeschriebe-

nen Reihenfolge möglichst oft zu überwinden. Der Parcours darf keine Kombination enthalten.

2. Bei dieser LP erhält der Teilnehmer für jedes fehlerfrei überwundene Hindernis zwei Punkte, für jeden Hindernisfehler einen Punkt.
3. Ein Ungehorsam wird durch die Zeit bestraft. Sturz oder der dritte Ungehorsam führen zum Ausschluss. Wird ein Hindernis aufgrund eines Ungehorsams verrückt oder umgeworfen, wird entsprechend abgeläutet und es werden entweder von der festgesetzten Zeit 6 Sekunden abgezogen und im Anschluss wieder zu der gebrauchten Zeit hinzugerechnet oder die 6 Sekunden werden direkt in die elektronische Zeitmessung eingegeben.
4. Bei Erreichen der festgesetzten Zeit wird abgeläutet und der Teilnehmer muss das nächste Hindernis noch springen. Für dieses Hindernis werden keine Punkte berechnet, die Zeit wird jedoch bis zu dem Augenblick gemessen, in dem die Vorderhufe des Pferdes bei der Landung den Boden berühren. Beim Ungehorsam an diesem Hindernis wird der Teilnehmer als Letzter von denen platziert, die die gleiche Punktzahl erreichten.
5. Wird die festgesetzte Zeit erreicht, wenn das Pferd mit den Hinterhufen zum Sprung abgefußt hat, zählt dieses Hindernis noch. Die Zeit wird gemäß Ziffer 4 am folgenden Hindernis gestoppt.
6. Sieger ist der Teilnehmer, der die höchste Punktzahl in der schnellsten Zeit erzielt hat.

§ 523
„Jagd um Punkte" Kl. M** und S

1. Bei dieser LP werden Hindernisse nach Schwierigkeitsgrad mit Punkten (10 bis 100) sichtbar ausgezeichnet (Kombinationen sind ausgeschlossen). Ein Hindernis kann als „Joker" mit 200 Punkten bewertet werden.
2. Für den Parcours steht eine festgesetzte Zeit zur Verfügung. Innerhalb dieser Zeit können nach Passieren der Startlinie alle Hindernisse in beliebiger Reihenfolge beliebig oft gesprungen werden, jedes Hindernis wird nur zweimal gewertet, Ungehorsam wird nur durch die Zeit bestraft. Sturz bzw. der dritte Ungehorsam führen zum Ausschluss. Hochweitsprünge dürfen nur in der vorgeschriebenen, ausgeflaggten Richtung überwunden werden.
3. Wird beim Abläuten ein Hindernis gesprungen, werden die entsprechenden Punkte anerkannt, wenn die Hinterfüße des Pferdes den Boden bereits verlassen hatten.
4. Je fehlerfrei überwundenem Hindernis werden die entsprechenden Punkte zuerkannt. Beim Abwurf des „Jokers" werden die 200 Punkte abgezogen. Im Falle eines Ungehorsams ist der Teilnehmer nicht verpflichtet, dasselbe Hindernis erneut anzureiten. Wiederaufbau erfolgt nicht.
5. Für die Bewertung gilt:
   Nach dem Abläuten hat der Teilnehmer die Ziellinie zu durchreiten. Sieger ist der Teilnehmer mit der höchsten Punktzahl. Bei Punktgleichheit entscheidet die Zeit. Bei gleicher Punktzahl und gleicher Zeit erfolgt gleiche Platzierung.

§ 524
Punkte-Spring-LP Kl. A bis S

Diese LP ist über einen Parcours mit sechs, acht oder zehn Hindernissen (in Kl. S acht oder zehn Hindernisse) – keine Kombinationen – mit steigendem Schwierigkeitsgrad auszutragen. Dabei werden bei fehlerfreiem Überwinden von Hindernis Nr. 1 ein Punkt, Nr. 2 zwei Punkte, Nr. 3 drei Punkte usw. vergeben. Bei einem Hindernisfehler werden an dem betreffenden Hindernis keine Punkte vergeben. Die zu erreichende Höchstpunktzahl beträgt 21, 36 oder 55 Punkte.
Als Alternativhindernis zum letzten Hindernis kann ein „Joker" mit einem höheren Schwierigkeitsgrad und doppelter Punktzahl ausgezeichnet werden, wobei bei Abwurf des Jokers diese Punkte von den bisher erreichten abgezogen werden.
Im Übrigen gilt Richtverfahren A mit Zeitwertung, wobei die danach möglichen Strafpunkte von der erreichten Gesamtpunktzahl abgezogen werden.

§ 525
Zwei-Phasen-Spring-LP

Die erste Phase ist nach dem Richtverfahren A gemäß § 501.A.1 durchzuführen, die zweite Phase (mindestens vier Hindernisse) ist entweder
1. nach dem Richtverfahren A gemäß § 501.A.1 oder
2. nach dem Richtverfahren C gemäß § 501.C oder
3. gemäß § 520 (nur für Kl. E bis M*) durchzuführen.

Nach fehlerfreiem Überwinden eines um ein Viertel verkürzten Normalparcours erfolgt unmittelbarer Übergang in die zweite Phase. Die Hindernisse der zweiten Phase müssen nicht Bestandteil der ersten Phase gewesen sein.
Für die Zeitwertung der zweiten Phase ist die Zeit vom Durchreiten der Ziellinie der ersten Phase (gleichzeitig Startlinie der zweiten Phase) bis zum Passieren der Ziellinie der zweiten Phase maßgebend. Für die Platzierung ist zunächst das Ergebnis der zweiten Phase maßgeblich. Wurde diese nicht von einer ausreichenden Anzahl von Teilnehmern erreicht, ist das Ergebnis der ersten Phase heranzuziehen.

§ 526
Wahl-Spring-LP Kl. M** und S

Nach dem Richtverfahren C gemäß § 501.C durchzuführen.
Die Teilnehmer haben die Hindernisse des Parcours in beliebiger Reihenfolge je einmal zu überwinden. Start- und Ziellinie sind in beliebiger Richtung zu durchreiten. Hochweitsprünge dürfen nur in der vorgeschriebenen, ausgeflagggten Richtung überwunden werden.

§ 527
Zwei-Pferde-Spring-LP

1. Richtverfahren A gemäß § 501.A.1
2. Richtverfahren C gemäß § 501.C

Ein Teilnehmer hat mit zwei Pferden unmittelbar nacheinander entweder seinen Parcours zweimal oder zwei Parcoursteile gleicher Klasse zu überwinden.
Umsitzen im Parcours mithilfe nur eines Pferdehalters erfolgt zwischen den Parcoursteilen bzw. den beiden Parcours ohne Berücksichtigung von Start- und Ziellinie.

Die Zeit wird gemessen vom Durchreiten der Startlinie mit dem ersten Pferd bis zum Durchreiten der Ziellinie mit dem zweiten Pferd.

§ 528
Zweikampf-Spring-LP
(nur nach vorausgehender Qualifikation in einer Spring-LP mindestens der Kl. L)

1. Für eine Zweikampf-Spring-LP qualifizieren sich die Teilnehmer entweder aus einem vorgeschalteten Umlauf oder einer vorgeschalteten LP.
   Die vorgeschaltete Prüfung bzw. der Umlauf erfolgen entweder nach dem Richtverfahren A gemäß § 501.A.1 oder nach dem Richtverfahren C gemäß § 501.C, ein anderes Richtverfahren ist für diese Prüfung nicht zulässig.
2. Aus dem Umlauf bzw. der vorgeschalteten LP qualifizieren sich je nach Teilnehmerzahl 16 oder 8 Teilnehmer mit je einem Pferd für das Stechen.
3. Das Stechen erfolgt paarweise gleichzeitig auf zwei nebeneinanderliegenden gleichen Parcours, die nur 75% der für die Klasse vorgeschriebenen Hindernisse aufzuweisen brauchen.
4. Die 16 (8) Teilnehmer werden in 8 (4) Paare eingeteilt und der Parcours für jeden Teilnehmer bestimmt.
5. Der Start erfolgt aus dem Stand, gleichzeitiges Anreiten auf Startzeichen – Flaggenstart empfohlen. Keine Zeitmessung.
   Jeder(s) Hindernisfehler, Ungehorsam, Verreiten (§§ 512 bis 516) wird mit einem Strafpunkt belegt. Im Falle eines Ungehorsams, sei es mit oder ohne Abwurf, wird der Teilnehmer mit einem Strafpunkt belegt und setzt seinen Parcours fort, ohne das betreffende Hindernis zu überwinden oder den Wiederaufbau abzuwarten. Ein Abläuten erfolgt nicht.
6. Von den acht (vier) Paaren qualifiziert sich jeweils der Teilnehmer mit der geringsten Strafpunktzahl und bei gleicher Strafpunktzahl derjenige, der als Erster die Ziellinie passiert hat, für das nächste Stechen. Aus diesen werden die nächsten vier (zwei) Paare gebildet und wiederum die Parcours, auf denen die einzelnen Teilnehmer zu starten haben, bestimmt.
   Es qualifizieren sich nunmehr vier Teilnehmer für das nächste Stechen und aus diesem Stechen wiederum zwei, die zum vierten und letzten Stechen anzutreten haben.
7. Bei gleichem Ergebnis kann die Entscheidung durch Los oder Wiederholung des Stechens herbeigeführt werden.
8. Platzierung (Beispiel für 16 Teilnehmer):
   - der Gewinner des letzten Stechens
   - der Verlierer des letzten Stechens
   - zwei Dritte, die Teilnehmer, die im vorletzten Stechen unterlegen waren, unabhängig von ihrem Punkteergebnis
   - die vier im drittletzten Stechen unterlegenen Teilnehmer werden auf dem fünften Platz gleichplatziert
   - die acht im ersten Stechen unterlegenen Teilnehmer werden auf dem neunten Platz gleichplatziert

§ 529
Mannschafts-Spring-LP

Richtverfahren A bzw. B gemäß § 501.A.1 oder B.1 mit ein oder zwei Umläufen je nach Ausschreibung

1. Die LP wird je Mannschaft von drei oder vier verschiedenen Teilnehmern bestritten, von denen jeder ein Pferd reitet.
2. Die Reihenfolge der Mannschaften wird durch das Los bestimmt, die Reihenfolge der einzelnen Teilnehmer bestimmt der Mannschaftsführer.
3. Die Platzierung der Mannschaften errechnet sich aus der Gesamtsumme der Strafpunkte und der gebrauchten Zeit der drei besten Mannschaftsmitglieder.

Bei LP mit zwei Umläufen werden beide Umläufe getrennt bewertet.

§ 530
Mächtigkeits-Spring-LP Kl. S*

Richtverfahren B ohne Zeitwertung gemäß § 501.B.5

1. Der Parcours besteht im ersten Umlauf (Normalparcours) aus vier bis sechs Hindernissen (keine Kombination). Hierbei kann die Hindernishöhe bis 1,80 m betragen, im ersten und zweiten Stechen können die Hindernisse um bis zu 20 cm erhöht und/oder erweitert werden.
2. Der Parcours besteht im ersten Stechen aus zwei bis vier, ab dem zweiten Stechen aus zwei jeweils erhöhten und erweiterten Hindernissen, von denen das eine ein Steilsprung und das andere ein Hochweitsprung sein müssen.

§ 531
Barrieren-Spring-LP Kl. S*

In Anlehnung an Richtverfahren B ohne Zeitwertung und ohne EZ gemäß § 501.B.5

1. In dieser LP sind entweder einmal sechs, zweimal drei oder einmal zwei und einmal vier Hindernisse in gerader Linie und in etwa 11 m Abstand voneinander aufgestellt. Sie gelten nicht als Kombination. Die Hindernisse sind von gleicher Konstruktion und bestehen lediglich aus gleichartigen Barrieren.
   Die Hindernisse im ersten Umlauf können entweder
   a) mit ansteigenden Abmessungen gebaut werden, z.B. 1,10 m, 1,20 m, 1,30 m, 1,40 m, 1,50 m, 160 m, oder
   b) die ersten zwei Hindernisse 1,20 m, die nächsten zwei Hindernisse 1,30 m etc.
2. Beim Ungehorsam muss der Teilnehmer den Parcours dort fortsetzen, wo der Fehler passiert ist.
3. Das erste Stechen muss über dieselben sechs Hindernisse führen; sie müssen bei strafpunktfreien Ritten erhöht werden; sollte jedoch im ersten Umlauf kein Teilnehmer strafpunktfrei geblieben sein, muss die Hindernishöhe beibehalten werden.
   Ab dem zweiten Stechen kann die Anzahl der Hindernisse bis auf drei reduziert werden, die Distanzen müssen jedoch weiterhin ca. 11 m betragen (die niedrigeren Hindernisse werden herausgenommen).

§ 533
Spring-LP mit Siegerrunde

Spring-LP mit Siegerrunde sind nur für LP der Kl. A bis S nach Strafpunkten und Zeit (Umlauf und Siegerrunde) zulässig. In der Siegerrunde über einen verkürzten Parcours ist eine in der Ausschreibung festzulegende Anzahl an Teilnehmern aus dem Umlauf startberechtigt. Zeitwertung in der Siegerrunde gemäß § 503.
Es sind zwei Varianten möglich:

a) Die Platzierung errechnet sich aus den Strafpunkten des Umlaufs und der Siegerrunde, bei Punktgleichheit entscheidet die bessere Zeit aus der Siegerrunde. Gegebenenfalls weitere Platzierungen erfolgen nach Strafpunkten und Zeit aus dem Umlauf.
b) Die Platzierung errechnet sich aus den Strafpunkten und der Zeit aus der Siegerrunde. Gegebenenfalls weitere Platzierungen erfolgen nach Strafpunkten und Zeit aus dem Umlauf.

§ 534
Gruppen-Spring-LP

1. Die Teilnehmer werden in möglichst gleich große Gruppen eingeteilt. Sie können entweder durch Los oder gemäß Ergebnis einer vorgeschalteten Qualifikation oder gemäß aktueller Ranglisten o.Ä. zugeordnet werden.
2. Die Zuordnung und die Startfolge innerhalb der Gruppen müssen in der Ausschreibung festgelegt sein.
3. Es starten zuerst alle Teilnehmer der ersten Gruppe, dann alle Teilnehmer der zweiten Gruppe etc.
4. Der beste Teilnehmer je Gruppe qualifiziert sich für die Siegerrunde.
5. Der Veranstalter kann in der Ausschreibung festlegen, dass zusätzlich die drei weiteren besten Teilnehmer des Umlaufs zur Siegerrunde zugelassen werden.
6. In der Siegerrunde beginnen alle Teilnehmer mit 0 Strafpunkten.
7. Die Startfolge in der Siegerrunde ist entweder dieselbe Reihenfolge wie im Umlauf oder die umgekehrte Reihenfolge des Ergebnisses aus dem Umlauf.
8. Richtverfahren im Umlauf und in der Siegerrunde gemäß § 501.A.1.

§ 535
Spring-LP mit Idealzeit (Präzisions-LP)

Richtverfahren A gemäß § 501.A.1 mit folgender Abweichung: Es wird eine Idealzeit festgelegt. Wird diese Idealzeit um mehr als 2 Sekunden unter- bzw. überschritten, so wird je angefangene vier Sekunden ein Strafpunkt angerechnet. Sollten zwei oder mehrere Teilnehmer strafpunktgleich innerhalb der Karenz der Idealzeit bleiben, so siegt derjenige, der der Idealzeit am nächsten kommt.
Bei dieser Prüfung ist eine Außenanzeige der Zeitmessung nicht zulässig. Die Idealzeit wird aus der EZ abzüglich 2 Sekunden errechnet. Die Idealzeit kann nach Beginn der LP nicht verändert werden.

§ 536
Spring-LP mit Geländehindernissen

Werden in einer Springprüfung feste Hindernisse (bzgl. Beschaffenheit vgl. § 676) verwendet, bei denen der nicht-abwerfbare Teil des Hindernisses 0,80 m überschreitet, so können nur folgende Richtverfahren Anwendung finden:

1. Zwei-Phasen-Spring-LP analog § 525, wobei alle festen Hindernisse gemäß o.g. Vorbemerkung in der ersten Phase verwendet werden müssen. Nach fehlerfreiem Überwinden eines um ein Viertel verkürzten Normalparcours erfolgt unmittelbarer Übergang in die zweite Phase. Die Hindernisse der zweiten Phase müssen nicht Bestandteil der ersten Phase gewesen sein, dürfen jedoch nicht fest gemäß o.g. Vorbemerkung sein. Für die Zeitwertung der zweiten Phase ist die Zeit vom Durchreiten der Ziellinie der ersten Phase (gleichzeitig Startlinie der zweiten Phase) bis zum Passieren der Ziellinie der zweiten Phase maßgebend. Für die Platzierung ist zunächst das Ergebnis der zweiten Phase maßgeblich. Wurde diese nicht von einer ausreichenden Anzahl von Teilnehmern erreicht, ist das Ergebnis der ersten Phase heranzuziehen (Gleichplatzierung bei Strafpunktgleichheit und Absolvieren innerhalb der EZ).
2. Stilspring-LP gemäß § 520.3.a), c), d) oder e)

§ 537
Spring-LP mit steigenden Anforderungen

Bei dieser Spring-LP sind die beiden ersten Sprünge niedriger als die ausgeschriebene Klasse aufgebaut. Die beiden letzten Sprünge sind in den Abmessungen so gewählt, dass sie über der ausgeschriebenen Klasse gebaut werden. Im mittleren Teil ist eine Kombination enthalten. Richtverfahren A nach LPO § 501.A.1 ist anzuwenden. Die Zahl der Hindernisse gemäß § 504 entsprechend der ausgeschriebenen Klasse. Folgende Aufbaumöglichkeiten können gewählt werden:

Kl. A**	Hindernis 1 und 2 Kl. A*; die letzten beiden Hindernisse Kl. L; alle Hindernisse dazwischen Kl. A**
Kl. L	Hindernis 1 und 2 Kl. A**; die letzten beiden Hindernisse Kl. M*; alle Hindernisse dazwischen Kl. L
Kl. M*	Hindernis 1 und 2 Kl. L; die letzten beiden Hindernisse Kl.M**; alle Hindernisse dazwischen Kl. M*
Kl. M**	Hindernis 1 und 2 Kl. M*; die letzten beiden Hindernisse Kl. S*; alle Hindernisse dazwischen Kl. M**

§ 538
Spring-LP mit Mindeststilnote

1. Alle Teilnehmer erhalten eine Gesamtwertnote gemäß § 520.1.
2. Für Teilnehmer mit einer Gesamtwertnote von 6,5 oder besser gilt das Richtverfahren 501.A.1.
3. Alle Teilnehmer mit einer Gesamtwertnote von 6,4 oder schlechter sind nach den Teilnehmern mit einer Gesamtwertnote von 6,5 oder besser gemäß Richtverfahren 520.3.a) zu rangieren.
4. Der Teilnehmer mit der höchsten Gesamtwertnote gemäß § 520.1 erhält einen Sonderehrenpreis.

§ 540
FN-Hunterklasse

In Anlehnung an Richtverfahren §§ 520.3.c) und 363.1 ohne EZ

1. Beurteilt werden Sitz und Einwirkung des Teilnehmers, Gerittensein und Springmanier des Pferdes sowie der Gesamteindruck beginnend mit dem Gruß des Teilnehmers bis zum Durchreiten der Ziellinie, ausgedrückt in einer Gesamtwertnote gemäß § 57.2.1.
2. Bewertung analog § 520.2 (Stil-Spring-LP):

– Hindernisfehler	je 0,5 Strafpunkte
– Erster Ungehorsam	0,5 Strafpunkte
– Zweiter Ungehorsam	1,0 Strafpunkte
– Zweiter Ungehorsam am selben Hindernis	2,0 Strafpunkte
– Dritter Ungehorsam	Ausschluss
– Sturz des Teilnehmers und/oder Pferdes	Ausschluss

3. Anforderungen gemäß § 504 für die jeweilige Hindernishöhe, jedoch in der FN-Hunterklasse 75er keine Kombination (vgl. im Übrigen FN-Merkblatt „FN-Hunterklasse Springen").

VI. Vielseitigkeits- und Geländeprüfungen

A. Vielseitigkeitsprüfungen und große Vielseitigkeitsprüfungen

1. Ausschreibungen, Beurteilung, Reihenfolge

§ 600
Ausschreibungen

1. Zulässig sind Vielseitigkeits-LP der verschiedenen Klassen für nachfolgend aufgeführte Pferde:
   - VE: 4-jährige und ältere Pferde und/oder M- und G-Ponys
   - VA*/**: 5-jährige und ältere Pferde und/oder M- und G-Ponys
   - VL: 5-jährige und ältere Pferde und/oder G-Ponys, die mindestens zweimal die Teilprüfung Gelände einer Vielseitigkeits-LP Kl. A und/oder (Stil-) Geländeritt Kl. A und/oder Geländepferde-LP Kl. A ohne Hindernisfehler beendet haben
   - GVL: 6-jährige und ältere Pferde und G-Ponys, die mindestens
     - eine Platzierung in VL, CCI2*-S (bis 2018 CIC1*) oder
     - zwei Platzierungen in VA, Geländeritt Kl. L und/oder GPFL haben
   - VM: 6-jährige und ältere Pferde und/oder G-Ponys, die mindestens
     - zwei Platzierungen in VL, CCI2*-S (bis 2018 CIC1*), GVL, CCI2*-L (bis 2018 CCI1*), Geländeritt Kl. M oder GPFM haben oder
     - gemäß RG FEI für CCI3*-S/-L (bis 2018 CCI2*/CIC2*) qualifiziert sind
   - GVM: 6-jährige und ältere Pferde und/oder G-Ponys, die mindestens
     - zwei Platzierungen in GVL, CCI2*-L (bis 2018 CCI1*), CCI3*-S (bis 2018 CIC2*), VM haben oder
     - gemäß RG FEI für CCI3*-L (bis 2018 CCI2*) qualifiziert sind
   - VS: 7-jährige und ältere Pferde (Ponys sind nicht zugelassen), die mindestens
     - zwei Platzierungen in VM, CCI3*-S (bis 2018 CIC2*), CCI3*-L (bis 2018 CCI2*) oder GVM haben oder
     - gemäß RG FEI für CCI4*-S/-L (bis 2018 CCI3*/CIC3*) qualifiziert sind
   - GVS: 7-jährige und ältere Pferde (Ponys sind nicht zugelassen), die mindestens
     - eine Platzierung in GVM/CCI3*-L (bis 2018 CCI2*) und eine Platzierung in VS/CCI4*-S (bis 2018 CIC3*) oder
     - eine Platzierung in GVM/CCI3*-L (bis 2018 CCI2*) und zwei Platzierungen in VM/CCI3*-S (bis 2018 CIC2*) haben oder
     - gemäß RG FEI für CCI4*-L (bis 2018 CCI3*) qualifiziert sind

   CCI-S/-L (bis 2018 CCI/CIC): Gemäß RG FEI bzw. aktuell veröffentlichten zusätzlichen Bestimmungen (siehe www.pferd-aktuell.de)

   Die o.g. Erfolge sind vom Teilnehmer mit dem genannten Pferd nachzuweisen; dies gilt nicht für Teilnehmer mit nachgewiesenen Erfolgen in mindestens der nächsthöheren Prüfungsklasse als der ausgeschriebenen.
2. Unabhängig von diesen LP können andere Prüfungsarten (z.B. Prüfungen mit (Kurz-)Rennbahn) ausgeschrieben werden, deren Abwicklung und Richtverfahren hier nicht aufgeführt sind, jedoch sinngemäß den Bestimmungen gemäß Teil B VI. entsprechen. Voraussetzung ist die Genehmigung der überwachenden Stelle.

3. Die einzelnen Teilprüfungen einer Vielseitigkeits-LP können zusätzlich als Einzel-LP gemäß Anforderungen/Klasse der betreffenden Disziplin für die Teilnehmer der Vielseitigkeits-LP ausgeschrieben werden.
4. Vielseitigkeits-LP sind im Regelfall als Eintagesprüfungen auszuschreiben. In begründeten Ausnahmefällen ist mit Zustimmung der LK die Durchführung an 2 Tagen möglich.
5. **Junioren sind in Vielseitigkeits-LP der Kl. S nicht zugelassen.**

§ 601
Beurteilung

Beurteilt wird die Leistung von Pferd und Teilnehmer in den drei Teilprüfungen Dressur-, Gelände- und Springprüfung nach Strafpunkten.
Für Vorkommnisse in den Teilprüfungen Dressur- bzw. Springen, die in den folgenden Paragrafen nicht geregelt sind, gelten die Bestimmungen der §§ 400 ff. bzw. 500 ff. entsprechend.
Zeigt sich ein Teilnehmer und/oder ein Pferd den Anforderungen einer Teilprüfung offensichtlich nicht gewachsen oder besteht eine Gefährdung der Sicherheit von Teilnehmer, Pferd und/oder Dritten, können die Richter einen Teilnehmer jederzeit von der Teilnahme an dieser und/oder weiteren Teilprüfung ausschließen (siehe auch §§ 65.2.2/66.6.3/66.6.5).

§ 602
Reihenfolge

In Vielseitigkeits-LP und großen Vielseitigkeits-LP ist die Dressurprüfung als erste Teilprüfung durchzuführen. Die Reihenfolge der weiteren Teilprüfungen (Geländeprüfung und Springprüfung) ist beliebig.
Die Durchführung von (einer) Verfassungsprüfung/en und/oder Pferde-/Fitnesskontrollen ist gemäß § 67 vorgeschrieben.

2. Anforderungen und Bewertung

2.1 Dressurprüfung

§ 610
Anforderungen

In Vielseitigkeits-LP Kl. E bis S und großen Vielseitigkeits-LP:
Dressurprüfung für Vielseitigkeits-LP gemäß Aufgabenheft Reiten

§ 611
Bewertung

1. Errechnung der erreichten Prozentpunkte:
   a) Für die Klassen E bis M: Richten mit Gesamtwertnote
   Richtverfahren A gemäß § 402 mit einer Wertnote gemäß § 57.2.1. Nach evtl. Abzügen wird die Note mit der Zahl 10 multipliziert und ergibt so die erreichten Prozentpunkte.

b) Für die Klassen L bis S: Richten mit Einzelnoten
Richtverfahren B gemäß § 402 mit Einzelnoten gemäß § 57.2.2. Von der Summe der Einzelnoten jedes Richters werden evtl. Strafpunkte gemäß § 404 abgezogen. Die Punktsummen je Richter werden nun addiert und durch die Anzahl der Richter geteilt. Diese Punktsumme wird durch die maximal erreichbare Punktzahl geteilt und mit 100 multipliziert und ergibt so die erreichten, auf zwei Dezimalstellen gerundeten Prozentpunkte.

2. Umrechnung in Strafpunkte:
Zur Errechnung der Strafpunkte werden nun die erreichten Prozentpunkte von 100 abgezogen, mit 1,5 multipliziert und auf eine Dezimalstelle gerundet.

2.2 Geländeprüfung

§ 620
Anforderungen

Geländestrecke	Streckenlänge in Metern	Tempo m/Min.	Sprünge max. Anzahl	Sprünge max. Höhe	max. Weite im oberen Teil/an der Basis	max. Grabenweite	Tiefsprung (vgl. § 633)	Hecke max. Höhe
Stilgeländeritt Kl. E	1000–1500	350–400	10–15	0,80 m	1,00/1,30 m	1,00 m	1,00 m	1,00 m
VE	1000–2000	450	12–15	0,80 m	1,00/1,30 m	1,00 m	1,00 m	1,00 m
Geländeritt Kl. E	1000–2000	450	12–15	0,80 m	1,00/1,30 m	1,00 m	1,00 m	1,00 m
Stilgeländeritt Kl. A*	1500–2500	400–450	16–20	0,90 m	1,10/1,60 m	1,30 m	1,20 m	1,10 m
VA*	1500–3000	500	16–25	0,90 m	1,10/1,60 m	1,30 m	1,20 m	1,10 m
Geländeritt Kl. A*	1500–3000	500	16–25	0,90 m	1,10/1,60 m	1,30 m	1,20 m	1,10 m
Stilgeländeritt Kl. A**	1500–2500	400–450	16–20	1,00 m	1,20/1,80 m	1,50 m	1,40 m	1,20 m
VA**	1500–3000	500	16–25	1,00 m	1,20/1,80 m	1,50 m	1,40 m	1,20 m
Geländeritt Kl. A**	1500–3000	500	16–25	1,00 m	1,20/1,80 m	1,50 m	1,40 m	1,20 m
Stilgeländeritt Kl. L	1500–2500	450–500	20–25	1,10 m	1,40/2,10 m	2,80 m	1,60 m	1,30 m
VL	2400–3200	520	24–32	1,10 m	1,40/2,10 m	2,80 m	1,60 m	1,30 m
Geländeritt Kl. L	2400–3200	520	24–32	1,10 m	1,40/2,10 m	2,80 m	1,60 m	1,30 m
GVL	3640–4680	520	24–32	1,10 m	1,40/2,10 m	2,80 m	1,60 m	1,30 m
Stilgeländeritt Kl. M	2000–3000	500–520	25–30	1,15 m	1,60/2,40 m	3,20 m	1,80 m	1,35 m
VM	2800–3600	550	28–36	1,15 m	1,60/2,40 m	3,20 m	1,80 m	1,35 m
Geländeritt Kl. M	2800–3600	550	28–36	1,15 m	1,60/2,40 m	3,20 m	1,80 m	1,35 m
GVM	4400–5500	550	28–37	1,15 m	1,60/2,40 m	3,20 m	1,80 m	1,35 m
VS	3200–4000	570	32–40	1,20 m	1,80/2,70 m	3,60 m	2,00 m	1,40 m
GVS	5700–6840	570	32–40	1,20 m	1,80/2,70 m	3,60 m	2,00 m	1,40 m

CCI-S/-L (bis 2018 CCI/CIC) gemäß RG FEI

Bei Abnahme der Strecke haben die Hindernisse den Maßen gemäß Tabelle zu entsprechen. In Kl. A* sind einige Hindernisse bis zu den in Kl. A** angegebenen Maßen zulässig, jedoch sollte der überwiegende Anteil der Hindernisse den Maßen für Kl. A* entsprechen.
Eine Änderung der EZ durch die Richter ist nur bei Stilgeländeritten in Absprache mit dem Technischen Delegierten und Parcourschef bis zur Parcoursbeendigung des dritten Teilnehmers der LP ohne Ungehorsam zulässig. Ein Herabsetzen der EZ ist nur insoweit möglich, dass die bereits gestarteten Teilnehmer nicht mit zusätzlichen Strafpunkten belastet werden.

Die Anforderungen für Geländeritte gelten auch für Geländeritte mit Stilwertung gemäß § 674.
Stilgeländeritte: Das Tempo ist je nach Streckenführung rechtzeitig vor Beginn der Prüfung in Absprache zwischen Richtern und Parcourschef festzulegen.
Eine Wegestrecke ohne Zeitwertung ist in allen Klassen zulässig, wenn gemäß Ausschreibung vorgesehen. Die Streckenlänge sollte jedoch 4400 m (20 Min. bei Tempo 220 m/Min.) nicht überschreiten.

2.3 Geländestrecke/Bewertung der Geländeprüfung

§ 630
Offizielle Besichtigung, technische Ausstattung

1. Rechtzeitig vor der Prüfung ist die Geländestrecke für die Teilnehmer offiziell zur Besichtigung freizugeben. Nach dieser offiziellen Besichtigung können die Teilnehmer die Geländestrecke jederzeit erneut besichtigen. Der TD soll eine offizielle Besichtigung mit einer fachkundigen Person (z.B. einem erfahrenen Ausbilder, dem Parcourschef, TD oder einem Mitglied der Richtergruppe) anbieten, in Kl. E und A ist diese obligatorisch. Der Zeitpunkt der offiziellen Besichtigung ist in der Zeiteinteilung bekannt zu geben.
   Grundsätzlich ist rechtzeitig vor Beginn der Geländeprüfung eine Teilnehmerbesprechung („Briefing") für alle Teilnehmer vorzusehen; alle wichtigen Informationen zum Prüfungsablauf und zur Geländestrecke sowie die Telefonnummer des TD sind rechtzeitig am Schwarzen Brett allen Teilnehmern bekannt zu machen (vgl. § 42).
2. Den Teilnehmern ist es grundsätzlich untersagt, vor der LP auf irgendeinem Teil der Strecke zu reiten. Ausnahme: Vom Veranstalter vorgesehene Parcours- bzw. Geländebesichtigung zu Pferde im Schritt.
3. Zum Zeitpunkt der offiziellen Freigabe müssen sich Start- und Ziellinie, Hindernisse, Flaggen, Wendezeichen bzw. Tore, die von den Teilnehmern zu beachten sind, genau an ihrer Stelle befinden. Nachher sind Veränderungen nur in begründeten Ausnahmefällen mit der Zustimmung der Richter und des TD zulässig. In diesem Fall sind alle Teilnehmer vor Beginn der LP von der Änderung zu unterrichten.
4. Die Ziellinie darf nicht weiter als 50 m und muss wenigstens 20 m vom letzten Hindernis entfernt sein.
5. Die Hindernisse sind in der Reihenfolge, in der sie zu überwinden sind, zu nummerieren.
6. Die fortlaufende Nummerierung der Hindernisse gilt nicht für die Sprünge einer Kombination. Für deren Kennzeichnung werden zusätzlich zu der Nummer Unterscheidungsbuchstaben an den Einzelsprüngen verwendet (z.B. 7a, b, c).
7. Hindernisse bzw. Einzelsprünge können mit Alternativelementen angelegt werden. Alle Hindernisteile sind gesondert auszuflaggen, die Ausflaggung aller Alternativelemente ist mit einem schwarzen Streifen zu versehen.

§ 631
Richtungszeichen, Flaggen, Tore

1. Zur Orientierung der Teilnehmer wird der Verlauf der Geländestrecke mit Richtungszeichen gekennzeichnet.
2. Die obligatorisch zu passierenden Stellen der Geländestrecke werden
   a) unter Verwendung von roten und weißen Flaggen angezeigt:
      - die Startlinie
      - die äußere Begrenzung der für die Bewertung maßgeblichen Teile der Hindernisse
      - die Pflichttore
      - die Ziellinie
3. Die Flaggen müssen so angebracht sein, dass der Teilnehmer die rote Flagge zur Rechten und die weiße Flagge zur Linken hat. Die roten und weißen Flaggen sollen das Hindernis überragen. Bei schmalen Hindernissen mit einer Breite unter 3 m wird die Verwendung von abknickenden Flaggen empfohlen.
4. Bei Vielseitigkeits-LP ist grundsätzlich eine dreiseitig begrenzte, an mindestens zwei Seiten teilweise offene, ausreichend große Startbox vorgesehen.

§ 632
Geländeskizze

1. Eine Skizze der Geländestrecke mit genauer Wiedergabe der Einzelheiten soll zum Zeitpunkt der offiziellen Besichtigung am Sammelpunkt der Teilnehmer angeschlagen sein. Jedem Teilnehmer ist nach Möglichkeit eine Kopie zur Verfügung zu stellen.
2. Die Skizze muss enthalten:
   a) die Streckenführung, angezeigt durch eine gestrichelte Linie
   b) Start- und Ziellinie
   c) die durchnummerierten Hindernisse
   d) Pflichttore
   e) Streckenlänge
   f) BZ und HZ
   g) Benennung der deformierbaren Hindernisse
   h) besondere Entscheidungen des TD oder der Richter, die sich auf die Geländestrecke beziehen
3. Eine Änderung der angeschlagenen und den Teilnehmern übergebenen Geländeskizze ist nur mit Zustimmung des TD und der Richter zulässig. Sie ist den Teilnehmern unverzüglich bekannt zu geben.

§ 633
Hindernisse/Sprünge

1. Die Hindernisse müssen in der Grundkonstruktion fest, Achtung gebietend, fair und dem Gelände angepasst sein.
   Ein Graben ist ab Klasse A obligatorisch.
2. Es gibt folgende Hindernisse:
   a) Steilsprünge wie Mauer, Rick, Zaun, Aufsprung usw.

b) Hochweitsprünge wie Oxer, Trakehner, überbauter Graben usw.
c) Weitsprünge als trockene Gräben
d) Tiefsprünge wie Absprung, Wassereinsprung usw.:
   Bei Tiefsprüngen beträgt der Höhenunterschied zwischen der Absprung- und Landestelle mindestens 0,50 m. Das Maß von der höchsten Stelle des Sprunges bis zur Landestelle beträgt je nach Klasse zwischen 1,20 und 2,00 m (vgl. Tabelle § 620). Ein Tiefsprung wird immer von der höchsten Stelle des Hindernisses bis zur üblichen Landestelle des Pferdes gemessen. Bei Wassereinsprüngen darf die Wassertiefe an der Einsprungstelle und während der folgenden 5 m höchstens 0,30 m betragen.
e) Hecken:
   Der feste Teil eines Heckenhindernisses darf nie die Maximalhöhe gemäß Tabelle, die Gesamthöhe nie die in der Tabelle für die Hecke angegebenen Maße überschreiten.
f) Kombinationen, siehe § 634

3. Die Verwendung deformierbarer Hindernisse ist möglich; es sollten durch FEI und/oder FN zugelassene Systeme verwendet werden. (Noch) nicht zugelassene Systeme sind durch den TD und die Richtergruppe zu begutachten und für die jeweilige LP zu genehmigen.
4. **Weitere Hinweise, u.a. zur Konstruktion deformierbarer Geländehindernisse**, siehe **auch FN-Merkblatt/Broschüre „Der Geländeaufbau" (FN-Handbuch Turniersport, Teil A, Kapitel 8.2.1**, siehe **www.pferd-aktuell.de).**

§ 634
Kombinationen

Eine Kombination besteht aus zwei, drei oder mehr von der Anlage her zusammengehörenden Sprüngen, die als solche gekennzeichnet sind (vgl. § 630.6).

§ 636
Besondere Schwierigkeiten an einem Hindernis/Anhalten von Teilnehmern

1. Der Veranstalter hat vor Beginn der Teilprüfung Gelände eine ausreichende Anzahl (entsprechend der max. Teilnehmerzahl auf der Strecke) von Hindernissen festzulegen, an denen im Bedarfsfall ein Teilnehmer angehalten werden kann (Stopp-Hindernisse).
2. Ist ein Hindernis/Sprung zum Teil nicht mehr passierbar geworden, kann es durch Umsetzen der Begrenzungsflaggen verschmälert werden. Die folgenden Teilnehmer sind in geeigneter Form darauf aufmerksam zu machen.
3. Ist ein Hindernis/Sprung vorübergehend vollkommen unpassierbar geworden, müssen die folgenden Teilnehmer möglichst zunächst vor einem als solches ausgewiesenen „Stopp-Hindernis" anhalten. Für jeden angehaltenen Teilnehmer ist für den Zeitraum des Anhaltens eine exakte Zeitmessung an einem Zeitnahmepunkt in ausreichendem Abstand vor dem Stopp-Hindernis vorzunehmen. Die erneute Startfreigabe ist dem Teilnehmer mindestens 3 Minuten vorher bekannt zu geben. Die Zeit bis zum erneuten Passieren des Zeitnahmepunkts durch den Teilnehmer im Galopp nach Wiederfreigabe des Hindernisses/Sprunges ist ihm

auf die Sekunde genau zu vergüten. Die Freigabe für mehrere Teilnehmer erfolgt im Abstand von wenigstens 1 Minute.

Wird ein Teilnehmer aus anderen Gründen (z.B. bei Sturz eines vorherigen Teilnehmers/Pferdes, Überholtwerden (siehe Ziffer 5), ärztliche oder tierärztliche Untersuchung) von einem Hindernisrichter, Richter oder dem TD angehalten, so ist auch die dafür benötigte Zeit genau zu vergüten (siehe Durchführungsbestimmungen zu § 636).

4. Ist ein Hindernis vollkommen unpassierbar geworden und auch nicht wieder aufzubauen bzw. hat sich an einem Hindernis ein Vorfall ereignet, der eine Herausnahme dieses Hindernisses empfiehlt, ist es für die folgenden Teilnehmer aus der Wertung zu nehmen. Die Strecke ist möglichst nah an dem unpassierbaren Hindernis/Sprung vorbeizuführen.

   Mögliche Auswirkungen dieser Maßnahme auf die Platzierung sind von den Richtern mit dem Veranstalter und dem FN-/LK-Beauftragten abzustimmen. Erfolgt keine Teilung der LP aufgrund dieser Maßnahme, sind Strafpunkte, die Teilnehmer an dem herausgenommenen Hindernis zu verzeichnen hatten, zu streichen sowie ggf. eine entsprechende Zeitvergütung zu gewähren.

5. Jeder Teilnehmer, der an einem Hindernis in Schwierigkeiten gerät, muss das Hindernis unverzüglich freigeben, sobald der nächste Teilnehmer naht.

   Wird ein Teilnehmer von einem nachfolgenden Teilnehmer überholt, muss er ebenfalls die Strecke für den nachfolgenden Teilnehmer freigeben. Er darf erst dann den Ritt fortsetzen, wenn der überholende Teilnehmer nicht mehr beeinflusst werden kann.

§ 640
Bewertung der Geländeprüfung

Bewertet wird die Leistung von Teilnehmer und Pferd zwischen Start- und Ziellinie nach Strafpunkten und Zeit.

§ 641
Zeitwertung

Aus dem vorgeschriebenen Tempo und der Streckenlänge ergibt sich die BZ.

Für das Errechnen der BZ gilt folgende Formel:

$$\frac{\text{Streckenlänge in Metern x 60}}{\text{Tempo in Metern/Min.}} = \text{Zeit in Sekunden}$$

Zeitwertung in der Geländestrecke:

Überschreiten der BZ ergibt je angefangene Sekunde 0,4 Strafpunkte bis zum Erreichen der HZ (HZ = doppelte BZ).

Überschreiten der HZ führt zum Ausschluss. Unterschreiten der BZ bleibt unberücksichtigt.

§ 642
Zeitmessung, Zeitplan, Start

1. Gemessen wird die Zeit, die der Teilnehmer von Start bis Ziel benötigt. Sie beginnt bei Einhaltung des Zeitplans in dem Augenblick, der im Zeitplan ausge-

wiesen ist; in allen anderen Fällen dann, wenn der Starter den Start freigibt. Sie endet in dem Augenblick, in dem der Teilnehmer zu Pferde die Ziellinie passiert. § 646.1.a) bleibt unberührt. Für Frühstarts gilt Ziffer 3.

2. Ein Plan mit der Startzeit oder Startfolge jedes Teilnehmers ist vor der LP bekannt zu geben, jeder Teilnehmer soll eine Kopie erhalten. Die Einhaltung der angegebenen Startzeit liegt in der Verantwortung des Teilnehmers. Jeder Teilnehmer, der nicht zu der auf dem Zeitplan angegebenen Zeit startbereit ist, kann ausgeschlossen werden.
   Der Start erfolgt aus dem Stand bzw. der Startbox. Ein verspäteter Start ist nur insoweit zulässig, als dass der nachfolgende Teilnehmer nicht behindert wird. Ist der verspätete Start vom Teilnehmer verschuldet, so wird auch hier die im Zeitplan vorgegebene Startzeit zugrunde gelegt.
3. Für jeden Teilnehmer, der vor dem Zeichen des Starters startet, wird die Zeit genommen, wenn er die Startlinie passiert. In Fällen vorsätzlichen Frühstarts kann die Richtergruppe auf Ausschluss des Teilnehmers entscheiden.

§ 643
Ergebnisrelevante Vorkommnisse bei Geländeprüfungen

Ein Hindernis gilt als überwunden, wenn der Teilnehmer es zu Pferde innerhalb der äußeren Begrenzungen des Hindernisses, die durch die Flaggen markiert sind, mit seinem Kopf sowie dem Kopf, dem Hals und beiden Schultern des Pferdes passiert hat.

1. Sturz im Verlauf der Strecke
   a) Ein Sturz des Teilnehmers liegt vor, wenn er sich ohne Sturz des Pferdes von diesem trennt und erneut aufsitzen oder aufspringen muss, um in den Sattel zu gelangen. Ein freiwilliges Absteigen des Teilnehmers zum Korrigieren der Ausrüstung gilt nicht als Sturz.
   b) Ein Sturz des Pferdes liegt vor, wenn Schulter- und Hüftpartie gleichzeitig den Boden oder das Hindernis und den Boden berühren. Als Sturz des Pferdes gilt auch, wenn das Pferd nicht ohne fremde Hilfe ein Hindernis verlassen kann. Ein Sturz des Pferdes, bei dem auch der Teilnehmer zu Fall kommt, wird als ein Sturz des Pferdes aufgezeichnet. Nach Sturz hat sich der jeweilige Teilnehmer mit dem TD zwecks Dokumentation in Verbindung zu setzen.
2. Ungehorsam
   Ein Ungehorsam wird nur bestraft, wenn er sich im Zusammenhang mit dem versuchten oder tatsächlichen Überwinden eines nummerierten Hindernisses ereignet.
   a) Verweigern: Bei Hindernissen oder Sprüngen über 30 cm Höhe gilt als Verweigern, wenn das Pferd nach dem Anreiten vor dem zu überwindenden Hindernis/Sprung stehen bleibt. Bei allen anderen Hindernissen (30 cm Höhe und niedriger) gilt das Anhalten, dem unverzügliches Springen aus dem Stand folgt, nicht als Verweigern. Ist das Anhalten allerdings nachhaltig oder länger andauernd, gilt dies als Verweigern. Das Pferd darf seitwärtstreten, tritt das Pferd jedoch zurück, ist dies als Verweigern zu bewerten.
   b) Ausbrechen: Es gilt als Ausbrechen, wenn das Pferd nach dem Anreiten nicht springt, nach der einen oder anderen Seite ausbricht und erneut vor das/den

Hindernis/Sprung geritten werden muss. Es gilt nicht als Ausbrechen, wenn der Teilnehmer seine ursprüngliche Absicht, ein/einen Hindernis/Sprung an einer bestimmten Stelle anzureiten, bewusst ändert, und zwar auch dann, wenn die Absichtsänderung des Teilnehmers erst nach Überwinden des vorhergehenden Hindernisses/Sprunges erfolgt ist. (Ausnahme: In-Out-Kombinationen, hier gilt: Hat ein Paar das vordere Element einer Kombination von max. 5 m Abstand (In-Out) überwunden, so gilt das folgende Element als automatisch angeritten, auch wenn sich der Teilnehmer danach für einen anderen, längeren Weg entscheidet.)

c) Volte: Als Volte wird bestraft, wenn das Pferd in Zusammenhang mit dem Anreiten eines Hindernisses seinen Weg kreuzt. Das Kreuzen einer Spur zwischen den Sprüngen einer Kombination wird in jedem Fall bestraft, das Gleiche gilt, wenn Elemente der Kombination in eine Volte eingeschlossen werden.
Der Teilnehmer darf beliebig zwischen den jeweils mit dem gleichen Buchstaben versehenen Alternativ-Elementen auswählen (z.B. 6a auf dem linken Weg, 6b auf dem rechten Weg), sofern er nicht bereits das nächste Element auf dem anderen Weg angeritten hat.
Volten nach einem Verweigern oder Ausbrechen gelten bis zum erneuten Anreiten nicht als Ungehorsam.
Handelt es sich um einzeln nummerierte Hindernisse, darf der Teilnehmer vor dem Sprung eine Volte bzw. um den Sprung herumreiten, sofern er das Hindernis noch nicht angeritten hat.

Beispiele siehe Durchführungsbestimmungen zu §§ 643 und 644.

§ 644
Fehler an Kombinationen

1. Ein Teilnehmer darf nach dem Verweigern oder Ausbrechen Elemente einer Kombination erneut überwinden, die er bereits überwunden hat. Er wird jedoch für jeden weiteren Fehler bestraft, selbst wenn er zuvor bereits fehlerfrei blieb.
2. Beispiele siehe Durchführungsbestimmungen zu §§ 643 und 644.
3. Bestehen Zweifel bzgl. der Interpretation des Regelwerks, so ist die Entscheidung des TD und der Richter ggf. mittels einer Skizze schnellstmöglich den Teilnehmern und Hindernisrichtern bekannt zu machen.

§ 645
Ergebnisrelevante Vorkommnisse und Bewertung

Es sind folgende Strafpunkte zu vergeben:

– Erster/zweiter Ungehorsam im Verlauf der Geländestrecke	20 Strafpunkte
– Zweiter Ungehorsam am selben Sprung/Hindernis	40 Strafpunkte
– Dritter Ungehorsam am selben Sprung/Hindernis oder im Verlauf der Geländestrecke	Ausschluss
– Sturz des Teilnehmers und/oder Pferdes im Verlauf der Strecke (vgl. § 643)	Ausschluss
– Auslassen eines Hindernisses/Sprunges, Pflichttores	Ausschluss
– Springen eines bereits überwundenen Hindernisses	Ausschluss

– Springen eines Hindernisses/Sprunges in falscher Reihenfolge oder von der falschen Seite	Ausschluss
– Springen eines nicht zur jeweiligen ausgeflaggten Strecke gehörenden Hindernisses/Sprunges (unabhängig davon, ob als solches ausgeflaggt oder nicht)	Ausschluss
– Gefährliches Reiten (siehe § 640, 646)	25 Strafpunkte oder Ausschluss
– in minder schweren Fällen	10 Strafpunkte

§ 646
Ausschlüsse und „Fremde Hilfe"

Bei Ausschluss (auch gemäß § 645) darf der Teilnehmer die LP nicht fortsetzen; bei Ausschluss gemäß § 646.1.e) bis g) gelten sinngemäß §§ 65.5 bzw. 66.7.

1. In allen nachfolgenden Fällen kann die Richtergruppe auf Ausschluss entscheiden:
   a) Beim nachhaltig verspätetem Start sowie bei deutlich vorsätzlichem Frühstart.
   b) Wenn ein Teilnehmer vor der LP die Geländestrecke ganz oder teilweise bereitet. Ausnahme: siehe § 630.2.
   c) Bei Besichtigung der Geländestrecke vor der offiziellen Freigabe.
   d) Wenn nach Anhalten des Teilnehmers durch den Veranstalter der Ritt nicht dort wieder aufgenommen wird, wo er unterbrochen wurde.
   e) Bei unsportlichem Verhalten bei der Vorbereitung oder im Verlauf der Prüfung (vgl. §§ 52 und 66) sowie auf dem gesamten dem Turnierablauf dienenden Gelände sowie in dessen Umgebung oder bei übermäßigem Vorwärtstreiben oder übertriebener Anwendung von Gerte und/oder Sporen. Einem Ausschluss aus diesem Grunde kann eine Rüge gemäß § 55.6 vorausgehen.
   f) Bei Erschöpfung des Pferdes oder bei offensichtlicher Beeinträchtigung der Leistungsfähigkeit von Teilnehmer und/oder Pferd.
   g) Bei „gefährlichem Reiten" bei der Vorbereitung oder im Verlauf der Prüfung, z.B. wenn
      – vom Teilnehmer Gefahr für sich, sein Pferd und/oder Dritte ausgeht,
      – der Teilnehmer mangelnde Kontrolle über sein Pferd hat,
      – Teilnehmer und/oder Pferd den Anforderungen offensichtlich nicht gewachsen sind.

      Je nach Vorkommnis kann anstelle von Ausschluss auch auf 25 Strafpunkte, in minder schweren Fällen 10 Strafpunkte, entschieden werden.
   h) Beim Verändern eines Hindernisses oder der Strecke (z.B. Flaggen, Trassierung, Dekoration etc.) durch den Teilnehmer, unerheblich ob dauerhaft oder vorübergehend.
   i) Bei verbotener „Fremder Hilfe" (vgl. Ziffer 3).
   j) Bei Nichtbeachtung entsprechender Vorschriften, Gebote und Verbote der LPO.
2. In allen nachfolgenden Fällen erfolgt Ausschluss:
   a) Wenn Start- und/oder Ziellinie und/oder Pflichttore/obligatorisch zu passierende Stellen in der Geländestrecke nicht zu Pferde passiert werden.

b) Bei unkorrigiertem Durchreiten obligatorisch zu passierender Stellen der Geländestrecke von der falschen Seite.
c) Beim Reiten ohne vorgeschriebene Kopfbedeckung bzw. Schutzweste oder Verwendung nicht erlaubter Ausrüstung.

3. Verbotene „Fremde Hilfe":
Als verbotene „Fremde Hilfe" wird jede Einmischung eines Dritten mit der Absicht, die Aufgabe des Teilnehmers während des Rittes zu erleichtern, angesehen. Unerheblich ist, ob der Dritte dazu aufgefordert wurde oder nicht.
Es ist insbesondere verboten:
   - absichtlich einen anderen Teilnehmer abzuwarten und gemeinsam den Ritt fortzusetzen;
   - das Folgen, Vorwegfahren oder die Begleitung eines Teilnehmers auf irgendeinem Teil der Strecke mit dem Ziel, seine Aufgabe zu erleichtern, in Zweifelsfällen entscheiden die Richter endgültig;
   - das Verändern eines Hindernisses oder der Strecke (z.B. Flaggen, Trassierung, Dekoration etc.), unerheblich ob dauerhaft oder vorübergehend;
   - der Gebrauch jeglicher Art von elektronischen Kommunikationsmitteln während einer LP.
4. Erlaubte „Fremde Hilfe":
   - jede Hilfeleistung bei Unfällen,
   - Anreichen von Gerte, Kopfbedeckung, Brille etc.,
   - Unterstützung des Teilnehmers und Versorgung des Pferdes an jedem vom Veranstalter bekannt gegebenen Ort,
   - Information des Teilnehmers über ergebnisrelevante Vorkommnisse (bzw. des Nicht-Passierens zwischen den Flaggen) durch den Hindernisrichter auf entsprechende Nachfrage.

2.4 Springprüfung

§ 650
Anforderungen

Klasse	Streckenlänge in Metern	Tempo m/Min.	Sprünge Anzahl	Höhe/ Weite	max. Weite an der Basis	Weite Triplebarre
VE	gemäß § 504.2	350 m	8–10	0,85 m	1,20 m	–
VA*	gemäß § 504.2	350 m	9–11	0,95 m	1,40 m	1,40 m
VA**	gemäß § 504.2	350 m	9–11	1,05 m	1,40 m	1,40 m
VL	350–450 m	350 m	10–13	1,15 m	1,90 m	1,60 m
GVL	350–450 m	350 m	10–13	1,15 m	1,90 m	1,60 m
VM	400–500 m	350 m	10–14	1,20 m	2,10 m	1,80 m
GVM	400–500 m	350 m	10–14	1,20 m	2,10 m	1,80 m
VS	450–550 m	375 m	11–15	1,25 m	2,30 m	2,00 m
GVS	450–550 m	375 m	11–15	1,25 m	2,30 m	2,00 m

CCI-S/-L (bis 2018 CCI/CIC): Gemäß RG der FEI

Unter bestimmten Umständen darf mit Genehmigung der Richter die Parcourslänge um bis zu 10% überschritten werden. Abweichungen bis zu +/-5 cm in der Hindernishöhe und bis zu -10/+20 cm in der Weite sind zulässig. Je Parcours müssen mindestens 25% der Sprünge, davon wenigstens ein Steilsprung und ein Oxer, die erforderlichen Maße (Höhe/Weite) der entsprechenden Klasse aufweisen. Zwei bis drei zweifache Kombinationen oder eine zwei- und eine dreifache Kombination müssen ab Kl. L im Parcours enthalten sein. Geschlossene Kombinationen und offene Wassergräben (gemäß § 507.1.d)1) sind nicht zulässig. Alternativhindernisse sind erlaubt.

§ 651
Bewertung
Gemäß § 503, Richtverfahren A mit folgenden Änderungen:

– Hindernisfehler	4 Strafpunkte
– Erster Ungehorsam	4 Strafpunkte
– Zweiter Ungehorsam	8 Strafpunkte
– Dritter Ungehorsam	Ausschluss
– Sturz des Teilnehmers und/oder Pferdes	Ausschluss
– Überschreiten der EZ	1 Strafpunkt pro angefangene Sekunde

2.5 Platzierung

§ 660
Platzierung
Die Platzierung ergibt sich aus der Addition der Strafpunkte. Sieger ist der Teilnehmer mit der geringsten Strafpunktsumme.
Bei Punktgleichheit entscheidet
- zunächst die bessere Leistung in der Geländeprüfung (Hindernis- und Zeitfehler);
- besteht auch hier Punktgleichheit, die der BZ nächste Zeit in der Geländestrecke;
- besteht auch hier Punktgleichheit, die bessere Leistung im Springen (Hindernis- und Zeitfehler);
- besteht auch hier Punktgleichheit, die bessere (schnellere) Zeit im Springen;
- besteht auch hier Punktgleichheit, die bessere Prozentpunktzahl aus der Dressur;
- besteht auch hier Punktgleichheit, werden die Teilnehmer auf dem gleichen Platz rangiert.

B. Geländeritte und Stilgeländeritte

§ 670
Ausschreibungen
Zulässig sind:
- Stilgeländeritte (mit oder ohne BZ) und Geländeritte mit Stilwertung Kl. E für 4-jährige und ältere Pferde und/oder Ponys,
- Geländeritte, Stilgeländeritte und Geländeritte mit Stilwertung Kl. A*/** für 5-jährige und ältere Pferde und/oder M- und G-Ponys,

- Geländeritte, Stilgeländeritte und Geländeritte mit Stilwertung Kl. L für 5-jährige und ältere Pferde und/oder M- und G-Ponys, die mindestens zweimal eine Teilprüfung Gelände einer Vielseitigkeits-LP Kl. A, und/oder (Stil-)Geländeritt Kl. A und/oder Geländepferde-LP Kl. A ohne Hindernisfehler beendet haben.
- Geländeritte, Stilgeländeritte und Geländeritte mit Stilwertung Kl. M für 6-jährige und ältere Pferde (Ponys sind nicht zugelassen), die bis Nennungsschluss mindestens
  - eine Platzierung in VL, Geländeritt Kl. L oder GPFL haben oder
  - gemäß RG FEI für CCI3*-S/-L (bis 2018 CCI2*/CIC2*) qualifiziert sind.

§ 671
Anforderungen
Gemäß § 620

§ 672
Bewertung von Geländeritten
Gemäß §§ 640 bis 646

§ 673
Beurteilung von Stilgeländeritten
Beurteilt werden leichter Sitz und Einwirkung des Teilnehmers, insbesondere das rhythmische, flüssige Überwinden einer Geländestrecke sowie der Gesamteindruck. Die Richter drücken ihr gemeinsames Urteil über die Gesamtleistung jedes Teilnehmers durch eine mündlich oder schriftlich zu begründende Gesamtwertnote gemäß § 57.2.1 abzüglich der Strafpunkte gemäß § 373 aus. Die Wertnoten werden nach jedem Ritt bekannt gegeben.
In Kl. E je nach Ausschreibung mit oder ohne BZ.

§ 674
Beurteilung von Geländeritten mit Stilwertung
(vgl. auch Aufgabenheft Reiten)
Auf mindestens einer Teilstrecke der Geländestrecke (jeweils mindestens drei Hindernisse/ca. 500 m) wird eine Gesamtwertnote gemäß § 57.2.1 vergeben. Bei Strafpunktgleichheit gemäß §§ 640 ff. entscheidet die bessere Wertnote über die Platzierung.

§ 675
Geländestrecke
Die §§ 630 ff. gelten sinngemäß.

§ 676
Hallen-Geländeritte
In Anlehnung an § 670 ff. können Geländeritte in der Halle mit geländetypischen Hindernissen durchgeführt werden. Hierbei gelten jedoch folgende Ausnahmen: Streckenlänge, Tempo und Anzahl der Hindernisse gemäß § 504.

Hindernistypen/-befestigungen gemäß § 633 – soweit darstellbar. Sind die Hindernisse nicht am/im Boden zu befestigen, so sind – im ausgeflaggten Bereich – nur Hindernisteile zu verwenden, die sich bei evtl. Kippen nicht wesentlich in den Abmessungen vergrößern können.

C. Gruppengeländeritte

§ 680
Ausschreibungen

Zulässig sind:

- Gruppengeländeritte Kl. E für 4-jährige und ältere Pferde und/oder Ponys
- Gruppengeländeritte Kl. A*/** für 5-jährige und ältere Pferde und/oder M- und G-Ponys

§ 681
Beurteilung

Beurteilt wird die Leistung der Gruppe zwischen Start und Ziel nach Strafpunkten und Zeit.

§ 682
Anforderungen

Gruppenweises Überwinden einer Geländestrecke:

Kl. E: 1500 bis 2500 m Länge mit ca. zehn festen, ausreichend breiten Sprüngen nicht über 0,80 m hoch bzw. 1,50 m weit

Kl. A*/**: 2000 bis 3000 m Länge mit ca. 15 festen, ausreichend breiten Sprüngen nicht über 0,90 m hoch bzw. 2,00 m weit
In A* sollen die Abmessungen und technischen Anforderungen eher im unteren Bereich, in A** eher im oberen Bereich liegen (siehe auch Broschüre/Merkblatt „Der Geländeaufbau" (FN-Handbuch Turniersport, Teil A, Kapitel 8.2.1, www.pferd-aktuell.de)

Stärke der Gruppe je nach Ausschreibung: zwei bis vier Teilnehmer

Jedes Mitglied der Gruppe muss alle Hindernisse/Sprünge in der angegebenen Reihenfolge überwinden. Mehrfaches Überwinden eines Hindernisses/Sprunges sowie Positions- bzw. Pferdewechsel innerhalb der Gruppe sind zulässig.

Für den Start- und den Zieldurchgang stehen der Gruppe jeweils 10 Sekunden zur Verfügung.

§ 683
Bewertung

Bewertung gemäß §§ 640 bis 646. Die Zeit wird gemessen vom Start des ersten bis zum Zieldurchgang des letzten Teilnehmers der Gruppe. Überschreiten der für Start- bzw. Zieldurchgang zur Verfügung stehenden Zeit führt zum Ausschluss.

§ 684
Geländestrecke

Die §§ 630 ff. gelten sinngemäß.

D. FN-Hunterklassen Gelände

§ 685
Ausschreibungen

Zulässig sind:

- 80er-Hunterklasse: 4-jährige und ältere Pferde und/oder M- und G-Ponys
- 90er-Hunterklasse: 4-jährige und ältere Pferde und/oder M- und G-Ponys
- 100er-Hunterklasse: 5-jährige und ältere Pferde und/oder M- und G-Ponys

§ 686
Anforderungen

Klasse	Anforderungen in Anlehnung an	Strecken-länge in Metern	Hindernis-höhe max.	Hindernisweite im oberen Teil/ an der Basis	Anzahl d. Hinder-nisse max.	Graben-weite max.	Tief-sprünge (vgl.§ 633)
80er	Stilgeländeritt Kl. E	800–1500	0,80 m	0,80 m/1,20 m	10	–	0,80 m
90er	Stilgeländeritt Kl. E	1000–1500	0,90 m	1,00 m/1,50 m	15	0,80 m	1,20 m
100er	Stilgeländeritt Kl. A	1500–2500	1,00 m	1,20 m/1,80 m	20	2,00 m	1,20 m

§ 687
Bewertung

Beurteilt werden Sitz und Einwirkung des Teilnehmers, das Gerittensein, Galoppiervermögen und die Springmanier des Pferdes und der Gesamteindruck mit einer Gesamtwertnote gemäß § 57.2.1.

Abzüge gemäß §§ 373, d.h.:

- Erster Ungehorsam 0,5 Strafpunkte
- Zweiter Ungehorsam 1,0 Strafpunkte
- Zweiter Ungehorsam am selben Hindernis 2,0 Strafpunkte
- Dritter Ungehorsam Ausschluss
- Sturz des Teilnehmers und/oder Pferdes im Verlauf der Strecke Ausschluss

Sonstige Ausschlüsse gemäß § 646

(Vgl. im übrigen FN-Merkblatt „FN-Hunterklasse Gelände".)

VII. Fahrprüfungen

1. Gebrauchsprüfungen

§ 701
Ausschreibungen

Zulässig sind:

	Kl. A 4-jährige und ältere Pferde und/oder Ponys	**Kl. M 4-jährige und ältere Pferde und/oder Ponys**	**Kl. S 5-jährige und ältere Pferde oder Ponys**
Gebrauchs-LP	Ein-, Zwei-, Vier- oder Mehrspänner	Ein-, Zwei-, Vier- oder Mehrspänner	Ein-, Zwei-, Vier- oder Mehrspänner

§ 702
Beurteilung

1. Gebrauchs-LP Kl. A
   Beurteilt werden:
   a) der Gebrauchstrab
   b) der Schritt
   c) die Ausbildung
   d) der Gesamteindruck des Gespannes
   e) das Herausbringen von Pferd/en und Wagen
2. Gebrauchs-LP Kl. M und S
   Beurteilt werden:
   a) der Gebrauchstrab
   b) der Schritt
   c) der Mitteltrab (Kl. M), der starke Trab (Kl. S)
   d) die Ausbildung
   e) der Gesamteindruck des Gespannes
   f) das Herausbringen von Pferd/en und Wagen

Maßgebend ist die Eignung als Fahrpferd für den sofortigen Einsatz im Rahmen der Anforderungen der betreffenden Klasse.

§ 703
Durchführung

Gebrauchs-LP bestehen aus Prüfung und Platzierung.

1. Prüfung:
   a) Grundgangartenüberprüfung in der Abteilung (maximal vier Gespanne)
   b) Überprüfung der Ausbildung: Einzelfahren gemäß Aufgabenheft Fahren
2. Platzierung:
   Vorstellung der platzierten Gespanne mit den in der Prüfung gefahrenen Pferden (vgl. § 59.1)

§ 704
Anforderungen und Bewertung

1. Überprüfung der Grundgangarten:
   Fahren der Gespanne nach Weisung der Richter
2. Für die Überprüfung der Ausbildung:
   Fahren der in der Ausschreibung genannten Aufgabe gemäß Aufgabenheft Fahren
3. Bewertung:
   Verlangt und bewertet werden gemäß § 57.2.1 alle Lektionen der in der Ausschreibung genannten Aufgabe sowie die Gangarten und der Gesamteindruck gemäß § 702. Für die Bewertung der Grundgangarten (Schritt und Gebrauchstrab) sind als Dezimalstellen nur halbe Noten zulässig (vgl. Richterkarte im Aufgabenheft Fahren).
4. Ausschlüsse: gemäß § 716
   Es gelten die Anforderungen gemäß § 715 (vgl. Aufgabenheft Fahren).

2. Dressurprüfungen

§ 710
Ausschreibungen

Zulässig sind:

	Kl. E 4-jährige und ältere Pferde und/oder Ponys	**Kl. A*/** 4-jährige und ältere Pferde und/oder Ponys**	**Kl. M*/** 5-jährige und ältere Pferde oder Ponys**	**Kl. S*/**/*** 6-jährige und ältere Pferde oder Ponys**
Dressurfahr-LP gemäß Aufgabenheft Fahren	Ein- oder Zweispänner (nach Weisung der Richter)	Ein-, Zwei-, Vier- oder Mehrspänner	Ein-, Zwei-, Vier- oder Mehrspänner	Ein-, Zwei-, Vier- oder Mehrspänner
Kür gemäß Aufgabenheft Fahren			Ein-, Zwei-, Vier- oder Mehrspänner	Ein-, Zwei-, Vier- oder Mehrspänner
Kombinierte Dressurfahr-LP mit Pflichtaufgaben und Kür gemäß Aufgabenheft Fahren			Ein-, Zwei-, Vier- oder Mehrspänner	Ein-, Zwei-, Vier- oder Mehrspänner

§ 711
Beurteilung

Beurteilt werden die Leistungen von Fahrer und Pferden gemäß Aufgabenheft Fahren. In den Klassen E und A fließt die Anwendung des Achenbach'schen Fahrsystems in die Beurteilung ein. Maßgebend sind der Grad der Ausbildung der Pferde sowie Hilfengebung, Gefühl und Einwirkung des Fahrers. Die Prüfung beginnt mit dem Einfahren in das Viereck bei A und endet mit der letzten Grußaufstellung.

§ 712
Richtverfahren

Das Richten erfolgt nach freiem Ermessen im Rahmen der Richtlinien für Reiten und Fahren. Es werden folgende Richtverfahren unterschieden:

A. **Richten mit einer** Gesamtwertnote

Dieses Verfahren ist vorgeschrieben für Dressurfahr-LP der Kl. E und A.

Für Dressurfahr-LP der Kl. M ist es anzuwenden, wenn es die Ausschreibung vorsieht.

Das Urteil des Richters/der Richter bzw. der Richtergruppe/n über die Gesamtleistung jedes Gespanns wird durch eine (ggf. mehrere, sofern gemäß Aufgabenheft Fahren vorgesehen) mündlich oder schriftlich zu begründende Gesamtwertnote gemäß § 57.2.1 ausgedrückt. Die Wertnoten werden nach jeder Vorstellung bekannt gegeben.

Dressur-Fahr-LP der Kl. A können auch beim Richten mit einer Wertnote von getrennt sitzenden Richtern bewertet werden. Dabei werden die Wertnoten der einzelnen Richter addiert und anschließend durch die Anzahl der Richter geteilt.

B. **Richten mit Einzelnoten**

Dieses Verfahren ist für Dressurfahr-LP der Kl. M zugelassen, für Dressuraufgaben der Kl. S und Aufgaben der FEI vorgeschrieben.

Jeder Richter erteilt für jede Lektion einer Aufgabe eine Einzelnote gemäß § 57. 2.2. Bei Verwendung von Notenbogen sind volle und halbe Einzelnoten zulässig. Jede Einzelnote von 5 oder schlechter ist schriftlich zu begründen. Die Summen der Einzelnoten sind unverzüglich bekannt zu geben. Die Platzierung ergibt sich aus der Summe der Einzelnoten. Eventuelle Abzüge gemäß § 714 (maßgeblich ist die Entscheidung des Richters bei C) werden bei allen Richtern in Anrechnung gebracht.

Die Summe der Einzelnoten ist zusätzlich in Prozentpunkten anzugeben.

In der Kür vergibt jeder Richter Einzelnoten für die Ausführung (A-Note) und für die künstlerische Gestaltung (B-Note) der Vorstellung des Fahrers gemäß Aufgabenheft Fahren.

§ 713
Durchführung

Dressurfahr-LP bestehen aus Prüfung und Platzierung.

1. Prüfung: Einzelfahren, in Kl. E auch in der Abteilung (maximal vier Gespanne)
2. Vorstellung der platzierten Teilnehmer (vgl. § 59.1)

§ 714
Bewertung

1. Verlangt und bewertet werden alle Lektionen der in der Ausschreibung genannten Aufgabe gemäß Aufgabenheft Fahren.
2. Folgende Abzüge sind zu berücksichtigen:

		Richten mit einer Wertnote	Richten mit Einzelnoten
2.1	Vom Fahrer verschuldetes Verfahren (vgl. § 403.5 sinngemäß)		
	das 1. Mal	0,5 Punkte	5 Punkte
	das 2. Mal	1,0 Punkte	10 Punkte
	das 3. Mal	Ausschluss	Ausschluss
2.2	Absteigen des/der Beifahrer/s		
	das 1. Mal	0,5 Punkte	5 Punkte
	das 2. Mal	1,0 Punkte	10 Punkte
	das 3. Mal	Ausschluss	Ausschluss
2.3	Absteigen des Fahrers	2,0 Punkte	20 Punkte
2.4	Einfahren ohne Peitsche bzw. Verlieren oder Niederlegen der Peitsche je Vorfall	0,5 Punkte	5 Punkte
2.5	Ungehorsam im Verlauf der LP: Ein Ungehorsam liegt vor, wenn sich das Gespann an irgendeiner Stelle des Vierecks durch Stehenbleiben, Rückwärtsbewegung, Kehrtwendung, Steigen usw. der Vorwärtsbewegung entzieht.		
	Erster Ungehorsam	0,5 Punkte	5 Punkte
	Zweiter Ungehorsam	1,0 Punkte	10 Punkte
	Dritter Ungehorsam	Ausschluss	Ausschluss
2.6	Unvollständige/unkorrekte Ausrüstung je Vorfall	0,5 Punkte	5 Punkte

(vgl. §§ 69 und 71, inkl. Richtlinien für Reiten und Fahren, Band 5), z.B.

- Fahrer ohne Bockdecke, Kopfbedeckung, Handschuhe
- Beifahrer ohne Handschuhe, Kopfbedeckung
- Fahren ohne Lampen (Ausnahme: Kl. E), ohne Rücklichter oder ohne Reflektoren
- Gamaschen/Bandagen o.Ä. an den Pferdebeinen
- und/oder ähnliche Verstöße gegen die Ausrüstungsvorschriften

2.7	Bei Handhabung der Leinen (zwischen Leinenende und jeweiligem Kammdeckel), Bremse oder Peitsche durch einen Beifahrer vor Beendigung der Prüfung je Vorkommnis	2,0 Punkte	20 Punkte
2.8	Deutliche Nichtanwendung des Achenbach'schen Fahrsystems (nur in Kl. E bis A) einmalig	0,5 Punkte	5 Punkte
2.9	Bei Ansprechen bzw. Zeigen des Weges durch den Beifahrer einmalig	0,5 Punkte	5 Punkte

Bei gerissenen oder gelösten Leinen, Strängen, Aufhalteriemen oder -ketten oder falls ein Pferd über die Deichsel, die Vorderbracke oder den Strang getreten ist, hat der Beifahrer nach Abläuten abzusteigen und den Fehler zu beheben. Eventuelle Strafpunkte gemäß § 714.2.2. Zur Fortsetzung der Aufgabe erfolgt erneutes Glockenzeichen.

3. Für die Platzierung in einer Kombinierten Dressurfahr-LP ist je nach Ausschreibung die Gesamtsumme aus den Teilprüfungen maßgebend; hierfür werden die Summen der Einzel-Wertnoten aus allen Teilprüfungen addiert.
4. Wenn in der Ausschreibung nicht anders geregelt, werden alle Einzelaufgaben auswendig gefahren, andernfalls stellt der Veranstalter einen Kommandogeber.

§ 715
Anforderungen an das Fahren in Dressurprüfungen

Die Anforderungen an das Fahren in Dressurprüfungen sind im Aufgabenheft Fahren und in den Richtlinien für Reiten und Fahren, Band 5, der FN geregelt.

§ 716
Sonstige Ausschlussgründe

A. In allen nachfolgenden Fällen kann ein Ausschluss des Teilnehmers erfolgen:

1. Wenn er nach Aufruf zum Start nicht binnen 60 Sekunden auf dem Prüfungsplatz eingefahren ist.
2. Wenn er ohne Genehmigung der Richter das Gespann auf dem Prüfungsplatz führen lässt.
3. Wenn ein Teilnehmer außerhalb von LP mit dem Gespann den Prüfungsplatz betritt. Ausnahmen können von der Turnierleitung zugelassen werden.
4. Beim Start vor Startfreigabe.
5. Wenn ein Gespann sich nachhaltig während der Prüfung widersetzt.

B. In den nachfolgenden Fällen muss ein Ausschluss des Teilnehmers erfolgen:

1. Bei Verwendung nicht erlaubter Ausrüstung, sofern nicht durch Strafpunkte geahndet.
2. Beim Stehen eines Beifahrers hinter dem Fahrer oder Hilfestellung durch ihn vor Beendigung der Prüfung, außer in Notfällen.
3. Beim Umkippen des Wagens im Verlauf der Prüfung.
4. Beim Verlassen des Vierecks durch das ganze Gespann.
5. Bei verbotener „Fremder Hilfe" gemäß § 734.
6. Bei unsportlichem Verhalten bei der Vorbereitung oder im Verlauf der Prüfung (vgl. §§ 52 und 66) sowie auf dem gesamten dem Turnierablauf dienenden Gelände sowie in dessen Umgebung. Einem Ausschluss wegen dieses Grundes kann eine Rüge gemäß § 55.6 vorausgehen.
7. Bei Nichtbeachtung entsprechender Vorschriften, Gebote und Verbote der LPO.

§ 717
Glockenzeichen

Das Glocken- oder ein anderes akustisches Zeichen dient als Signal für den Teilnehmer:

1. zur Freigabe des Starts
2. zum Anhalten (z.B. nach einem Verfahren)
3. zur Unterbrechung und zur Fortsetzung nach einer Unterbrechung
4. für den Ausschluss bzw. die vorzeitige Beendigung der LP durch wiederholte Betätigung

3. Hindernisfahren

§ 720
Ausschreibungen

Zulässig sind:

1. Hindernis-Fahr-LP

	Kl. E 4-jährige und ältere Pferde und/oder Ponys	**Kl. A** 4-jährige und ältere Pferde und/oder Ponys	**Kl. M** 5-jährige und ältere Pferde oder Ponys	**Kl. S** 6-jährige und ältere Pferde oder Ponys
Standard-Hindernis-fahren	Ein- oder Zwei-spänner	Ein-, Zwei-, Vier- oder Mehrspänner	Ein-, Zwei-, Vier- oder Mehrspänner	Ein-, Zwei-, Vier- oder Mehrspänner
Spezial-Hindernis-fahren	Ein- oder Zwei-spänner	Ein-, Zwei-, Vier- oder Mehrspänner	Ein-, Zwei-, Vier- oder Mehrspänner	Ein-, Zwei-, Vier- oder Mehrspänner

2. Spezial-Hindernisfahr-LP
   a) Stil-Hindernisfahren (Kl. E, A und M)
   b) Zwei-Phasen-Stil-Hindernisfahren (Kl. E, A und M)
   c) Glücks-Hindernisfahren (Kl. A, M und S)
   d) Jagd um Punkte (Kl. A, M und S)
   e) Wahl-Hindernisfahren (Kl. A, M und S)
   f) Zwei-Phasen-Hindernisfahren (Kl. E, A, M und S)
   g) Kombiniertes Hindernisfahren mit Geländehindernissen (Kl. E, A, M und S)
   h) Stafetten-Hindernisfahren (Kl. M und Kl. S)
   i) Hindernisfahren mit Siegerrunde (Kl. E, A, M und S)
   j) Gruppen-Hindernisfahren (Kl. E, A, M und S)

   Unabhängig von diesen LP können andere Prüfungsarten ausgeschrieben werden, deren Abwicklung und Richtverfahren hier nicht aufgeführt sind, jedoch sinngemäß den Bestimmungen gemäß Teil B VII. entsprechen. Voraussetzung ist die Genehmigung der überwachenden Stelle.

§ 721
Beurteilung und Richtverfahren/Bestimmungen für Stechen

1. **Beurteilung und Richtverfahren**

   Beurteilt wird die Leistung des Gespannes zwischen Start- und Ziellinie, ausgedrückt in Strafpunkten, Punkten, Wertnoten und/oder Sekunden, je nach Ausschreibung und Richtverfahren. Die Gangart ist beliebig, es erfolgt fliegender Start. Es werden folgende Richtverfahren unterschieden:

   A. **Richtverfahren A für Standard-Hindernisfahren nach Strafpunkten und Zeit**

   Die Platzierung wird durch Addition der Strafpunkte ermittelt. Bei Punktgleichheit werden die Teilnehmer nach der Zeit platziert, die sie für ihren Parcours gebraucht haben. Bei Gleichheit der Strafpunkte und der für den Parcours benötigten Zeit werden die Teilnehmer gleichplatziert.

B. Richtverfahren B für Standard-Hindernisfahren mit Stechen
Nach Strafpunkten und Zeit mit einmaligem Stechen um den Sieg.
Die Platzierung erfolgt gemäß Ziffer 1.A, bei Punktgleichheit auf dem ersten Platz erfolgt ein einmaliges Stechen nach Strafpunkten und Zeit über den gleichen oder maximal um die Hälfte der Hindernisse reduzierten Parcours.
Bei gleicher Punktzahl und gleicher Zeit erfolgt gleiche Platzierung.

C. Richtverfahren C für Zeit-Hindernisfahren
Für die Platzierung ist die für den Parcours benötigte Zeit zzgl. evtl. Strafsekunden maßgebend. Bei gleicher Gesamtzeit auf dem ersten Platz erfolgt gleiche Platzierung.

D. Richtverfahren für Spezial-Hindernisfahren
Es gelten bis auf beschriebene Ausnahmen die §§ 721 bis 735.

2. Bestimmungen für Stechen/Siegerrunde

A. Stechen

1. Die für die LP erstellte Starterliste gilt grundsätzlich auch für das Stechen. Soll im Stechen eine andere Startfolge gelten (z.B. nach Leistung im Umlauf), so ist dies in der Ausschreibung festzulegen. Maßgeblich ist die genehmigte Ausschreibung.
2. Die Anzahl der Hindernisse für das Stechen beim Standard-Hindernisfahren kann um bis zu 50% gekürzt, die Reihenfolge der Hindernisse geändert werden.
3. Mehrfachhindernisse sind im Stechen nicht zulässig (Ausnahme: eine Durchfahrt des Slalom/Zickzack).
4. Die Hindernisbreiten können mit Genehmigung der Richtergruppe verringert werden.
5. Die Platzierung ist in numerischer Reihenfolge nach erbrachter Leistung vorzunehmen, wobei ausgeschlossene Teilnehmer vor Teilnehmern rangieren, die nicht angetreten sind oder aufgegeben haben.
   Treten jedoch alle für das Stechen qualifizierten Teilnehmer nicht an oder geben auf, so werden sie gleichplatziert auf dem letzten Platz der für das Stechen qualifizierten Teilnehmer.
6. Wenn für ein Stechen nur Gespanne mit demselben Fahrer qualifiziert sind, wird der Teilnehmer bei Verzicht auf das Stechen als Sieger platziert.
7. Über diese Bestimmungen hinausgehende oder abweichende Regelungen für das Stechen bei Spezial-Hindernisfahren sind in den Spezialbestimmungen (§§ 736 ff.) aufgeführt.

B. Siegerrunde

1. Die für die LP erstellte Starterliste gilt grundsätzlich auch für die Siegerrunde. Soll in der Siegerrunde eine andere Startfolge gelten (z.B. nach Leistung im Umlauf), so ist dies in der Ausschreibung festzulegen. Maßgeblich ist die genehmigte Ausschreibung.
2. Die Anzahl der Hindernisse für die Siegerrunde kann um bis zu 50% gekürzt, die Reihenfolge der Hindernisse geändert werden. Auch die Erstellung eines neuen Parcours zu einem späteren Zeitpunkt auf einem separaten Platz ist möglich.

3. Mehrfachhindernisse sind in der Siegerrunde nicht zulässig (Ausnahme: eine Durchfahrt des Slalom/Zickzack).
4. Die Hindernisbreiten können mit Genehmigung der Richtergruppe verringert werden.
5. Teilnehmer, die zur Siegerrunde nicht antreten oder während der Siegerrunde aufgeben, dürfen nicht als Sieger platziert werden. Sie werden gleichplatziert auf dem letzten Platz der für die Siegerrunde qualifizierten Teilnehmer. Vor ihnen werden die in der Siegerrunde ausgeschiedenen Teilnehmer an gleicher Stelle platziert.
6. Über diese Bestimmungen hinausgehende oder abweichende Regelungen für die Siegerrunde beim Spezial-Hindernisfahren sind in den Spezialbestimmungen (§§ 736 ff.) aufgeführt.
7. Beim Abbruch einer Siegerrunde aufgrund höherer Gewalt werden die Teilnehmer entsprechend ihrer im Umlauf erbrachten Vorleistung (nach Strafpunkten) platziert.

§ 722
Bewertung

	Richtverfahren A/B	**Richtverfahren C**
1. Start		
1.1 Überfahren der Startlinie vor Startfreigabe und Durchfahren des ersten Hindernisses (Neustart erforderlich)	10 Strafpunkte	10 Strafsekunden
1.2 Nichtpassieren der Startlinie	Ausschluss	Ausschluss
2. Peitsche		
2.1 Beginn der LP ohne Peitsche	10 Strafpunkte	10 Strafsekunden
2.2 Verlieren oder Niederlegen der Peitsche einmalig	10 Strafpunkte	10 Strafsekunden
3. Abzug für unkorrekte/unvollständige Ausrüstung (vgl. §§ 69 und 71, inkl. Richtlinien für Reiten und Fahren, Band 5), z.B. je Vorfall	5 Strafpunkte	5 Strafsekunden
– Fahrer ohne Bockdecke, Kopfbedeckung, Handschuhe		
– Beifahrer ohne Handschuhe, Kopfbedeckung		
– Fahren ohne Lampen (Ausnahme: Kl. E), ohne Rücklichter oder ohne Reflektoren		
– und/oder ähnliche Verstöße gegen die Ausrüstungsvorschriften		
4. Hindernisfehler: Ein durch den Teilnehmer verursachter Hindernisfehler liegt vor, solange das gesamte Gespann noch nicht die Ziellinie passiert hat. Folgende Hindernisfehler werden unterschieden:		
4.1 Um- bzw. Abwerfen eines Hindernisses bzw. eines oder mehrerer Hindernisteile an einem Einzelhindernis	3 Strafpunkte	3 Strafsekunden
4.2 Um- bzw. Abwerfen eines Teiles eines Mehrfachhindernisses	3 Strafpunkte	3 Strafsekunden
4.3 Um- bzw. Abwerfen eines Teiles eines schon gefahrenen Hindernisses	3 Strafpunkte	3 Strafsekunden

	Richtverfahren A/B	Richtverfahren C
4.4 Um- bzw. Abwerfen eines Teiles eines noch zu fahrenden Einzel- bzw. Mehrfachhindernisses (Abläuten und Wiederaufbau erforderlich)	3 Strafpunkte	3 Strafsekunden
zzgl.	10 Strafsekunden	10 Strafsekunden
4.5 Fahren eines Hindernisses in falscher Reihenfolge und/oder Richtung ohne Korrektur (Ausnahme: Querdurchfahrt offener (Kegel-)Kombinationen)	Ausschluss	Ausschluss
4.6 Nichtbeachtung des § 732.D nach einem Ungehorsam in einem Mehrfachhindernis	Ausschluss	Ausschluss
4.7 Ungehorsam		
Erster Ungehorsam	5 Strafpunkte	–
Zweiter Ungehorsam	10 Strafpunkte	–
Dritter Ungehorsam	Ausschluss	Ausschluss
4.8 Verfahren gemäß § 733 ohne Korrektur	Ausschluss	Ausschluss
4.9 Korrigiertes Verfahren gemäß § 733.2	20 Strafpunkte	20 Strafsekunden
5. Absteigen (beide Füße am Boden)		
5.1 des Fahrers je Vorkommnis	20 Strafpunkte	20 Strafsekunden
5.2 des oder der Beifahrer/s		
Erstes Absteigen	5 Strafpunkte	5 Strafsekunden
Zweites Absteigen	10 Strafpunkte	10 Strafsekunden
Drittes Absteigen	Ausschluss	Ausschluss
6. Einwirkung durch Beifahrer, solange das Gespann nicht hält		
6.1 Handhabung der Leinen zwischen Leinenende und jeweiligem Kammdeckel, Bremse oder Peitsche vor Durchfahren der Ziellinie je Vorkommnis	20 Strafpunkte	20 Strafsekunden
6.2 Verlassen seines Platzes bzw. Stehen auf dem Wagen (Ausnahme: siehe 5.2)	Ausschluss	Ausschluss
6.3 Gestrichen!		
7. Unerlaubte „Fremde Hilfe" (gemäß § 734)	Ausschluss	Ausschluss
8. Für Zeitüberschreitung werden wie folgt Strafpunkte/Strafsekunden berechnet: Die Zeit wird gemäß § 731.2 in Hundertstelsekunden gemessen, die Berechnung erfolgt auf zwei Stellen hinter dem Komma. (Beispiel: Zeitüberschreitung 7,26 Sekunden ergibt 3,63 Strafpunkte/Strafsekunden)	je angef. Sekunde ½ Strafpunkt	je angef. Sekunde ½ Strafsekunde
9. Überschreiten der HZ	Ausschluss	Ausschluss
10. Umkippen des Wagens	Ausschluss	Ausschluss
11. Durchfahren eines Hindernisses mit unvollständiger Besetzung des Wagens (vgl. § 71.E)	Ausschluss	Ausschluss
(Ausnahme: Führen durch ein Hindernis durch Beifahrer)	20 Strafpunkte	20 Strafsekunden
12. Versuchtes Durchfahren eines Hindernisses vor Beginn des Parcours	Ausschluss	Ausschluss

Bei gerissenen oder gelösten Leinen, Strängen, Aufhalteriemen oder -ketten oder falls ein Pferd über die Deichsel, die Vorderbracke oder den Strang getreten ist, hat der Beifahrer nach Abläuten abzusteigen und den Fehler zu beheben. Entsprechende Strafpunkte siehe oben. Die Zeit wird vom Abläuten bis zum Wiederanläuten angehalten. Zur Fortsetzung des Parcours erfolgt erneutes Glockenzeichen.

§ 723
Anforderungen

1. **Hindernisse und Parcourslänge**

Hindernisse und Parcourslänge	Kl. E	Kl. A	Kl. M	Kl. S
Hindernisse	8–12	10–15	12–18	15–20
Mehrfachhindernisse	0–1	1–2	2–3	2–4
Parcourslänge	300–600 m	400–600 m	400–700 m	500–800 m
Wasserdurchfahrt/Brücke (gilt als Mehrfachhindernis)			erlaubt	erlaubt

In Kl. E und A kann ein Einzelhindernis, in den Kl. M und S können bis zu zwei Einzelhindernisse im Parcours als Alternativ-Hindernisse (doppelte Nummerierung) aufgebaut werden.

Zugelassene Mehrfachhindernisse je Klasse: siehe Aufgabenheft

Generell gilt: Bei Vier- und Mehrspännern sind mindestens 15 m Strecke, bei Zweispännern mind. 12 m Strecke zwischen zwei Einzelhindernissen vorgeschrieben.

Bei Hallen-PLS können aufgrund der Platzverhältnisse die Anforderungen bezüglich Hinderniszahl und Parcourslänge entsprechend vermindert werden. Es sind maximal zwei Mehrfachhindernisse zugelassen.

2. **Hindernisbreiten**

Die Hindernisbreite in LP Kl. E bis M ergibt sich aus der äußeren Spurbreite des hinteren Radpaares, am Boden gemessen, plus den nachfolgend aufgeführten Werten.

	Kl. E	Kl. A	Kl. M
Ein-/Zweispänner	35–45 cm	25–40 cm	20–35 cm
Vierspänner	–	40–50 cm	35–45 cm
Mehrspänner		40–60 cm	30–50 cm

In Kl. S ist die Hindernisbreite wie folgt zu bemessen:

	Ponys	Pferde
Einspänner	1,55–1,80 m	1,55–1,80 m
Zweispänner	1,55–1,80 m	1,65–1,90 m
Vier- und Mehrspänner	1,65–1,90 m	1,85–2,00 m

Das Standardmaß für die Hindernisbreite wird in der Ausschreibung bzw. spätestens in der Parcoursskizze festgelegt.

Einzelhindernisse gemäß § 727.1 (Abb. 61) können mit um 5 cm verringerter Hindernisbreite gegenüber dem Standardmaß aufgebaut werden. Diese Kegelpaare sind andersfarbig zu kennzeichnen. In Kl. A sind max. 2, in Kl. M max. 3 und in Kl. S max. 5 derartige Einzelhindernisse zulässig.

Die Hindernisbreite für Tandems und Randoms ergibt sich in der Kl. S aus der äußeren Spurbreite des hinteren Radpaares, am Boden gemessen, zzgl. 30 bis 40 cm.

3. **Mehrfachhindernisse**: (vgl. Abbildungen im Aufgabenheft Fahren)

4. **EZ und HZ:** Für jede Prüfung ist eine EZ und eine HZ vorzuschreiben und auf der Parcoursskizze anzugeben. Das Tempo zur Errechnung der EZ in m/Min. beträgt für:

		Pferde	Ponys
Klasse E	Einspänner	200	200
	Zweispänner	200	200
Klasse A	Einspänner	230	230
	Zweispänner	230	230
	Tandem	210	220
	Vier-/Mehrspänner	210	210
Klasse M	Einspänner	240	240
	Zweispänner	240	240
	Vier-/Mehrspänner	220	220
Klasse S	Einspänner	250	250
	Zweispänner	250	250
	Vier-/Mehrspänner	230	230

Das in der Tabelle (s.u.) angegebene Tempo darf nach Absprache zwischen Richtergruppe und Parcourschef um max. 20 m/Min. reduziert werden.

Die HZ entspricht dem Doppelten der EZ. Eine Änderung der EZ durch die Richter ist nur in Absprache mit dem Parcourschef bis nach Parcoursbeendigung des dritten Teilnehmers der LP ohne Umkippen des Wagens bzw. Ungehorsam zulässig. Ein Herabsetzen der EZ ist nur insoweit möglich, dass die bereits gestarteten Teilnehmer nicht mit zusätzlichen Strafpunkten belastet werden.

5.

Parcours-länge Meter	**EZ in Sekunden für Tempo**						
	190 m/Min.	**200 m/Min.**	**210 m/Min.**	**220 m/Min.**	**230 m/Min.**	**240 m/Min.**	**250 m/Min.**
300	95	90	86	82	78	75	72
320	101	96	91	87	83	80	77
340	107	102	97	93	89	85	82
360	114	108	103	98	94	90	86
380	120	114	109	104	99	95	91
400	126	120	114	109	104	100	96
420	133	126	120	115	110	105	101
440	139	132	126	120	115	110	106
460	145	138	131	125	120	115	110
480	152	144	137	131	125	120	115
500	158	150	143	136	130	125	120
520	164	156	149	142	136	130	125
540	171	162	154	147	141	135	130
560	177	168	160	153	146	140	134
580	183	174	166	158	151	145	139
600	189	180	171	164	157	150	144
620	196	186	177	169	162	155	149
640	202	192	183	175	167	160	154
660	208	198	189	180	172	165	158
680	215	204	194	185	177	170	163
700	221	210	200	191	183	175	168
720	227	216	206	196	188	180	173
740	234	222	211	202	193	185	178
760	240	228	217	207	198	190	182
780	246	234	223	213	203	195	187
800	253	240	229	218	209	200	192

§ 724
Parcours

1. Als Parcours wird der Weg bezeichnet, den ein Gespann zwischen Start- und Ziellinie zurücklegen muss. Zur Errechnung der Länge dient der normalerweise, besonders in den Wendungen, von dem Gespann verfolgte Weg. Vom Start bis zum Ziel läuft er über die Mitte der Hindernisse.
2. Die Hindernisse sind in der Reihenfolge laufend zu nummerieren, in der sie zu durchfahren sind.
3. Mehrfachhindernisse tragen nur eine Nummer. Dabei werden Unterscheidungsbuchstaben gesetzt (z.B. 8a, b, c).
4. Der Abstand zwischen Startlinie und erstem Hindernis bzw. letztem Hindernis und Ziellinie muss zwischen 15 und 30 m betragen, bei Hallen-PLS: jeweils 10 m.
5. Der Eingang des Prüfungsplatzes ist grundsätzlich geschlossen zu halten, solange ein Teilnehmer seinen Parcours absolviert.
6. Der Parcours einer begonnenen Prüfung darf nicht geändert werden.

§ 725
Zutritt zum Prüfungsplatz

1. Teilnehmer im Fahreranzug gemäß § 69 und Ausbilder, jedoch keine Beifahrer (außer bei LP gemäß § 742), dürfen den Prüfungsplatz, auch bei LP mit Stechen/Siegerrunde (sofern kein neuer Parcours gemäß § 721.2.B.2 erstellt wird), nur vor dem Beginn der LP zu Fuß betreten. Die Genehmigung wird von den Richtern durch ein Glockenzeichen erteilt. Zum Verlassen des Prüfungsplatzes fordert ein weiteres Glockenzeichen auf.
2. Den Teilnehmern ist es grundsätzlich untersagt, außerhalb der LP auf dem Prüfungsplatz zu fahren.

§ 726
Parcoursskizze

1. Eine Skizze des Parcours mit genauer Wiedergabe der Einzelheiten muss vor der Besichtigung durch die Teilnehmer angeschlagen sein oder diesen in Kopie zur Verfügung gestellt werden; die Richter müssen eine Kopie erhalten.
2. Die Skizze muss enthalten:
   a) den Parcours, anzudeuten durch Richtungspfeile gemäß c) oder wo er genau eingehalten werden muss, anzuzeigen durch eine fortlaufende Linie;
   b) Start- und Ziellinie;
   c) die Hindernisse, diese sind zu nummerieren und mit Pfeilen zu versehen, die die Richtung angeben, in der die Hindernisse zu durchfahren sind;
   d) Wendepunkte;
   e) Länge des Parcours;
   f) Richtverfahren und Tempo;
   g) EZ und HZ;
   h) Entscheidungen der Richter, die sich auf diesen Parcours beziehen;
   i) bei LP mit Stechen/Siegerrunde: zusätzlich die Nummern und Reihenfolge der vorgesehenen Hindernisse, Parcourslänge, Tempo und EZ.

3. Eine Änderung der bereits angeschlagenen Parcoursskizze ist nur mit Zustimmung der Richter zulässig. Die Änderung ist den Teilnehmern unverzüglich bekannt zu geben.

§ 727
Hindernisse

1. Die Hindernisse müssen Achtung gebietend und fair sein. Sie bestehen aus einem Kegelpaar (ggf. als doppeltes Kegelpaar („Oxer")) und roten bzw. weißen Begrenzungsschildern. Bei Hallen-LP können Kegel und Begrenzungsschild aus einem Element bestehen. Es können einfache und doppelte Kegelpaare („Oxer") als vorgeschriebene Durchfahrten verwendet werden. Ein „Oxer" besteht aus zwei Kegelpaaren, die im Abstand von 1,50 m bis 3,00 m auf gerader Linie mit der im jeweiligen Parcours gültigen Durchfahrtsbreite aufgebaut werden (Messpunkt von Ballmitte zu Ballmitte). Es sind in Kl. S max. 5, in Kl. M max. 4, in Kl. A max. 3 und in Kl. E max. 2 Oxer-Hindernisse je Parcours zugelassen.
2. Die Kegel müssen mindestens 30 cm hoch sein und sollen aus unzerbrechlichem Kunststoff oder Gummi hergestellt sein. Ein Ball o.Ä. soll oben auf die Kegel gelegt werden, sodass er herunterfällt, falls die Kegel berührt werden (siehe Anhang, Empfehlungen zu § 727).
3. Teile von Springhindernissen wie Stangen und Auflagen, Elemente einer Mauer etc. sind anstelle von oder zusätzlich zu Kegeln gestattet, Höhe 40 bis 60 cm.
4. Obligatorische Wasserhindernisse/-durchfahrten sind ab Kl. M gestattet. Sie müssen jedoch mindestens 3 m breit sein und eine Durchfahrt von mindestens 3 m Länge aufweisen, abgeflachte Ein- und Ausfahrten und eine Wassertiefe zwischen 20 und 40 cm haben. Ein- und Ausfahrt müssen mit je einem Kegelpaar (A und B, Kegelweite 2,5 m) markiert sein.
5. Brückenhindernisse aus Holz oder ähnlichem, zweckmäßigem Material sind ab Kl. M gestattet, sofern sie nicht höher als 20 cm und nicht länger als 10 m sind und eine Mindestbreite von 3 m aufweisen.
   Ein- und Ausfahrt der Brücke müssen mit je einem Kegelpaar (A und B, Kegelweite 2,5 m) markiert sein.
   Offene oder geschlossene Geländer sind gestattet, Fänge an der Auffahrt zweckmäßig.
6. Mehrfachhindernisse (Beispiele siehe Aufgabenheft Fahren).
7. Ein nicht mehr in seinen ursprünglichen Zustand zu versetzendes Hindernis ist durch ein annähernd gleichwertiges zu ersetzen.
8. Fänge etc. gelten nicht als Bestandteil von Hindernissen. Sie dürfen nicht an den Hindernissen befestigt sein, sollen sie aber überragen.

§ 728
Begrenzungsschilder

1. Die nachstehenden Einzelheiten eines Parcours werden unter Verwendung von roten und weißen Begrenzungsschildern angezeigt:
   a) die Startlinie,
   b) die äußere Begrenzung der für die Bewertung maßgebenden Teile der Hindernisse, Abstand neben dem jeweiligen Kegel: ca. 20 cm (Ausnahme: Hallenveranstaltungen),
   c) die Wendepunkte,
   d) die Ziellinie.
2. Die Begrenzungsschilder müssen so angebracht sein, dass der Teilnehmer das rote Begrenzungsschild zur Rechten und das weiße Begrenzungsschild zur Linken hat.
3. Die für ein/e Stechen/Siegerrunde nicht mehr benötigten Hindernisse sind nach Möglichkeit zu entfernen; Hindernisse, die nicht entfernt werden, müssen gesperrt werden.

§ 729
Glockenzeichen

Das Glocken- oder ein anderes akustisches Zeichen dient als Signal für den Teilnehmer:
1. gemäß § 725 – Parcoursbesichtigung
2. zur Freigabe des Starts
3. zum Anhalten bzw. Unterbrechen
4. zur Fortsetzung einer LP nach einer Unterbrechung
5. für den Ausschluss aus der LP durch wiederholte Betätigung

§ 730
Durchfahren von Start- und Ziellinie und Hindernissen

1. Die Start- und Ziellinie darf vor der Startfreigabe und im Verlauf der LP beliebig oft durchfahren werden, soweit dies nicht ausdrücklich verboten ist.
2. Die Gangart zwischen Start und Ziel ist frei.
3. Ein Hindernis ist dann durchfahren, wenn das gesamte Gespann das Hindernis innerhalb der roten und weißen Begrenzungsschilder passiert hat.

§ 731
Zeitmessung

1. Gemessen wird die Zeit, die der Teilnehmer benötigt, um den Parcours zurückzulegen. Sie beginnt in dem Augenblick, in dem der Teilnehmer nach Startfreigabe die Startlinie passiert bzw. wenn 45 Sekunden nach Startfreigabe verstrichen sind, und endet in dem Augenblick, in dem er in vollständiger Anspannung die Ziellinie erreicht und die Zeitmessung ausgelöst wird.
2. Für die Zeitmessung ist ab LP der Kl. M eine automatische Zeitmessanlage vorgeschrieben, in LP der Kl. E und A empfohlen. Darüber hinaus ist wenigstens eine von Hand zu bedienende Stoppuhr durch einen Richter zu verwenden. Die von Hand oder automatisch gemessene Zeit ist auf Hundertstelsekunden genau anzugeben.
3. Die Zeitmessung wird bei jedem durch die Richter veranlassten Anhalten des Teil-

nehmers unterbrochen. Das Anhalten des Teilnehmers erfolgt sofort bei Ungehorsam, sofern der Wiederaufbau eines oder mehrerer Hindernisse zum erneuten Durchfahren erforderlich wird. Nach dem Signal zur Fortsetzung der LP wird die Zeitmessung erneut in Gang gesetzt, wenn das Gespann mit der Stirnlinie das korrekt zu durchfahrende Hindernis passiert.

4. Bei Unterbrechung der Zeitmessung wegen Ungehorsams oder sonstiger Vorkommnisse gemäß § 722 (z.B. notwendiger Neuaufbau eines Hindernisses) werden der für den Parcours benötigten Zeit 10 Sekunden als Zeitzuschlag hinzugerechnet.
5. Während der Unterbrechung der Zeitmessung kann sich der Teilnehmer frei auf dem Prüfungsplatz bewegen. Allein die Vorschriften bzgl. evtl. Ausschluss behalten Gültigkeit.

§ 732
Ungehorsam

Hierzu gehören:

A. Stehenbleiben

Ein Stehenbleiben liegt vor, wenn sich vor oder in einem zu durchfahrenden Hindernis kein Teil des Gespanns mehr in der Vorwärtsbewegung befindet, gleichgültig ob das Hindernis dabei durch Berühren, Verschieben oder Umwerfen verändert wird.

B. Ausbrechen

Ein Ausbrechen (hierzu gehört auch das Fahren einer Volte innerhalb eines Mehrfachhindernisses) liegt vor, wenn das Gespann sich unmittelbar vor oder in einem zu durchfahrenden Hindernis der Einwirkung des Fahrers entzieht oder das Hindernis aus einem anderen Grund nicht durchfahren wird.

C. Widersetzlichkeit

Eine Widersetzlichkeit liegt vor, wenn sich das Pferd/die Pferde an irgendeiner Stelle des Parcours der Vorwärtsbewegung entzieht/entziehen – Stehenbleiben, Rückwärtsbewegung, Steigen usw.;
bei grober und/oder längerer Widersetzlichkeit entscheiden die Richter, ob ein- oder mehrfacher Ungehorsam anzurechnen ist.

D. Bestimmungen für Ungehorsam in Schlangenlinie oder Slalom bzw. Mehrfachhindernissen

1. Nach einem Ungehorsam in Mehrfachhindernissen ist eine Wiederholung der bereits durchfahrenen Hinderniselemente nur dann erforderlich, wenn durch einen im Zusammenhang mit dem Ungehorsam erfolgten Abwurf abgeläutet wurde.
2. Wird in einem Hindernis durch einen Ungehorsam ein Teil eines Hindernisses ab- bzw. umgeworfen, so wird der Teilnehmer nur für den Ungehorsam bestraft.
3. Das Durchfahren weiterer Tore des betreffenden Hindernisses nach dem Abläuten wird nicht bestraft.
4. Bei notwendiger Wiederholung wird durch Glockenzeichen der Parcours wieder freigegeben; die Zeitnahme wieder in Gang gesetzt, sobald das erste Pferd das Tor A passiert.

§ 733
Verfahren

1. Als Verfahren gilt und führt zum Ausschluss:
   Nichteinhalten des der Skizze entsprechenden Parcours
   a) durch Nichtbeachten der eingetragenen Richtungszeichen und Begrenzungsschilder;
   b) durch Nichteinhalten der vorgeschriebenen Reihenfolge der Hindernisse.
2. Korrigiertes Verfahren:
   Ein korrigiertes Verfahren liegt vor, wenn der Teilnehmer nach einem Verfahren gemäß Ziffer 1 den Parcours dort wieder aufnimmt, wo der Fehler begangen wurde. Im Übrigen gilt § 731.3 bis 5 entsprechend.

§ 734
„Fremde Hilfe"

1. Als verbotene „Fremde Hilfe" wird jede Einmischung eines Dritten (nicht der/des Beifahrer/s, es sei denn, mit Strafpunkten geahndetes Verhalten) mit der Absicht, die Aufgabe des Teilnehmers während einer LP zu erleichtern oder ihm bzw. seinem Gespann zu helfen, angesehen. Unerheblich ist, ob der Dritte dazu aufgefordert wurde oder nicht. Jede Hilfeleistung bei Unfällen ist erlaubt.
2. Teilnehmern und Beifahrern ist der Gebrauch jeglicher Art von elektronischen Kommunikationsmitteln während einer LP untersagt.

§ 735
Weitere Ausschlussgründe

A. In allen nachfolgenden Fällen kann ein Ausschluss des Teilnehmers erfolgen:
1. Wenn er nach Aufruf zum Start durch die Richter binnen 60 Sekunden nicht auf dem Prüfungsplatz eingefahren ist.
2. Wenn er nach Beginn der LP ohne Genehmigung der Richter zu Fuß den Prüfungsplatz betritt; dies gilt auch für die Beifahrer.
3. Wenn er ohne Genehmigung der Richter das Gespann auf den Prüfungsplatz führen lässt.
4. Wenn ein Gespann sich 60 Sekunden ununterbrochen während des Parcours widersetzt.
5. Wenn ein Teilnehmer außerhalb von LP ohne Genehmigung mit dem Gespann den Prüfungsplatz betritt.
6. Beim Fahren eines veränderten Hindernisses, bevor es wieder aufgebaut ist.

B. In den nachfolgenden Fällen muss Ausschluss des Teilnehmers erfolgen:
1. Wenn er mehr als 60 Sekunden benötigt, um ein Hindernis zu durchfahren.
2. Wenn er sich nach einem Ungehorsam in einem Mehrfachhindernis nicht gemäß § 732.D verhält.
3. Wenn er nach einer Unterbrechung den Parcours fortsetzt, ohne das Freigabesignal abgewartet zu haben.
4. Beim Vornehmen von Veränderungen an Einzelheiten des Parcours.
5. Wenn Fahrer und/oder Gespann nach dem Start den Prüfungsplatz vor Beendigung des Parcours verlassen.

6. Bei verbotener „Fremder Hilfe“ (gemäß § 734).
7. Bei unsportlichem Verhalten bei der Vorbereitung oder im Verlauf der Prüfung (vgl. §§ 52 und 66) sowie auf dem gesamten dem Turnierablauf dienenden Gelände sowie in dessen Umgebung. Einem Ausschluss wegen dieses Grundes kann eine Rüge gemäß § 55.6 vorausgehen.
8. Bei Verwendung nicht erlaubter Ausrüstung, sofern nicht durch Strafpunkte geahndet.
9. Bei Nichtbeachtung entsprechender Vorschriften, Gebote und Verbote der LPO.

4. Spezial-Hindernisfahren

§ 736
Stil-Hindernisfahren (siehe auch Aufgabenheft Fahren)

1. Beurteilt werden Haltung und Einwirkung, der Weg und das Tempo im Rahmen eines Hindernisfahrens gemäß §§ 720 ff. mit Gesamtwertnote gemäß § 57.2.1.
2. Abgezogen werden bei:
   - Umwerfen eines Hindernisses/Hindernisteiles oder Abwurf eines Balles — 0,3 Strafpunkte
   - Erster Ungehorsam — 0,5 Strafpunkte
   - Zweiter Ungehorsam — 1,0 Strafpunkte
   - Erstes Absteigen von Fahrer/Beifahrer/n — 0,5 Strafpunkte
   - Zweites Absteigen von Fahrer/Beifahrer/n — 1,0 Strafpunkte
   - Einfahren ohne Peitsche bzw. Verlieren oder Niederlegen der Peitsche gemäß § 714.2.4 entsprechend
   - unkorrekter/unvollständiger Ausrüstung gemäß § 714.2.6 entsprechend

   Ausschlüsse gemäß § 722 bzw. § 735
3. Für die Bewertung sind folgende Richtverfahren möglich:
   a) Ohne EZ – nur in Kl. E
   b) Mit EZ
   Beim Überschreiten der EZ werden je angefangene Sekunde 0,1 Strafpunkte abgezogen.
   c) Bewertung wie unter Ziffer 1, ausgenommen die zu platzierenden Teilnehmer, sie fahren ein Stechen über den gleichen oder einen verkürzten Parcours gemäß § 721.1.A.

§ 737
Stafetten-Hindernisfahren

Diese LP wird je nach Ausschreibung von Gruppen aus zwei oder drei Teilnehmern bestritten. Richtverfahren C gemäß § 721. Ein- und Ausfahrt jeder Stafette erfolgen gemeinsam.

Die Bewertung der Stafette erfolgt vom Durchfahren der Startlinie durch den ersten Teilnehmer bis zum Durchfahren der Ziellinie durch den letzten Teilnehmer der Stafette. Wechsel nach Durchfahren der Ziellinie durch den jeweils vorhergehenden

Teilnehmer. Ausschluss eines Teilnehmers bzw. dreifacher Ungehorsam während der Bewertung bedeuten Ausschluss der Stafette. In gefährlichen Situationen kann die Stafette beim Wechsel für die Zeit des Wiederaufbaus eines umgeworfenen Hindernisses angehalten werden; § 731.4 findet dann keine Anwendung.

§ 738
Glücks-Hindernisfahren

1. Für die LP wird eine Zeit zwischen 120 und 150 Sekunden vorgegeben. Innerhalb dieser Zeit sind die Hindernisse in der vorgeschriebenen Reihenfolge zu durchfahren.
2. Die Hindernisse sind in der vorgeschriebenen Reihenfolge zu durchfahren, ggf. wieder von Nr. 1 an, bis die Zeit verstrichen ist und der Teilnehmer abgeläutet wird.
3. In dieser LP werden vergeben: Zwei Punkte für jedes fehlerfreie Durchfahren der Hindernisse und ein Punkt bei Hindernisfehler. Ein Ungehorsam wird durch die Zeit bestraft. Dritter Ungehorsam bzw. Umkippen des Wagens führen zum Ausschluss; sonstige Ausschlussgrüde vgl. § 733.
4. Hat der Teilnehmer die festgesetzte Zeit in dem Augenblick erreicht, in dem das Gespann sich bereits ganz oder teilweise im Hindernis befindet, zählt dieses Hindernis noch. Die Zeit wird beim Durchfahren der Ziellinie gestoppt.
5. Sieger ist der Teilnehmer mit der höchsten Punktzahl in der schnellsten Zeit. Bei Punktgleichheit entscheidet die bessere Zeit. Bei Punkt- und Zeitgleichheit auf dem ersten Platz erfolgt ein Stechen durch einen verkürzten Parcours bzw. innerhalb einer verkürzten Zeit.

§ 739
„Jagd um Punkte"

1. Bei dieser LP werden Hindernisse, die nach Schwierigkeitsgrad je einmal mit Punkten (10 bis 100) sichtbar ausgezeichnet sind, durchfahren. Ein Hindernis kann als „Joker" ausgezeichnet und mit 200 Punkten bewertet werden.
2. Für den Parcours steht eine festgesetzte Zeit zur Verfügung. Innerhalb dieser Zeit können nach Passieren der Startlinie alle Hindernisse in beliebiger Reihenfolge und Richtung beliebig oft durchfahren werden, jedes Hindernis wird nur zweimal bewertet. Ungehorsam wird nur durch die Zeit bestraft.
3. Wird beim Abläuten ein Hindernis durchfahren, werden die entsprechenden Punkte anerkannt, wenn sich ein Teil des Gespannes bereits im Hindernis befindet.
4. Je fehlerfreies Durchfahren des Hindernisses werden die entsprechenden Punkte zuerkannt. Im Falle eines Fehlers beim „Joker" werden die 200 Punkte abgezogen. Im Falle eines Ungehorsams ist der Teilnehmer nicht verpflichtet, dasselbe Hindernis erneut anzufahren. Wiederaufbau erfolgt nicht.
5. Nach dem Abläuten hat der Teilnehmer die Ziellinie in beliebiger Richtung zu durchfahren. Sieger ist der Teilnehmer mit der höchsten Punktzahl. Bei Punktgleichheit entscheidet die Zeit. Bei gleicher Punktzahl und gleicher Zeit erfolgt gleiche Platzierung.

§ 740
Wahl-Hindernisfahren

Richtverfahren A gemäß § 721.1.A. Die Teilnehmer haben die (nummerierten) Hindernisse des Parcours in beliebiger Reihenfolge und Richtung je einmal zu durchfahren. Start- und Ziellinie sind in beliebiger Richtung zu durchfahren.

§ 741
Zwei-Phasen-Hindernisfahren

1. Die Bewertung der ersten Phase (Anzahl der Hindernisse gemäß § 723.1 minus max. 25%, jedoch mindestens sechs) erfolgt gemäß Richtverfahren A gemäß § 721.1.A.
2. Die zweite Phase besteht aus mindestens sechs Hindernissen (keine Mehrfachhindernisse erlaubt).
3. Richtverfahren in der zweiten Phase (je nach Ausschreibung):
   a) Richtverfahren A gemäß § 721.1.A oder
   b) Richtverfahren C gemäß § 721.1.C
4. Nach fehlerfreiem Durchfahren eines um ein Viertel verkürzten Parcours (erste Phase) erfolgt unmittelbar der Übergang in die zweite Phase. Die Hindernisse der zweiten Phase müssen nicht Bestandteil der ersten Phase gewesen sein.
5. Für die Zeitwertung ist die Zeit vom Durchfahren der Ziellinie der ersten Phase (gleichzeitig Startlinie der zweiten Phase) bis zum Passieren der Ziellinie der zweiten Phase maßgebend.
6. Für die Platzierung ist zunächst das Ergebnis der zweiten Phase maßgeblich. Wurde dies nicht von einer ausreichenden Anzahl von Teilnehmern erreicht, ist das Ergebnis der ersten Phase heranzuziehen.

§ 742
Kombiniertes Hindernisfahren mit Geländehindernissen

1. Diese LP kann sowohl im Freien als auch in der Halle durchgeführt werden. In der Halle können zwei, im Freien maximal drei Geländehindernisse gemäß § 757 oder mobile, diesen nachempfundene Hindernisse verwendet werden und dazu je nach Klasse der LP die entsprechende Anzahl an einfachen Kegelpaaren (Mehrfachhindernisse gemäß § 723.3 nicht erlaubt).

		Kl. E/A	**Kl. M**	**Kl. S**
Anzahl Durchfahrten Geländehindernis:	max.	3	4	5
Anzahl der Kegelpaare im Freien:	max.	8	10	12
Anzahl der Kegelpaare in der Halle:	max.	6	8	10

2. Bei den Geländehindernissen muss jedes Element mit einem abwerfbaren Teil versehen sein und die Durchfahrtsbreite der obligatorisch zu passierenden Stellen muss mindestens 3,00 m betragen.
   Die Durchfahrtsbreiten der Kegelpaare betragen:

Pony Ein- und Zweispänner	150–170 cm
Pony Vier-/Mehrspänner	170–190 cm
Pferde Ein- und Zweispänner	160–180 cm
Pferde Vier-/Mehrspänner	180–200 cm

3. Ausrüstung gemäß § 69.B (inkl. Helm und Schutzweste) und § 71 Vorschriften für Gelände-LP.
4. Richtverfahren C gemäß § 721.1.C ohne EZ, Zeitmessung gemäß § 731.
5. Bewertung

5.1 Strafsekunden	**Strafsekunden**
a) Jedes abgeworfene Teil eines Einzelhindernisses und jedes abgeworfene Teil der Geländehindernisse zwischen Start und Ziel	5
b) Abwerfen oder Verändern eines noch zu fahrenden Hindernisses (Anhalten des Teilnehmers und der Uhr notwendig) zusätzlich	5
c) Erstes und zweites Absteigen des Fahrers je Vorkommnis	20
d) Erstes und zweites Absteigen eines oder beider Beifahrer/s je Vorkommnis	5
e) Handhabung der Leinen oder Bremse durch Beifahrer	20
f) Korrigiertes Verfahren in einem Geländehindernis	20

5.2 Ausschlüsse
   a) Drittes Absteigen von Fahrer oder Beifahrer
   b) Dritter Ungehorsam
   c) Falsche Reihenfolge oder Richtung eines Einzel- oder Geländehindernisses bei der Erstdurchfahrt
   d) Nichtpassieren der Start- und/oder Ziellinie
   e) Einsatz der Peitsche durch einen Beifahrer
   f) Beifahrer nicht auf dem Wagen bei Durchfahren der Ziellinie
   g) Umkippen des Wagens
   h) Gegebenenfalls sonstige Ausschlüsse gemäß § 735

6. Besondere Bestimmungen
   1. Die Pflichtdurchfahrten eines Geländehindernisses sind frei, wenn sie bereits korrekt durchfahren sind, die anderen Durchfahrten eines solchen Hindernisses sind nach dem Start immer frei.
   2. Bereits korrekt durchfahrene Einzelhindernisse können jederzeit erneut in beliebiger Richtung durchfahren werden, dabei zählt jedes abgeworfene Hindernisteil (vgl. Ziffer 5.1).
   3. Bei einer erheblichen Veränderung eines Geländehindernisses (starkes Verschieben oder Umwerfen), die eine Weiterfahrt unmöglich macht, wird der Teilnehmer abgeläutet, die Uhr angehalten und das Hindernis neu aufgebaut. Start erfolgt nach Glockenzeichen wieder bei Tor A dieses Hindernisses und die Zeit läuft ab Durchfahrt dieses Tores. Für jedes abgeworfene Teil werden 5 Sekunden und für jeden Wiederaufbau ebenfalls 5 Sekunden hinzuaddiert.
   4. Bei gelösten Strängen, Leinen, Aufhaltern oder falls ein Pferd über die Deichsel, die Vorderbracke oder den Strang getreten ist, wird der Teilnehmer angehalten und der Beifahrer muss absteigen und den Schaden beheben

(10 Sekunden gemäß § 742.5.1.d)). Die angehaltene Uhr wird mit dem erneuten Glockenzeichen aktiviert.

5. Die Prüfung kann mit einem oder zwei Umläufen durchgeführt werden. Wenn ein zweiter Umlauf stattfindet, werden die Zeiten beider Umläufe addiert.
6. Weitere Durchführungsvarianten werden durch die Ausschreibung festgelegt.
7. Bei der Berechnung für eine Kombinierte LP wird die Gesamtzeit mit 0,2 multipliziert und ergibt damit die Strafpunkte für die Kombinierte LP.

§ 743
Zwei-Phasen-Stil-Hindernisfahren

1. Die Bewertung der ersten Phase erfolgt gemäß Richtverfahren 736.3.a), jedoch ohne Wertnoten-Abzüge für Hindernisfehler.
2. Die zweite Phase besteht aus mindestens sechs Hindernissen (keine Mehrfachhindernisse erlaubt).
3. Die maximal zulässige Höchstzahl an Hindernissen in beiden Phasen errechnet sich aus der gemäß § 723 zugelassenen Anzahl an Hindernissen plus fünf Hindernisse.
4. Richtverfahren in der zweiten Phase (je nach Ausschreibung):
   a) Richtverfahren A gemäß § 721.1.A oder
   b) Richtverfahren C gemäß § 721.1.C
5. Nach Durchfahren eines um ein Viertel verkürzten Parcours (erste Phase) mit der Stilnote 6,0 und besser erfolgt unmittelbar Übergang in die zweite Phase. Die Hindernisse der zweiten Phase müssen nicht Bestandteil der ersten Phase gewesen sein.
6. Für die Zeitwertung ist die Zeit vom Durchfahren der Ziellinie der ersten Phase (gleichzeitig Startlinie der zweiten Phase) bis zum Passieren der Ziellinie der zweiten Phase maßgebend.
7. Für die Platzierung ist zunächst das Ergebnis der zweiten Phase maßgeblich. Wurde dies nicht von einer ausreichenden Anzahl von Teilnehmern erreicht, ist das Ergebnis der ersten Phase heranzuziehen.

§ 744
Hindernisfahren mit Siegerrunde

Bewertung im Umlauf gemäß § 721.1.A, in der anschließenden Siegerrunde ist eine in der Ausschreibung festzulegende Zahl an Teilnehmern aus dem Umlauf startberechtigt.

Es sind zwei Varianten möglich:

a) Die Platzierung errechnet sich aus den Strafpunkten des Umlaufs und der Siegerrunde, bei Punktgleichheit entscheidet die bessere Zeit aus der Siegerrunde. Gegebenenfalls weitere Platzierungen erfolgen nach Strafpunkten und Zeit aus dem Umlauf.
b) Die Platzierung errechnet sich aus den Strafpunkten und der Zeit aus der Siegerrunde. Gegebenenfalls weitere Platzierungen erfolgen nach Strafpunkten und Zeit aus dem Umlauf.

§ 745
Gruppen-Hindernisfahren

1. Die Teilnehmer werden in möglichst gleich große Gruppen eingeteilt. Sie können entweder durch Los oder gemäß Ergebnis einer vorgeschalteten Qualifikation zugeordnet werden.
2. Die Zuordnung und die Startfolge innerhalb der Gruppen müssen in der Ausschreibung festgelegt sein.
3. Es starten zuerst alle Teilnehmer der ersten Gruppe, dann alle Teilnehmer der zweiten Gruppe etc.
4. Der beste Teilnehmer je Gruppe qualifiziert sich für die Siegerrunde.
5. Der Veranstalter kann in der Ausschreibung festlegen, dass zusätzlich die drei weiteren besten Teilnehmer des Umlaufs zur Siegerrunde zugelassen werden.
6. In der Siegerrunde beginnen alle Teilnehmer mit 0 Strafpunkten.
7. Die Startfolge in der Siegerrunde ist entweder dieselbe Reihenfolge wie im Umlauf oder die umgekehrte Reihenfolge des Ergebnisses aus dem Umlauf.
8. Richtverfahren im Umlauf und in der Siegerrunde gemäß § 721.1.B.

5. Gelände-LP

§ 750
Ausschreibungen

Zulässig sind:

	Kl. E 4-jährige und ältere Pferde und/oder Ponys	**Kl. A 5-jährige und ältere Pferde oder Ponys**	**Kl. M 5-jährige und ältere Pferde oder Ponys**	**Kl. S 6-jährige und ältere Pferde oder Ponys**
Gelände-LP	Ein- oder Zweispänner	Ein-, Zwei-, Vier- oder Mehrspänner	Ein-, Zwei-, Vier- oder Mehrspänner	Ein-, Zwei-, Vier- oder Mehrspänner

1. Die Teilnahme an Gelände-LP für Ein- oder Zweispänner Kl. E ist nur zulässig nach Erreichen einer Mindestwertnote von 5,0 in einer auf derselben PLS stattfindenden Dressurfahr-LP Kl. E (Abzüge gemäß § 714 bleiben unberücksichtigt).
2. Ponys bis 110 cm Stockmaß sind in Einspänner-Pony-Gelände-LP der Klassen M und S nicht startberechtigt.

§ 751
Beurteilung

Beurteilt wird die Leistung des Gespannes zwischen den jeweiligen Start- und Ziellinien nach Strafpunkten.

§ 752
Anforderungen

1. Einzelnes Durchfahren einer Gesamtgeländestrecke, die je nach Ausschreibung aus den nachstehenden Teilstrecken zusammengesetzt ist.

Teilstrecken (alle Anspannungen)	**Klassen**				**max. Geschwindigkeiten (km/h)**		**max. Geschwindigkeiten (km/h)**	
	E (km)	A (km)	M (km)	S (km)	Klasse E/A Pferde	Klasse E/A Ponys	Klasse M/S Pferde	Klasse M/S Ponys
Wegestrecke (km)	3	3	4	5	14	13	15	14
Schrittstrecke ca. (km)	1	1	1	1	6	5	7	6
Hindernisstrecke (km)	2–3	3–4	4–6	5–8	13	12	14	13
Anzahl Hindernisse	2–3	3–4	5–6	6–8				

2. Die Mindestentfernung zwischen zwei Hindernissen in der Geländestrecke beträgt 200 m. Das letzte Hindernis soll möglichst vom Ziel aus einsehbar sein (Entfernung max. 300 m). Je angefangene 1000 m Streckenlänge in der Hindernisstrecke ist max. ein Hindernis zulässig. Die zu durchfahrende Länge der Hindernisse ist in der gesamten Streckenlänge der Hindernisstrecke enthalten.
3. Bei allen Gelände-LP ist eine Überprüfung der korrekten Anspannung und Ausrüstung vor dem Start in die Hindernisstrecke vorgeschrieben.
   Nach dem Ziel der Hindernisstrecke findet eine Fitness- bzw. Pferdekontrolle statt (vgl. § 67.6.3).
4. Jede Teilstrecke ist in der vorgeschriebenen Reihenfolge und Gangart zu durchfahren; die Bewertung erfolgt gemäß § 753.
5. Sofern gemäß Ausschreibung vorgesehen, können Wege- und Schrittstrecke zu einer gemeinsamen Aufwärmstrecke zusammengefasst werden, die Bewertung erfolgt gemäß § 753.1 (nur Wegestrecke). Das vorgeschriebene Tempo auf dieser Strecke entspricht dem der Wegestrecke minus 2 km/h.
6. Sofern gemäß Ausschreibung vorgesehen, kann eine Geländeprüfung auch ohne Wege- und Schrittstrecke durchgeführt werden. Für alle Teilnehmer verbindlich ist dann eine mindestens 30-minütige Vorbereitung auf einer ausreichend großen Fläche, vgl. § 51.E.7, sicherzustellen.

§ 753
Bewertung

1. **Zeitwertung**

   Aus dem vorgeschriebenen Tempo und der Streckenlänge ergeben sich die EZ für die einzelnen Teilstrecken.

   Überschreiten der EZ ergibt je angefangene Sekunde 0,25 Strafpunkte. Überschreiten der HZ führt zum Ausschluss. Ein Unterschreiten der BZ ergibt je angefangene Sekunde 0,25 Strafpunkte.

   Für die Errechnung der Zeiten gilt folgende Formel:

$$\frac{\text{Streckenlänge in km x 60}}{\text{Tempo in km/h}} = \text{EZ in Minuten}$$

HZ Wegestrecke	= EZ plus 20%
HZ Schrittstrecke	= doppelte EZ
HZ Hindernisstrecke	= doppelte EZ
BZ Wegestrecke	= EZ minus 2 Minuten
BZ Schrittstrecke	= keine BZ
BZ Hindernisstrecke	= EZ minus 3 Minuten

2. Gangarten und Gangartenfehler

Vorgeschriebene Gangarten auf den Strecken:

- Wegestrecke: beliebig,
- Schrittstrecke: Schritt,
- Hindernisstrecke: beliebig, außer zwischen letztem Hindernis und Ziel Hindernisstrecke, hier ist die vorgeschriebene Gangart Trab oder Schritt.

2.1 Das Einschlagen einer anderen Gangart als der für die jeweilige Teilstrecke vorgeschriebenen wird pro erreichten 5 Sekunden mit 1 Strafpunkt bewertet.

2.2 Bei vorsätzlichem Traben und/oder Galoppieren des gesamten Gespannes (auch Einspänner) in einer Schrittstrecke erfolgt Ausschluss.

2.3 Halten wird pro angefangenen 10 Sekunden auf allen Strecken mit einem Strafpunkt geahndet, außer
- im Falle eines Unfalles,
- bei gerissenem Geschirr (loser oder gerissener Strang, Aufhalter, Leinen),
- bei einem Schaden am Wagen,
- bei Veränderungen am Geschirr (inkl. Zäumung),
- bei einer Verzögerung, die außerhalb der Kontrolle des Fahrers liegt.

2.4 Halten zwischen dem letzten Hindernis und dem Ziel wird mit 10 Strafpunkten bewertet. (Ausnahmen: Nur unmittelbar 30 m nach Ausfahrt aus dem letzten Hindernis bei Unfall, gerissenem Geschirr oder zur Kontrolle der Anspannung)

3. Hindernisfehler

Sämtliche Teile eines Hindernisses (Ein-/Ausfahrt, Pflichttore etc.) müssen in der vorgeschriebenen Richtung und Reihenfolge oder, wenn keine Reihenfolge vorgeschrieben ist (Alternativhindernis), auf dem vom Fahrer gewählten Weg von der Einfahrt bis zur Ausfahrt durchfahren werden. Nach ordnungsgemäßem Passieren eines Hindernisteiles darf dieses jederzeit und in jeder Richtung erneut durchfahren werden.

Ein Tor gilt als durchfahren, wenn die Hinterachse die Linie innerhalb der roten und weißen Begrenzungsschilder passiert hat. Das Hindernis gilt als verlassen, sobald die Hinterachse die Ziellinie passiert hat.

Sobald und solange sich das ganze oder Teile des Gespannes innerhalb des Hindernisses befinden, werden folgende Strafpunkte vergeben:

a) Abwerfen eines abwerfbaren Hindernisses/ Hindernisteiles je Teil	2 Strafpunkte
Verhinderung des Abwurfs durch Manipulation durch Fahrer oder Beifahrer	10 Strafpunkte

b) Verlassen des Wagens (inkl. Deichsel) eines oder beider Beifahrer/s (ein erneutes Aufsteigen ist innerhalb eines Hindernisses bzw. bei Durchfahren der Ziellinie nicht erforderlich) je Vorkommnis — 5 Strafpunkte
c) Verlassen des Kutschbockes (Stehen erlaubt) durch den Fahrer — 20 Strafpunkte
d) Umkippen des Wagens/Sturz eines Pferdes gemäß § 643.1.b) — Ausschluss
e) Verfahren ohne Korrektur — Ausschluss
Ein Verfahren liegt vor bei:
   - Einfahren in das Hindernis ohne Passieren der obligatorischen Einfahrtsschilder
   - Auslassen eines Pflichttores
   - Auslassen eines Hindernisteiles
   - Durchfahren eines Hindernisteiles in falscher Richtung
   - Durchfahren eines Hindernisteiles in falscher Reihenfolge
   - Verlassen oder Durchfahren des Hindernisses/von Hindernisteilen ohne Passieren der obligatorischen Ausfahrtsschilder/Pflichttore
   - Verlassen des Hindernisses durch die Ausfahrtsschilder/Pflichttore vor Durchfahren aller Hindernisteile
f) Korrigiertes Verfahren — 20 Strafpunkte
Ein Verfahren kann vor Durchfahren der Ausfahrtsschilder/Pflichttore korrigiert werden, wenn nach dem Verfahren das Durchfahren der vorgeschriebenen Hindernisteile (Ein-/Ausfahrt, Pflichttore etc.) an der Stelle fortgesetzt wird, die korrekt hätte durchfahren werden müssen.
Der Weg dorthin zurück ist dem Fahrer freigestellt, dabei dürfen alle anderen Hindernisteile in beliebiger Reihenfolge und Richtung durchfahren werden.
g) Strafpunkte für gebrauchte Zeit innerhalb aller Hindernisse je angefangene Sekunde — 0,25 Strafpunkte
h) Passieren eines Hindernisteils oder mehrerer Hindernisteile mit nicht komplettem Gespann (Ausspannen eines oder mehrerer Pferde) — Ausschluss
i) Überschreiten der HZ von 5 Minuten je Hindernis — Ausschluss

4. Sonstige Strafpunkte

a) Absteigen
Auf der Wegestrecke, der Schrittstrecke und außerhalb der Hindernisse in der Hindernisstrecke dürfen Beifahrer und Fahrer nicht absteigen. (Ausnahme: Das Gespann hält, bis sich die

vollständige Besatzung wieder auf dem Wagen befindet.)

Als Absteigen gilt, wenn ein erneutes Aufsteigen erforderlich ist. Wiederaufsteigen außerhalb eines Hindernisses nach einem Vorkommnis in diesem (vgl. oben, 3.b) wird nicht bestraft.

Strafpunkte:

Ab- bzw. Wiederaufsteigen eines oder beider Beifahrer/s, solange sich das Gespann bewegt	5 Strafpunkte
Absteigen des Fahrers	20 Strafpunkte

b) Personen auf dem Wagen
Fahrer und Beifahrer müssen sich bei Durchfahren der Ziellinie und der Pflichttore jeder Strecke sowie der Hinderniseinfahrten auf dem Wagen befinden. Maßgeblich ist jeweils die Hinterachse des Wagens. Bei Verstößen werden vergeben
je Vorkommnis — 10 Strafpunkte
Sonderregelungen bei Pony-LP:
Bei außergewöhnlichen Geländebedingungen kann durch die Richtergruppe ein Begleiten der Gespanne zu Fuß durch den/die Beifahrer zugelassen werden.

c) Abweichen von der Strecke
Für jedes absichtliche Abweichen von der festgelegten Strecke zwischen letztem Hindernis und Ziel, insbesondere Schlangenlinien, Volten, Kreiseln, werden vergeben
je Vorfall — 10 Strafpunkte

d) Fehlende oder gelöste Leinen, Aufhalter oder Stränge im Ziel — 10 Strafpunkte

e) Handhabung der Leinen (zwischen Leinenende und jeweiligem Kammdeckel), der Peitsche oder der Bremse durch einen oder beide Beifahrer (solange das Gespann nicht hält)
je Vorkommnis — 20 Strafpunkte
Wird eine Peitsche mitgeführt, darf sie nur durch den Fahrer benutzt werden.

f) Umkippen des Wagens im Verlauf der Geländeprüfung — Ausschluss

5. Richtereinsatz

Die Richter einer Gelände-LP sind im Regelfall wie folgt einzusetzen:

- in der Ruhephase vor der Hindernisstrecke, gemeinsam mit einem Tierarzt (vgl. § 67.6.3);
- am Ziel der Hindernisstrecke;
- an den Hindernissen der Hindernisstrecke, zusätzlich zu den dort tätigen Hilfsrichtern (vgl. § 54.3). Kommunikationsmöglichkeiten innerhalb der Richtergruppe sind sicherzustellen.

6. **Einsatz von Hilfsrichtern**
   Je nach Ausschreibung und Streckenverlauf ist in der Wege- und/oder Schrittstrecke der Einsatz von Strecken-/Hilfsrichtern zur Bewertung möglich.
7. **Sicherheitsrelevante Vorkommnisse**
   Bei besonderen sicherheitsrelevanten Vorkommnissen, z.B. bei gelösten/gerissenen Leinen oder wenn ein Pferd über die Vorderbracke bzw. Deichsel oder einen Strang tritt, muss der Teilnehmer sofort anhalten und den Schaden durch den/die Beifahrer beheben lassen; ebenso muss nach Aufforderung durch einen Richter angehalten werden. Nichtbeachtung (d.h. bei Fortsetzen der Fahrt ohne Korrektur) wird wie folgt geahndet.

a) bei gelösten Leinen, wenn ein Pferd über die Deichsel oder Vorderbracke oder ein Stangenpferd über den Strang eines Vorderpferdes tritt:	Ausschluss
b) bei allen anderen Fällen von über den Strang-Treten eines Pferdes	30 Strafpunkte
c) Klettern eines Mitglieds der Wagenbesatzung über Wagen, Deichsel und/oder Pferd/e	30 Strafpunkte

   Bei gelöstem/n Strang/Strängen oder Aufhalter/n ist eine unmittelbare Behebung des Schadens vor Ausfahrt aus dem Hindernis nicht erforderlich; für derartige Vorfälle werden keine Strafpunkte vergeben.
8. **Platzierung**
   Die Platzierung ergibt sich aus der Addition der Strafpunkte. Bei Punktgleichheit entscheidet das bessere Ergebnis aus der Hindernisstrecke.

§ 754
Richtungszeichen, Begrenzungsschilder, Tore

1. Zur Orientierung der Teilnehmer wird der Verlauf der Geländestrecke mit Richtungszeichen gekennzeichnet.
2. In der Wegestrecke und der Hindernisstrecke sind Entfernungszeichen im Abstand von 1000 m vorgeschrieben.
3. Rote und weiße Begrenzungsschilder sind an folgenden Stellen zu errichten (bei Nutzung derselben Hindernisse in verschiedenen LP mit unterschiedlicher Ausflaggung sind auch andersfarbige Begrenzungsschilder zugelassen):
   a) an den Startlinien der Strecken und Hindernisse,
   b) an den obligatorisch zu passierenden Stellen der einzelnen Strecken (Pflichttore),
   c) an der Begrenzung der bei den Hindernissen zu durchfahrenden bzw. zu überwindenden Teile mit der ggf. zusätzlichen Kennzeichnung A, B, C usw. in einer Höhe von mind. 1,30 m,
   d) an den Wendezeichen,
   e) an den Ziellinien der Strecken und Hindernisse.
4. Die Begrenzungsschilder müssen so angebracht sein, dass der Teilnehmer das rote Begrenzungsschild zur Rechten und das weiße zur Linken hat.

§ 755
Geländeskizze

1. Eine Skizze der Geländestrecke inkl. Legende (genaue Reihenfolge der Hindernisse und Pflichttore im Verlauf der Strecke/n), mit genauer Wiedergabe der Einzelheiten, muss bei der Besichtigung den Teilnehmern sowie den Richtern ausgehändigt werden; für die Hindernisstrecke ist eine gesonderte Skizze zu erstellen.
2. Die Skizze muss enthalten:
   a) die Streckenführung, angezeigt durch eine gestrichelte Linie,
   b) die Start- und Ziellinien der einzelnen Teilstrecken,
   c) sämtliche Pflichttore, entweder fortlaufend oder separat je Strecke nummeriert,
   d) die Hindernisse, diese sind in der zu durchfahrenden Reihenfolge zu nummerieren,
   e) die Länge der einzelnen Teilstrecken,
   f) die BZ und EZ der einzelnen Teilstrecken,
   g) besondere Entscheidungen des FN-/LK-Beauftragten oder der Richter, die sich auf die Strecke beziehen.
3. Eine Änderung der angeschlagenen und den Teilnehmern übergebenen Skizze der Geländestrecke ist nur mit Zustimmung des FN-/LK-Beauftragten und der Richter zulässig. Jede Änderung ist den Teilnehmern unverzüglich bekannt zu geben.

§ 756
Geländestrecke

1. Rechtzeitig vor der Prüfung ist die Geländestrecke für die Teilnehmer offiziell zur Besichtigung freizugeben. Nach dieser offiziellen Besichtigung können die Teilnehmer die Geländestrecke jederzeit neu besichtigen.
2. Den Teilnehmern ist es grundsätzlich untersagt, vor der LP auf irgendeinem Teil der Strecke mit dem Gespann zu fahren. Verstöße führen zur Disqualifikation.
3. Zum Zeitpunkt der offiziellen Besichtigung müssen sich alle Gegebenheiten, die von den Teilnehmern zu beachten sind, genau an ihrer Stelle befinden. Nachher sind Veränderungen nur in begründeten Ausnahmefällen und mit Zustimmung der Richter und des FN-/LK-Beauftragten zulässig. In diesem Fall sind alle Teilnehmer vor Beginn der LP von der Änderung zu unterrichten. Anschlag am „Schwarzen Brett" allein genügt nicht.
4. Es sind genügend Begrenzungsschilder auf der gesamten Strecke als Pflichttore zu errichten, damit ein Abweichen von der Strecke vermieden wird.
5. Die Geländestrecke einer begonnenen Prüfung darf grundsätzlich nicht geändert werden.
6. Bei PLS mit LP der Kl. S kann angeordnet werden, dass mit dem Start des ersten Teilnehmers in der Hindernisstrecke, außer den Offiziellen der betreffenden LP, die Hindernisse nicht mehr betreten werden dürfen.

§ 757
Hindernisse

1. Die Hindernisse müssen fest, im Boden verankert, Achtung gebietend, fair und dem Gelände angepasst sein. Vorstehende Kanten, Spitzen usw. sind zu vermeiden.
2. Abwerfbare zu bewertende Teile sind erlaubt: grundsätzlich max. dreifache Anzahl der Hindernisse in der Hindernisstrecke (in Kl. E mindestens zwei pro Hindernis vorgeschrieben, max. acht auf der gesamten Strecke). Abwerfbare Teile müssen sportfachlich zweckmäßig sein, z.B. 4 x 4 x 50 cm starke, mit Klettverschlüssen befestigte Holzlatte oder Bälle auf entsprechenden Auflagen (vgl. Empfehlungen im Anhang). Das Mindestmaß einer Pflichtdurchfahrt darf durch die abwerfbaren Teile nicht reduziert werden.
3. Hindernisse sind z.B. Tore, scharfe Wendungen, Brücken, Tunnel, Wasser – größte Tiefe ca. 40 cm – und steile Hänge.
4. Die zu durchfahrende Länge eines Hindernisses darf auf dem kürzesten fahrbaren, von Einfahrt bis Ausfahrt 2,50 m breiten Weg nicht mehr als 250 m betragen.
5. Durchfahrten:
   a) Die Durchfahrtbreite je obligatorisch zu passierender Stelle (Pflichttor) beträgt mind. 2,50 m.
   b) Angebotene Alternativ-Durchfahrten im Hindernis müssen eine Mindestbreite von 1,60 m aufweisen.
   c) Folgt unmittelbar ohne mögliche Alternative auf eine obligatorisch zu passierende Stelle (Pflichttor) eine weitere in einem Winkel von 90 Grad und weniger, so darf diese eine Mindestbreite von

in Kl. E:	3,50 m,	in Kl. M:	2,80 m,
in Kl. A:	3,10 m,	in Kl. S:	2,50 m

   nicht unterschreiten.
   d) Maximale Zahl an Pflichtdurchfahrten je Hindernis beträgt:

in Kl. E:	3 (A bis C)	in Kl. M:	5 (A bis E)
in Kl. A:	4 (A bis D)	in Kl. S:	6 (A bis F)

   In Kl. E und A kann eine Pflichtdurchfahrt, in den Kl. M und S können bis zu zwei Pflichtdurchfahrten als Alternative/n je Hindernis (inkl. Ausflaggung einer Pflichtdurchfahrt von beiden Richtungen) aufgebaut/ausgeflaggt werden.
6. Das Hindernis ist in geeigneter Weise zu umgrenzen.
7. Ist ein Hindernis vorübergehend unpassierbar geworden, sind die folgenden Teilnehmer zunächst anzuhalten. Die Zeit bis zur Wiederfreigabe des Hindernisses ist ihnen zu vergüten. Die Freigabe für mehrere Teilnehmer erfolgt im Abstand von wenigstens 2 Minuten.
8. Ist ein Hindernis vollkommen unpassierbar geworden und auch nicht wieder aufzubauen, ist es für die folgenden Teilnehmer aus der Wertung zu nehmen. Die Strecke ist möglichst nahe an dem unpassierbaren Hindernis vorbeizuführen. Mögliche Auswirkungen dieser Maßnahme auf die Platzierung sind von den Richtern mit dem FN-/LK-Beauftragten und dem Veranstalter abzustimmen.

§ 758
Zeitmessung, Zeitplan, Start

1. Zeitmessung auf den Strecken:
   Gemessen wird die Zeit, die der Teilnehmer von Start bis Ziel benötigt. Sie beginnt mit dem Augenblick, in dem das erste Pferd des Gespannes die Startlinie passiert, und endet, wenn es die Ziellinie passiert.
   Der Start erfolgt aus dem Halten.
2. Zeitmessung in den Hindernissen:
   Gemessen wird die Zeit, die der Teilnehmer je Hindernis benötigt. Sie beginnt in dem Augenblick, in dem das erste Pferd die Startlinie eines Hindernisses passiert, und endet in dem Augenblick, in dem er die Ziellinie eines Hindernisses erreicht und die Zeitmessung ausgelöst wird.
   In Kl. S ist eine automatische Zeitmessung vorgeschrieben, in Kl. E bis M empfohlen. Darüber hinaus sind zwei von Hand zu bedienende Stoppuhren zu verwenden. Die benötigte Zeit ist auf Hundertstelsekunden genau anzugeben. Die gebrauchten Zeiten aus allen Hindernissen in der Hindernisstrecke werden addiert.
3. Ein Plan mit der Startzeit jedes Teilnehmers ist vor der LP bekannt zu machen, jedem Teilnehmer ist eine Kopie zur Verfügung zu stellen. Jeder Teilnehmer, der vorsätzlich oder fahrlässig nicht zu der auf dem Zeitplan angegebenen Zeit bei der ersten Teilstrecke startbereit ist, wird mit 0,25 Strafpunkten pro angefangene Sekunde Zeitverzug bestraft.
4. Für jeden Teilnehmer, der vor dem Startsignal startet, wird die Zeit genommen, wenn er die Startlinie passiert. In Fällen vorsätzlichen Frühstarts kann die Richtergruppe auf Ausschluss des Teilnehmers entscheiden.

§ 759
Ausschlüsse und „Fremde Hilfe"

A. In allen nachfolgenden Fällen kann Ausschluss erfolgen:

1. Bei nachhaltig verspätetem Start sowie nach entsprechender Entscheidung der Richtergruppe bei vorsätzlichem Frühstart.
2. Bei fliegendem Start, wenn der Rückruf nicht beachtet wird.
3. Wenn vor dem Beginn der LP ohne Genehmigung mit dem Gespann eine oder mehrere Teilstrecke/n abgefahren werden.
4. Wenn nach einer Unterbrechung die Fahrt nicht dort wieder aufgenommen wird, wo sie unterbrochen worden ist.

B. In nachfolgenden Fällen muss Ausschluss erfolgen:

1. Beim Ausschluss in einer Teilstrecke.
2. Durchfahren der Pflichttore und Hindernisse der Gesamtstrecke in anderer als der vorgesehenen Reihenfolge ohne Korrektur, bevor das nächste Pflichttor, die Einfahrt in das nächste Hindernis oder die Ziellinie passiert werden.
3. Bei Auslassen eines Pflichttores.
4. Wenn das Gespann die Ziellinie der Prüfung nicht auf allen vier Rädern überfährt, das Gleiche gilt für gebrochene oder nicht ordnungsgemäß befestigte Deichseln oder Gabeln.
5. Bei verbotener „Fremder Hilfe" (siehe C).

6. Bei Verwendung nicht erlaubter Ausrüstung, sofern nicht durch Strafpunkte geahndet.
7. Bei unsportlichem Verhalten in der Vorbereitung oder im Verlauf der Prüfung (vgl. §§ 52 und 66) sowie auf dem gesamten dem Turnierablauf dienenden Gelände und in dessen Umgebung sowie bei übermäßigem Vorwärtstreiben oder übertriebener Anwendung der Peitsche. Einem Ausschluss wegen dieses Grundes kann eine Rüge nach § 55.6 vorausgehen.
8. Bei Nichtbeachtung entsprechender Vorschriften, Gebote und Verbote der LPO.
9. Beim Festschnallen/-binden des Fahrers an den Wagen. Zulässig ist lediglich das Fixieren des Fahrers mittels Gurt o.Ä., dessen freies Ende ohne jegliche Umschlingung am Wagen nur durch den Beifahrer in der Hand gehalten werden darf und jederzeit losgelassen werden kann.

C. Verbotene „Fremde Hilfe":

Als verbotene „Fremde Hilfe" wird jede physische Einwirkung eines Dritten (nicht der/des Beifahrer/s) mit der Absicht, die Aufgabe des Fahrers während der Prüfung, direkt oder indirekt, zu erleichtern oder seinen Pferden zu helfen, angesehen. Unerheblich ist, ob der Dritte dazu aufgefordert wurde oder nicht. Es ist insbesondere verboten:

- absichtlich einen anderen Fahrer abzuwarten und gemeinsam die Fahrt fortzusetzen;
- das Folgen, Vorwegfahren oder die Begleitung auf irgendeiner Strecke der Fahrt mit dem Ziel, die Aufgabe des Fahrers zu erleichtern.

D. Erlaubte „Fremde Hilfe":

- jede Hilfeleistung bei bzw. zur Vermeidung von Unfällen;
- Wiedereinfangen eines oder mehrerer Pferde, Unterstützen des Fahrers beim Ordnen von Geschirr und Leinen oder beim Wiederaufrichten des Wagens oder beim Wiederaufsitzen nach einem Unfall, sofern der Beifahrer bereits abgestiegen ist;
- Unterstützung des Fahrers und Versorgung der Pferde an jedem vom Veranstalter bekannt gegebenen Punkt, grundsätzlich in den Ruhephasen.
- jedwede Kommunikation des Fahrers mit einem Trainer o.Ä. am Boden im Verlauf der Geländeprüfung, solange es sich nicht um physische Einwirkung handelt.

6. Kombinierte-/Vielseitigkeits-Prüfungen für Fahrpferde

§ 760
Ausschreibungen

Zulässig sind:

	Kl. E 4-jährige und ältere Pferde und/oder Ponys	Kl. A 4-jährige (TP Gelände 5-jährige) und ältere Pferde oder Ponys	Kl. M 5-jährige und ältere Pferde oder Ponys	Kl. S 6-jährige und ältere Pferde oder Ponys
Kombinierte/ Vielseitig-keits-LP	Ein- oder Zweispänner	Ein-, Zwei-, Vier- oder Mehrspänner	Ein-, Zwei-, Vier- oder Mehrspänner	Ein-, Zwei-, Vier- oder Mehrspänner

Die einzelnen Teilprüfungen werden im Regelfall als Einzel-LP ausgeschrieben. Eine Kombinierte LP ohne einzeln ausgeschriebene Teilprüfungen wird als Vielseitigkeits-LP Fahren bezeichnet.

§ 761
Anforderungen

Kl. E: Dressurfahr-LP, Gelände-LP, Standard-Hindernisfahr-LP, Zwei-Phasen-Hindernisfahr-LP (nur die erste Phase zählt) oder weitere Spezial-Hindernisfahr-LP gemäß § 720

Kl. A: Dressur- oder Gebrauchs-LP, Gelände-LP, Standard-Hindernisfahr-LP oder Zwei-Phasen-Hindernisfahr-LP (nur die erste Phase zählt)

Kl. M: Dressur- oder Gebrauchs-LP, Gelände-LP, Standard-Hindernisfahr-LP oder Zwei-Phasen-Hindernisfahr-LP (nur die erste Phase zählt) bzw. Hindernisfahr-LP mit Siegerrunde (nur Umlauf zählt)

Kl. S: Dressur- oder Gebrauchs-LP, Gelände-LP, Standard-Hindernisfahr-LP oder Zwei-Phasen-Hindernisfahr-LP (nur die erste Phase zählt) bzw. Hindernisfahr-LP mit Siegerrunde (nur der Umlauf zählt)

Kombinierte Prüfungen sind im Regelfall an 2 bis 3 aufeinanderfolgenden Tagen durchzuführen. Mit Zustimmung der LK ist die Durchführung als Ein-Tages-Prüfung möglich.

Reihenfolge der Teilprüfungen:

Die Dressurprüfung ist als erste Teilprüfung durchzuführen; die Reihenfolge der anderen Teilprüfungen ist beliebig.

In Kl. E ist die Teilnahme an den weiteren Teilprüfungen nur zulässig, wenn in der Dressurfahr-LP die Mindestgesamtwertnote 5,0 erreicht wurde (Abzüge gemäß § 714 bleiben unberücksichtigt).

§ 762
Beurteilung

Beurteilt wird die Leistung des Gespannes in den drei Teilprüfungen Dressur, Gelände sowie Hindernisfahren nach Strafpunkten. Bei Zwei- bzw. Vier- und Mehrspännern ist

je Gespann ein Ersatzpferd zugelassen, das beliebig in den Teilprüfungen eingesetzt werden kann.
Je Kombinierte LP kann ein Pferd nur innerhalb eines Gespannes gestartet werden. Vorbehaltlich der Beachtung der Vorgaben des § 66.2 und 4 und der genehmigten Ausschreibung kann ein Pferd in mehreren Teilprüfungen verschiedener Kombinierter LP einer PLS eingesetzt werden.

§ 763
Bewertung

1. In Kl. E:
   zusätzlich zu 2. sind folgende Bewertungsverfahren möglich:
   a) Addition der Stilnoten, ggf. z.T. gewichtet (Schwerpunkt Dressur), vgl. auch § 802.1
   b) Umrechnung der Stilnoten der Teilprüfungen mit beurteilendem Richtverfahren in Strafpunkte analog § 763.2.1.a) Kl. A
   c) Punkte Starter +1/-1 vgl. auch § 802.3
2. In Kl. E bis S:
   2.1 Dressurprüfung oder Gebrauchsprüfung
   a) **Dressurfahr-LP**

Kl. E und A: Richtverfahren A gemäß § 712 mit einer Gesamtwertnote gemäß § 57.2.1, Dezimalstellen sind zulässig.
Die erzielte Gesamtwertnote (inklusive der vom Richter bei C notierten Abzüge für Verfahren, Absteigen etc.) wird mit der Zahl 12 multipliziert. Das Ergebnis wird von der Zahl 120 abgezogen und ergibt die Strafpunkte.

Kl. M und S: Richtverfahren A gemäß § 712 mit einer Gesamtwertnote gemäß § 57.2.1, Dezimalstellen sind zulässig.
Die erzielte Gesamtwertnote (inklusive der vom Richter bei C notierten Abzüge für Verfahren, Absteigen etc.) wird mit der Zahl 16 multipliziert. Das Ergebnis wird von der Zahl 160 abgezogen und ergibt die Strafpunkte.
Richtverfahren B gemäß § 712 mit Einzelnoten gemäß § 57.2.2. Die Summe der Einzelnoten wird durch die Anzahl der Richter geteilt und dann mit dem der jeweiligen Aufgabe entsprechenden Koeffizienten multipliziert (Aufgaben mit möglicher Höchstpunktzahl 200 haben den Koeffizient 0,8, die mit 250 Punkten den Koeffizient 0,64 gemäß Aufgabenheft Fahren). Das Ergebnis wird dann von der Punktzahl 160 abgezogen und ergibt die Strafpunkte, zu denen dann die vom Richter C notierten Abzüge für Verfahren, Absteigen etc. hinzugerechnet werden.

   b) **Gebrauchs-LP**

Kl. A: Richtverfahren A gemäß § 712 mit einer Gesamtwertnote gemäß § 57.2.1
Für die Bewertung der Grundgangarten sind als Dezimal-

stellen nur halbe Noten (vgl. Richterkarten im Aufgabenheft Fahren) zulässig. Die erzielte Gesamtwertnote wird mit der Zahl 12 multipliziert. Das Ergebnis wird von der Zahl 120 abgezogen und ergibt so die Strafpunkte.

Kl. M und S: Richtverfahren A gemäß § 712 mit einer Gesamtwertnote gemäß § 57.2.1
Für die Bewertung der Grundgangarten sind als Dezimalstellen nur halbe Noten (vgl. Richterkarte im Aufgabenheft) zulässig. Die erzielte Gesamtwertnote wird mit der Zahl 16 multipliziert. Das Ergebnis wird von der Zahl 160 abgezogen und ergibt so die Strafpunkte.

2.2 Gelände-LP gemäß § 753

2.3 Hindernisfahr-LP gemäß §§ 721 ff. und 741 ff. Es ist nur das Richtverfahren A anzuwenden; bei Hindernisfahr-LP mit Stechen bzw. Siegerrunde zählt nur der Umlauf, bei Zwei-Phasen-Hindernisfahr-LP nur die erste Phase.

2.4 Die Platzierung ergibt sich aus der Addition der Strafpunkte. Sieger ist der Teilnehmer mit der geringsten Strafpunktsumme. Bei Punktgleichheit in der Platzierung mehrerer Teilnehmer entscheidet die bessere Leistung in der Gelände-LP. Besteht auch dort Punktgleichheit, entscheidet die bessere Leistung in der Dressur. Besteht auch hier Punktgleichheit, erfolgt gleiche Platzierung. Teilnehmer einer Kombinierten Prüfung gelten als ausgeschieden, wenn sie in einer Teilprüfung ausgeschieden sind oder aufgegeben haben.

VIII. Kombinierte Prüfungen

1. Kombinierte Prüfungen

§ 800
Ausschreibungen

1. Zulässig sind: Kombinierte Prüfungen der Kl. E bis S.
   Alter der Pferde: gemäß den Bestimmungen der jeweiligen Teilprüfung bzw. höchsten Klasse
2. Kombinierte Prüfungen setzen sich aus mindestens zwei Einzel- oder Teilprüfungen zusammen, die in einer Wertung zusammengefasst werden. Es können auch Kombinierte Prüfungen über verschiedene Klassen ausgeschrieben werden.
3. Die Einzelheiten der Ausschreibungen bleiben im Rahmen der Bestimmungen für die Einzelprüfungen dem Veranstalter überlassen.
4. Sofern Teilnehmer in Kombinierten LP zugelassen, jedoch aufgrund ihrer Leistungsklassenzugehörigkeit o.Ä. nicht in einzelnen Teil-LP startberechtigt sind, ist die Teilnahme an diesen Teil-LP ohne Platzierungsmöglichkeit zulässig.

§ 801
Beurteilung

Beurteilt werden die Leistungen in den Einzel-LP.

§ 802
Bewertung

Die Bewertung erfolgt nach den in der Ausschreibung festgelegten Bestimmungen entsprechend folgender Varianten:

1. Nach dem Wertnotensystem bei ausschließlich beurteilendem Richtverfahren:
   Für die erzielten Leistungen werden je Teilprüfung Gesamtwertnoten gemäß § 57.2.1 vergeben, die ggf. nach entsprechender Gewichtung addiert werden, dann durch die Anzahl der Teilprüfungen bzw. die Gesamtzahl der Gewichtungen geteilt werden und so eine Gesamtwertnote zwischen 0 und 10 (gerundet auf zwei Dezimalstellen) ergeben. Zum Beispiel:
   [(Note Dressur x 2) + (Note Springen x 1) + (Note Gelände x 3)] / [Gewichtung Dressur + Gewichtung Springen + Gewichtung Gelände] = Gesamtnote
2. Nach dem Wertnotensystem bei beurteilendem und beobachtendem Richtverfahren
   Alle erzielten Leistungen in den Einzel-LP werden in Gesamtwertnoten gemäß § 57.2.1 umgerechnet. Zum Beispiel:
   $$= 8 - \left(\frac{\text{Fehlersumme x 2}}{\text{Zahl der Hindernisse}}\right) = \text{Gesamtwertnote (vgl. Tabellen im Anhang)}$$
3. Nach dem Punktesystem „Starter +1/-1"
   Alle erzielten Leistungen in den Einzel-LP werden nach ihrer Platzierung/Rangierung mit Punkten bewertet, z.B. Berechnung der Punkte nach Punktsystem „Starter +1/-1": Der erstplatzierte Teilnehmer der Einzelprüfung erhält die Punkte entsprechend der Anzahl der Starter +1 Punkt, der Zweitplatzierte erhält Punkte

entsprechend der Anzahl der Starter -1 Punkt, der Drittplatzierte und alle nachfolgenden Teilnehmer erhalten je 1 Punkt weniger.

4. Gemäß §§ 810 ff., 820 ff., 830 ff., 840 ff. oder nach einem anderen in der Ausschreibung festzulegenden System
5. Kombinierte LP mit den Teilprüfungen Dressur/Gelände/Springen analog §§ 600 bis 660 sind als Vielseitigkeits-LP auszuschreiben und zu bewerten.
6. Kombinierte LP mit den Teilprüfungen Dressur/Gelände/Hindernisfahren sind als Kombinierte LP/Vielseitigkeits-LP gemäß § 700 ff. auszuschreiben und gemäß § 763.2 zu bewerten.

Sofern in der Ausschreibung nicht anders geregelt, gelten Teilnehmer für die Kombinierte Prüfung als ausgeschieden, wenn sie in einer Teilprüfung ausgeschieden sind oder aufgegeben haben.

§ 803
Platzierung

1. Bei Bewertung gemäß § 802.1: Sieger ist der Teilnehmer mit der höchsten Gesamtwertnote.
   Bei Wertnotengleichheit auf dem ersten Platz oder weiteren Plätzen entscheidet das bessere Ergebnis in der am stärksten gewichteten Prüfung (z.B. Gelände); besteht auch hier Wertnotengleichheit, erfolgt gleiche Platzierung.
2. Bei Bewertung gemäß § 802.2: Sieger ist der Teilnehmer mit der höchsten Wertnotensumme aus den beiden Teilprüfungen (Bewertungsverhältnis 1:1). Bei Wertnotengleichheit auf dem ersten Platz oder weiteren Plätzen entscheidet die bessere Gesamtwertnote in der Dressur; besteht auch hier Wertnotengleichheit erfolgt gleiche Platzierung.
3. Bei Bewertung gemäß § 802.3: Sieger ist der Teilnehmer mit der höchsten Punktsumme. Bei Punktgleichheit erfolgt gleiche Platzierung.
4. Bei Bewertung gemäß § 802.4: gemäß §§ 810 ff., 820 ff., 830 ff., 840 ff. oder nach einem anderen, in der Ausschreibung festzulegenden System.

2. Kombinierte Dressur-/Springprüfungen

§ 810
Ausschreibungen

1. Zulässig sind: Kombinierte Dressur-/Spring-LP Kl. E bis L.
   Alter der Pferde: gemäß den Bestimmungen der jeweiligen Teilprüfungen.
2. Kombinierte Dressur-/Spring-LP setzen sich aus den beiden Teilprüfungen Dressur und Springen (ohne Zeitwertung, aber mit EZ) der jeweiligen Klasse zusammen, die in einer Wertung zusammengefasst werden.

§ 811
Beurteilung

Beurteilt werden die Leistungen in den beiden Teilprüfungen Dressur und Springen.

§ 812
Anforderungen

1. Kombinierte Dressur-/Spring-LP Kl. E:
   - Dressuraufgabe Kl. E gemäß Aufgabenheft Reiten
   - Spring-LP Kl. E ohne Zeitwertung, aber mit EZ
2. Kombinierte Dressur-/Spring-LP Kl. A:
   - Dressuraufgabe Kl. A gemäß Aufgabenheft Reiten
   - Spring-LP Kl. A ohne Zeitwertung, aber mit EZ
3. Kombinierte Dressur-/Spring-LP Kl. L:
   - Dressuraufgabe Kl. L gemäß Aufgabenheft Reiten
   - Spring-LP Kl. L ohne Zeitwertung, aber mit EZ

Teilnehmer und Pferd müssen in beiden Teilprüfungen dieselben sein.

§ 813
Bewertung

1. Dressurprüfung: gemäß § 404
2. Springprüfung:
   Von der in der Teilprüfung Dressur erzielten Gesamtwertnote werden abgezogen:

– Hindernisfehler	je 0,5 Strafpunkte
– Erster Ungehorsam	0,5 Strafpunkte
– Zweiter Ungehorsam	1,0 Strafpunkte
– Zweiter Ungehorsam am selben Hindernis	2,0 Strafpunkte
– Dritter Ungehorsam	Ausschluss
– Sturz des Teilnehmers und/oder Pferdes	Ausschluss

   Ausschlüsse gemäß §§ 406 bzw. 519

§ 814
Platzierung

Sieger ist der Teilnehmer mit der höchsten Gesamtwertnote. Bei Wertnotengleichheit entscheidet die bessere Gesamtwertnote in der Teilprüfung Dressur; besteht auch hier Wertnotengleichheit, erfolgt gleiche Platzierung.

3. Kombinierte Dressur-/Stil-Springprüfungen

§ 820
Ausschreibungen

1. Zulässig sind:
   - Kombinierte Dressur-/Stil-Spring-LP Kl. E für 4-jährige und ältere Pferde und/oder Ponys
   - Kombinierte Dressur-/Stil-Spring-LP Kl. A für 4-jährige und ältere Pferde und/oder M- und G-Ponys
   - Kombinierte Dressur-/Stil-Spring-LP Kl. L für 5-jährige und ältere Pferde und/oder M- und G-Ponys
2. Kombinierte Dressur-/Stil-Spring-LP setzen sich aus den beiden Teilprüfungen Dressur und Stil-Springen bzw. Stil-Springen mit Standardanforderungen der jeweiligen Klasse zusammen, die in einer Wertung zusammengefasst werden.

§ 821
Beurteilung
Beurteilt werden die Leistungen in den beiden Teilprüfungen Dressur und Stil-Springen bzw. Stilspringen mit Standardanforderungen.

§ 822
Anforderungen
1. Kombinierte Dressur-/Stil-Spring-LP Kl. E bzw. Stil-Spring-LP Kl. E mit Standardanforderungen:
   - Dressuraufgabe Kl. E gemäß Aufgabenheft Reiten
   - Stil-Spring-LP Kl. E bzw. Stil-Spring-LP Kl. E mit Standardanforderungen
2. Kombinierte Dressur-/Stil-Spring-LP Kl. A bzw. Stil-Spring-LP Kl. A mit Standardanforderungen:
   - Dressuraufgabe Kl. A gemäß Aufgabenheft Reiten
   - Stil-Spring-LP Kl. A bzw. Stil-Spring-LP Kl. A mit Standardanforderungen
3. Kombinierte Dressur-/Stil-Spring-LP Kl. L bzw. Stil-Spring-LP Kl. L mit Standardanforderungen:
   - Dressuraufgabe Kl. L gemäß Aufgabenheft Reiten
   - Stil-Spring-LP Kl. L bzw. Stil-Spring-LP Kl. L mit Standardanforderungen

   Teilnehmer und Pferd müssen in beiden Teilprüfungen dieselben sein.

§ 823
Bewertung
Dressurprüfung gemäß § 404, Stil-Spring-LP gemäß § 520

§ 824
Platzierung
Sieger ist der Teilnehmer mit der höchsten Wertnotensumme aus den beiden Teilprüfungen (Bewertungsverhältnis 1:1). Bei Wertnotengleichheit entscheidet die bessere Gesamtwertnote in der Teilprüfung Dressur; besteht auch hier Wertnotengleichheit, erfolgt gleiche Platzierung.

4. Kombinierte Dressur-/Springprüfungen analog Eignungsprüfung

§ 830
Ausschreibungen
Zulässig sind:
- Kombinierte Dressur-/Spring-LP analog Eignungs-LP Kl. E für 4-jährige und ältere Pferde und/oder Ponys
- Kombinierte Dressur-/Spring-LP analog Eignungs-LP Kl. A für 4-jährige und ältere Pferde und/oder Ponys
- Kombinierte Dressur-/Spring-LP analog Eignungs-LP Kl. L für 5-jährige und ältere Pferde und/oder M- und G-Ponys

§ 831
Beurteilung

Beurteilt werden die Leistungen in den beiden Teilprüfungen Dressur und Springen.

§ 832
Anforderungen

Dressuraufgabe gemäß Aufgabenheft Reiten mit unmittelbar folgendem Springen einer Folge von mindestens fünf verschiedenen Hindernissen mit mindestens einem Handwechsel oder dem anschließendem Überwinden eines Parcours mit mindestens fünf Hindernissen ohne Zeitwertung.
Hindernishöhen in Kl. E gemäß Spring-LP Kl. E (vgl. § 504)
Hindernishöhen in Kl. A gemäß Spring-LP Kl. A* (vgl. § 504)
Hindernishöhen in Kl. L gemäß Spring-LP Kl. L* (vgl. § 504)

§ 833
Bewertung

1. Eine Gesamtwertnote für die Dressur gemäß § 57.2.1 und § 404. Ausschlüsse gemäß § 406.
2. Eine Gesamtwertnote für das Springen gemäß § 57.2.1 und § 520. Ausschlüsse gemäß § 519.
3. Für das Endergebnis werden die Gesamtwertnoten (inklusive eventueller Abzüge) 1 und 2 addiert und durch zwei geteilt.

§ 834
Platzierung

Sieger ist der Teilnehmer mit der höchsten Endwertnote. Bei Wertnotengleichheit entscheidet die bessere Gesamtwertnote aus der Dressur; besteht auch hier Wertnotengleichheit, erfolgt gleiche Platzierung.

5. Kombinierte Dressur-/Springprüfungen mit Gelände analog Eignungsprüfung

§ 840
Ausschreibungen

Zulässig sind:

- Kombinierte Dressur-/Spring-LP Kl. E mit Gelände analog Eignungs-LP für 4-jährige und ältere Pferde und/oder Ponys
- Kombinierte Dressur-/Spring-LP Kl. A mit Gelände analog Eignungs-LP für 4-jährige und ältere Pferde und/oder Ponys
- Kombinierte Dressur-/Spring-LP Kl. L mit Gelände analog Eignungs-LP für 5-jährige und ältere Pferde und/oder M- und G-Ponys

§ 841
Beurteilung
Beurteilt werden die Leistungen in den Teilprüfungen Dressur, Gelände und Springen.

§ 842
Anforderungen
Dressuraufgabe gemäß Aufgabenheft Reiten mit unmittelbar folgendem Springen einer Folge von mindestens fünf verschiedenen Hindernissen mit mindestens einem Handwechsel oder dem anschließenden Überwinden eines Parcours mit mindestens fünf Hindernissen ohne Zeitwertung.
Hindernishöhen in Kl. E gemäß Spring-LP Kl. E (vgl. § 504)
Hindernishöhen in Kl. A gemäß Spring-LP Kl. A* (vgl. § 504)
Hindernishöhen in Kl. L gemäß Spring-LP Kl. L* (vgl. § 504)
Im Anschluss ist eine kurze Geländestrecke mit mindestens fünf Geländehindernissen (möglichst inkl. Wasserdurchritt) zu absolvieren.
Hindernishöhen in Kl. E gemäß Geländeritt Kl. E (vgl. § 620)
Hindernishöhen in Kl. A gemäß Geländeritt Kl. A (vgl. § 620)
Hindernishöhen in Kl. L gemäß Geländeritt Kl. L (vgl. § 620)

§ 843
Bewertung
1. Eine Gesamtwertnote für die Dressur gemäß § 57.2.1 und § 404. Ausschlüsse gemäß § 406.
2. Eine Gesamtwertnote für das Springen gemäß § 57.2.1 und § 520. Ausschlüsse gemäß § 519.
3. Eine Gesamtwertnote für das Gelände gemäß § 57.2.1 und § 673. Ausschlüsse gemäß § 646.
4. Für das Endergebnis werden die Gesamtwertnoten (inklusive eventueller Abzüge) 1, 2 und 3 addiert und durch 3 geteilt.

§ 844
Platzierung
Sieger ist der Teilnehmer mit der höchsten Endwertnote. Bei Wertnotengleichheit entscheidet die bessere Gesamtwertnote aus der Dressur; besteht auch hier Wertnotengleichheit, erfolgt gleiche Platzierung.

6. Kombiniertes Dressur- und Stil-Hindernisfahren

§ 850
Ausschreibungen
Zulässig sind:

Kl. E: Kombiniertes Dressur- und Stil-Hindernisfahren für Ein- und Zweispänner für 4-jährige und ältere Pferde und/oder Ponys

Kl. A: Kombiniertes Dressur- und Stil-Hindernisfahren für Ein-, Zwei-, Vier- oder Mehrspänner für 4-jährige und ältere Pferde und/oder Ponys

§ 851
Anforderungen

1. Kombiniertes Dressur-/Stil-Hindernisfahren Kl. E:
   - Dressuraufgabe Kl. E gemäß Aufgabenheft Fahren
   - Stil-Hindernisfahren Kl. E
2. Kombiniertes Dressur-/Hindernisfahren Kl. A:
   - Dressuraufgabe Kl. A gemäß Aufgabenheft Fahren
   - Stil-Hindernisfahren Kl. A

Fahrer und Pferde müssen in beiden Teilprüfungen dieselben sein.

§ 852
Bewertung

1. Dressurprüfung: gemäß § 714
2. Stil-Hindernisfahren: gemäß § 736

§ 853
Platzierung

Sieger ist der Teilnehmer mit der höchsten Wertnotensumme aus den beiden Teilprüfungen. Bei Wertnotengleichheit entscheidet die bessere Gesamtwertnote in der Teilprüfung Dressur; besteht auch hier Wertnotengleichheit, erfolgt gleiche Platzierung.

7. Kombinierte Dressur-/Stil-Hindernis-LP analog Eignungsprüfung für Einspänner

§ 860
Ausschreibungen

Zulässig sind:

- Kombinierte Dressur-/Stil-Hindernis-LP Kl. A analog Eignungs-LP für Einspänner für 4-jährige und ältere Pferde und/oder Ponys
- Kombinierte Dressur-/Stil-Hindernis-LP Kl. M analog Eignungs-LP für Einspänner für 5-jährige und ältere Pferde und/oder M- und G-Ponys

§ 861
Beurteilung

Beurteilt werden die Leistungen in den beiden Teilprüfungen Dressur und Stil-Hindernisfahren.

§ 862
Anforderungen

1. In Anlehnung an § 392 (Fahren einer Dressur-LP gemäß Aufgabenheft Fahren mit unmittelbar folgendem Stil-Hindernisfahren mit sechs bis acht Hindernissen)
2. Dressuraufgabe gemäß Aufgabenheft Fahren sowie Stil-Hindernisfahren der entsprechenden Klasse

§ 863
Bewertung

1. Eine Gesamtwertnote für die Dressur gemäß § 714 bzw. § 57.2.1. Ausschlüsse gemäß § 714 bzw. 716.
2. Eine Gesamtwertnote für das Stil-Hindernisfahren gemäß § 736. Ausschlüsse gemäß § 722 bzw. § 735.
3. Für das Endergebnis werden die Wertnoten (inklusive eventueller Abzüge) gemäß Ziffer 1 und 2 addiert und durch 2 geteilt.

§ 864
Platzierung

Sieger ist der Teilnehmer mit der höchsten Endwertnote. Bei Wertnotengleichheit entscheidet die bessere Gesamtwertnote aus der Dressur; besteht auch hier Wertnotengleichheit, erfolgt gleiche Platzierung.

Hinweis:
LP gemäß Teil B II. bis VII. der LPO können gemäß §§ 800 ff. beliebig zu weiteren sinnvollen Kombinierten LP zusammengefasst werden.

Teil C: Rechtsordnung

I. Allgemeine Bestimmungen

§ 900
Grundsätze

1. Schiedsgerichte der LK und das Große Schiedsgericht der FN entscheiden über Einsprüche (§§ 910 ff.) und Ordnungsmaßnahmen (§§ 920 ff.). Es handelt sich nicht um Schiedsgerichte im Sinne der §§ 1025 ff. Zivilprozessordnung.
2. Ordentliche Gerichte dürfen nicht angerufen werden, soweit und solange die Zuständigkeit eines Schiedsgerichtes begründet ist, es sei denn, dass eine LK oder FN die Zustimmung erteilt.
3. Rechtsmittel, die nicht form- oder fristgerecht unter Einzahlung des Kostenvorschusses eingelegt und/oder begründet wurden, sind unzulässig. Das geltend gemachte Recht kann dann weder vor den Verbands- noch den ordentlichen Gerichten durchgesetzt werden.

§ 902
Schiedsgericht einer LK

1. Das Schiedsgericht einer LK besteht aus drei Mitgliedern und drei stellvertretenden Mitgliedern. Mindestens zwei müssen die Befähigung zum Richteramt im Sinne des Deutschen Richtergesetzes haben.
2. Die Mitglieder werden von der LK auf die Dauer von 3 oder 4 Jahren gewählt. Wiederwahl ist zulässig.
3. Das Schiedsgericht einer LK entscheidet in der Besetzung von drei Mitgliedern einschließlich des Vorsitzenden. Den Vorsitz führt ein Mitglied mit Befähigung zum Richteramt. Im Falle der Abweisung wegen Unzulässigkeit kann der Vorsitzende allein entscheiden.

§ 903
Großes Schiedsgericht der FN

1. Das Große Schiedsgericht besteht aus zwei Senaten mit je drei Mitgliedern und einem stellvertretenden Mitglied. Der Vorsitzende und der stellvertretende Vorsitzende müssen die Befähigung zum Richteramt im Sinne des Deutschen Richtergesetzes haben.
2. Die Geschäftsverteilung und die Vertretung der Mitglieder werden von den Vorsitzenden festgelegt.
3. Die Mitglieder werden auf die Dauer von 4 Jahren vom Beirat Sport des FN-Bereichs Sport gewählt.
4. Das Große Schiedsgericht entscheidet in der Besetzung von drei Mitgliedern einschließlich des Vorsitzenden.

§ 904
Bekanntgabe

Die Zusammensetzung des Schiedsgerichtes der LK und des Großen Schiedsgerichtes ist im offiziellen Mitteilungsorgan der FN bekannt zu geben.

§ 905
Geschäftsstellen

Die Geschäftsstellen der LK und der FN sind gleichzeitig Geschäftsstellen der entsprechenden Schiedsgerichte.

§ 906
Verfahren vor den Schiedsgerichten

1. Das Verfahren vor dem Schiedsgericht einer LK ist nach folgenden Grundsätzen zu führen:
   a) Das Schiedsgericht entscheidet nach mündlicher Verhandlung.
   b) Die Verhandlung vor dem Schiedsgericht ist öffentlich. Der Vorsitzende kann Zuhörern, die keinem Verein der in der FN zusammengeschlossenen Verbände angehören, die Anwesenheit untersagen.
   c) Als Vertreter eines Beteiligten sind neben Rechtsanwälten nur Mitglieder, die einem Verein der in der FN zusammengeschlossenen Verbände angehören, zugelassen. Schriftliche Vollmacht ist erforderlich.
   d) Die Vorbereitung der mündlichen Verhandlung obliegt dem Vorsitzenden. Er entscheidet nach pflichtgemäßem Ermessen, ob und welche Zeugen und Sachverständigen geladen und vernommen werden sollen.
      Aus erheblichen Gründen, die glaubhaft zu machen sind, kann ein Termin aufgehoben oder verlegt werden.
   e) Die Beratung über die Entscheidung ist geheim und den Mitgliedern des Schiedsgerichtes vorbehalten.
   f) Die Entscheidung ist im Anschluss an die Beratung vom Vorsitzenden zu verkünden und kurz zu begründen. Die schriftliche Entscheidung mit den tatsächlichen Feststellungen, der rechtlichen Begründung und Rechtsmittelbelehrung ist den Beteiligten zuzustellen, soweit diese nicht ausdrücklich auf die Zustellung verzichten.
      Die Zustellung der schriftlichen Entscheidung kann durch die Post mittels Einschreiben durch Übergabe oder mittels Einschreiben mit Rückschein bewirkt werden. Zum Nachweis der Zustellung genügt der Rückschein. Im Übrigen gilt am dritten Werktag nach der Aufgabe zur Post die Zustellung als bewirkt, es sei denn, dass die Entscheidung zu einem späteren Zeitpunkt zugegangen ist. Im Zweifel sind der Zugang und dessen Zeitpunkt nachzuweisen. Der Tag der Aufgabe zur Post ist in den Akten zu vermerken.
      Die Entscheidung aus einem Einspruchsverfahren anlässlich einer PLS ist auch der LK zuzustellen. Zugestellt wird eine Abschrift der Entscheidung, die vom Vorsitzenden beglaubigt ist.
2. Für das Verfahren vor dem Schiedsgericht einer LK oder dem Großen Schiedsgericht der FN gelten zusätzlich folgende Grundsätze:
   a) Ohne mündliche Verhandlung kann entschieden werden, wenn alle Beteilig-

ten darauf verzichten oder wenn das Schiedsgericht den Antrag, den Einspruch oder die Beschwerde als unzulässig zurückweisen will.
Die Entscheidung über die Revision erfolgt ohne mündliche Verhandlung. Wenn das Große Schiedsgericht in erster Instanz entscheidet, findet eine mündliche Verhandlung nur statt, wenn ein Beteiligter sie beantragt oder der Vorsitzende sie für notwendig hält.

b) Die Ladung hat spätestens 2 Wochen vor Beginn der Verhandlung schriftlich zu erfolgen.

c) Der Vorsitzende leitet die Verhandlung. Er ermahnt die Zeugen zur Wahrheit und entlässt sie aus dem Verhandlungsraum bis zu ihrer Vernehmung. Er vernimmt anschließend Beteiligte und Zeugen. Soweit LK und FN nicht Beteiligte sind, gibt er ihnen auf Antrag die Gelegenheit zur Äußerung. Die Mitglieder des Schiedsgerichtes können Fragen stellen, ebenso Personen, die auf Antrag als Verhandlungsteilnehmer zugelassen werden können. Nach Beendigung der Beweisaufnahme erhalten die Beteiligten das Schlusswort.

d) Über die mündliche Verhandlung ist ein Protokoll zu führen, das von dem Vorsitzenden des Schiedsgerichtes und vom Protokollführer zu unterschreiben ist. Das Protokoll muss enthalten:
   1. die Besetzung des Schiedsgerichtes,
   2. Ort und Zeit der mündlichen Verhandlung,
   3. die erschienenen Beteiligten und deren Vertreter, Zeugen und Sachverständigen,
   4. den wesentlichen Lauf der Verhandlung und die erheblichen Beweisergebnisse,
   5. die gestellten Anträge,
   6. die verkündeten Entscheidungen des Schiedsgerichtes.

3. Bleiben Beteiligte trotz ordnungsgemäßer Ladung aus, so kann nach Lage der Akten entschieden werden.
4. Im Übrigen regelt sich das Verfahren vor den Schiedsgerichten nach deren freiem Ermessen.

§ 907
Ungebühr, unentschuldigtes Fernbleiben

Zur Aufrechterhaltung der Ordnung bei mündlichen Verhandlungen und im Schriftverkehr sowie bei unentschuldigtem Fernbleiben kann das Schiedsgericht für Personen, die der LPO unterstehen, ein Ordnungsgeld bis zu 200,– Euro verhängen, im Übrigen gegen alle Verfahrensbeteiligten den Ausschluss von der Verhandlung anordnen.
Außerdem können dem unentschuldigt Ferngebliebenen, wenn er der LPO untersteht, die dadurch verursachten Kosten auferlegt werden.

§ 908
Ablehnung wegen Besorgnis der Befangenheit

Wegen der Besorgnis der Befangenheit findet eine Ablehnung nur statt, wenn ein Grund vorliegt, der geeignet ist, Misstrauen gegen die Unparteilichkeit eines Mit-

glieds des Schiedsgerichts zu rechtfertigen. Der Antrag auf Ablehnung ist schriftlich zu stellen, der Ablehnungsgrund ist glaubhaft zu machen. Die Ablehnung eines Mitglieds des Schiedsgerichts kann als unzulässig verworfen werden, wenn der Ablehnungsantrag nicht unverzüglich nach Kenntniserlangung des Ablehnungsgrundes gestellt ist, ein Grund zur Ablehnung oder ein Mittel zur Glaubhaftmachung nicht angegeben wird oder durch die Ablehnung offensichtlich das Verfahren nur verschleppt oder nur verfahrensfremde Zwecke verfolgt werden sollen.
Über einen Antrag auf Ablehnung von Mitgliedern des Schiedsgerichts wegen der Besorgnis der Befangenheit entscheidet das Schiedsgericht in seiner ursprünglichen Besetzung.
Erfolgt der Ablehnungsantrag vor oder während der mündlichen Verhandlung, so kann der Termin unter Mitwirkung aller Mitglieder fortgesetzt werden.
Über den mit einer schriftlichen Stellungnahme der abgelehnten Mitglieder des Schiedsgerichts versehenen Ablehnungsantrag entscheidet das Große Schiedsgericht als nächste zulässige Rechtsmittelinstanz abschließend, soweit es in der Hauptsache angerufen wird.
Wird die Ablehnung für begründet erklärt, so ist der nach der Anbringung des Ablehnungsgesuchs liegende Teil der Verhandlung zu wiederholen.

§ 909
Zuständigkeiten in Ablehnungsverfahren nach Ablehnung

Das Schiedsgericht einer LK entscheidet über Anträge auf Ablehnung von Mitgliedern der Disziplinarkommissionen der LK wegen der Besorgnis der Befangenheit. Die Entscheidung ist unanfechtbar.
Das Große Schiedsgericht der FN entscheidet über Anträge auf Ablehnung von Mitgliedern der Schiedsgerichte der LK und der Disziplinarkommission der FN wegen der Besorgnis der Befangenheit. Die Entscheidung des Großen Schiedsgerichts ist unanfechtbar.

II. Einsprüche

§ 910
Einspruchsberechtigter

1. Zum Einspruch ist berechtigt, wer durch einen Verstoß gegen Bestimmungen der Ausschreibung oder der LPO benachteiligt ist.
2. Hinsichtlich des Ergebnisses einer LP ist eine Benachteiligung nur anzunehmen, wenn der Verstoß eine (ggf. höhere) Platzierung, den Gewinn eines Ehrenpreises, eines Geldpreises oder eines höheren Geldpreises verhindert.
3. Der Einspruch kann nicht darauf gestützt werden, dass die Richter bei Entscheidungen, die ihrem freien Ermessen unterliegen, unrichtig entschieden haben, es sei denn, dass das Ermessen rechtsmissbräuchlich angewendet wurde.
4. Einsprüche einer Mannschaft sind durch einen Bevollmächtigten einzulegen.

§ 911
Einspruchsgegner

1. Der Einspruch ist gegen denjenigen zu richten, dem der Verstoß gegen Bestimmungen der Ausschreibung oder der LPO zur Last gelegt wird.
2. Bei der Anfechtung eines Richterspruches ist der Einspruch gegen den Veranstalter zu richten.

§ 912
Einlegung der Einsprüche

1. Der Einspruch ist schriftlich einzulegen. Er muss einen Antrag und eine Begründung enthalten. Als Kostenvorschuss ist ein Betrag von 50,– Euro beizufügen oder sicherzustellen.
2. Einsprüche anlässlich einer PLS, ausgenommen gegen Maßnahmen der LK oder FN, sind über die Turnierleitung durch den FN-/LK-Beauftragten, nach Beendigung der PLS über die LK, bei dem LK-Schiedsgericht einzulegen.
3. Gegen Maßnahmen der LK oder der FN ist der Einspruch bei der LK oder FN einzulegen.

§ 913
Fristen

1. Die Frist zum Einlegen eines Einspruchs endet
   a) mit Beginn der LP, wenn der Einspruchsgrund vorher bekannt war,
   b) ½ Stunde nach der Platzierung, wenn Verstöße während der Prüfung oder das Ergebnis beanstandet werden,
   c) in anderen Fällen nach einer Woche.
2. Kann glaubhaft gemacht werden, dass der Einspruchsgrund bei gehöriger Sorgfalt vorher nicht bekannt sein konnte, kann das Schiedsgericht die Fristen verlängern.
   4 Wochen nach dem beanstandeten Verstoß endet die Einspruchsfrist endgültig. Im Falle einer Täuschung endet die Einspruchsfrist erst nach 6 Monaten.

§ 914
Gütliche Erledigung

1. Während einer PLS muss der Veranstalter im Einvernehmen mit dem FN-/LK-Beauftragten prüfen, ob der Einspruch gütlich erledigt werden kann. Eine gütliche Erledigung ist auch von der LK oder FN anzustreben, wenn sie Einspruchsgegner sind.
   Ist eine solche Erledigung nicht möglich, so ist der Einspruch unverzüglich über die Turnierleitung durch den FN-/LK-Beauftragten dem LK-Schiedsgericht vorzulegen.
2. Nach gütlicher Erledigung ist der Kostenvorschuss zurückzuzahlen, jedoch nur dann, wenn der Einspruch nicht leichtfertig eingelegt worden ist. Bei PLS entscheidet hierüber der FN-/LK-Beauftragte endgültig.

§ 915
Entscheidung über Einsprüche

1. Zur Entscheidung über Einsprüche sind die LK-Schiedsgerichte zuständig, bei Einsprüchen gegen Maßnahmen der FN das Große Schiedsgericht der FN.
2. Über Einsprüche, die vor Beginn einer PLS eingelegt sind, soll die LK vor Beginn der PLS entscheiden. Über Einsprüche, die vor Beginn einer LP eingelegt sind, soll der FN-/LK-Beauftragte vor Beginn der LP eine gütliche Einigung herbeiführen
3. Kann der Einspruch nicht vor Beginn von LP entschieden werden, so dürfen der Teilnehmer und das Pferd oder Gespann „unter Einspruch" teilnehmen, haben jedoch auf ggf. errungene Platzierungen erst dann Anspruch, wenn das Verfahren endgültig abgeschlossen ist.

§ 916
Auswirkungen eines Einspruchs

1. Wird einem Einspruch nach einer LP stattgegeben und sind die Folgen des gerügten Verstoßes nicht mehr zu beheben, so haben alle nicht platzierten Teilnehmer, vorbehaltlich einer darüber hinausgehenden Entscheidung des Schiedsgerichtes, wenigstens Anspruch auf Erstattung ihres Einsatzes.
2. Der Veranstalter soll Ehren- und/oder Geldpreise bis zur endgültigen Entscheidung über einen Einspruch einbehalten oder, falls der Einspruch später eingelegt wird, diese zurückfordern.

III. Ordnungsmaßnahmen

§ 920
Verstöße

1. Verstöße gegen die Grundsätze sportlich-fairer Haltung und gegen sonstige Bestimmungen der LPO können – im Rahmen aller PLS und BV im In- und Ausland – durch Ordnungsmaßnahmen geahndet werden. Verstöße gegen das Wohl des Pferdes können auch geahndet werden, wenn sie sich außerhalb des Turnierbetriebes ereignen.
2. Einen Verstoß begeht insbesondere, wer
   a) das Ansehen des Pferdesports schädigt,
   b) einer im Rahmen der Zuständigkeit erlassenen Anordnung der FN, einer LK oder einer Turnierleitung nicht Folge leistet,
   c) die ordnungsgemäße Durchführung einer PLS oder BV stört oder beeinträchtigt oder durch ungebührliches Benehmen Ärgernis erregt,
   d) ein Pferd unreiterlich behandelt, z.B. quält oder misshandelt, unzulänglich ernährt, pflegt, unterbringt oder transportiert,
   e) als Teilnehmer, Besitzer, Eigentümer, Pfleger oder Tierarzt in zeitlichem Zusammenhang mit einer PLS oder BV:
      aa) ein Pferd
      - bei Vorhandensein einer nach Liste Anhang I oder III der Anti-Doping- und Medikamentenkontroll-Regeln verbotenen Substanz einsetzt oder
      - bei Vorhandensein einer in Liste Anhang I oder III der Anti-Doping- und Medikamentenkontroll-Regeln mit Grenzwert angegebenen Substanz einsetzt und diese den Grenzwert übersteigt oder
      - bei Anwendung einer nach Liste Anhang I oder III der Anti-Doping- und Medikamentenkontroll-Regeln verbotenen Methode einsetzt,

      bb) ein Pferd bei Vorhandensein
      - einer nach Liste Anhang II der Anti-Doping- und Medikamentenkontroll-Regeln verbotenen Substanz einsetzt oder
      - einer in Liste Anhang II der Anti-Doping- und Medikamentenkontroll-Regeln mit Grenzwert angegebenen Substanz einsetzt und diese den Grenzwert übersteigt,

      cc) bei einem Pferd einen verbotenen Eingriff oder die Anwendung einer verbotenen Methode gemäß Anti-Doping und Medikamentenkontroll-Regeln zur Beeinflussung der Leistung, der Leistungsfähigkeit oder Leistungsbereitschaft vornimmt,

      dd) eine verbotene Substanz oder verbotene Methode gemäß Anti-Doping- und Medikamentenkontroll-Regeln gebraucht oder zu gebrauchen versucht.

   Einen Verstoß im obigen Sinne begeht auch, wer sich nicht mit allen ihm zu Gebote stehenden Mitteln vergewissert oder nicht durch geeignete Maßnahmen hinsichtlich der Beaufsichtigung des Pferdes sicherstellt, dass kein Vorhandensein einer Dopingsubstanz, kein Vorhandensein einer verbotenen Substanz, keine Anwendung verbotener Methoden, kein Einsatz behandelter

Pferde und kein Gebrauch verbotener Substanzen oder verbotener Methoden vorliegt oder vorgenommen wurde.
Das Nähere regeln die Anti-Doping- und Medikamentenkontroll-Regeln für den Pferdesport, die Teil dieser Rechtsordnung sind.

f) ein Pferd an LP oder WB teilnehmen lässt, das für die geforderten Bedingungen nicht genügend geschult oder trainiert ist,
g) ein Pferd an LP oder WB teilnehmen lässt, dessen Ausrüstung oder Beschlag mangelhaft ist,
h) gegen unter d) bis g) nicht ausdrücklich genannte anerkannte Grundsätze des Tierschutzes oder Bestimmungen des Tierschutzgesetzes verstößt,
i) ein Pferd im Rahmen einer PLS oder BV touchiert (vgl. Richtlinien für Reiten und Fahren, Band 2),
j) die durch die Nennung eingegangenen Verpflichtungen nicht einhält,
k) als Veranstalter, Teilnehmer oder Richter die im Zusammenhang mit den Vorbereitungsplätzen geltenden Bestimmungen gemäß §§ 51 ff. nicht beachtet,
l) bei der Nennung, Teilnahme oder Durchführung einer PLS oder BV eine Täuschung begeht oder zu begehen versucht,
m) eine Verabredung trifft oder anregt, die bezweckt, den Ausgang der LP oder des WB in unerlaubter Weise zu beeinflussen,
n) unbefugt eine Änderung der technischen Einrichtungen und/oder Voraussetzungen der PLS oder der BV vornimmt, vorzunehmen versucht oder durch einen anderen vornehmen lässt,
o) einem Teilnehmer entgegen den Bestimmungen verbotene „Fremde Hilfe" gewährt,
p) als Veranstalter die ihm nach der LPO bzw. dem RG der FEI oder er WBO obliegenden Verpflichtungen nicht erfüllt,
q) LP oder PLS ohne die Genehmigung gemäß § 2 sowie WB oder BV gemäß Grundregel 3.1.1 veranstaltet oder sich daran beteiligt,
r) eine Streitigkeit vor ein ordentliches Gericht bringt, soweit und solange zu deren Entscheidung ein Schiedsgericht vorgesehen ist,
s) einen Schiedsspruch nicht beachtet.
t) einen der in Art. 2 Anti-Doping-Ordnung der FN – Athleten – aufgeführten Tatbestände verwirklicht. Das Nähere regelt die Anti-Doping-Ordnung der FN.

3. Als Verstoß gelten auch der Versuch, die Anstiftung und die Beihilfe. Eine Ordnungsmaßnahme darf nur verhängt werden, wenn der Verstoß schuldhaft (vorsätzlich oder fahrlässig) begangen ist.
   Bei Verstoß gegen § 920.2.e) LPO obliegt es im Zweifel dem Beschuldigten, sich zu entlasten.
4. Ein Schadensersatzanspruch aufgrund einer Ordnungsmaßnahme ist, soweit gesetzlich zulässig, ausgeschlossen.

§ 921
Arten der Ordnungsmaßnahmen

1. Verwarnung
2. Geldbußen bis zu 25.000,– Euro

3. Zeitlicher oder dauernder Ausschluss von der Teilnahme an einzelnen oder allen LP und/oder PLS und/oder WB und/oder BV (Sperre) oder zeitlicher oder dauernder Ausschluss als Veranstalter
4. Zeitliche oder dauernde Verweisung von einzelnen oder von allen PLS und/oder BV

§ 922
Bemessen der Ordnungsmaßnahmen

1. Die Verwarnung soll in leichten Fällen ausgesprochen werden, wenn der Verstoß nicht vorsätzlich begangen worden ist, die Folgen gering sind und gegen den Beschuldigten wegen eines gleichen oder ähnlichen Sachverhaltes noch keine Ordnungsmaßnahme verhängt worden ist.
2. Zeitliche Ordnungsmaßnahmen sollen nicht unter einem Monat und dürfen nicht länger als 5 Jahre dauern. Ausgenommen sind Verstöße gegen die Anti-Doping- und Medikamentenkontroll-Regeln sowie die Anti-Doping-Ordnung der FN, nach denen eine lebenslange Sperre verhängt werden kann.
3. Außer einer Verwarnung oder einer Geldbuße können der zeitliche Ausschluss von der Teilnahme an LP und WB oder von der Veranstaltung von PLS und BV und die zeitliche Verweisung von PLS und BV angeordnet werden.
4. Zum einheitlichen Bemessen der Ordnungsmaßnahmen gelten als Rahmenbestimmungen:
   a) Bei Verstößen mit Gefahr für Gesundheit oder Leben des Pferdes ein zeitlicher Ausschluss von mindestens 6 Monaten und zusätzliche Geldbuße; in minderschweren Fällen ein zeitlicher Ausschluss nicht unter 3 Monaten.
   b) Bei Täuschung (§ 920.2.l) bis n)) Ausschluss nicht unter 6 Monaten zuzüglich Geldbuße, bei Versuch Ausschluss nicht unter 3 Monaten zuzüglich Geldbuße.
   c) Begeht jemand, nachdem er schon mindestens zweimal wegen eines Verstoßes im Sinne des § 920 bestraft worden ist, einen erneuten Verstoß und ist ihm im Hinblick auf Art und Umstände des Verstoßes vorzuwerfen, dass er sich die früheren Ordnungsmaßnahmen nicht hat zur Warnung dienen lassen, so ist die Mindestmaßnahme Ausschluss für ein Jahr.
   Rückfallvoraussetzungen sind nicht mehr gegeben, wenn zwischen Ende der Vollstreckung einer früheren Ordnungsmaßnahme und dem folgenden Verstoß mehr als 5 Jahre verstrichen sind.

§ 923
Unrichtige Nennung, unberechtigte Teilnahme

1. Eine Geldbuße in Höhe des dreifachen Einsatzes, mindestens 25,– Euro, wird fällig, wenn die Teilnahmeberechtigung nicht gegeben ist
   a) für den Nenner bei unrichtiger Nennung,
   b) für den Teilnehmer bei unberechtigter Teilnahme.
2. Ist das Verschulden streitig, trifft die Beweislast den Beschuldigten.
3. Die Geldbuße ist an eine von der LK zu bestimmende Stelle abzuführen.
4. Die Bestimmungen des § 920 bleiben unberührt.

§ 924
Befugnis und Zuständigkeit der Turnierleitung

1. Die Turnierleitung hat während einer PLS, die Veranstaltungsleitung während einer BV, die Befugnis, Verwarnung und Geldbuße bis 150,– Euro sowie den Ausschluss von der Teilnahme an LP/WB oder der gesamten PLS/BV nach § 930 zu verhängen. Über § 931 (Beschwerde gegen vorläufige Maßnahme) und § 929 (Beschwerde) soll der Betroffene aufgeklärt werden.
2. Die LK zieht verhängte Geldbußen ein.
3. Die Turnierleitung ist für die Ausübung dieser Befugnis während einer PLS, die Veranstaltungsleitung während einer BV, zuständig.
4. Wenn die Befugnis der Turnierleitung nicht ausreicht oder die Turnierleitung ihre Befugnis nicht für ausreichend hält oder sich für befangen erklärt, teilt sie dies der LK mit. Das Gleiche gilt für die Veranstaltungsleitung im Rahmen von BV. Die Zuständigkeit liegt dann bei der LK.

§ 925
Befugnis und Zuständigkeit der LK

1. Die LK hat die Befugnis, alle Ordnungsmaßnahmen zu verhängen.
2. Die LK ist nur eingeschränkt durch die Zuständigkeit der FN nach § 926.2 für die Ausübung dieser Befugnis zuständig, wenn
   a) die Turnierleitung/Veranstaltungsleitung ihr mitteilt, dass ihre Befugnis nicht ausreicht oder sie ihre Befugnis nicht für ausreichend hält oder sich für befangen erklärt,
   b) der Verstoß nicht während einer PLS/BV begangen oder dort nicht verhandelt worden ist,
   c) ein Verstoß bei der LK schriftlich angezeigt wurde (§ 927.1).
3. Gegen die Ordnungsmaßnahme der Turnierleitung/Veranstaltungsleitung steht der LK das Recht der Beschwerde zu.
4. Zuständig ist ausschließlich die LK, in deren Zuständigkeitsbereich der Verstoß begangen worden ist.

§ 926
Befugnis und Zuständigkeit der FN

1. Die FN hat die Befugnis, alle Ordnungsmaßnahmen zu verhängen.
2. Die FN ist für die Ausübung dieser Befugnis zuständig, wenn
   a) der Verstoß sich gegen ein Vorstands- oder Ausschussmitglied richtet oder in einer internationalen Leistungsprüfung (LP) oder im Ausland begangen worden ist,
   b) der Verstoß während einer Bundes- oder von der FN vergebenen Veranstaltung/Prüfung begangen worden ist,
   c) ein Verstoß gegen § 920.2.e) oder t) LPO Gegenstand des Verfahrens ist,
   d) die LK ihr mitteilt, dass die Entscheidung über die Ordnungsmaßnahmen von besonderer Bedeutung ist.

§ 927
Ermittlungen

1. Werden Tatsachen bekannt, die den Verdacht eines Verstoßes rechtfertigen, so sind vom Veranstalter/von der Turnierleitung, von der LK oder der FN im Rahmen ihrer Zuständigkeit die zur Aufklärung des Sachverhaltes erforderlichen Ermittlungen anzustellen. Dasselbe gilt, wenn beim Veranstalter/bei der Turnierleitung mündlich oder schriftlich, bei der LK oder der FN schriftlich eine Anzeige erstattet wird.
2. Vor der Verhängung einer Ordnungsmaßnahme ist dem Beschuldigten Gelegenheit zu geben, sich schriftlich oder mündlich zu äußern. Bei der LK oder der FN ist über eine mündliche Anhörung ein Protokoll aufzunehmen. Im Übrigen gilt der § 907 entsprechend.
3. Ergeben die Ermittlungen, dass kein Verstoß vorliegt, so ist es dem Beschuldigten, falls er bereits gehört worden ist, bekannt zu geben.
4. Die LK oder FN teilen dem Anzeigenden unter Angabe der Gründe mit, dass kein Verstoß festgestellt worden ist. Gegen diesen Bescheid steht dem Anzeigenden die Beschwerde an das Schiedsgericht der Stelle zu, die den Bescheid erteilt hat. Für die Form und Frist der Einlegung der Beschwerde gilt § 929.1, Satz 2 bis 4 LPO. Das Schiedsgericht entscheidet sodann über die Anordnung einer Ordnungsmaßnahme.

§ 927a
Einstellung des Verfahrens

Die LK, die FN und die Schiedsgerichte können bei leichteren Verstößen oder bei geringerer Schuld des Beschuldigten das Verfahren mit Zustimmung des Beschuldigten einstellen und dem Beschuldigten zugleich auferlegen, einen Geldbetrag zu zahlen sowie die bisherigen Kosten des Verfahrens zu übernehmen.

§ 927b
Medikationskontrollen aus FEI-Verfahren

Die FN legt ihrem nationalen Ordnungsverfahren die Ergebnisse der von der FEI oder von anderen ausländischen nationalen Föderationen veranlassten Probenentnahmen zugrunde. Die Durchführung einer weiteren Analyse kann im nationalen Ordnungsverfahren nicht verlangt werden.

§ 927c
Dopingproben der Nationalen Anti-Doping-Agentur

Die FN legt ihrem Ordnungsverfahren wegen eines Verstoßes im Sinne des § 920.2.t) die Ergebnisse der von der Nationalen Anti-Doping-Agentur veranlassten Probenentnahmen zugrunde.

§ 928
Anordnung einer Ordnungsmaßnahme, Veröffentlichung

1. Die Ordnungsmaßnahme kann bei Anwesenheit des Beschuldigten durch mündliche Verkündung der Entscheidungsformel, im Übrigen durch Beschlussfassung verhängt werden. Die Entscheidung ist mit Begründung dem Beschuldigten in-

nerhalb von 2 Monaten schriftlich zu übermitteln. Zur Fristwahrung genügt die rechtzeitige Absendung (Datum des Poststempels).

2. Eine Ordnungsmaßnahme wegen Misshandlung eines Pferdes kann sofort mündlich verhängt werden und bedarf keiner schriftlichen Begründung.
3. Die Ordnungsmaßnahme muss den zugrunde liegenden Verstoß unter Angabe von Ort und Zeit genau bezeichnen.
4. Ordnungsmaßnahmen mit Ausnahme der Verwarnung und Geldbußen bis 150,– Euro sind im offiziellen Mitteilungsorgan der FN unter Angabe des Grundes bekannt zu geben, sobald sie unanfechtbar geworden sind. Vorläufige Suspendierungen werden veröffentlicht.
   Durch die Turnierleitung verhängte Ordnungsmaßnahmen sind der LK, durch LK verhängte Ordnungsmaßnahmen sind der FN mitzuteilen.

§ 929
Beschwerde

1. Gegen die Anordnung einer Ordnungsmaßnahme steht dem Beschuldigten das Recht der Beschwerde zu. Die Beschwerde ist binnen einer Woche nach Zustellung schriftlich bei der Stelle einzulegen, deren Maßnahme angefochten wird. Sie ist binnen 3 weiterer Wochen zu begründen. Diese Frist kann nicht verlängert werden (Ausschlussfrist).
   Für die Form der Zustellung der Anordnung gilt § 906.1.f), Satz 3 bis 7 LPO.
2. Hält diese Stelle die Beschwerde für begründet, hebt sie die Ordnungsmaßnahme auf. Andernfalls legt sie die Beschwerde dem Schiedsgericht vor.
3. Die Beschwerde hat aufschiebende Wirkung, es sei denn, die Ordnungsmaßnahme verhängende Stelle hat den sofortigen Vollzug angeordnet. Auf Antrag kann das Schiedsgericht die aufschiebende Wirkung wieder herstellen.
4. Gegen die Aufhebung einer Ordnungsmaßnahme steht dem Anzeigenden binnen einer Woche das Recht der Beschwerde an das Schiedsgericht zu.
5. Gegen die Ordnungsmaßnahme der Turnierleitung oder deren Aufhebung steht der LK das Recht der Beschwerde zu. Die Hinterlegung eines Kostenvorschusses entfällt.

§ 930
Vorläufige Maßnahme

1. Wenn ein Ordnungsverfahren eingeleitet worden ist oder unverzüglich eingeleitet wird, ein dringender Tatverdacht gegeben ist und die Ordnung einen Aufschub nicht verträgt, so können die zur Anordnung von Ordnungsmaßnahmen befugten Stellen im Rahmen ihrer Zuständigkeit einstweilen – höchstens für die Dauer von 6 Monaten – den Ausschluss von der Teilnahme an LP/WB und von der Veranstaltung von PLS/LP/BV/WB sowie die Verweisung von den Plätzen aussprechen.
2. Wenn vor Verhängung der vorläufigen Maßnahme kein rechtliches Gehör stattgefunden hat, ist dies unverzüglich nachzuholen.
3. Ist eine vorläufige Maßnahme ausgesprochen, dann ist bei allen Entscheidungen über Ordnungsmaßnahmen zu prüfen, ob die vorläufige Maßnahme fortbestehen oder aufgehoben werden soll.
4. Mit unanfechtbaren Entscheidungen über Ordnungsmaßnahmen enden vorläufige Maßnahmen.

§ 931
Beschwerde gegen vorläufige Maßnahmen

1. Gegen eine vorläufige Maßnahme steht dem Beschuldigten das Recht der Beschwerde zu.
2. Für die Form und Frist der Einlegung der Beschwerde gilt § 929.1, Satz 2 bis 4.
3. Die Beschwerde gegen eine vorläufige Maßnahme hat keine aufschiebende Wirkung.
4. Hält die Stelle, die die vorläufige Maßnahme angeordnet hat, die Beschwerde für begründet, hebt sie die Maßnahme auf. Andernfalls legt sie die Beschwerde dem Schiedsgericht vor.
5. Die Entscheidung des Schiedsgerichts über eine vorläufige Maßnahme kann nicht angefochten werden.

§ 932
Ordnungsliste

1. Die FN und LK führen Ordnungslisten in einer Datenbank, in die unanfechtbare Ordnungsmaßnahmen einzutragen sind.
2. In die bei der FN geführte Ordnungsliste sind alle im offiziellen Mitteilungsorgan der FN veröffentlichten, in die bei den LK geführten Ordnungslisten alle übrigen Ordnungsmaßnahmen einzutragen.
3. Bei der Eintragung sind zu vermerken:
   a) Name, Anschrift und FN-Nummer des Betroffenen,
   b) die Stelle, die die Ordnungsmaßnahme verhängt hat,
   c) das Datum der Verhängung,
   d) Art, Umfang und Begründung der Ordnungsmaßnahme,
   e) Nummer und Seite der Veröffentlichung im offiziellen Mitteilungsorgan der FN.
4. Eine Ordnungsmaßnahme ist nach Ablauf von 5 Jahren nach Beendigung ihrer Vollstreckung zu löschen.

IV. Revision

§ 941
Revision

1. Gegen die Entscheidung des Schiedsgerichts einer LK ist Revision zulässig.
2. Die tatsächlichen Feststellungen in der Entscheidung des Schiedsgerichts einer LK können mit der Revision nicht angegriffen werden. Die Revision kann nur darauf gestützt werden, dass die Vorschriften einer Ausschreibung oder der LPO auf den festgelegten Sachverhalt nicht oder nicht richtig angewendet worden seien.
3. Die Revision muss bei dem Schiedsgericht einer LK oder bei der FN binnen einer Woche nach Zustellung der Entscheidung schriftlich eingelegt und spätestens binnen 4 Wochen nach Zustellung der schriftlichen Entscheidung begründet werden. Diese Frist kann nicht verlängert werden (Ausschlussfrist).
4. Ist Revision eingelegt, so legt das Schiedsgericht der LK die Vorgänge nach Ablauf der Begründungsfrist der FN vor, die sie unverzüglich an den Vorsitzenden des großen Schiedsgerichts weiterleitet.

§ 942
Revision durch die LK

1. Revision gegen die Entscheidung eines LK-Schiedsgerichts aus einem Einspruchsverfahren anlässlich einer PLS kann auch von der LK eingelegt werden.
2. Die Revision ist bei dem Schiedsgericht der LK einzulegen. Die Beifügung oder Sicherstellung eines Kostenvorschusses entfällt.

V. Wiederaufnahme des Verfahrens

§ 950
Zulässigkeit

Die Wiederaufnahme eines durch unanfechtbare Entscheidung abgeschlossenen Verfahrens ist nur beim Nachweis eines wichtigen Grundes, der vor dieser Entscheidung nicht hätte geltend gemacht werden können, zulässig.

§ 951
Antrag

1. Die Wiederaufnahme erfolgt auf schriftlichen Antrag eines am Verfahren Beteiligten.
2. Der Antrag kann nur innerhalb von 2 Wochen nach Kenntnis des Wiederaufnahmegrundes, höchstens jedoch 6 Monate nach Unanfechtbarkeit der betreffenden Entscheidung gestellt werden.
3. Als Kostenvorschuss ist gleichzeitig ein Betrag von 75,– Euro beizufügen oder sicherzustellen.

§ 952
Entscheidung

Über den Antrag entscheidet das Große Schiedsgericht durch Beschluss. Es kann jedoch, nachdem es den Antrag für zulässig erklärt hat, die weitere Entscheidung dem Schiedsgericht der LK übertragen.

VI. Ausführung der Schiedssprüche, Kostenvorschuss, Kosten und Gnadenrecht

§ 960
Ausführung der Schiedssprüche

1. Unanfechtbare Entscheidungen sind von den Stellen, die das in erster Instanz zuständige Schiedsgericht errichtet haben, auszuführen.
2. Solange einem Schiedsspruch oder einer Ordnungsmaßnahme nicht genügt ist, sind die Betroffenen und ihre Pferde an LP nicht teilnahmeberechtigt, betroffene Veranstalter nicht berechtigt, PLS durchzuführen. Für die Teilnahmeberechtigung der Pferde sind die Besitzverhältnisse zum Zeitpunkt der Tat maßgebend. Nachträgliche Besitzwechsel sind unbeachtlich.

§ 961
Verfall des Kostenvorschusses

Wird einem Einspruch, einer Beschwerde oder einem Rechtsmittel nicht stattgegeben, so verfällt der Kostenvorschuss zugunsten der Stelle, die das Schiedsgericht eingerichtet hat. Andernfalls ist der Kostenvorschuss zurückzuzahlen oder auf die Kosten zu verrechnen.

§ 962
Kosten

1. Der unterliegende Teil trägt die Kosten des Verfahrens bzw. Ordnungsverfahrens. Die Kosten eines ohne Erfolg eingelegten Rechtsmittels fallen demjenigen zur Last, der das Rechtsmittel eingelegt hat.
2. Die Kosten des Verfahrens vor den Schiedsgerichten sowie die Kosten des Ordnungsverfahrens bestehen aus den Gebühren und den Auslagen des Schiedsgerichts/der Disziplinarkommission und den notwendigen Auslagen eines Beteiligten, soweit sie zur Rechtsverfolgung erforderlich und geeignet sind.
3. Entscheidet das Große Schiedsgericht über ein Rechtsmittel gegen die Entscheidung eines LK-Schiedsgerichts (§ 902) – Rechtsmittelinstanz –, so sind Gebühren und Auslagen eines in Anspruch genommenen Rechtsanwalts erstattungsfähig. Entscheidet das Große Schiedsgericht, ohne dass zuvor ein anderes Schiedsgericht entschieden hat, kann es solche Gebühren und Auslagen für erstattungsfähig erklären.
4. Wenn ein Beteiligter teils obliegt, teils unterliegt, sind die Kosten gegeneinander aufzuheben oder verhältnismäßig zu teilen. Sind die Kosten gegeneinander aufgehoben, so fallen die Kosten des Schiedsgerichts jedem Teil zur Hälfte zur Last. Einem Beteiligten können die Kosten ganz auferlegt werden, wenn der andere nur zu einem geringen Teil unterlegen ist.
5. Wer einen Antrag, einen Einspruch, eine Beschwerde oder Revision zurücknimmt, hat die Kosten zu tragen. Die Kosten können ermäßigt werden.
6. Kosten, die durch Verschulden eines Beteiligten entstanden sind, können diesem auferlegt werden.

7. Der Regelstreitwert beträgt 3.000,– Euro. Bei besonderer Bedeutung der Sache kann das Schiedsgericht den Streitwert angemessen erhöhen.
8. Die Mitglieder der Schiedsgerichte der LK und des Großen Schiedsgerichts erhalten für ihre Tätigkeit Auslagenersatz und folgende Gebühren, die mit der Anrufung des Schiedsgerichts entstehen und sich bei einer Entscheidung verdoppeln:
   a) Schiedsgerichte der LK in der Rechtsmittelinstanz und das Große Schiedsgericht, auch wenn keine Entscheidung eines anderen Schiedsgerichts vorliegt:
      – der Vorsitzende eine 1,3-Gebühr
      – der Berichterstatter eine 1,3-Gebühr
      – die übrigen Mitglieder eine 0,8-Gebühr

      nach den Wertgebühren des RVG
   b) Schiedsgerichte der LK sonst:
      – der Vorsitzende eine 1,3-Gebühr
      – der Berichterstatter eine 1,3-Gebühr
      – die übrigen Mitglieder eine 0,8-Gebühr

      nach den Wertgebühren des RVG
   c) Die Mitglieder der Disziplinarkommission erhalten für ihre Tätigkeit Auslagenersatz und Gebühren nach dem RVG nach einem angenommenen Wert von 3.000,– Euro, und zwar
      – der Vorsitzende eine 1,3-Gebühr
      – die Beisitzer je eine 0,8-Gebühr

      Bei besonderer Bedeutung der Sache kann die Disziplinarkommission den Streitwert angemessen erhöhen.

      Nimmt die FN das an den Vorsitzenden der Kammer gerichtete Ersuchen auf Tätigwerden zurück, bevor die weiteren Mitglieder der Kammer tätig geworden sind, erhält nur der Vorsitzende eine 1,3-Wertgebühr.
9. Ist ein Verfahren von der FN oder einer LK eingeleitet und kommt es zur Verhängung einer Ordnungsmaßnahme, so trägt der Beschuldigte die Kosten des Ordnungsverfahrens. Im Falle der Einstellung, soweit nicht nach § 927a verfahren wurde, oder des Freispruchs trägt die FN oder die LK die Kosten des Schiedsgerichts/der Disziplinarkommission.
10. Zeugen und Sachverständige erhalten auf Antrag für ihre tatsächlichen Aufwendungen eine Entschädigung in entsprechender Anwendung des Gesetzes über die Entschädigung von Zeugen und Sachverständigen in der geltenden Fassung.

§ 963
Gnadenrecht

1. Der Präsident der FN ist befugt, über Gnadengesuche zu entscheiden.
2. Vor der Ausübung des Gnadenrechts ist die Stelle zu hören, die unanfechtbar entschieden hat.
3. Gnadenerweise dürfen sich nur auf Ordnungsmaßnahmen erstrecken.

FN Anti-Doping- und Medikamentenkontroll-Regeln für den Pferdesport – ADMR

Die nachfolgenden Bestimmungen sind Teil der Rechtsordnung der Leistungs-Prüfungs-Ordnung (LPO) der Deutschen Reiterlichen Vereinigung e.V. (FN)

Artikel 1 Definition von Verstößen gegen Anti-Doping- und Medikamentenkontroll-Regeln

Ein Verstoß wird definiert als das Vorkommen einer oder mehrerer der nachfolgend in Art. 2.1 bis 2.7 festgelegten Verstöße gegen Anti-Doping- und Medikamentenkontroll-Regeln.

Artikel 2 Verstöße gegen Anti-Doping- und Medikamentenkontroll-Regeln

Die Verbotslisten für den Pferdesport enthalten folgende verbotene Substanzen und Methoden:

- Dopingsubstanzen und verbotene Methoden gemäß Liste Anhang I
- verbotene Substanzen gemäß Liste Anhang II (unerlaubte Medikation)
- Liste der im Training verbotenen Dopingsubstanzen und verbotenen Methoden gemäß Liste Anhang III
- Ausnahmen

Die Anwendung verbotener Doping-Substanzen oder verbotener Methoden gemäß Liste Anhang I und III werden als Verstöße gegen Anti-Dopingregeln bezeichnet. Die Anwendung verbotener Substanzen gemäß Liste Anhang II werden als Verstöße gegen Medikamentenkontroll-Regeln bezeichnet (unerlaubte Medikation).

Verantwortliche Personen (z.B. Reiter, Fahrer, Longenführer, Besitzer und Eigentümer) sind selbst dafür verantwortlich, davon Kenntnis zu haben, was einen Verstoß gegen die Anti-Doping- und Medikamentenkontroll-Regeln darstellt und welche Substanzen und Methoden in den Verbotslisten enthalten sind.

2.1 Das Vorhandensein einer verbotenen Substanz, ihrer Metaboliten oder Marker in den Körpergewebs- oder Körperflüssigkeitsproben eines Pferdes

2.1.1 Es ist die persönliche Pflicht eines jeden Verantwortlichen, dafür Sorge zu tragen, dass keine verbotenen Substanzen in den Organismus seines Pferdes gelangen. Die Verantwortlichen sind für jede verbotene Substanz oder ihrer Metaboliten oder Marker, die in den Körpergewebs- oder Körperflüssigkeitsproben des Pferdes durch eine Probe festgestellt werden, verantwortlich. Demzufolge ist es nicht erforderlich, dass Vorsatz, Verschulden, Fahrlässigkeit oder wissentliche Anwendung durch oder seitens der Verantwortlichen nachgewiesen wird, um einen Verstoß gegen Art. 2.1 zu begründen.

2.1.2 Mit Ausnahme solcher Substanzen, für die in der Verbotsliste eigens quantitative Schwellenwerte aufgeführt sind, begründet das nachgewiesene Vorhandensein einer verbotenen Substanz – gleich in welcher Menge – in der genommenen Probe einen Regelverstoß.

2.1.3 Ein ausreichender Nachweis eines Verstoßes gemäß Art. 2.1 ist in den beiden nachfolgenden Fällen gegeben: das Vorhandensein einer verbotenen Substanz, ihrer Metaboliten oder Marker in der A-Probe eines Pferdes, wenn der Verantwortliche auf die Analyse der B-Probe verzichtet und die B-Probe nicht analysiert wird oder wenn die B-Probe des Pferdes analysiert wird und das Analyseergebnis das Vorhandensein der verbotenen Substanz oder ihrer Metaboliten oder Marker in der A-Probe des Pferdes bestätigt.

2.2 Der Gebrauch oder der Versuch des Gebrauchs einer verbotenen Substanz oder einer verbotenen Methode

2.2.1 Es ist die persönliche Pflicht eines jeden Verantwortlichen, dafür zu sorgen, dass keine verbotene Substanz in den Körper des Pferdes gelangt. Demzufolge ist es nicht erforderlich, dass ein vorsätzlicher, schuldhafter, fahrlässiger oder bewusster Gebrauch des Verantwortlichen nachgewiesen wird, um einen Verstoß gegen Anti-Doping- und Medikationskontroll-Regeln wegen des Gebrauchs einer verbotenen Substanz oder einer verbotenen Methode zu begründen.

2.2.2 Der Erfolg oder der Misserfolg des Gebrauchs einer verbotenen Substanz oder einer verbotenen Methode ist nicht maßgeblich. Es ist ausreichend, dass die verbotene Substanz oder die verbotene Methode gebraucht oder ihr Gebrauch versucht wurde, um einen Verstoß gegen Anti-Doping- und Medikationskontroll-Regeln zu begehen.

2.3 Die Weigerung oder das Unterlassen ohne zwingenden Grund, das Pferd nach entsprechender Aufforderung einer zulässigen Probennahme zu unterziehen oder jede anderweitige Umgehung einer Probennahme

2.4 Unzulässige Einflussnahme oder versuchte unzulässige Einflussnahme auf irgendeinen Teil des Doping- oder Medikamentenkontroll-Verfahrens

2.5 Der unberechtigte Besitz und der unberechtigte Handel mit verbotenen Substanzen oder verbotenen Methoden

2.6 Jegliche Unterstützung, Aufforderung, Beihilfe, Anleitung, Anstiftung, Verschleierung oder sonstige Tatbeteiligung bei einem Verstoß gegen diese Anti-Doping- und Medikamentenkontroll-Regeln

2.7 Verstöße gegen die im Rahmen des Trainingskontrollprogramms übernommenen Verpflichtungen; der Benennung des Aufenthaltsortes eines Pferdes

Artikel 3 Nachweis eines Verstoßes gegen Anti-Doping- oder Medikamentenkontroll-Regeln

3.1 Beweislast und Beweismaß

Die FN trägt die Beweislast für das Vorliegen eines Verstoßes gegen Anti-Doping- und Medikamentenkontroll-Regeln. Das Beweismaß besteht darin, dass die FN überzeugend darlegen kann, dass ein Verstoß gegen Anti-Doping- und Medikamentenkontroll-Regeln vorliegt, wobei die Schwere des Vorwurfs zu berücksichtigen ist. Die Anforderungen an das Beweismaß sind in jedem Fall höher als die gleich hohe Wahrscheinlichkeit, jedoch geringer als ein Beweis, der jeden vernünftigen Zweifel ausschließt.

Liegt die Beweislast zur Widerlegung einer Vermutung oder zum Nachweis außergewöhnlicher Tatsachen oder Umstände gemäß diesen Bestimmungen bei dem Verantwortlichen, dem ein Verstoß gegen die Anti-Doping- und Medikationskontroll-Regeln vorgeworfen wird, so liegen die Anforderungen an das Beweismaß in der gleich hohen Wahrscheinlichkeit.

3.2 Verfahren zur Feststellung von Tatsachen und Vermutungen

Tatsachen im Zusammenhang mit Regelverstößen können durch jegliche verlässliche Mittel, einschließlich Geständnis, bewiesen werden. Folgende Beweisregeln gelten:

3.2.1 Bei dem von der FN eingesetzten WADA-akkreditierten Labor, dem Institut für Biochemie der Deutschen Sporthochschule Köln, wird vermutet, dass dieses die Analyse der Proben gemäß dem Standard des Labors durchgeführt und die Proben entsprechend gelagert und aufbewahrt hat. Der Verantwortliche kann diese Vermutung widerlegen, indem er nachweist, dass eine Abweichung von dem Standard des Labors stattgefunden hat, die nach vernünftigem Ermessen das von der Norm abweichende Analyseergebnis verursacht haben könnte.
Widerlegt der Verantwortliche die besagte Vermutung, indem er nachweist, dass von dem Standard des Labors nach Satz 2 abgewichen wurde, dann trägt die FN die Beweislast dafür, dass die Abweichung das von der Norm abweichende Analyseergebnis nicht verursacht hat.

3.2.2 Sachverhalte, welche durch die Entscheidung eines Gerichts oder eines zuständigen Berufs-Disziplinargerichts, die nicht Gegenstand eines laufenden Rechtsbehelfsverfahrens ist, festgestellt wurden, gelten als unwiderlegbarer Beweis gegen den Verantwortlichen, den die entsprechende Entscheidung betroffen hat. Dies gilt nicht, sofern der Verantwortliche nachweisen kann, dass die Entscheidung gegen den deutschen Ordre public verstoßen hat.

Artikel 4 Die Verbotsliste für den Pferdesport

4.1 Aufnahme der Verbotsliste für den Pferdesport

Teil dieser Regeln ist die Verbotsliste für den Pferdesport gemäß Anhang I bis III, die von Zeit zu Zeit von der FN veröffentlicht und überarbeitet wird. Die FN veröffentlicht die aktuelle Verbotsliste für den Pferdesport so, dass sie den Verantwortlichen und sonstigen Adressaten zugänglich ist. Zu diesem Zweck genügt die Veröffentlichung der Verbotsliste für den Pferdesport auf der FN-Webseite.

4.2 Überprüfung und Veröffentlichung der verbotenen Substanzen und verbotenen Methoden, die in der Verbotsliste für den Pferdesport genannt sind

Soweit die jeweils veröffentliche Verbotsliste für den Pferdesport nichts Abweichendes vorsieht, tritt diese und ihre Überarbeitungen 3 Monate nach Veröffentlichung auf der FN-Webseite in Kraft.

4.3 Kriterien für die Aufnahme von Substanzen und Methoden in die Verbotsliste für den Pferdesport

Die Entscheidung der FN, welche verbotenen Substanzen und verbotenen Methoden in die Verbotsliste für den Pferdesport aufgenommen werden, ist endgültig und kann von Verantwortlichen nicht angefochten werden.

Artikel 5 Kontrollen

5.1 Kontrollbefugnis

Sämtliche Pferde, die an PLS/LP teilnehmen, unterliegen der Kontrolle durch die FN bzw. ihre Beauftragten und der Landeskommissionen und deren Beauftragten.

5.2 Sämtliche Pferde, die vom Trainingskontrollprogramm der FN bzw. des DOKR erfasst sind, unterliegen der Kontrolle durch die FN bzw. durch das DOKR oder durch ihre Beauftragten (z.B. NADA). Die NADA wählt die für eine Probenentnahme infrage kommenden Pferde nach eigenem Ermessen aus.

Artikel 6 Analyse von Proben

Proben, die im Rahmen dieser Vorschriften genommen werden, sind Eigentum der FN. Sie sind in Übereinstimmung mit den folgenden Grundsätzen zu analysieren:

6.1 Zweck der Probenanalyse

Die Analyse von Proben dient zum Nachweis verbotener Substanzen und verbotener Methoden, die in der Verbotsliste gemäß Listen Anhang I bis III aufgeführt sind. Die FN kann für Forschungs- und Überwachungszwecke auch andere Substanzen nachweisen.

6.2 Verwendung der Proben

Ohne schriftliche Zustimmung des Verantwortlichen dürfen die Proben zu keinem anderen Zweck als zum Nachweis der Substanzen (bzw. Klassen von Substanzen) oder Methoden, die in der Verbotsliste für den Pferdesport aufgeführt sind oder die von der FN im Rahmen eines Überwachungsprogramms sonst öffentlich bekannt gemacht werden, verwendet werden. Die Proben werden mit Ablauf der Verjährungsfrist gemäß Art. 12 vernichtet.

Für Proben, die zu Forschungszwecken verwendet werden sollen, werden sämtliche Identifikationsmittel entfernt, sodass kein Rückschluss auf den jeweiligen Verantwortlichen möglich ist.

Artikel 7 Durchführung der Medikationskontrollen

7.1 Die Durchführung der Kontrollen erfolgt in der nachstehend beschriebenen Weise:

7.1.1 Die Auswahl der Veranstaltungen obliegt den LK bzw. der FN. Die Auswahl der Pferde unterliegt grundsätzlich dem Zufallsprinzip, daneben sind Verdachtsproben jederzeit möglich. Zuständig ist der FN-/LK-Beauftragte der jeweiligen PLS. Von der FN/LK eigens für die Entnahme von Medikationskontrollen zu der PLS entsandte Tierärzte sind ebenfalls befugt selbstständig Pferde für Medikationskontrollen auszuwählen.

7.1.2 Die FN weist den LK für die routinemäßigen Stichprobenkontrollen ein jährliches Probenkontingent in Relation zu der Anzahl der PLS in den einzelnen LK-Bereichen zu.

7.1.3 Ein Medi-Kontroll-Kit, das bei der FN angefordert werden kann, muss bei jeder PLS in der Meldestelle vorliegen.

7.1.4 Die Probenentnahme sollte im Beisein des FN-/LK-Beauftragten oder einem von diesen Beauftragten erfolgen. Der Tierarzt gewinnt gemäß der Anleitung zur Probenentnahme von dem jeweiligen Pferd in Gegenwart des Reiters, Fahrers, Longenführers, ggf. anwesenden Besitzers oder deren Beauftragten Urinproben oder Blutproben. Es ist mindestens 30 Minuten auf Urin zu warten. Der Zeitraum zur Gewinnung von Urin kann vom Probennehmer angemessen ausgedehnt werden. Kann innerhalb der Wartezeit keine Urinprobe entnommen werden, beschränkt sich der Probennehmer auf die Entnahme von zwei Blutproben; in jedem Fall sind Urin- oder Blutproben zu entnehmen. Die Probenflaschen und Verschlüsse für die A- und B-Probe tragen jeweils identische Code-Nummern. Die Probenflaschen sind fest zu verschließen. Die Deckel-Code-Nummern sind in das Untersuchungsprotokoll einzutragen.

7.1.5 Nach Entnahme der Probe ist durch den Tierarzt das Entnahmeprotokoll auszufüllen, zu unterzeichnen und anschließend dem Reiter, Fahrer, Longenführer, Besitzer oder deren Beauftragten zur Mitzeichnung vorzulegen und auszuhändigen.
Die entsprechend gekennzeichneten Durchschläge des Untersuchungsprotokolls sind jeweils an
- das Analyselabor (zusammen mit den Proben),
- die zuständige LK,
- die FN

zu senden.

7.1.6 Die gewonnenen Proben gemäß Anleitung zur Probenentnahme sowie das für das Analyselabor vorgesehene Protokollformular sind in die Kartonschachtel zu geben; anschließend ist die Kartonschachtel in den Umkarton zu verpacken.

7.1.7 Die Proben sind vom Veranstalter kühl zu lagern (Kühlschrank 4°) und unmittelbar nach Beendigung der Veranstaltung verpackt per Post an das Institut für Biochemie, Prof. Dr. Mario Thevis, Am Sportpark Müngersdorf 6, 50933 Köln, Tel.: 0221 4971313, Fax: 0221 4973236, oder ein anderes von der FN benanntes Analyselabor zu senden.

7.1.8 Der Veranstalter trägt die vom Veranstaltungstierarzt für die Entnahme der Proben in Rechnung gestellten Gebühren sowie die Versandkosten.

7.1.9 Im Analyselabor werden von den jeweils zwei übersandten Flaschen mit Urin- bzw. Blutproben je eine zur Untersuchung verwendet (A-Probe), die 2. (B-Probe) bei einem positiven Ergebnis für eine Kontrollanalyse aufbewahrt.

7.1.10 Bei Abweichungen von Formvorschriften wird eine bestimmte Probe nur ungültig, wenn dadurch die Gültigkeit eines positiven Analyseergebnisses infrage gestellt wird.

7.1.11 Wird bei Analyse der A-Probe eine gemäß Liste Anhang I bis III verbotene Substanz festgestellt, erfolgt eine sofortige Information an die FN, die wiederum den Reiter, Fahrer, Longenführer, Besitzer oder dessen Beauftragten unterrichtet. Nach Erhalt eines positiven Analyseergebnisses der A-Probe führt die FN eine erste Überprüfung durch, um festzustellen, ob eine offensichtliche Abweichung von den Standards für Medikationskontrollen vorliegt, welche die Richtigkeit des positiven Analyseergebnisses infrage stellt.

Der nach Abs. 1 Unterrichtete kann binnen einer Woche nach Erhalt der Benachrichtigung zu dem Vorwurf gegenüber der FN Stellung nehmen. Er kann die Kontrollanalyse (B-Probe) sofort beantragen, spätestens jedoch binnen einer Woche nach Erhalt der Benachrichtigung. Diese Fristen können nicht verlängert werden (Ausschlussfristen). Es liegt im Ermessen der FN, die B-Probe analysieren zu lassen, auch wenn der Betroffene die Analyse der B-Probe nicht verlangt. Die Kontrollanalyse wird binnen weiterer 14 Tage in dem Analyselabor durchgeführt, das auch die Analyse der A-Probe vorgenommen hat. Dem Antragsteller ist Gelegenheit zu geben, bei der Kontrollanalyse (B-Probe) selbst anwesend zu sein oder sich von einem Beauftragten oder einem von ihm benannten Gutachter vertreten zu lassen. Der Antragsteller hat das Recht, eine Kopie der A- und B-Proben-Dokumentation des Labors anzufordern.

Ausnahmsweise kann die Analyse der B-Probe in einem anderen von der FN benannten Analyselabor durchgeführt werden, wenn der Antragsteller konkrete Anhaltspunkte vorträgt, die ernsthafte Zweifel an der Unabhängigkeit des ursprünglich beauftragten Labors gegenüber dem Antragsteller aufkommen lassen. Hierüber entscheidet die FN abschließend ohne die Möglichkeit eines Rechtsmittels. Für dieses andere Labor gilt die Bestimmung des Art. 3.2.1 entsprechend.

Kommt die Analyse der B-Probe nach Antragstellung nicht innerhalb von 14 Tagen unter Mitwirkung des Antragstellers zustande, wird die B-Probe ohne seine Mitwirkung analysiert.

Die Kosten für die Analyse der B-Probe trägt der Antragsteller.

Wird kein Antrag auf Analyse der B-Probe gestellt, so wird dem weiteren Verfahren das Ergebnis der A-Probenanalyse zugrunde gelegt.

7.1.12 Die oben genannten Bestimmungen gelten nur für von der FN, der LK, der NADA (bei Trainingskontrollen) oder von deren Beauftragten veranlassten Medikationskontrollen.

7.1.13 Der Nachweis einer gemäß Liste Anhang I bis III verbotenen Substanz kann auch als Verstoß gegen das Tierschutzgesetz und das Arzneimittelgesetz gewertet und nach diesen Vorschriften bestraft werden. Solche Verstöße werden von der FN der zuständigen Behörde gemeldet.

7.1.14 Bei der Durchführung von Trainingskontrollen gelten die Ziff. 7.1.4 (Satz 2 bis 8) bis 7.1.7 und 7.1.9 bis 7.1.13 entsprechend.

7.2 Vorläufige Suspendierung

Suspendierung (zeitweiliger Verlust der Teilnahmeberechtigung an PLS/LP) bei Verstoß gegen Liste Anhang I (Dopingsubstanzen und verbotene Methoden) oder Liste Anhang III (im Training verbotene Dopingsubstanzen und verbotene Methoden), bei Verstoß gegen Art. 2.3 oder bei Verstoß gegen Art. 2.7

7.2.1 Weist im Rahmen einer Medikationskontrolle das Analyseergebnis eine gemäß Liste Anhang I (Dopingsubstanz und verbotene Methoden) oder Liste Anhang III (im Training verbotene Dopingsubstanzen und verbotene Methoden) verbotene Substanz aus oder liegt ein Verstoß gegen Art. 2.3 (Weigerung/Unterlassen zulässiger Probennahme Folge zu leisten oder jede anderweitige Umgehung einer Probenentnahme) oder liegt ein Verstoß gegen Art. 2.7 (Verstoß gegen die im Rahmen des Trainingskontrollprogramms übernommenen Verpflichtungen; Benennung Aufenthaltsort des Pferdes) vor, wird der Betroffene sofort suspendiert. Der Betroffene kann innerhalb einer Woche der FN gegenüber dazu Stellung nehmen. Diese Frist kann nicht verlängert werden (Ausschlussfrist).

7.2.2 Zuständig für eine Suspendierung ist der Vorsitzende – im Falle seiner Verhinderung der stellvertretende Vorsitzende – der zuständigen Disziplinarkommission der FN. Die Entscheidung trifft der Vorsitzende alleine. Er kann aber die Entscheidung durch die Disziplinarkommission herbeiführen.

7.2.3 Hat der Vorsitzende der zuständigen Disziplinarkommission aufgrund der Stellungnahme des Betroffenen begründete Zweifel an der Richtigkeit des positiven Analyseergebnisses oder erachtet er weitergehende Untersuchungen zur Aufklärung des Sachverhaltes für notwendig oder liegen Gründe vor, die eine spätere Ordnungsmaßnahme unwahrscheinlich erscheinen lassen, kann ausnahmsweise von einer Suspendierung abgesehen werden. Dabei ist zwischen dem Interesse des Betroffenen und den möglichen Auswirkungen einer im Nachhinein unbegründeten Suspendierung sowie dem Interesse aller Turnierteilnehmer an Fairplay und Chancengleichheit abzuwägen.

7.2.4 Die Entscheidungen nach Art. 7.2.2 und 7.2.3 erfolgen im schriftlichen Verfahren oder mittels Telefonkonferenz.

7.2.5 Die Entscheidung über die Suspendierung ist dem Betroffenen mitzuteilen.

7.2.6 Gegen die Entscheidung, den Betroffenen zu suspendieren, kann dieser sofortigen Widerspruch einlegen. Der sofortige Widerspruch hat keine aufschiebende Wirkung. Der Vorsitzende der zuständigen Disziplinarkommission hat unverzüglich einen nahen Termin zur mündlichen Verhandlung zu verfügen.

7.2.7 Die Suspendierung kann jederzeit vom Vorsitzenden oder durch die Disziplinarkommission nach eigenem Ermessen aufgehoben werden, insbesondere bei begründeten Zweifeln an der Richtigkeit des Analyseergebnisses oder beim Vorliegen von Gründen, die eine Ordnungsmaßnahme unwahrscheinlich erscheinen lassen.

7.2.8 Der Termin zur mündlichen Verhandlung vor der zuständigen Disziplinarkommission soll 1 Woche nach Erhalt des Analyseergebnisses der B-Probe verfügt werden.

Bei einem Verzicht auf die Analyse der B-Probe ist innerhalb einer Woche nach Ablauf der Frist, innerhalb derer der Betroffene den Antrag auf Analyse der B-Probe stellen konnte, ein Termin zur mündlichen Verhandlung zu verfügen. Ist der Betroffene bei der Öffnung und Analyse der B-Probe nicht erschienen, beginnt die Frist für die Terminbestimmung nach dem Tag, an dem der FN das Analyseergebnis mitgeteilt worden ist.

7.2.9 Weist die Kontrollanalyse (B-Probe) ein negatives Ergebnis aus, wird die Suspendierung sofort aufgehoben.

7.2.10 Die Dauer der Suspendierung ist bei der Entscheidung über eine etwaige Ordnungsmaßnahme angemessen zu berücksichtigen.

Artikel 8 Disziplinarverfahren

8.1 Allgemeines

8.1.1 Kommt die FN nach Durchführung des Ergebnismanagements gemäß Art. 7.1.11 zu dem Ergebnis, dass ein Verstoß gegen Anti-Doping- und Medikamentenkontroll-Regeln nicht auszuschließen ist, leitet sie ein Disziplinarverfahren ein.

8.1.2 Zuständiges Disziplinarorgan für die Durchführung des Disziplinarverfahrens ist die Disziplinarkommission der FN gemäß § 15.5 i.V.m. § 22.4 der FN-Satzung als Erstinstanz.

8.2 Verfahrensgrundsätze

8.2.1 Das Disziplinarverfahren wird nach der Disziplinarordnung des FN-Bereichs Sport durchgeführt.

8.2.2 Insbesondere sind die folgenden Verfahrensgrundsätze zu beachten:

a) eine zügige Durchführung des Verfahrens;
b) eine Besetzung der Disziplinarkommission mit fairen und unabhängigen Personen;
c) das Recht, sich anwaltlich vertreten zu lassen;
d) das Recht, über den behaupteten Verstoß gegen Anti-Doping- und Medikamentenkontroll-Regeln angemessen und rechtzeitig informiert zu werden;
e) das Recht, zu dem Vorwurf des Verstoßes gegen Anti-Doping- und Medikamentenkontroll-Regeln und den sich daraus ergebenden Konsequenzen Stellung zu nehmen;
f) das Recht, jeder Partei Beweismittel vorzubringen, einschließlich des Rechts, Zeugen zu stellen und zu befragen. Dabei können auch telefonische Zeugenaussagen oder schriftliche Beweismittel zugelassen werden;
g) das Recht auf Hinzuziehung eines Dolmetschers;
h) eine rechtzeitige, schriftliche und begründete Entscheidung, die insbesondere die Gründe für eine gegebenenfalls verhängte Sperre erläutert.

8.3 Säumnis

Säumig ist ein Verantwortlicher, der trotz ordnungsgemäßer Ladung und eines entsprechenden Hinweises auf diese Folge der Säumnis zu einer mündlichen Verhandlung nicht erscheint oder es unterlässt, sich innerhalb der von der Disziplinarkommission bestimmten Frist zu äußern oder Beweismittel vorzulegen. Wird die Säumnis nach Überzeugung der Disziplinarkommission genügend entschuldigt, bleibt sie außer Betracht.

Im Falle einer Säumnis kann eine Entscheidung im schriftlichen Verfahren auf Grundlage der zum vorgesehenen Zeitpunkt der mündlichen Verhandlung der Disziplinarkommission vorliegenden Tatsachen ergehen.

Artikel 9 Automatische Annullierung von Einzelergebnissen

Ein Verstoß gegen diese Regeln in zeitlichem Zusammenhang mit einer PLS führt automatisch zur Annullierung sämtlicher mit dem Pferd auf dem Turnier erzielter Ergebnisse mit allen daraus entstehenden Konsequenzen, einschließlich der Aberkennung von Medaillen, Punkten und Preisen.

Artikel 10 Sanktionen

10.1 Ausschluss von PLS/LP (Sperre) und Geldbuße wegen des Vorhandenseins verbotener Dopingsubstanzen oder der Anwendung verbotener Methoden sowie des Gebrauchs oder versuchten Gebrauchs einer verbotenen Substanz oder einer verbotenen Methode

Für einen Verstoß gegen Art. 2.1 oder 2.2 gemäß Liste Anhang I oder Liste Anhang III (Dopingsubstanzen/verbotene Methoden) wird folgende Sperre (Ausschluss von der Teilnahme an PLS/LP) verhängt, es sei denn, die Voraussetzungen für die Aufhebung oder Herabsetzung der Sperre gemäß Art. 10.4 sind erfüllt:

Erster Verstoß:	Im Regelfall zwei (2) Jahre
Zweiter Verstoß:	(Verstoß binnen acht (8) Jahre nach Benachrichtigung des ersten Verstoßes): Sperre bis zu vier (4) Jahre
Dritter Verstoß:	(Verstoß binnen acht (8) Jahre nach Benachrichtigung des ersten Verstoßes): Sperre mindestens vier (4) Jahre bis lebenslang

Eine Geldbuße bis zu 25.000,– Euro wird wegen jeden Verstoßes gegen die Anti-Doping-Regeln zusätzlich verhängt.

Jedoch muss in jedem Fall vor Verhängung einer Sperre oder einer Geldbuße dem Verantwortlichen die Gelegenheit gegeben werden, Gründe für die Aufhebung oder Verringerung der Sanktion gemäß Art. 10.4 nachzuweisen.

10.2 Ausschluss von PLS/LP (Sperre) und Geldbuße wegen des Vorhandenseins verbotener Substanzen (unerlaubte Medikation):

Für einen Verstoß gegen Art. 2.1 gemäß Liste Anhang II (unerlaubte Medikation) wird folgende Sperre verhängt, es sei denn, die Voraussetzungen für die Aufhebung oder Herabsetzung der Sperre gemäß Art. 10.4 sind erfüllt:

Erster Verstoß:	Sperre von mindestens einem (1) Monat bis zu einem (1) Jahr
Zweiter Verstoß:	(Verstoß binnen vier (4) Jahre nach Benachrichtigung des ersten Verstoßes): Sperre nicht unter einem (1) Jahr
Dritter Verstoß:	(Verstoß binnen vier (4) Jahre nach Benachrichtigung des ersten Verstoßes): Sperre mindestens zwei (2) Jahre

Eine Geldbuße bis zu 25.000,– Euro wird wegen jeden Verstoßes gegen die Medikamentenkontroll-Regeln verhängt.

Jedoch muss in jedem Fall vor Verhängung einer Sperre oder einer Geldstrafe dem Verantwortlichen die Gelegenheit gegeben werden, Gründe für die Aufhebung oder Verringerung der Sanktion gemäß Art. 10.4 nachzuweisen.

10.3 Für Verstöße gegen Art. 2.3 (Weigerung/Unterlassen zulässiger Probenentnahme Folge zu leisten oder jede anderweitige Umgehung einer Probenentnahme), Art. 2.4 (Unzulässige Einflussnahme auf Doping- oder Medikamentenkontroll-Verfahren), Art. 2.5 (unberechtigter Besitz/unberechtigtes Handeln mit verbotenen Substanzen oder verbotenen Methoden), Art. 2.6 (Unterstützung, Anstiftung, Beihilfe etc.) und Art. 2.7 (Aufenthaltsort des Pferdes) werden folgende Sperren verhängt:

Erster Verstoß:	Im Regelfall zwei (2) Jahre
Zweiter Verstoß:	(Verstoß binnen acht (8) Jahre nach Benachrichtigung des ersten Verstoßes): Sperre bis zu vier (4) Jahre
Dritter Verstoß:	(Verstoß binnen acht (8) Jahre nach Benachrichtigung des ersten Verstoßes): Sperre mindestens vier (4) Jahre bis lebenslang

Eine Geldbuße bis zu 25.000,– Euro wird wegen jeden Verstoßes gegen die Medikamentenkontroll-Regeln zusätzlich verhängt.

Jedoch muss in jedem Fall vor Verhängung einer Sperre oder einer Geldbuße dem Verantwortlichen die Gelegenheit gegeben werden, Gründe für die Aufhebung oder Verringerung der Sanktion gemäß Art. 10.4 nachzuweisen.

10.4 Absehen von einer Sperre oder Herabsetzung der Sperre aufgrund außergewöhnlicher Umstände

10.4.1 Kein Verschulden

Weist der Verantwortliche im Einzelfall nach, dass ihn kein Verschulden trifft, so ist von der ansonsten zu verhängenden Sperre abzusehen. Liegt ein Verstoß gegen Art. 2.1 aufgrund des Nachweises einer verbotenen Substanz oder ihrer Marker oder Metaboliten in der Probe des Pferdes vor, muss der Verantwortliche darüber hinaus nachweisen, wie die verbotene Substanz in den Organismus des Pferdes gelangt ist, um ein Absehen von der Sperre zu erreichen.

10.4.2 Kein signifikantes Verschulden

Weist der Verantwortliche im Einzelfall nach, dass ihn kein signifikantes Verschulden trifft, kann die Sperre herabgesetzt werden. Liegt ein Verstoß gegen Art. 2.1 aufgrund des Nachweises einer verbotenen Substanz oder ihrer Marker oder Metaboliten in der Probe des Pferdes vor, muss der Verantwortliche darüber hinaus nachweisen, wie die verbotene Substanz in den Organismus des Pferdes gelangt ist, um die Herabsetzung der Sperre zu erreichen.

10.4.3 Die FN kann die Dauer der Sperre und die Höhe der anderen Sanktionen ebenfalls in einem Einzelfall verringern, wenn der Verantwortliche die FN maßgeblich unterstützt hat und die FN dadurch einen Verstoß durch einen anderen Verantwortlichen gegen Art. 2.5 oder Art. 2.6 aufdeckt oder nachweist.

10.4.4 Wenn ein Verantwortlicher freiwillig die Begehung eines Verstoßes gegen die Anti-Doping- und Medikamentenkontroll-Regeln gesteht, bevor er zu einer Probenentnahme aufgefordert wurde, durch die ein Verstoß gegen die Anti-Doping- und Medikamentenkontroll-Regeln nachgewiesen werden könnte, und wenn dieses Geständnis zu dem Zeitpunkt den einzig verlässlichen Nachweis des Verstoßes darstellt, kann die Sperre herabgesetzt werden.

10.5 Erschwerende Umstände, die zu einer Heraufsetzung der Sperre führen können

Wenn die FN in einem Einzelfall den Nachweis führt, dass erschwerende Umstände vorliegen, die die Verhängung einer Sperre oberhalb der Standardsanktion rechtfertigen, wird die ansonsten zu verhängende Sperre bis zu einem Höchstmaß von vier (4) Jahren heraufgesetzt, es sei denn, der Verantwortliche kann gegenüber der Disziplinarkommission überzeugend darlegen, dass er nicht bewusst einen Verstoß gegen die Anti-Doping- und Medikamentenkontroll-Regeln begangen hat. Ein Verantwortlicher kann die Anwendung dieses Satzes verhindern, wenn er den ihm vorgeworfenen Verstoß gegen die Anti-Doping- und Medikamentenkontroll-Regeln unverzüglich gesteht, nachdem er von der FN mit dem Vorwurf eines Verstoßes gegen die Anti-Doping- und Medikamentenkontroll-Regeln konfrontiert wurde.

10.6 Status während der Sperre

Ein Verantwortlicher, der gesperrt wurde, darf während der Sperre in keiner Eigenschaft an einem Wettkampf (LP) oder einer anderen von der FN genehmigten oder organisierten Aktivität (außer an genehmigten Anti-Doping-Aufklärungsmaßnahmen) teilnehmen. Außerdem darf oder dürfen bei jedem Verstoß gegen eine Anti-Doping- und Medikamentenkontroll-Regel eine etwaige finanzielle Unterstützung oder sonstige sportbezogene Leistungen, die der Verantwortliche erhält, von der FN teilweise oder ganz einbehalten oder zurückgefordert werden.

10.7 Sperre des Pferdes

Bei einem Verstoß gegen Art. 2.1 (Dopingsubstanzen Liste Anhang I oder III) verliert das betreffende Pferd für die Dauer von 8 Wochen nach Eingang des positiven Befundes der A-Probe bei der FN seine Teilnahmeberechtigung für alle PLS/LP. Bei Vorliegen einer Dopingsubstanz, die als Anabolikum qualifiziert wird, beträgt der Ausschluss des Pferdes von der Teilnahme an allen PLS/LP 6 Monate.

Ergibt die Kontrollanalyse (B-Probe) ein negatives Ergebnis, wird die Sperre des Pferdes wieder aufgehoben.

10.8 In einem Ordnungsverfahren gegen den Eigentümer oder Besitzer eines Pferdes bei Verstößen gegen Art. 2.1 (Dopingsubstanz gemäß Liste Anhang I oder III) bis Art. 2.6 kann das betreffende Pferd bis zu 6 Monate gesperrt werden (Ausschluss von der Teilnahme an allen PLS/LP).

Artikel 11 Rechtsbehelf

a) Soweit mit einem Verantwortlichen keine Schiedsvereinbarung getroffen worden ist, steht dem Betroffenen gegen die Entscheidung der Disziplinarkommission das Recht der Beschwerde an das Große Schiedsgericht der FN zu. Die Beschwerde ist

innerhalb einer Woche nach Zustellung schriftlich einzulegen. Sie ist binnen einer weiteren Woche zu begründen. Als Kostenvorschuss ist ein Betrag von 50,– Euro spätestens mit Ablauf der Begründungsfrist beizufügen oder sicherzustellen.
Die Beschwerde hat aufschiebende Wirkung, es sei denn, die Disziplinarkommission hat den sofortigen Vollzug der Maßnahme angeordnet. Auf Antrag kann das Große Schiedsgericht die aufschiebende Wirkung wiederherstellen.

b) Gegen eine Entscheidung der Disziplinarkommission – soweit mit einem Verantwortlichen eine Schiedsvereinbarung getroffen ist – kann ein Rechtsmittel gemäß § 45 der Sportschiedsgerichtsordnung der Deutschen Institution für Schiedsgerichtsbarkeit e.V. (DIS-SportSchO) eingelegt werden. Der ordentliche Rechtsweg ist ausgeschlossen.
In Abweichung von der DIS-SportSchO soll der Einzelschiedsrichter bzw. im Falle eines Schiedsgerichts mit drei Schiedsrichtern der Vorsitzende des Schiedsgerichtes der Sonderschiedsrichterliste des Deutschen Sportgerichts für den Pferdesport angehören.
Über einen Antrag nach § 20.2 DIS-SportSchO entscheidet in Abweichung von der DIS-SportSchO die nach dem Sondergeschäftsverteilungsplan für den Pferdesport zuständige Person oder, sofern diese Person verhindert ist, deren Stellvertreter.
Nach der DIS-SportSchO kann in einer Streitigkeit, die einen Verstoß gegen die ADMR zum Gegenstand hat, gegen den Schiedsspruch ein Rechtsmittel zum Court of Arbitration for Sport (CAS) in Lausanne eingelegt werden.

11.1 Rechte der NADA im Rahmen des Trainingskontrollprogramms

Die NADA hat – soweit sie Trainingskontrollen vornimmt – folgende Rechte:

a) Leitet die FN ein Disziplinarverfahren nicht innerhalb von 2 Monaten ab Kenntnis eines positiven Analyseergebnisses der A-Probe, bezogen auf die Liste der im Training verbotenen Substanzen und im Training verbotenen Methoden Anhang III ADMR, oder von einem möglichen anderen Verstoß (Art. 2.2 bis 2.7) gegen die FN-Anti-Doping- und Medikamentenkontroll-Regeln (ADMR) ein, obwohl ein Verstoß gegen die Bestimmungen durch den Verantwortlichen oder eine andere Person nicht auszuschließen ist, ist die NADA befugt, selbst ein Disziplinarverfahren bei der Disziplinarkommission einzuleiten oder die Rechtmäßigkeit der Nichteinleitung des Disziplinarverfahrens vor dem Deutschen Sportschiedsgericht überprüfen zu lassen.
Leitet die NADA selbst das Disziplinarverfahren ein, wird sie Partei des Verfahrens.
Wird das Deutsche Sportschiedsgericht mit der Überprüfung der Rechtmäßigkeit befasst und stellt fest, dass eine Verfahrenseinleitung zu Unrecht unterblieben ist, leitet die FN in Anerkennung des Schiedsspruchs das Disziplinarverfahren ein.

b) Die NADA hat gegen Entscheidungen der Disziplinarkommission einen Rechtsbehelf zu dem hierfür in der Schiedsvereinbarung benannten Deutschen Sportschiedsgericht.

Artikel 12 Verjährungsfrist

Gegen einen Verantwortlichen kann nur dann ein Verfahren wegen eines Verstoßes gegen diese Regeln eingeleitet werden, wenn das Verfahren innerhalb von 8 Jahren ab dem Zeitpunkt des Verstoßes eingeleitet wird.

Artikel 13 Anwendbarkeit

Für ein Disziplinarverfahren wegen eines Verstoßes gegen Anti-Doping- und Medikamentenkontroll-Regeln, das am Tag des Inkrafttretens der Bestimmungen anhängig ist, und für ein Disziplinarverfahren, das ab dem Tag des Inkrafttretens eingeleitet wurde und einen Verstoß behandelt, der zuvor begangen wurde, gelten die Anti-Doping- und Medikamentenkontroll-Regeln, die zu dem Zeitpunkt wirksam waren, zu dem der Verstoß gegen die Anti-Doping- und Medikamentenkontroll-Regeln begangen wurde, sofern im Disziplinarverfahren nicht festgelegt wird, dass auf dieses der lex-mitior-Grundsatz anzuwenden ist.

Anhang: Kommentare

I. Einleitung

Die nachfolgenden Kommentare unterstützen und interpretieren die jeweiligen Artikel der Anti-Doping- und Medikamentenkontrollregeln (ADMR) der Deutschen Reiterlichen Vereinigung e.V. (FN). Alle Kommentare sind integraler Bestandteil der ADMR. Die nachfolgende Aufstellung erfasst die von der WADA zu den einzelnen Artikeln des Code statuierten Kommentare sowie ergänzende Kommentierungen einzelner Artikel, die durch die NADA erfolgt sind. Letztere sind durch den ausdrücklichen Zusatz „(NADA)" gekennzeichnet. Den Kommentierungen der NADA schließt sich die FN mit Blick auf die entsprechenden Regelungen in den ADMR sinngemäß an.

II. Kommentare

Zu Artikel 2:	In diesem Artikel sind die Tatbestände und Handlungen aufgeführt, die einen Verstoß gegen die FN-Anti-Doping- und Medikamentenkontrollregeln (ADMR) begründen. Verfahren werden auf Grundlage der Behauptung durchgeführt, dass eine oder mehrere dieser spezifischen Bestimmungen verletzt wurden.
Zu Artikel 2.1: (NADA)	Im Rahmen der NADA-Code-Revision erfolgte auch eine Überarbeitung der im NADA-Code 2009 und in seinen Ausführungsbestimmungen zu verwendenden Begriffsbestimmungen. Insbesondere der medizinische Begriff „Wirkstoff" gab Anlass, die rechtlichen Konsequenzen möglicher unklarer Termini unter Berücksichtigung des Bestimmtheitsgrundsatzes und des Analogieverbots näher zu untersuchen. Dabei erfolgte eine Prüfung der gesetzlichen Vorgaben, u.a. des AMG, die medizinische und pharmakologische Begutachtung durch die Ärzte und Mediziner der NADA sowie eine umfassende Diskussion in der Arbeitsgemeinschaft zur NADA-Code-Revision, bestehend aus Rechtsexperten der nationalen Sportfachverbände, des DOSB, des BMI, des Deutschen Sportschiedsgerichts und der Wissenschaft. Darüber hinaus fand eine abschließende Rücksprache mit dem BMI statt. Als Ergebnis dieser Überprüfung kann daher festgehalten werden, dass im NADA-Code 2009 und seinen Ausführungsbestimmungen einheitlich der Begriff „Wirkstoffe" durch den Begriff „Substanzen" ersetzt wird. Sämtliche befragten Gremien und Einzelpersonen kamen unabhängig voneinander überein, dass der Begriff „Substanz" nicht nur der englischen Übersetzung der Begriffe „substance" oder „agents" näher ist als der Begriff „Wirkstoff", sondern auch aus medizinischer und juristischer Sicht den Sinn und Zweck der Begrifflichkeit zutreffender widerspiegelt.

Zu Artikel 2.1.1: (NADA)

Für Verstöße gegen die ADMR aufgrund des Vorhandenseins einer Verbotenen Substanz (oder ihrer Metaboliten oder Marker) übernehmen die ADMR das „Strict-Liability"-Prinzip, das auch im Anti-Doping-Regelwerk der Olympischen Bewegung („OMADC") vorhanden war. Nach dem „Strict-Liability"-Prinzip ist ein Reiter, Fahrer, Longenführer, Besitzer, Eigentümer (nachfolgend Verantwortlicher genannt) immer verantwortlich und ein Verstoß gegen die ADMR liegt vor, wenn in der Probe eine Verbotene Substanz gefunden wird. Der Verstoß liegt unabhängig davon vor, ob der Verantwortliche absichtlich oder unabsichtlich eine Verbotene Substanz gebrauchte oder ob er fahrlässig oder anderweitig schuldhaft handelte. Jedoch hat der Verantwortliche dann die Möglichkeit, Sanktionen zu vermeiden oder eine Herabsetzung zu erreichen, sofern er beweisen kann, dass er nicht schuldhaft oder signifikant schuldhaft gehandelt hat (Artikel 10.4 – Absehen von einer Sperre oder Herabsetzung der Sperre aufgrund außergewöhnlicher Umstände).

Das „Strict-Liability"-Prinzip stellt bei Nachweis einer Verbotenen Substanz in der Probe in Kombination mit der Möglichkeit, Sanktionen aufgrund von speziellen Kriterien anzupassen, einen angemessenen Ausgleich zwischen der effektiven Durchsetzung der ADMR zugunsten eines „sauberen" Pferdesports einerseits und Fairness im Falle des außergewöhnlichen Umstands, dass eine Verbotene Substanz in den Körper eines Pferdes gelangt, obwohl den Verantwortlichen Kein Verschulden oder Kein signifikantes Verschulden trifft, andererseits dar.

Es ist wichtig klarzustellen, dass zwar die Feststellung, ob ein Verstoß gegen die ADMR vorliegt, nach dem „Strict-Liability"-Prinzip getroffen wird, dies jedoch nicht automatisch die Verhängung einer fixen Sperre nach sich zieht. Das in den ADMR festgelegte „Strict-Liability"-Prinzip wird fortwährend in den Entscheidungen des Court of Arbitration for Sport (CAS) aufrechterhalten.

Bereits in der Existenz einer Verbotenen Substanz im Körper des Pferdes liegt ein Verstoß gegen die ADMR vor. Wenn der Verantwortliche trotz einer festgestellten Verbotenen Substanz einer Sanktion nach den ADMR entgehen will, muss der Betroffene zumindest die ernsthafte Möglichkeit eines atypischen Geschehensablaufs nachweisen, um sich zu entlasten.

Zu Artikel 2.2:

Der Gebrauch oder der Versuch des Gebrauchs einer Verbotenen Substanz oder einer Verbotenen Methode konnte stets durch jegliche verlässliche Mittel nachgewiesen werden. Wie im Kommentar zu Artikel 3.2 (Verfahren zur Feststellung von Tatsachen und Vermutungen) erwähnt, kann im Gegensatz zum Nachweis, der benötigt wird, um einen Verstoß gegen eine Bestimmung nach Artikel 2.1 festzustellen, der Gebrauch oder der Versuch des

Gebrauchs auch durch andere verlässliche Mittel nachgewiesen werden, z.B. durch Geständnis des Verantwortlichen, Zeugenaussagen, Belege und sonstige Dokumente, Schlussfolgerungen, die sich aus Longitudinalstudien ergeben, oder andere analytische Informationen, die ansonsten nicht alle Anforderungen erfüllen, um das „Vorhandensein" einer Verbotenen Substanz nach Artikel 2.1 zu begründen.

So kann beispielsweise der Nachweis des Gebrauchs allein auf verlässliche analytische Daten der Analyse der A-Probe (ohne die Bestätigung anhand der Analyse einer B-Probe) oder der Analyse der B-Probe gestützt werden, soweit die FN eine zufriedenstellende Erklärung für die fehlende Bestätigung durch die jeweils andere Probe liefert.

Zu Artikel 2.2.2: Die Darlegung des „Versuchten Gebrauchs" einer Verbotenen Substanz erfordert den Nachweis des Vorsatzes des Verantwortlichen. Die Tatsache, dass zum Beweis dieses speziellen Verstoßes gegen eine Bestimmung Vorsatz erforderlich ist, widerspricht nicht dem „Strict-Liability"-Prinzip, das für Verstöße gegen Artikel 2.1 und Verstöße gegen Artikel 2.2 hinsichtlich des Gebrauchs einer Verbotenen Substanz oder einer Verbotenen Methode gilt.

Der Gebrauch einer Verbotenen Substanz durch einen Verantwortlichen stellt einen Verstoß gegen die ADMR dar, es sei denn, diese Substanz ist Außerhalb einer Pferdeleistungsschau (PLS) nicht verboten und der Gebrauch durch den Verantwortlichen fand Außerhalb einer PLS statt.

(Jedoch stellt das Vorhandensein einer Verbotenen Substanz oder ihrer Metaboliten oder Marker in einer Probe, die bei einer Medikationskontrolle während einer PLS genommen wurde, einen Verstoß gegen Artikel 2.1 (das Vorhandensein einer Verbotenen Substanz, ihrer Metaboliten oder Marker) dar, unabhängig davon, wann die Substanz verabreicht wurde).

Zu Artikel 2.3: Dieser Artikel stellt klar, dass auch „jede anderweitige Umgehung einer Probenahme" ein verbotenes Verhalten ist. Dementsprechend läge beispielsweise ein Verstoß gegen die ADMR vor, wenn nachgewiesen würde, dass sich ein Verantwortlicher vor einem Kontrolleur versteckt hat, um die Benachrichtigung oder die Medikationskontrolle zu umgehen. Ein Verstoß durch „die Weigerung oder das Unterlassen, sich einer Probenahme zu unterziehen", kann sowohl durch vorsätzliches als auch durch fahrlässiges Verhalten des Verantwortlichen begründet sein, während die „Umgehung" einer Probenahme ein vorsätzliches Verhalten des Verantwortlichen erfordert.

Zu Artikel 2.4: Gemäß diesem Artikel sind Handlungen, die das Kontrollverfahren auf unzulässige Weise beeinflussen, die jedoch ansonsten nicht in der Definition der Verbotenen Methoden enthalten wären, verboten. Hierunter fällt beispielsweise die Veränderung der Identifikationsnummern auf einem Kontrollformular während der Medikationskontrolle, das Zerbrechen des Behältnisses der B-Probe bei der Analyse der B-Probe oder die bewusste Abgabe falscher Informationen gegenüber der FN.

Zu Artikel 3.1: (NADA)

Diese Anforderung an die Beweisführung, der die FN gerecht werden muss, ist jener Anforderung vergleichbar, die in den meisten Ländern auf Fälle beruflichen Fehlverhaltens angewendet wird. Sie ist darüber hinaus auch von zahlreichen Gerichten und Disziplinarorganen in Dopingfällen angewendet worden. Siehe zum Beispiel die Entscheidung des CAS im Fall N., J., Y., W. v. FINA, CAS 98/208, 22. Dezember 1998.

Zur Veranschaulichung der Anforderungen an das Beweismaß im Sinne des Artikels 3.1 Absatz 1 kann festgehalten werden, dass die FN überzeugend darlegen muss, dass sie einen Verstoß gegen die ADMR festgestellt hat. Die Anforderungen an das Beweismaß sind dabei höher als die bloße Wahrscheinlichkeit (größer als 50%), jedoch geringer als der Beweis, der jeden Zweifel ausschließt (kleiner als 100%).

Für einen den Verantwortlichen entlastenden Gegenbeweis im Sinne des Artikels 3.1 Absatz 2 – etwa einer zu widerlegenden Vermutung – genügt jedoch die gleich hohe Wahrscheinlichkeit (gleich 50%).

Zu Artikel 3.2:

Die FN kann beispielsweise einen Verstoß gegen die ADMR gemäß Artikel 2.2 (der Gebrauch oder der Versuch des Gebrauchs einer Verbotenen Substanz oder einer Verbotenen Methode durch einen Verantwortlichen) feststellen, indem sie sich auf das Geständnis des Verantwortlichen, die glaubhafte Aussage Dritter, verlässliche Belege, verlässliche analytische Daten der A- oder B-Probe gemäß dem Kommentar zu Artikel 2.2.

Zu Artikel 3.2.1:

Es obliegt dem Verantwortlichen, die gleich hohe Wahrscheinlichkeit einer Abweichung vom Standard des WADA-akkreditierten Labors, dem Institut für Biochemie der Deutschen Sporthochschule Köln nachzuweisen, welche nach vernünftigem Ermessen das Von der Norm abweichende Analyseergebnis verursacht haben könnte. Erbringt der Verantwortliche einen solchen Nachweis, so geht die Beweislast auf die FN über, die überzeugend darlegen muss, dass die Abweichung das Von der Norm abweichende Analyseergebnis nicht verursacht hat.

Zu Artikel 3.2.2: (NADA)

Mit Gericht im Sinne des Artikels 3.2.2 sind die ordentlichen Gerichte gemäß deutschem Rechtsverständnis gemeint.

Unter Berufs-Disziplinargerichte fallen beispielsweise die Disziplinarorgane der Bundeswehr oder der Ärztekammer oder der Tierärztekammer.

Zu Artikel 10.1 und 10.2: Die Harmonisierung von Sanktionen ist eine der am meisten diskutierten Fragen im Bereich der Dopingbekämpfung. Harmonisierung bedeutet, dass dieselben Regeln und Kriterien angewandt werden, um die individuellen Fakten jedes Falls zu bewerten.

Die Argumente gegen eine Harmonisierung von Sanktionen basieren auf den Unterschieden zwischen Sportarten, einschließlich der folgenden: Bei einigen Sportarten sind die Verantwortlichen Profisportler, die mit dem Sport ein beträchtliches Einkommen erzielen, bei anderen Sportarten sind sie Amateure; bei den Sportarten, in denen die Laufbahn eines Verantwortlichen kurz ist (z.B. Kunstturnen), hat eine zweijährige Sperre viel schwerwiegendere Auswirkungen als in Sportarten, in denen sich die Laufbahn üblicherweise über einen längeren Zeitraum erstreckt (z.B. Reitsport und Schießen); bei Einzelsportarten kann ein Verantwortlicher während der Sperre seine Wettkampffertigkeiten besser durch Einzeltraining aufrechterhalten als in anderen Sportarten, in denen das Trainieren in einer Mannschaft wichtiger ist.

Ein vorrangiges Argument für die Harmonisierung ist, dass es schlichtweg nicht richtig ist, dass gegen zwei Verantwortliche aus demselben Land, deren Kontrollen im Hinblick auf dieselbe Verbotene Substanz „positiv" waren, unter ähnlichen Umständen unterschiedliche Sanktionen verhängt werden, nur weil sie verschiedene Sportarten ausüben. Darüber hinaus ist eine flexible Strafbemessung oft als nicht hinnehmbare Möglichkeit für einige Sportorganisationen gesehen worden, nachsichtiger gegenüber „Dopingsündern" zu sein. Die fehlende Harmonisierung von Sanktionen hat auch häufig zu juristischen Auseinandersetzungen zwischen Internationalen Sportfachverbänden und Nationalen Anti-Doping-Organisationen geführt.

Zu Artikel 10.4.1 und 10.4.2: Die ADMR sehen die Möglichkeit einer Herabsetzung oder Aufhebung der Sperre unter dem besonderen Umstand vor, dass der Verantwortliche nachweisen kann, dass ihn in Bezug auf den Verstoß Kein Verschulden oder Kein signifikantes Verschulden trifft. Dieser Ansatz steht mit den Grundsätzen der Menschenrechte im Einklang und schafft ein Gleichgewicht zwischen den Anti-Doping-Organisationen, die für eine deutlich enger gefasste Ausnahmeregelung plädieren oder sich sogar gänzlich gegen eine Ausnahmeregelung aussprechen, und jenen Anti-Doping-Organisationen, die eine zweijährige Sperre auf Grundlage anderer Faktoren eher herabsetzen würden, selbst wenn ein Schuldeingeständnis des Verantwortlichen vorliegt.

Diese Artikel finden lediglich auf die Verhängung von Sanktionen Anwendung; sie finden keine Anwendung auf die Feststellung, ob ein Verstoß gegen Anti-Doping-Bestimmungen vorliegt. Artikel 10.4 kann bei jedem Verstoß gegen die ADMR zur Anwendung kommen, auch wenn es besonders schwierig sein wird, die Kriterien für die Herabsetzung bei denjenigen Anti-Doping- und Medikamentenkontroll-Bestimmungen zu erfüllen, bei denen die tatsächliche Kenntnis für das Vorliegen eines Verstoßes vorausgesetzt wird.

Zu Artikel 10.4 und 10.4.2: sollen sich nur auf die Fälle auswirken, in denen die Umstände tatsächlich außergewöhnlich sind, und nicht auf die große Mehrzahl der Fälle.

Zur Erläuterung der Anwendung von Artikel 10.4 kann als Beispiel, bei dem Kein Verschulden zur völligen Aufhebung einer Sanktion führen würde, angeführt werden, wenn der Verantwortliche beweisen kann, dass er trotz gebührender Sorgfalt Opfer eines Sabotageaktes eines Konkurrenten wurde. Umgekehrt kann eine Sanktion unter folgenden Umständen nicht aufgrund Keines Verschuldens aufgehoben werden: (a) bei Vorliegen eines „positiven" Testergebnisses aufgrund einer falschen Etikettierung oder Verunreinigung eines Vitaminpräparats oder eines Futterergänzungsmittels (Verantwortliche sind verantwortlich für das, was sie dem Pferd verabreichen (Artikel 2.1.1) und die Verantwortlichen wurden auf die Möglichkeit von Verunreinigungen bei Futterergänzungsmitteln hingewiesen); (b) die Verabreichung einer Verbotenen Substanz durch den eigenen Tierarzt oder Trainer des Verantwortlichen, ohne dass dies dem Verantwortlichen mitgeteilt worden wäre (Verantwortliche sind verantwortlich für die Auswahl ihres medizinischen Personals und dafür, dass sie ihr medizinisches Personal anweisen, den Pferden keine Verbotenen Substanzen zu geben); und (c) Sabotage der Futtermittel durch Ehepartner, Trainer oder eine andere Person im engeren Umfeld des Verantwortlichen (sie sind verantwortlich für das, was den Pferden gegeben wird sowie für das Verhalten der Personen, denen sie Zugang zu den Futtermitteln gewähren). In Abhängigkeit von den Tatsachen eines Einzelfalls kann jedoch jedes der oben genannten Beispiele zu einer Herabsetzung der Sanktion aufgrund Keines Verschuldens führen. (So wäre etwa eine Herabsetzung in Beispiel (a) angemessen, wenn der Verantwortliche überzeugend darlegt, dass die Ursache für das positive Kontrollergebnis in einem kontaminierten herkömmlichen Multivitaminpräparat lag, das von einer Quelle erworben wurde, die keinerlei Verbindung zu Verbotenen Substanzen aufweist, und wenn der Verantwortliche darlegt, dass er darauf geachtet hat, keine anderen Futterergänzungsmittel dem Pferd zu geben.

Bei der Bewertung der Schuld des Verantwortlichen oder einer anderen Person nach Artikel 10.4.1 und 10.4.2 muss das in Betracht gezogene Beweismaterial von besonderer Bedeutung sein, um die Abweichung von dem zu erwartenden Verhalten des Verantwortlichen oder einer anderen Person zu erklären. So wären beispielsweise die Tatsache, dass ein Verantwortlicher während einer Sperre die Gelegenheit versäumen würde, viel Geld zu verdienen, dass er nur noch eine kurze sportliche Laufbahn vor sich hat, oder der Umstand, dass ein ungünstiger Zeitpunkt im sportlichen Jahreskalender vorliegt, keine relevanten Faktoren, die bei der Herabsetzung der Sperre nach diesem Artikel zu berücksichtigen sind.

Während Minderjährige an sich nicht anders behandelt werden, wenn es um die Festlegung der anwendbaren Sanktion geht, so stellen allerdings das jugendliche Alter und die mangelnde Erfahrung relevante Faktoren dar, die bei der Bewertung zur Festlegung des Verschuldens des Verantwortlichen oder einer anderen Person nach Artikel 10.4.1 und 10.4.2 zu berücksichtigen sind.

Zu Artikel 10.4.3: Die Zusammenarbeit von Verantwortlichen und anderen Personen, die ihre Fehler einräumen und bereit sind, andere Verstöße gegen die ADMR ans Licht zu bringen, sind für einen sauberen Sport sehr wichtig.

Um die Bedeutung der Substanziellen Hilfe zu bewerten, sollten bestimmte Faktoren berücksichtigt werden, wie zum Beispiel die Anzahl der verwickelten Personen, die Stellung dieser im Sport und ob der Verstoß in Zusammenhang mit einer Substanz oder einer Methode erfolgte, die bei Kontrollen nicht leicht nachweisbar ist. Die weitestgehende Aussetzung einer Sperre erfolgt nur in sehr außergewöhnlichen Fällen. Ein zusätzlicher Gesichtspunkt, der in Zusammenhang mit der Schwere des Verstoßes zu berücksichtigen ist, ist die Leistungssteigerung, die einer Person, die Substanzielle Hilfe leistet, wahrscheinlich noch zugute kommt.

Grundsätzlich gilt, dass je früher im Ergebnismanagementverfahren die Substanzielle Hilfe geleistet wird, desto höher darf der Anteil der ansonsten maßgeblichen Sperre, der ausgesetzt wird, ausfallen.

Wenn der Verantwortliche oder die andere Person, die einen Verstoß gegen die ADMR begangen hat, Anspruch auf Aussetzung eines Teils der Sperre nach diesem Artikel unter Verzicht auf eine Anhörung geltend macht, so legt das Disziplinarorgan fest, ob die Aussetzung eines Teils der Sperre nach diesem Artikel angemessen ist. Wenn der Verantwortliche oder die andere Person vor dem Abschluss einer in Verbindung mit einem Verstoß gegen die ADMR erfolgenden Anhörung einen Anspruch auf Aussetzung eines Teils der Sperre geltend macht, entscheidet das Disziplinarorgan zusammen mit der Entscheidung, ob der Verantwortliche oder eine andere Person einen Verstoß gegen die ADMR begangen hat, auch darüber, ob die Aussetzung eines Teils der ansonsten maßgeblichen Sperre nach diesem Artikel angemessen ist.

Wenn ein Teil der Sperre ausgesetzt wird, so wird in der Entscheidung die Grundlage für die Schlussfolgerung erläutert, dass die Informationen glaubhaft waren und entscheidend dazu beigetragen haben, den Verstoß gegen die ADMR oder andere Verstöße aufzudecken oder nachzuweisen. Wenn ein Verantwortlicher oder eine andere Person einen Anspruch auf die Aussetzung eines Teils der Sperre geltend macht, nachdem die endgültige Entscheidung über einen Verstoß gegen die ADMR ergangen ist, gegen die kein Rechtsbehelf nach Artikel 11 eingelegt werden kann, und wenn der Verantwortliche oder die andere Person zu diesem Zeitpunkt die Sperre noch verbüßt, so kann der Verantwortliche oder die andere Person bei der FN beantragen, eine Aussetzung der Sperre nach diesem Artikel vorzunehmen. Eine derartige Aussetzung der ansonsten maßgeblichen Sperre erfordert die Zustimmung der NADA und der FEI, soweit aufgrund der Fallkonstellationen erforderlich. Wenn eine der Voraussetzungen, auf die sich die Aussetzung einer Sperre gründet, nicht gegeben ist, setzt die FN die Sperre wieder ein, die ansonsten gelten würde.

Dies ist entsprechend den Bestimmungen der ADMR der einzige Umstand, unter dem die Aussetzung einer ansonsten maßgeblichen Sperre erlaubt ist.

Zu Artikel 10.4.4: Dieser Artikel soll dann zur Anwendung kommen, wenn sich ein Verantwortlicher oder eine andere Person meldet und einen Verstoß gegen Anti-Doping- und Medikamentenkontroll-Bestimmungen unter Umständen gesteht, unter denen keiner Anti-Doping-Organisation bewusst ist, dass ein Verstoß gegen eine Anti-Doping- und Medikamentenkontroll-Bestimmung vorliegen könnte. Er soll dann nicht angewendet werden, wenn das Geständnis zu einem Zeitpunkt erfolgt, zu dem der Verantwortliche oder die andere Person bereits vermutet, dass er oder sie bald überführt werden wird.

Zu Artikel 10.5: Nachfolgend werden Beispiele für erschwerende Umstände aufgeführt, die die Verhängung einer Sperre oberhalb der Standardsanktion rechtfertigen: Der Verantwortliche oder die andere Person beging den Verstoß systematisch oder als Teil eines „Dopingplans", entweder alleine oder als Teil einer Verschwörung oder einer gemeinschaftlichen Unternehmung zur Begehung von Dopingverstößen; der Verantwortliche oder die andere Person gebrauchte oder besaß mehrere Verbotene Substanzen oder Verbotene Methoden oder gebrauchte oder besaß mehrmals eine Verbotene Substanz oder eine Verbotene Methode; einer entsprechenden Einzelperson kämen die leistungssteigernden Wirkungen des Dopingverstoßes (der Verstöße) über die ansonsten geltende Dauer der Sperre hinaus zugute; der Verantwortliche oder die andere Person täuschte und behinderte die Zuständigen, um die

Aufdeckung oder Entscheidungsfindung zu verhindern.

Um Zweifel zu vermeiden, sei jedoch darauf hingewiesen, dass die im Kommentar zu Artikel 10.5 beschriebenen Beispiele erschwerender Umstände nicht abschließend sind und dass möglicherweise auch andere erschwerende Umstände die Verhängung einer längeren Sperre rechtfertigen.

Zu Artikel 10.6: Wenn die FN oder ein Mitgliedsverein der FN beispielsweise ein Trainingslager, eine Veranstaltung oder eine Übung organisiert, darf der gesperrte Verantwortliche nicht daran teilnehmen. Ferner darf ein gesperrter Verantwortlicher nicht in einer Profiliga eines Nicht-Unterzeichners antreten (z.B. National Hockey League, National Basketball Association usw.) und auch nicht an einer Wettkampfveranstaltung teilnehmen, die von einem Veranstalter Internationaler oder Nationaler Wettkampfveranstaltungen organisiert wird, der den Code nicht unterzeichnet hat.

Listen der verbotenen Substanzen sowie der verbotenen Methoden

Anhang I: Liste der Dopingsubstanzen und verbotenen Methoden
(im Wettkampf verboten)

1. **Dopingsubstanzen** sind
   - Stimulantien
     - o wie z.B. Adrenalin, Amiphenazol, Amphetamin, Benzylpiperazin, Bromantan, Cocain, Coffein, Dopamin, Dimethylamphetamin, Ephedrin, Heptaminol, Mesocarb, Methylephedrin, Methylphenidat, Modafinil, Pemolin, Pentetrazol, Selegilin, Strychnin
     - o und andere Substanzen mit einer ähnlichen chemischen Struktur oder ähnlichen biologischen Wirkung(en)
   - Sedativa und Narkotika
     - o wie z.B. Acepromazin, Azaperon, Buprenorphin, Butorphanol, Chlorpromazin, Clomipramin, Codein, Detomidin, Diazepam, Droperidol, Etorphin, Fentanyl und seine Derivate, Fluoxetin, Flumazenil, Flupentixol, Fluphenazin, Gabapentin, Ketamin, Levomethadon, Lithium, Methadon, Morphin, Pentazocin, Pethidin, Phenytoin, Propofol, Reserpin, Romifidin, Baldrian (Valerensäure), Valerensäure, Xylazin, Zuclopenthixol
     - o und andere Substanzen mit einer ähnlichen chemischen Struktur oder ähnlichen biologischen Wirkung(en)
   - anabole Substanzen
     - o wie z.B. Altrenogest (bei Hengsten und Wallachen), 1-androstendiol, 1-androstendion, Boldenon*, Clostebol, Danazol, Dehydrochlormethyltestosteron, Dihydrotestosteron, Gestrinon, Mestanolon, Methandriol, Nandrolon*, Stanozolol, Testosteron*, Tetrahydrogestrinon, Tibolon, Trenbolon
     - o und andere Substanzen mit einer ähnlichen chemischen Struktur oder ähnlichen biologischen Wirkung(en)
     - o sowie Selektive Androgen Rezeptor Modifizierende Substanzen (SARMS)
     - o Beta 2 Agonisten, wie z.B. Clenbuterol, Isoxsuprin, Salbutamol, Zilpaterol
     - o und andere Substanzen mit einer ähnlichen chemischen Struktur oder ähnlichen biologischen Wirkung(en)

   * *Für diese Substanzen oder zugehörige Metabolite gibt es geschlechtsspezifische Grenzwerte (s.u.)*

   - Diuretika oder andere maskierende Substanzen
     - o Dies schließt Plasmavolumenexpander (z.B. Glycerol, intravenöse Gabe von Albumin, Dextran, Hydroxyethylstärke und Mannitol) und andere Substanzen mit ähnlicher biologischer Wirkung mit ein.
     - o Diuretika schließen Acetazolamid, Bumetanid, Ethacrynsäure, Furosemid, Spironolacton, Thiazide (z.B. Chlorothiazid, Hydrochlorothiazid) Traimteren mit ein
     - o sowie andere Substanzen mit einer ähnlichen chemischen Struktur oder ähnlichen biologischen Wirkung(en).

- Peptidhormone und verwandte Substanzen oder Analoge, dazu gehören u.a. die folgenden Substanzen und deren Releasing-Hormone
  - o Erythropoese stimulierende Agenzien (z.B. Erythropoetin (EPO), darbEpoetin (dEPO) Methoxy-polethylenglycol-epoetin beta (CERA), Peginesatid), Kobalt**
  - o Chorion Gonadotropin ((H)CG) und Luteinisierendes Hormon (LH)
  - o Insulin
  - o Corticotropine
  - o Wachstumshormon (GH), Insulin-like Growth Faktor-1 (IGF-1), Mechano Growth Factors (MGFs), Platelet-Derived Growth Faktor (PDGF) sowie jeder andere Wachstumsfaktor, der die Proteinsynthese oder den Abbau, die Gefäßversorgung, die Energieumsetzung, die regenerative Fähigkeit oder die Faseranpassung von Muskeln, Sehnen oder Bändern beeinflusst
  - o von Blutplättchen abgeleitete Aufbereitungen (z.B. Platelet Rich Plasma, PRP)

  *** Für diese Substanz gibt es Grenzwerte.*
- Hormon Antagonisten und Modulatoren
  - o Aromatase Inhibitoren einschließlich, aber nicht beschränkt auf: Aminogluthetimid, Anastrozol, Androsta-1,4,6-trien-3,17-dion (Androstatriendion), 4-androsten-3,6,17-trion(6oxo), Exemestan, Formestan, Letrozol, Testolacton
  - o Selektive Estrogen Rezeptoren Modifizierende Substanzen (SERMS) einschließlich, aber nicht beschränkt auf: Raloxifen, Tamoxifen, Toremifen
  - o andere antioestrogene Substanzen einschließlich, aber nicht beschränkt auf: Clomiphen, Cyclophenil, Fulvestrant
  - o Agentien, die die Myostatin Funktion(en) verändern, einschließlich, aber nicht beschränkt auf: Myostatin Inhibitoren
  - o Pergolid

Grenzwerte gelten für:

- Kobalt:
  in einer Konzentration ab 100 Nanogramm pro Milliliter Urin und 25 Nanogramm pro Milliliter Blut
- Testosteron:
  - * bei Wallachen: freies und konjugiertes Testosteron in einer Konzentration von 0.02 Mikrogramm pro Milliliter Urin und in einer Konzentration von 100 Pikogramm pro Milliliter Blut
  - * bei Stuten: freies und konjugiertes Testosteron in einer Konzentration von 0.055 Mikrogramm pro Milliliter Urin und in einer Konzentration von 100 Pikogramm pro Milliliter Blut
- Estrandiol:
  bei Hengsten: freies und konjugiertes 5α-estrane-3β, 17α-diol: 0.045 Mikrogramm per Milliliter Urin

- Boldenon:
  bei Hengsten: freies und konjugiertes Boldenon in einer Konzentration von 0.015 Mikrogramm pro Milliliter Urin
- Cortisol:
  in einer Konzentration ab 1.0 Mikrogramm pro Milliliter Urin

2. Verbotene Methoden

Verstärkung/Vermehrung des Sauerstoff-Austausches

1. Blutdoping, einschließlich des Gebrauchs autologen, homologen oder heterologen Blutes oder jeglicher Produkte, die rote Blutzellen beinhalten
2. künstliche Verbesserung der Aufnahme, des Transports oder der Freisetzung von Sauerstoff, einschließlich, aber nicht beschränkt auf Perfluoroverbindungen, Efaproxiral (RSR13) und modifizierte Hämoglobinprodukte (z.B. hämoglobin-basierte Blutersatzpräparate, mikroeingekapselte Hämoglobinprodukte), ausschließlich supplementärer Sauerstoffzufuhr

Chemische und physikalische Manipulation

1. das Beeinflussen oder der Versuch der Einflussnahme zur Veränderung der Integrität und Verwertbarkeit von Proben
2. intravenöse Infusionen, sofern sie nicht im Rahmen von Klinikaufenthalten oder klinischen Untersuchungen stattfinden
3. jegliche Manipulation an einem Teil des Körpers zur Veränderung der Sensibilität Dies schließt ein, ist aber nicht beschränkt auf
   a) Neurektomie an den Gliedmaßen
   b) Hyper- beziehungsweise Desensibilisierung durch Irritantien u./o. Rubefacientien, wie z.B. Senföle, Terpentine, Capsaicin sowie synthetische Abkömmlinge (z.B. Nonivamid)
4. Tracheotubus
5. Stoßwellentherapie innerhalb von 5 Tagen vor der Wettkampfteilnahme

Gen Doping

1. der Transfer von Zellen oder genetischen Elementen (z.B. DNS, RNS, Stammzell-Therapie)
2. der Gebrauch von pharmakologischen oder biologischen Agentien, die die Gen-Expression verändern (z.B. GW1516)

Anhang II: Liste der verbotenen Substanzen – unerlaubte Medikation
(im Wettkampf verboten)

Verbotene Substanzen sind Substanzen, die

- auf das Nerven-System
  - o wie z.B. Atropin, Butylscopolamin, Carbachol, Etilefrin, Guaifenesin, Lidocain, Mepivacain, Methocarbamol, Neostigmin, Physostigmin, Procain, Scopolamin, Theophyllin, Yohimbin
  - o und andere Substanzen mit einer ähnlichen chemischen Struktur oder ähnlichen biologischen Wirkung(en)
- auf das Herz-Kreislauf-System
  - o wie z.B. Atenolol, Benazepril, Captopril, Carazolol, Chinidin, Clonidin, Digitoxin, Hordenin, Propranolol, Strophantin, Timolol, Tranexamsäure, Vasopressin, Verapamil
  - o und andere Substanzen mit einer ähnlichen chemischen Struktur oder ähnlichen biologischen Wirkung(en)
- auf das Atmungs-System
  - o wie z.B. Acetylcystein, Ambroxol, Aminophyllin, Clobutinol, Bromhexin, Dembrexin, Dextromethorphan, Guajakol, Ipratropium-Bromid, Noscapin, Pentoxyverin
  - o und andere Substanzen mit einer ähnlichen chemischen Struktur oder ähnlichen biologischen Wirkung(en)
- auf das Verdauungs-System
  - o wie z.B. Aloe, 5-Aminosalizylsäure, Cimetidin, Cisaprid, Famotidin, Lansoprazol, Loperamid, Metamizol, Metoclopramid, Misoprostol, Neostigmin, Olsalazin, Pantoprazol, Pirenzepin, Polyethylenglycol, Ranitidin
  - o und andere Substanzen mit einer ähnlichen chemischen Struktur oder ähnlichen biologischen Wirkung(en)
- auf das Harn-System
  - o wie z.B. Vasopressin
  - o den Säure-Base Haushalt beeinflussende Substanzen, wie z.B. Natrium-Bicarbonat*, Trometamol
  - o und andere Substanzen mit einer ähnlichen chemischen Struktur oder ähnlichen biologischen Wirkung(en)
- auf die Geschlechtsorgane
  - o wie z.B. Chlormadinonacetat, Oxytocin, PGF2alpha, Tiaprost
  - o und andere Substanzen mit einer ähnlichen chemischen Struktur oder ähnlichen biologischen Wirkung(en)
- auf das Muskel- und Skelett-System
  - o wie z.B. Acetaminophen, Acetylsalicylsäure, Bufexamac, Carprofen, Dantrolen, Dichloroacetat, Diclofenac, Dimethylsulfoxid (DMSO)*, Firocoxib, Flunixin, Harpagophytum Procumbens (Teufelskralle), Ibuprofen, Indomethacin, Ketoprofen, Meclofenaminsäure, Meloxicam, Naproxen, Orgotein, Paracetamol, Phenacetin, Phenylbutazon, Rofecoxib, Salizylsäure*, Tepoxalin, Tilu-

dronsäure, Clodronsäure, Vedaprofen, Polyacrylamid-Hydrogele (verbotene Methode)
    - o und andere Substanzen mit einer ähnlichen chemischen Struktur oder ähnlichen biologischen Wirkung(en)
- – auf die Haut
    - o wie z.B. Griseofulvin
    - o und andere Substanzen mit einer ähnlichen chemischen Struktur oder ähnlichen biologischen Wirkung(en)
- – gegen Infektionserreger
    - o wie z.B. Ampicillin, Amoxicillin, Benzylpenicillin, Bencylpenicillin-Benzathin, Cefquinom, Chloramphenicol, Chlortetracyclin, Diminazenaceturat, Enrofloxacin, Florphenicol, Gentamicin, Imidocarbdipropionat, Isometamidiumchlorid, Levamisol, Phenamidinisethionat, Procain-Benzylpenicillin, Quinapyraminsulfat, Sulfadimidin, Sulfamethoxypyridazin, Suramin, Trimethoprim
    - o und andere Substanzen mit einer ähnlichen chemischen Struktur oder ähnlichen biologischen Wirkung(en)

wirken oder wirken können oder wirken sollen.

Darüber hinaus sind verboten:
- – Antihistaminika
    - o wie z.B. Ceterizin, Cyproheptadin, Diphenhydramin
- – Glucocorticoide
    - o wie z.B. Beclomethason, Betamethason, Budesonid, Cortivazol, Dexamethason, Flumethason, Fluticason, Methylprednisolon, Prednisolon, Triamcinolon
- – Homöopathika in einer Dilution (Verschüttelung) kleiner beziehungsweise gleich D6
- – Phytotherapeutika,
    - o wie z.B. Arnika, Ingwer

* *Für diese Substanzen gibt es Grenzwerte (s.u.).*

Grenzwerte gelten für:
- – Salizylsäure:
  in einer Konzentration ab 625.0 Mikrogramm pro Milliliter Urin oder 5.4 Mikrogramm pro Milliliter Blutplasma
- – Arsen:
  in einer Konzentration ab 0.3 Mikrogramm pro Milliliter Urin
- – Dimethylsulfoxid (DMSO):
  in einer Konzentration ab 15.0 Mikrogramm pro Milliliter Urin oder in einer Konzentration ab 1.0 Mikrogramm pro Milliliter Blutplasma
- – verfügbares CO_2:
  in einer Konzentration ab 36 Millimol pro Liter Blutplasma
- – Theobromin:
  in einer Konzentration ab 2.0 Mikrogramm pro Milliliter Urin
  in einer Konzentration ab 0.3 Mikrogramm pro Milliliter Plasma

Anhang III: Liste der im Training verbotenen Dopingsubstanzen und der im Training verbotenen Methoden *(aber auch im Wettkampf verboten)*

1. **Dopingsubstanzen** sind
   - Stimulantia
     - o Amiphenazol, Amphetamin, Benzylpiperazin, Bromantan, Cocain, Dimethylamphetamin, Ephedrin, Heptaminol, Mesocarb, Methylephedrin, Methylphenidat, Modafinil, Pemolin, Pentetrazol, Selegilin, Strychnin
   - Sedativa und Narkotika
     - o Buprenorphin, Clomipramin, Fentanyl und seine Derivate, Fluoxetin, Flupentixol, Fluphenazin, Gabapentin, Lithium, Pentazocin, Pethidin, Reserpin, Zuclopenthixol
   - anabole Substanzen
     - o wie z.B. 1-androstendiol, 1-androstendion, Boldenon*, Clostebol, Danazol, Dehydrochlormethyltestosteron, Dihydrotestosteron, Gestrinon, Mestanolon, Methandriol, Nandrolon*, Stanozolol, Testosteron*, Tetrahydrogestrinon, Trenbolon
     - o und andere Substanzen mit einer ähnlichen chemischen Struktur sowie ähnlichen biologischen Wirkung(en)
     - o sowie Selektive Androgen Rezeptor Modifizierende Substanzen (SARMS)

   * *Für diese Substanzen oder zugehörige Metabolite gibt es geschlechtsspezifische Grenzwerte (s.u.).*

   - Peptidhormone und verwandte Substanzen oder Analoge, dazu gehören u.a. die folgenden Substanzen und deren Releasing-Hormone
     - o Erythropoese stimulierende Agenzien (z.B. Erythropoetin (EPO), darbEpoetin (dEPO) Methoxy polethylen glycol-epoetin beta (CERA), Peginesatid)
     - o Chorion Gonadotropin ((H)CG) und Luteinisierendes Hormon (LH) bei männlichen Tieren
     - o Insulin
     - o Corticotropin
     - o Wachstumshormon (GH), Insulin-like Growth Faktor-1 (IGF-1), Mechano Growth Factors (MGFs), Platelet-Derived Growth Faktor (PDGF) sowie jeder andere Wachstumsfaktor, der die Proteinsynthese oder den Abbau, die Gefäßversorgung, die Energieumsetzung, die regenerative Fähigkeit oder die Faseranpassung von Muskeln, Sehnen oder Bändern beeinflusst
     - o von Blutplättchen abgeleitete Aufbereitungen (ausgenommen hiervon ist die Anwendung von Platalet Rich Plasma, PRP)
   - Hormon Antagonisten und Modulatoren
     - o Aromatase Inhibitoren einschl., aber nicht beschränkt auf: Aminoglutethimid, Anastrozol, Androsta-1,4,6-trien-3,17-dion (Androstatriendion), 4-androsten-3,6,17-trion(6oxo), Exemestan, Formestan, Letrozol, Testolacton
     - o Selektive Estrogen Rezeptoren Modifizierende Substanzen (SERMS) einschließlich, aber nicht beschränkt auf: Raloxifen, Tamoxifen, Toremifen
     - o andere antioestrogene Substanzen einschließlich, aber nicht beschränkt auf: Clomiphen, Cyclophenil, Fulvestrant

- o Agentien, die die Myostatin Funktion(en) verändern, einschließlich, aber nicht beschränkt auf: Myostatin Inhibitoren

Grenzwerte gelten für:

- Testosteron:
  bei Wallachen: freies und konjugiertes Testosteron in einer Konzentration von 0.02 Mikrogramm pro Milliliter Urin und in einer Konzentration von 100 Pikogramm pro Milliliter Blut
  bei Stuten: freies und konjugiertes Testosteron in einer Konzentration von 0.055 Mikrogramm pro Milliliter Urin und in einer Konzentration von 100 Pikogramm pro Milliliter Blut
- Estrandiol:
  bei Hengsten: freies und konjugiertes 5α–estrane-3β, 17α-diol: 0.045 Mikrogramm per Milliliter Urin
- Boldenon:
  bei Hengsten: freies und konjugiertes Boldenon in einer Konzentration von 0.015 Mikrogramm pro Milliliter Urin
- Cortisol:
  in einer Konzentration ab 1.0 Mikrogramm pro Milliliter Urin

2. Verbotene Methoden

Verstärkung/Vermehrung des Sauerstoff-Austausches

1. Blutdoping, einschließlich des Gebrauchs autologen, homologen oder heterologen Blutes oder jeglicher Produkte, die rote Blutzellen beinhalten
2. künstliche Verbesserung der Aufnahme, des Transports oder der Freisetzung von Sauerstoff, einschließlich, aber nicht beschränkt auf: Perfluoroverbindungen, Efaproxiral (RSR13) und modifizierte Hämoglobinprodukte (z.B. hämoglobin-basierte Blutersatzpräparate, mikroeingekapselte Hämoglobinprodukte), ausschließlich supplementärer Sauerstoffzufuhr

Chemische und physikalische Manipulation

1. das Beeinflussen oder der Versuch der Einflussnahme zur Veränderung der Integrität und Verwertbarkeit von Proben
2. intravenöse Infusionen, sofern sie nicht im Rahmen von Klinikaufenthalten oder klinischen Untersuchungen stattfinden
3. jegliche Manipulation an einem Teil des Körpers zur Veränderung der Sensibilität Dies schließt ein, ist aber nicht beschränkt auf:
   a) Neurektomie an den Gliedmaßen
   b) Hyper- beziehungsweise Desensibilisierung durch Irritantien und/oder Rubefacientien, wie z.B. Senföle, Terpentine, Capsaicin sowie synthetische Abkömmlinge (z.B. Nonivamid)
4. Tracheotubus

Gen Doping

1. der Transfer von Zellen oder genetischen Elementen (z.B. DNS, RNS) ausgenommen hiervon ist die Anwendung von Stammzellen)
2. der Gebrauch von pharmakologischen oder biologischen Agentien, die die Gen-Expression verändern

Anhang IV: Ausnahmen

Die Anwendung/Verabreichung folgender in Deutschland bei Pferden zugelassener Substanzen in zeitlichem Zusammenhang mit der Wettkampfteilnahme ist erlaubt:

- Impfstoffe gemäß Durchführungsbestimmungen zu § 66.6.10
- Substanzen zur Bekämpfung von Endoparasiten
- äußerliche Anwendung von Phoxim zur Bekämpfung von Ektoparasiten
- Paramunitäts-Inducer
- Desinfektionsmittel und Insektenschutzmittel
- die äußerliche Anwendung von ätherischen Ölen
- die orale Verabreichung von Mineralstoffen, Vitaminen, Elektrolyten, Hyaluronsäure, Chondroitinsulfat, (sulfatierten) Glykosaminoglykanen
- Altrenogest bei Stuten
- Omeprazol
- Antimykotika, äußerlich
- Cyclosporin A-haltige Implantate oder Salben zur Anwendung am Auge

Außerdem erlaubt sind

- o manuelle Therapieverfahren (Physiotherapie, Chiropraxis, Osteotherapie) sowie
- o folgende physikalische Verfahren:
  - Eiswasser, Kühlmaschinen, nicht unter einer Temperatur von 0° C
  - Magnetdecken

Resolution zur reiterlichen Haltung gegenüber dem Pferd

verabschiedet anlässlich der Jahresversammlung der Deutschen Reiterlichen Vereinigung e.V. (FN) in Potsdam im April 1991

1. Grundsatz
   Die Potsdamer Resolution manifestiert die Verpflichtung zur reiterlichen Haltung gegenüber dem Pferd entsprechend den Normen, wie sie für die Haltung, die Ausbildung und das Training des Pferdes sowie hinsichtlich des allgemeinen Umgangs mit dem Pferd in den Richtlinien der Deutschen Reiterlichen Vereinigung für Reiten, Fahren und Voltigieren sowie in § 6 LPO festgelegt sind.
2. Zuständigkeit
   Die Zuständigkeit der Deutschen Reiterlichen Vereinigung und ihrer Mitgliedsorganisationen zur Schaffung und Durchsetzung o.g. Normen ist durch die §§ 3 und 21 der FN-Satzung sowie § 1 in Verbindung mit §§ 20 und 920 ff. LPO geregelt.
   Die Ergänzung der Vereinssatzungen im Sinne der erweiterten Mustersatzung für Reit- und Fahrvereine wird in den Landesverbänden weiter vorangetrieben.
   Verstöße gegen die o.g. Normen unterliegen verbandsinterner Würdigung; werden Tatsachen bekannt, die den Verdacht eines Verstoßes gegen das Tierschutzgesetz rechtfertigen, werden die zuständigen staatlichen Stellen eingeschaltet.
3. Umgang mit dem Pferd
   Zur Pflege reiterlichen Umgangs mit dem Pferd einschließlich Pferdehaltung werden
   - eine Vertrauensperson für den Tierschutz in den Aufgabenkatalog der Reit- und Fahrvereine bzw. örtlichen oder regionalen Zusammenschlüsse aufgenommen,
   - die entsprechende Beratungs- und Seminararbeit auf allen Ebenen weiter v erbessert,
   - das Bestreben, alle Reiter, Fahrer, Voltigierer, Züchter und Pferdehalter auf die Normen der Deutschen Reiterlichen Vereinigung zu verpflichten, verstärkt.
4. Turniersport
   4.1 Verpflichtung
   Alle Inhaber eines Reit-, Fahr-, Longenführer- und Voltigierausweises (FN-Jahresturnierlizenz) sind zu reiterlicher Haltung gegenüber ihren Pferden verpflichtet und unterliegen auch außerhalb von PLS der Rechtsordnung der LPO; Angehörige von Bundes- und Landeskadern sind durch eine zusätzliche Verpflichtungserklärung in besonderem Maße hieran gebunden.
   4.2 Medikationskontrollen
   Die Zahl der jährlichen Medikationskontrollen wird verdoppelt. Neue Materialien zur Entnahme von Medikationskontrollen, mit denen alle Veranstalter ausgerüstet werden, ermöglichen es, über die Stichprobenkontrollen hinaus auch in Verdachtsfällen Proben zu entnehmen.
   Forschungsvorhaben hinsichtlich sportmedizinischer Betreuung von Turnierpferden unter Ausschluss der Gefahr von Dopingvergehen sind eingeleitet.

4.3 Pferdekontrollen

Auf PLS aller Landesverbände werden routinemäßige Pferdekontrollen bei verstärkter Einbindung der Turniertierärzte eingeführt.

4.4 Seminare

Alle im Turniersport in verantwortlicher Position tätigen Personengruppen werden in Seminaren auf Bundes- und Landesebene für ihre Aufgabe weiter geschult.

5. Zusammenarbeit mit den Tierschutzorganisationen

Im Sinne des gemeinsamen Zieles allseitiger reiterlicher Haltung gegenüber dem Pferd besteht der Wunsch, die Zusammenarbeit mit den Tierschutzorganisationen auf allen Ebenen kontinuierlich zu vertiefen.

Auszug aus dem Tierschutzgesetz

in der Fassung der Bekanntmachung vom 18. Mai 2006 (BGBl. I S. 1206, 1313), geändert am 29. März 2017

§ 1

Zweck dieses Gesetzes ist es, aus der Verantwortung des Menschen für das Tier als Mitgeschöpf dessen Leben und Wohlbefinden zu schützen. Niemand darf einem Tier ohne vernünftigen Grund Schmerzen, Leiden oder Schäden zufügen.

§ 2

Wer ein Tier hält, betreut oder zu betreuen hat,

1. muss das Tier seiner Art und seinen Bedürfnissen entsprechend angemessen ernähren, pflegen und verhaltensgerecht unterbringen,
2. darf die Möglichkeit des Tieres zu artgemäßer Bewegung nicht so einschränken, dass ihm Schmerzen oder vermeidbare Leiden oder Schäden zugefügt werden,
3. muss über die für eine angemessene Ernährung, Pflege und verhaltensgerechte Unterbringung des Tieres erforderlichen Kenntnisse und Fähigkeiten verfügen.

§ 3

Es ist verboten,

1. einem Tier außer in Notfällen Leistungen abzuverlangen, denen es wegen seines Zustandes offensichtlich nicht gewachsen ist oder die offensichtlich seine Kräfte übersteigen,
   - 1a. einem Tier, an dem Eingriffe und Behandlungen vorgenommen worden sind, die einen leistungsmindernden körperlichen Zustand verdecken, Leistungen abzuverlangen, denen es wegen seines körperlichen Zustandes nicht gewachsen ist;
   - 1b. an einem Tier im Training oder bei sportlichen Wettkämpfen oder ähnlichen Veranstaltungen Maßnahmen, die mit erheblichen Schmerzen, Leiden oder Schäden verbunden sind und die die Leistungsfähigkeit von Tieren beeinflussen können, sowie an einem Tier bei sportlichen Wettkämpfen oder ähnlichen Veranstaltungen Dopingmittel anzuwenden;
2. ein gebrechliches, krankes, abgetriebenes oder altes im Haus, Betrieb oder sonst in Obhut des Menschen gehaltenes Tier, für das ein Weiterleben mit nicht behebbaren Schmerzen oder Leiden verbunden ist, zu einem anderen Zweck als zur unverzüglichen schmerzlosen Tötung zu veräußern oder zu erwerben;

...

5. ein Tier auszubilden oder zu trainieren, sofern damit erhebliche Schmerzen, Leiden oder Schäden für das Tier verbunden sind.

§ 17

Mit Freiheitsstrafe bis zu drei Jahren oder mit Geldstrafe wird bestraft, wer

...

2. einem Wirbeltier
   a) aus Rohheit erhebliche Schmerzen oder Leiden oder
   b) länger anhaltende oder sich wiederholende erhebliche Schmerzen oder Leiden zufügt.

§ 18

(1) Ordnungswidrig handelt, wer vorsätzlich oder fahrlässig
   1. einem Wirbeltier, das er hält, betreut oder zu betreuen hat, ohne vernünftigen Grund erhebliche Schmerzen, Leiden oder Schäden zufügt,

   ...

   4. einem Verbot nach § 3 zuwiderhandelt.

   ...

(4) Die Ordnungswidrigkeit kann ... mit einer Geldbuße bis zu fünfundzwanzigtausend Euro ... geahndet werden.

Anti-Doping-Ordnung (ADO) – Athleten –

der Deutschen Reiterlichen Vereinigung e.V. (FN)

Verabschiedet vom Beirat Sport am 11. Dezember 2018
in Kraft getreten am 1. Januar 2019

Inhalt

Artikel 1 Definition des Begriffs Doping

Doping wird definiert als das Vorliegen eines oder mehrerer der nachfolgend in Artikel 2.1 bis 2.10 festgelegten Verstöße gegen Anti-Doping-Bestimmungen.

Artikel 2 Verstöße gegen Anti-Doping-Bestimmungen

In diesem Artikel sind die Tatbestände und Handlungen aufgeführt, die einen Verstoß gegen Anti-Doping-Bestimmungen begründen. Anhörungen in Dopingfällen werden auf Grundlage der Behauptung durchgeführt, dass eine bzw. mehrere dieser spezifischen Regeln verletzt wurden.
Athleten[1,2], oder andere *Personen* sind selbst dafür verantwortlich, davon Kenntnis zu haben, was einen Verstoß gegen Anti-Doping-Bestimmungen darstellt und welche Substanzen und Methoden in die *Verbotsliste* aufgenommen worden sind.
Als Verstöße gegen Anti-Doping-Bestimmungen gelten:

2.1 Das Vorhandensein einer *verbotenen Substanz*, ihrer *Metaboliten* oder *Marker* in der *Probe* eines *Athleten*

2.1.1 Es ist die persönliche Pflicht eines jeden *Athleten* dafür zu sorgen, dass keine *verbotenen Substanzen* in seinen Körper gelangen. *Athleten* sind für jede *verbotene Substanz* oder ihre *Metaboliten* oder *Marker* verantwortlich, die in ihrer *Probe* gefunden werden. Demzufolge ist es nicht erforderlich, dass Vorsatz, *Verschulden*, Fahrlässigkeit oder bewusster *Gebrauch* aufseiten des *Athleten* nachgewiesen wird, um einen Verstoß gegen Anti-Doping-Bestimmungen gemäß Artikel 2.1 zu begründen.

[Kommentar zu Artikel 2.1.1: Gemäß dieses Artikels liegt ein Verstoß gegen Anti-Doping-Bestimmungen unabhängig vom *Verschulden* eines *Athleten* vor. In mehreren Urteilen des *CAS* wird diese Regel als *„Strict Liability"* bezeichnet. Das *Verschulden* eines *Athleten* fließt in die Festlegung der *Konsequenzen* für einen Verstoß gegen Anti-Doping-Bestimmungen gemäß Artikel 10 mit ein. Der *CAS* hält konsequent an diesem Prinzip fest.]

2.1.2 Ein ausreichender Nachweis eines Verstoßes gegen Anti-Doping-Bestimmungen gemäß Artikel 2.1 ist in einem der nachfolgenden Fällen gegeben: das Vorhandensein einer *verbotenen Substanz*, ihrer *Metaboliten* oder *Marker* in der A-*Probe* eines *Athleten*, wenn der *Athlet* auf die Analyse der B-*Probe* verzichtet und die B-*Probe* nicht analysiert wird; oder, wenn die B-*Probe* des *Athleten* analysiert wird und das Analyseergebnis das Vorhandensein der *verbotenen Substanz* oder ihrer *Metaboliten* oder *Marker* in der A-*Probe* des *Athleten* bestätigt; oder, wenn die B-*Probe* des *Athleten* auf zwei Flaschen aufgeteilt wird und das Analyseergebnis der zweiten Flasche das Vorhandensein einer *verbotenen Substanz*, ihrer *Metaboliten* oder *Marker* in der ersten Flasche bestätigt.

[1] Die im Text verwendeten männlichen Personen- und Funktionsbezeichnungen beziehen sich auf Männer und Frauen im gleichen Maße.
[2] Kursiv gesetzte Wörter sind im Anhang „Begriffsbestimmungen" definiert. Die Definitionen sind integraler Bestandteil der ADO.

[Kommentar zu Artikel 2.1.2: Es liegt im Ermessen der das Ergebnismanagement übernehmenden *Anti-Doping-Organisation* die B-*Probe* analysieren zu lassen, auch wenn der *Athlet* die Analyse der B-*Probe* nicht verlangt. Das Ergebnismanagement obliegt nach Ermessen des nationalen Sportfachverbandes der *NADA* oder dem nationalen Sportfachverband selbst.]

2.1.3 Mit Ausnahme solcher Substanzen, für die in der *Verbotsliste* quantitative Grenzwerte besonders festgelegt sind, begründet das Vorhandensein jeglicher Menge einer *verbotenen Substanz*, ihrer *Metaboliten* oder *Marker* in der *Probe* eines *Athleten* einen Verstoß gegen Anti-Doping-Bestimmungen.

2.1.4 Abweichend von der allgemeinen Regelung des Artikels 2.1 können in der *Verbotsliste* oder den *International Standards* spezielle Kriterien zur Bewertung *verbotener Substanzen*, die auch endogen produziert werden können, festgelegt werden.

2.2 Der *Gebrauch* oder der *Versuch* des *Gebrauchs* einer *verbotenen Substanz* oder einer *verbotenen Methode* durch einen *Athleten*.

[Kommentar zu Artikel 2.2: Der *Gebrauch* oder der *Versuch* des *Gebrauchs* einer *verbotenen Substanz* oder einer *verbotenen Methode* konnte stets durch jegliche verlässliche Mittel nachgewiesen werden. Wie im Kommentar zu Artikel 3.2 erwähnt, kann im Gegensatz zum Nachweis, der benötigt wird, um einen Verstoß gegen eine Anti-Doping-Bestimmung nach Artikel 2.1 festzustellen, der *Gebrauch* oder der *Versuch* des *Gebrauchs* auch durch andere verlässliche Mittel nachgewiesen werden, z.B. durch Geständnis des *Athleten*, Zeugenaussagen, Belege und sonstige Dokumente, Schlussfolgerungen, die sich aus Longitudinalstudien ergeben, einschließlich Daten, die für den *biologischen Athletenpass* erhoben wurden, oder andere analytische Informationen, die ansonsten nicht alle Anforderungen erfüllen, um das „Vorhandensein" einer *verbotenen Substanz* nach Artikel 2.1 zu begründen.
So kann beispielsweise der Nachweis des *Gebrauchs* allein auf verlässliche analytische Daten der Analyse der A-*Probe* (ohne die Bestätigung anhand der Analyse einer B-*Probe*) oder der Analyse der B-*Probe* gestützt werden, soweit die *Anti-Doping-Organisation* eine zufriedenstellende Erklärung für die fehlende Bestätigung durch die jeweils andere *Probe* liefert.]

2.2.1 Es ist die persönliche Pflicht eines jeden *Athleten*, dafür zu sorgen, dass keine *verbotene Substanz* in seinen Körper gelangt und dass keine *verbotene Methode* gebraucht wird. Demzufolge ist es nicht erforderlich, dass Vorsatz, *Verschulden*, Fahrlässigkeit oder bewusster *Gebrauch* aufseiten des *Athleten* nachgewiesen wird, um einen Verstoß gegen Anti-Doping-Bestimmungen wegen des *Gebrauchs* einer *verbotenen Substanz* oder einer *verbotenen Methode* zu begründen.

2.2.2 Der Erfolg oder der Misserfolg des *Gebrauchs* einer *verbotenen Substanz* oder einer *verbotenen Methode* ist nicht maßgeblich. Es ist ausreichend, dass die *verbotene Substanz* oder die *verbotene Methode* gebraucht oder ihr *Gebrauch* versucht wurde, um einen Verstoß gegen Anti-Doping-Bestimmungen zu begehen.

[Kommentar zu Artikel 2.2.2: Die Darlegung des *„versuchten Gebrauchs"* einer *verbotenen Substanz* oder einer *verbotenen Methode* erfordert den Nachweis des Vorsatzes des *Athleten*. Die Tatsache, dass zum Beweis dieses speziellen Verstoßes gegen Anti-Doping-Bestimmungen Vorsatz gefordert werden kann, widerspricht nicht dem *„Strict-Liability"*-Prinzip, das für Verstöße gegen Artikel 2.1 und 2.2 hinsichtlich des *Gebrauchs* einer *verbotenen Substanz* oder einer *verbotenen Methode* gilt.
Der *Gebrauch* einer *verbotenen Substanz* durch einen *Athleten* stellt einen Verstoß gegen Anti-Doping-Bestimmungen dar, es sei denn, diese Substanz ist *außerhalb des Wettkampfs* nicht *verboten* und der *Gebrauch* durch den *Athleten* fand *außerhalb des Wettkampfs* statt.
(Jedoch stellt das Vorhandensein einer *verbotenen Substanz* oder ihrer *Metaboliten* oder *Marker* in einer *Probe*, die bei einer *Wettkampfkontrolle* genommen wurde, einen Verstoß gegen Artikel 2.1 dar, unabhängig davon, wann die Substanz verabreicht wurde.)]

2.3 Umgehung der *Probe*nahme oder die Weigerung oder das Unterlassen, sich einer *Proben*ahme zu unterziehen

Die Umgehung einer *Proben*nahme oder die Weigerung oder das Unterlassen ohne zwingenden Grund, sich nach entsprechender Benachrichtigung einer gemäß den anwendbaren Anti-Doping-Bestimmungen zulässigen *Probe*nahme zu unterziehen.

[Kommentar zu Artikel 2.3: Dementsprechend läge beispielsweise ein Verstoß gegen Anti-Doping-Bestimmungen vor, wenn nachgewiesen würde, dass ein *Athlet* einem Dopingkontrolleur bewusst ausweicht, um die Benachrichtigung oder die *Dopingkontrolle* zu umgehen. Ein Verstoß durch „das Unterlassen, sich einer *Probe*nahme zu unterziehen" kann sowohl durch vorsätzliches als auch durch fahrlässiges Verhalten des *Athleten* begründet sein, während die „Umgehung oder die Weigerung" einer *Probe*nahme ein vorsätzliches Verhalten des *Athleten* erfordert.]

2.4 Meldepflichtverstöße

Jede Kombination von drei *versäumten Kontrollen* und/oder *Meldepflichtversäumnissen* im Sinne des *Internationalen Standards* für *Dopingkontrollen* und Ermittlungen und/oder des *Standards* für *Meldepflichten* eines *Athleten*, der einem *Registered Testing Pool* oder dem *nationalen Testpool* angehört, innerhalb eines Zeitraumes von 12 Monaten.

[*NADA-Kommentar*: Die nationale Umsetzung des Annex H des *International Standards* for Testing als relevante Bestimmungen i.S.d. Artikel 2.4 *NADC* ist der *Standard für Meldepflichten*. Als Ausführungsbestimmungen zum *NADC* sind der *Standard für Meldepflichten* und die dazugehörigen Kommentare gemäß Artikel 18.2 *NADC* Bestandteil des *NADC*. Anhang 4 enthält alle für die Bewertung des Artikels 2.4 *NADC* maßgeblichen Ausführungen.]

2.5 Die *unzulässige Einflussnahme* oder der *Versuch* der *unzulässigen Einflussnahme* auf irgendeinen Teil des *Dopingkontrollverfahrens.*
Handlungen, die das *Dopingkontrollverfahren* auf unzulässige Weise beeinflussen, die jedoch ansonsten nicht in der Definition der *verbotenen Methoden* enthalten wären. *Unzulässige Einflussnahme* umfasst insbesondere die vorsätzliche Beeinträchtigung oder den *Versuch* der vorsätzlichen Beeinträchtigung des Personals zur *Probe*nahme, die vorsätzliche Angabe von falschen Informationen gegenüber der *NADA* oder die Einschüchterung oder den *Versuch* der Einschüchterung eines potentiellen Zeugen.

[Kommentar zu Artikel 2.5: Beispielsweise verbietet dieser Artikel die Veränderung der Identifikationsnummern auf einem Dopingkontrollformular während der *Dopingkontrolle*, das Zerbrechen des Behältnisses der B-*Probe* bei der Analyse der B-*Probe* oder die Veränderung einer *Probe* durch Zugabe einer Fremdsubstanz. Regelungen in Bezug auf ungebührendes Verhalten gegenüber dem Personal zur *Probe*nahme oder anderen an der *Dopingkontrolle* beteiligten *Personen*, welches ansonsten keine *Unzulässige Einflussnahme* darstellt, legen die zuständigen Sportorganisationen in ihren Disziplinarvorschriften fest.]

2.6 *Besitz* einer *verbotenen Substanz* oder einer *verbotenen Methode*

2.6.1 Der *Besitz* durch einen *Athleten innerhalb des Wettkampfes* von *verbotenen Methoden* oder *verbotenen Substanzen*, oder der *Besitz außerhalb des Wettkampfs* von Methoden oder Substanzen, die *außerhalb des Wettkampfs verboten* sind. Dies gilt nicht, sofern der *Athlet* den Nachweis erbringt, dass der *Besitz aufgrund einer medizinischen Ausnahmegenehmigung*, die im Einklang mit Artikel 4.4 erteilt wurde, oder aufgrund einer anderen annehmbaren Begründung gerechtfertigt ist

2.6.2 Der *Besitz* durch einen *Athletenbetreuer innerhalb des Wettkampfs* von *verbotenen Methoden* oder *verbotenen Substanzen*, oder der *Besitz* durch einen *Athletenbetreuer außerhalb des Wettkampfs* von Methoden oder Substanzen, die *außerhalb des Wettkampfs* verboten sind, sofern der *Besitz* in Verbindung mit einem *Athleten*, einem *Wettkampf* oder einem Training steht. Dies gilt nicht, sofern der *Athletenbetreuer* den Nachweis erbringt, dass der *Besitz* aufgrund einer *medizinischen Ausnahmegenehmigung* eines *Athleten*, die im Einklang mit Artikel 4.4 erteilt wurde, oder aufgrund einer anderen annehmbaren Begründung gerechtfertigt ist.

[Kommentar zu Artikel 2.6.1 und 2.6.2: Eine annehmbare Begründung wäre beispielsweise nicht der Kauf oder *Besitz* einer *verbotenen Substanz*, um sie an einen Freund oder einem Verwandten weiterzugeben, es sei denn, der medizinisch indizierte Umstand ist gegeben, dass der betreffenden *Person* ein ärztliches Rezept vorlag, z.B. der Kauf von Insulin für ein zuckerkrankes Kind.]

[Kommentar zu Artikel 2.6.2: Eine annehmbare Begründung wäre beispielsweise der Fall, dass ein Mannschaftsarzt *verbotene Substanzen* zur Behandlung von *Athleten* in Akut- und Notsituationen mitführt.]

2.7 Das *Inverkehrbringen* oder der *Versuch* des *Inverkehrbringens* von einer *verbotenen Substanz* oder einer *verbotenen Methode*.

2.8 Die *Verabreichung* oder der *Versuch* der *Verabreichung* an *Athleten* von *verbotenen Substanzen* oder *verbotenen Methoden innerhalb des Wettkampfs*, oder *außerhalb des Wettkampfs* die *Verabreichung* oder der *Versuch* der *Verabreichung* von *verbotenen Methoden* oder *verbotenen Substanzen*, die *außerhalb des Wettkampfs* verboten sind.

2.9 Tatbeteiligung

Jegliche Form von Unterstützung, Aufforderung, Beihilfe, Anstiftung, Beteiligung, Verschleierung oder jede sonstige vorsätzliche Beteiligung im Zusammenhang mit einem Verstoß gegen Anti-Doping-Bestimmungen oder einem *Versuch* eines Verstoßes gegen Anti-Doping-Bestimmungen oder einem Verstoß gegen Artikel 10.12.1 durch eine andere *Person*.

2.10 Verbotener Umgang

Der Umgang eines *Athleten* oder einer anderen *Person*, die an die Anti-Doping-Regelwerke einer *Organisation* gebunden ist, in beruflicher oder sportlicher Funktion mit einem *Athletenbetreuer*,

2.10.1 der an die Anti-Doping-Regelwerke einer *Anti-Doping-Organisation* gebunden ist und gesperrt ist; oder

2.10.2 der nicht an die Anti-Doping-Regelwerke einer *Anti-Doping-Organisation* gebunden ist und der nicht aufgrund eines Ergebnismanagement- und *Disziplinarverfahrens* gemäß dieses Regelwerks, *NADC* und/oder *Codes* gesperrt wurde, jedoch dem in einem Straf-, *Disziplinar-* oder standesrechtlichen *Verfahren* ein Verhalten nachgewiesen oder der für ein solches Verhalten verurteilt wurde, das einen Verstoß gegen Anti-Doping-Bestimmungen dargestellt hätte, soweit diese oder andere im Einklang mit dem *Code* stehenden Anti-Doping-Regeln zur Anwendung gelangt wären.

Die Dauer des Umgangsverbots entspricht der im Straf-, *Disziplinar-* oder standesrechtlichen *Verfahren* festgelegten Strafe, beträgt mindestens jedoch 6 Jahre ab dem Zeitpunkt der Entscheidung; oder

2.10.3 der als Stroh- oder Mittelsmann für eine in Artikel 2.10.1 oder 2.10.2 beschriebene *Person* tätig wird.

Die FN, die *NADA* oder die *WADA* muss den *Athleten* oder eine andere *Person* im Voraus schriftlich über die *Sperre* oder Sanktionierung des *Athletenbetreuers* und die möglichen *Konsequenzen* eines verbotenen Umgangs informiert haben und es muss dem *Athleten* oder einer anderen *Person* möglich sein, den Umgang angemessen zu vermeiden.

Die informierende zuständige *Anti-Doping-Organisation* soll – im Rahmen des Möglichen – dem in der schriftlichen Information an den *Athleten* oder die andere *Person* genannten *Athletenbetreuer* mitteilen, dass der *Athletenbetreuer* innerhalb von 15 Tagen gegenüber der informierenden zuständigen *Anti-Doping-Organisation* erklären kann, dass die in Artikeln 2.10.1 und 2.10.2 beschriebenen Kriterien nicht auf ihn zutreffen. (Unbeschadet Artikel 17 gilt dieser Artikel, selbst wenn das Verhalten des *Athletenbetreuers*, das zu seiner *Sperre* führte, vor dem Datum des Inkrafttretens gemäß Artikel 25 des *Codes* lag.)

Der *Athlet* oder die andere *Person* muss beweisen, dass der Umgang mit dem in Artikeln 2.10.1 und 2.10.2 beschriebenen *Athletenbetreuer* nicht in beruflicher oder sportlicher Funktion erfolgt.

Anti-Doping-Organisationen, die Kenntnis von *Athletenbetreuern haben*, die den in Artikeln 2.10.1, 2.10.2 oder 2.10.3 genannten Kriterien entsprechen, sind verpflichtet, diese Information an die *WADA* weiterzugeben.

[Kommentar zu Artikel 2.10: *Athleten* und andere *Personen* dürfen nicht mit Trainern, Managern, Ärzten oder anderen *Athletenbetreuern* zusammenarbeiten, die aufgrund eines Verstoßes gegen Anti-Doping-Bestimmungen gesperrt sind oder die in einem Straf- oder *Disziplinarverfahren* im Zusammenhang mit Doping verurteilt wurden. Zum verbotenen Umgang zählt beispielsweise: Annahme von Beratung zu Training, Strategie, Technik, Ernährung oder Gesundheit; Annahme von Therapien, Behandlung oder Rezepten; Abgabe von Körperproben zu Analysezwecken; Einsatz des *Athletenbetreuers* als Agent oder Berater. „Verbotener Umgang" setzt grundsätzlich keine finanziellen Gegenleistungen voraus.]

Artikel 3 Dopingnachweis

3.1 Beweislast und Beweismaß

Die *NADA* trägt die Beweislast für das Vorliegen eines Verstoßes gegen Anti-Doping-Bestimmungen. Das Beweismaß besteht darin, dass die *NADA* gegenüber dem *Deutschen Sportschiedsgericht* überzeugend darlegen kann, dass ein Verstoß gegen Anti-Doping-Bestimmungen vorliegt, wobei die Schwere des Vorwurfs zu berücksichtigen ist. Die Anforderungen an das Beweismaß sind in jedem Fall höher als die gleich hohe Wahrscheinlichkeit, jedoch geringer als ein Beweis, der jeden vernünftigen Zweifel ausschließt.

Liegt die Beweislast zur Widerlegung einer Vermutung oder zum Nachweis bestimmter Tatsachen oder Umstände gemäß dieser Anti-Doping-Bestimmungen bei dem *Athleten* oder der anderen *Person*, dem/der ein Verstoß gegen Anti-Doping-Bestimmungen vorgeworfen wird, so liegen die Anforderungen an das Beweismaß in der gleich hohen Wahrscheinlichkeit.

[Kommentar zu Artikel 3.1: Diese Anforderung an die Beweisführung, der die *Organisation* gerecht werden muss, ist mit jener Anforderung vergleichbar, die in den meisten Ländern auf Fälle beruflichen Fehlverhaltens angewendet wird.]

[*NADA*-Kommentar: Zur Veranschaulichung der Anforderungen an das Beweismaß i.S.d. Artikels 3.1 Absatz 1 kann festgehalten werden, dass die *Anti-Doping-Organisation* gegenüber dem *Disziplinarorgan* überzeugend darlegen muss, dass sie einen Verstoß gegen Anti-Doping-Bestimmungen festgestellt hat. Die Anforderungen an das Beweismaß sind dabei höher als die bloße Wahrscheinlichkeit (größer als 50%), jedoch geringer als der Beweis, der jeden Zweifel ausschließt (kleiner als 100%). Für einen den *Athleten* entlastenden Gegenbeweis i.S.d. Artikels 3.1 Absatz 2 – etwa einer zu widerlegenden Vermutung – genügt jedoch die gleich hohe Wahrscheinlichkeit (gleich 50%).]

3.2 Verfahren zur Feststellung von Tatsachen und Vermutungen

Tatsachen im Zusammenhang mit Verstößen gegen Anti-Doping-Bestimmungen können durch jegliche verlässliche Mittel, einschließlich Geständnis, bewiesen werden. Die folgenden Beweisregeln gelten in Dopingfällen:

[Kommentar zu Artikel 3.2: Eine *Organisation* kann beispielsweise einen Verstoß gegen Anti-Doping-Bestimmungen nach Artikel 2.2 feststellen, indem sie sich auf das Geständnis des *Athleten*, die glaubhafte Aussage Dritter, verlässliche Belege, verlässliche analytische Daten aus der A- oder B-*Probe* gemäß dem Kommentar zu Artikel 2.2 oder auf Schlussfolgerungen stützt, die aus dem Profil einer Reihe von Blut- oder Urin*proben* des *Athleten* gezogen werden, z.B. Daten aus dem *biologischen Athletenpass*.]

3.2.1 Analyseverfahren oder Entscheidungsgrenzen, die nach Beratung innerhalb der relevanten wissenschaftlichen Gemeinschaft von der *WADA* genehmigt wurden und die Gegenstand eines Peer Review waren, gelten als wissenschaftlich valide. Ein *Athlet* oder die andere *Person*, der/die die Vermutung der wissenschaftlichen Validität widerlegen möchte, muss zunächst die *WADA* und die *NADA* über die Anfechtung und ihre Grundlage in Kenntnis setzen. Der *CAS* kann die *WADA* nach eigenem Ermessen – im Rahmen eines anhängigen *Disziplinarverfahrens* – ebenfalls über eine solche Anfechtung in Kenntnis setzen. Auf Anforderung der *WADA* ernennt der *CAS* einen geeigneten wissenschaftlichen Sachverständigen, der den *CAS* bei der Bewertung der Anfechtung unterstützt. Innerhalb von 10 Tagen nach Eingang einer solchen Mitteilung bei der *WADA* und nach Eingang der Akte des *CAS* bei der *WADA* hat die *WADA* ebenfalls das Recht, dem Rechtsstreit als Partei beizutreten, als Nebenintervenient am Verfahren teilzunehmen oder in anderer Form Beweise in einem solchen Verfahren vorzulegen.

3.2.2 Bei von der *WADA* akkreditierten und anderen von der *WADA* anerkannten Laboren wird widerlegbar vermutet, dass diese die Analysen der *Proben* gemäß dem *International Standard for Laboratories* durchgeführt haben und mit den *Proben* entsprechend verfahren wurde. Der *Athlet* oder die andere *Person* kann diese Vermutung widerlegen, indem er/sie eine Abweichung vom *International Standard* for Laboratories nachweist, die nach vernünftigem Ermessen des *Deutschen Sportschiedsgerichts* das *von der Norm abweichende Analyseergebnis* verursacht haben könnte.

Widerlegt der *Athlet* oder die andere *Person* die vorhergehende Vermutung, indem er/sie nachweist, dass eine Abweichung vom *International Standard* for Laboratories vorlag, die nach vernünftigem Ermessen das *von der Norm abweichende Analyseergebnis* verursacht haben könnte, so obliegt es der *NADA* nachzuweisen, dass die Abweichung das *von der Norm abweichende Analyseergebnis* nicht verursacht hat.

[Kommentar zu Artikel 3.2.2: Es obliegt dem *Athleten* oder der anderen *Person*, die gleich hohe Wahrscheinlichkeit einer Abweichung vom *International Standard* for Laboratories nachzuweisen, welche nach vernünftigem Ermessen das *von der Norm abweichende Analyseergebnis* verursacht haben könnte. Erbringt der *Athlet* oder eine

andere *Person* einen solchen Nachweis, so geht die Beweislast auf die *Organisation* über, die gegenüber dem *Disziplinarorgan* überzeugend darlegen muss, dass die Abweichung das *von der Norm abweichende Analyseergebnis* nicht verursacht hat.]

3.2.3 Abweichungen von einem anderen *International Standard* oder von einer anderen im *Code* oder einem Regelwerk der FN festgelegten Anti-Doping-Bestimmung oder Ausführungsbestimmung, die nicht ursächlich für ein *von der Norm abweichendes Analyseergebnis* oder einen anderen Verstoß gegen Anti-Doping-Bestimmungen waren, bewirken nicht die Ungültigkeit dieser Beweise oder Ergebnisse.
Erbringt der *Athlet* oder die andere *Person* den Nachweis, dass eine solche Abweichung, die nach vernünftigem Ermessen einen Verstoß gegen Anti-Doping-Bestimmungen aufgrund eines *von der Norm abweichenden Analyseergebnisses* oder einen anderen Verstoß gegen Anti-Doping-Bestimmungen verursacht haben könnte, so obliegt es der *NADA* nachzuweisen, dass die Abweichung das *von der Norm abweichende Analyseergebnis* oder die dem Verstoß zugrunde gelegten Tatsachen für den Verstoß gegen Anti-Doping-Bestimmungen nicht verursacht hat.

3.2.4 Sachverhalte, die durch die Entscheidung eines Gerichts oder des zuständigen Berufs-Disziplinargerichts, welche nicht Gegenstand eines laufenden Rechtsbehelfsverfahrens sind, festgestellt wurden, gelten als unwiderlegbarer Beweis gegen den *Athleten* oder die andere *Person*, den/die die entsprechende Entscheidung betroffen hat. Dies gilt nicht, sofern der *Athlet* oder die andere *Person* nachweisen kann, dass die Entscheidung gegen den deutschen ordre public verstoßen hat.

[Kommentar zu Artikel 3.2.4: Mit Gericht i.S.d. Artikels 3.2.4 sind die ordentlichen Gerichte gemäß deutschen Rechtsverständnisses gemeint. Unter Berufs-Disziplinargerichte fallen beispielsweise die *Disziplinarorgane* der Bundeswehr oder der Ärztekammer.]

3.2.5 Das zuständige *Disziplinarorgan* kann in einem Verfahren wegen eines Verstoßes gegen Anti-Doping-Bestimmungen negative Rückschlüsse aus der Tatsache ziehen, dass der *Athlet* oder die andere *Person*, dem/der ein Verstoß gegen Anti-Doping-Bestimmungen vorgeworfen wird, sich nach einer mit angemessener Vorlaufzeit ergangenen Aufforderung weigert, an der Anhörung (gemäß den Anweisungen des *Deutschen Sportschiedsgerichts* entweder persönlich oder telefonisch) teilzunehmen und Fragen des *Deutschen Sportschiedsgerichts* oder der *Anti-Doping-Organisation* zu beantworten, die ihm/ihr den Verstoß gegen Anti-Doping-Bestimmungen vorwirft.

[*NADA*-Kommentar zu Artikel 3.2.5: Es wird darauf hingewiesen, dass sich die Nichtbeantwortung von Fragen i.S.d. Artikels 3.2.5 nicht nur Fragen im Rahmen von mündlichen Verhandlungen, sondern auch auf Fragen im Rahmen von schriftlichen Verfahren bezieht.]

Artikel 4 Die *Verbotsliste*

4.1 Veröffentlichung und Verbindlichkeit der *Verbotsliste*

Die *WADA* veröffentlicht so oft wie nötig, mindestens jedoch einmal jährlich, die *Verbotsliste* als *International Standard*. Die *NADA* veröffentlicht das englische Original und die deutsche Übersetzung der *Verbotsliste* auf ihrer Homepage.

Sofern die jeweils veröffentlichte *Verbotsliste* nichts Abweichendes vorsieht, treten diese und ihre Überarbeitungen 3 Monate nach Veröffentlichung durch die *WADA* in Kraft, ohne dass es hierzu weiterer Maßnahmen seitens der *Organisationen* bedarf. Die *Verbotsliste* ist in ihrer jeweils aktuellen Fassung Bestandteil des *NADC* und dieses Anti-Doping-Regelwerkes.

[Kommentar zu Artikel 4.1: Die jeweils aktuelle Fassung der *Verbotsliste* ist auf der Homepage der *WADA* unter www.wada-ama.org abrufbar.]

4.2 In der *Verbotsliste* aufgeführte *verbotene Substanzen* und *verbotene Methoden*

4.2.1 *Verbotene Substanzen* und *verbotene Methoden*

Die *Verbotsliste* führt diejenigen *verbotenen Substanzen* und *verbotenen Methoden* auf, die wegen ihres Potenzials zur Leistungssteigerung oder ihres Maskierungspotenzials zu jeder Zeit (*außerhalb* und *innerhalb des Wettkampfs*) als Dopingmittel verboten sind, sowie jene Substanzen und Methoden, die nur *innerhalb des Wettkampfs* verboten sind. Die *WADA* kann die *Verbotsliste* für bestimmte Sportarten ausdehnen. *Verbotene Substanzen* und *verbotene Methoden* können in die *Verbotsliste* als allgemeine Kategorie oder mit speziellem Verweis auf eine bestimmte Substanz oder eine bestimmte Methode aufgenommen werden.

[Kommentar zu Artikel 4.2.1: Der *Gebrauch* einer Substanz *außerhalb des Wettkampfs*, die lediglich *innerhalb des Wettkampfs* verboten ist, stellt keinen Verstoß gegen Anti-Doping-Bestimmungen dar, es sei denn, dass diese Substanz oder ihre *Metaboliten* oder *Marker* bei einer *Probe*, die *innerhalb des Wettkampfs* genommen wurde, ein *von der Norm abweichendes Analyseergebnis* verursacht hat.]

4.2.2 *Spezifische Substanzen*

Für die Anwendung des Artikels 10 gelten alle *verbotenen Substanzen* als *spezifische Substanzen*, mit Ausnahme der Substanzen der Substanzklassen „anabole Substanzen“ und „Hormone“ sowie den Stimulanzien, Hormonantagonisten und Modulatoren, die nicht als *spezifische Substanzen* in der *Verbotsliste* aufgeführt sind. *Verbotene Methoden* unterfallen nicht der Kategorie der *spezifischen Substanzen.*

[Kommentar zu Artikel 4.2.2: Die in Artikel 4.2.2 genannten *spezifischen Substanzen* sollten auf keinen Fall als weniger wichtig oder weniger gefährlich als andere Dopingsubstanzen angesehen werden. Es handelt sich vielmehr um Substanzen, bei denen die Wahrscheinlichkeit höher ist, dass ein *Athlet* sie für andere Zwecke als zur Leistungssteigerung konsumiert.]

4.3 Die Festlegung der *WADA*, welche *verbotenen Substanzen* und *verbotenen Methoden* in die *Verbotsliste* aufgenommen werden, die Einordnung der Substanzen in bestimmte Kategorien sowie die Einordnung der Substanzen als jederzeit oder nur *innerhalb des Wettkampfs* verboten, ist verbindlich und kann weder von *Athleten* noch von anderen *Personen* mit der Begründung angegriffen werden, dass die Substanz oder Methode kein Maskierungsmittel ist, nicht das Potenzial hat, die Leistung zu steigern, kein Gesundheitsrisiko darstellt oder nicht gegen den Sportgeist verstößt.

4.4 *Medizinische Ausnahmegenehmigungen*

4.4.1 Das Vorhandensein einer *verbotenen Substanz* oder ihrer *Metaboliten* oder *Marker*, und/oder der *Gebrauch* oder der *Versuch des Gebrauchs* einer *verbotenen Substanz* oder *verbotenen Methode*, der *Besitz* einer *verbotenen Substanz* oder *verbotenen Methode* oder die *Verabreichung* oder der *Versuch* der *Verabreichung* einer *verbotenen Substanz* oder einer *verbotenen Methode* stellt keinen Verstoß gegen Anti-Doping-Bestimmungen dar, wenn eine gültige *medizinische Ausnahmegenehmigung* nach den Vorgaben des *International Standards* for Therapeutic Use Exemptions und/oder dem *Standard* für *medizinische Ausnahmegenehmigungen* vorliegt.

4.4.2 *Athleten*, die keine *internationalen Spitzenathleten* sind, beantragen *medizinische Ausnahmegenehmigungen* bei der *NADA*. Regelungen über die Zuständigkeiten zur Erteilung *medizinischer Ausnahmegenehmigungen* treffen Artikel 4.4 des *Codes* der *International Standard* for Therapeutic Use Exemptions und/oder der *Standard* für *medizinische Ausnahmegenehmigungen*.

[*NADA*-Kommentar: National richtet sich das Verfahren zum Antrag und zur Ausstellung von *medizinischen Ausnahmegenehmigungen* nach dem *Standard* für *medizinische Ausnahmegenehmigungen*.]

Artikel 5 *Dopingkontrollen* und Ermittlungen

5.1 Zweck von *Dopingkontrollen* und Ermittlungen
Dopingkontrollen und Ermittlungen werden ausschließlich zum Zwecke der Dopingbekämpfung durchgeführt. Sie werden im Einklang mit den Vorschriften des *International Standards* for Testing and Investigations und/oder dem *Standard* für *Dopingkontrollen* und Ermittlungen durchgeführt.

5.1.1 *Dopingkontrollen* werden durchgeführt, um analytisch nachzuweisen, ob der *Athlet* das strenge Verbot des Vorhandenseins/des *Gebrauchs* einer *verbotenen Substanz* oder einer *verbotenen Methode* einhält.

[Kommentar zu Artikel 5.1.1: Die *NADA* kann Dritte mit der Durchführung der *Dopingkontrollen* beauftragen. Diese unterliegen in gleicher Weise den Bestimmungen des *NADC* und des *Codes* sowie den *Standards* und den *International Standards*.]

5.1.2 Ermittlungen werden durchgeführt:

(a) bei *atypischen Analyseergebnissen* und *von der Norm abweichenden Auffälligkeiten* im *biologischen Athletenpass* in Einklang mit Artikel 7.4 indem Informationen oder Beweise zusammengetragen werden (insbesondere Analyseergebnisse), um festzustellen, ob ein Verstoß gegen Anti-Doping-Bestimmungen gemäß Artikel 2.1 und/oder 2.2 vorliegt; und

(b) bei anderen Hinweisen auf mögliche Verstöße gegen Anti-Doping-Bestimmungen in Einklang mit Artikel 7.6, indem Informationen oder Beweise zusammengetragen werden (insbesondere nicht-analytische Beweise), um festzustellen, ob ein Verstoß gegen Anti-Doping-Bestimmungen gemäß Artikel 2.2 bis 2.10 vorliegt.

5.2 Zuständigkeit für die *Organisation* und Durchführung von *Dopingkontrollen*

5.2.1 Die *NADA* ist zuständig für die *Organisation* und Durchführung von *Trainingskontrollen* und *Dopingkontrollen innerhalb des Wettkampfs* bei allen *Athleten*, die dem Anwendungsbereich des *NADC* unterliegen und ihre aktive Karriere nicht beendet haben. *Athleten*, gegen die eine *Sperre* verhängt wurde, können während der *Sperre Dopingkontrollen* unterzogen werden.

[*NADA*-Kommentar: Die *NADA* kann Dritte mit der Durchführung der *Dopingkontrollen* beauftragen. Diese unterliegen in gleicher Weise den Bestimmungen des *NADC* und des *Code* sowie den *Standards* und den *International Standards*.]

5.2.2 Die *WADA* und die Internationale Reiterliche Vereinigung (FEI) sind ebenfalls berechtigt, *Trainingskontrollen* und *Dopingkontrollen innerhalb des Wettkampfs* zu organisieren und durchzuführen. Die *Veranstalter großer Sportwettkämpfe* sind berechtigt im Zusammenhang mit der jeweiligen Sportgroßveranstaltung *Dopingkontrollen innerhalb des Wettkampfes* zu organisieren und durchzuführen. Erfasst sind alle *Athleten*, die in den Zuständigkeitsbereich der FN fallen und ihre aktive Laufbahn nicht beendet haben, einschließlich *Athleten*, gegen die eine *Sperre* verhängt wurde.

5.2.3 Bei *internationalen Wettkämpfen* und/oder *Wettkampfveranstaltungen* werden *Dopingkontrollen innerhalb des Wettkampfs* an der Wettkampfstätte und während der Veranstaltungsdauer von der FEI oder dem internationalen Veranstalter des *Wettkampfs* oder der *Wettkampfveranstaltung* (z.B. IOC für die Olympischen Spiele, der Internationale Sportfachverband für eine Weltmeisterschaft) organisiert und durchgeführt. Bei *nationalen Wettkämpfen* und/oder *Wettkampfveranstaltungen* erfolgt die *Organisation* und Durchführung der *Dopingkontrollen* durch die *NADA*. Auf Verlangen des Veranstalters sind alle *Dopingkontrollen* während der Veranstaltungsdauer außerhalb der Wettkampfstätte mit dem Veranstalter abzustimmen.

5.3 *Testpool* und Pflicht der *Athleten*, sich *Dopingkontrollen* zu unterziehen

5.3.1 Die *NADA* legt in Abstimmung mit der FN den Kreis der *Athleten* fest, der *Trainingskontrollen* unterzogen werden soll. Hierfür meldet die FN der *NADA* die *Athleten*, die gemäß den im *Standard* für *Meldepflichten* festgelegten Kriterien für die Zugehörigkeit zum *Testpool* der *NADA* infrage kommen, zum vereinbarten Zeitpunkt. Die *Athleten*, die nach Festlegung der *NADA* anhand der Vorgaben des *International Standards* for Testing and Investigation bzw. anhand des *Standards* für *Dopingkontrollen* und *Standard* für *Meldepflichten* zu dem *Testpool* der *NADA* gehören, verbleiben in diesem für den im *Standard* für *Meldepflichten* festgelegten Zeitraum. Ein früheres Ausscheiden ist nur unter den in dem *Standard* für *Meldepflichten* aufgeführten Umständen und nach entsprechender Mitteilung durch die FN an die *NADA* möglich. Die Entscheidung über ein früheres Ausscheiden liegt bei der *NADA*. Ein aufgrund eines Verstoßes gegen Anti-Doping-Bestimmungen gesperrter *Athlet* verbleibt während der Dauer der *Sperre* im *Testpool* der *NADA*. Die *NADA* informiert die *Athleten* schriftlich über die *Testpool*zugehörigkeit und die daraus resultierenden Pflichten. Einzelheiten regelt der *Standard* für *Meldepflichten*.

5.3.2 *Athleten*, die zu dem *Testpool* der *NADA* gehören und an einem *Wettkampf* teilnehmen oder auf sonstige Weise dem Anwendungsbereich des *NADC* unterfallen, sind verpflichtet, sich zu jeder Zeit und an jedem Ort *Dopingkontrollen* der für die Durchführung von *Dopingkontrollen* zuständigen *Anti-Doping-Organisation* zu unterziehen.

[Kommentar zu Artikel 5.3.2.: Die *NADA* wird keine *Dopingkontrollen* in der Zeit von 23.00 bis 6:00 Uhr durchführen. Etwas anderes gilt, wenn ein ernster und konkreter Verdacht vorliegt, dass der *Athlet* dopt oder der *Athlet* das 60-minütige Zeitfenster in diese Zeit gelegt hat oder sich ansonsten mit der Durchführung der *Dopingkontrolle* in diesem Zeitraum einverstanden erklärt hat.]

5.4 *Meldepflichten* der *Athleten* und der *Organisationen*

5.4.1 Für die Planung effektiver *Dopingkontrollen* und zur Sicherstellung der Verfügbarkeit für *Dopingkontrollen* müssen *Athleten* des *Testpools* der *NADA* die gemäß dem *Standard* für *Meldepflichten* vorgeschriebenen Angaben zu ihrem Aufenthaltsort und ihrer Erreichbarkeit machen. Die *NADA* koordiniert die Festlegung der *Athleten*, die einem internationalen oder nationalen *Registered Testing Pool* angehören mit den internationalen Sportfachverbänden. Wenn ein *Athlet* sowohl dem *internationalen Registered Testing Pool* des *internationalen Sportfachverbandes* und dem *nationalen Registered Testing Pool* der *NADA* angehört, stimmen der *internationale Sportfachverband* und die *NADA* miteinander ab, wer von beiden die Angaben zu ihrem Aufenthaltsort und ihrer Erreichbarkeit des *Athleten* akzeptiert.

5.4.2 Die FN stellt der *NADA* alle notwendigen Informationen zu *Wettkämpfen* sowie zentralen Trainingsmaßnahmen, an denen *Athleten* der *Testpools* der *NADA* teilnehmen, unverzüglich nach Festlegung der Termine zur Verfügung.

[*NADA*-Kommentar: Notwendig sind alle Informationen, die zu einer effektiven Dopingkontrollplanung erforderlich sind. Dies umfasst vor allem, soweit vorhanden, die Übermittlung von Jahresplänen, Saisonverläufen und Periodisierungsplänen sowie weiteres Informationsmaterial (z.B. Broschüren und Verbandszeitschriften).

5.4.3 Die *personenbezogenen Daten* der *Athleten* werden stets vertraulich behandelt; sie werden ausschließlich für die Planung, Koordinierung und Durchführung von *Dopingkontrollen*, zur Bereitstellung von Informationen für den *biologischen Athletenpass* oder anderen Analyseergebnissen, im Rahmen von Ergebnismanagement- und/oder *Disziplinarverfahren* aufgrund eines (oder mehrerer) möglicher

Verstöße gegen Anti-Doping-Bestimmungen verwendet. Im Übrigen gelten die Grundsätze des *Standards* für Datenschutz, des *International Standards* for the Protection of Privacy and Personal Information sowie sonstiger anwendbarer Datenschutzbestimmungen.

5.5 Durchführung von *Dopingkontrollen*

5.5.1 Die Durchführung der *Dopingkontrollen* obliegt der *NADA* und richtet sich nach dem *International Standard* for Testing and Investigations und dem *Standard* für *Dopingkontrollen* und Ermittlungen.

5.5.2 *Dopingkontrollen* werden soweit möglich über *ADAMS* oder ein anderes von der *WADA* anerkanntes automatisiertes Datenverarbeitungssystem koordiniert.

5.6 Auswahl der *Athleten* für *Dopingkontrollen*

5.6.1 Die *NADA* wählt die zu kontrollierenden *Athleten* nach eigenem Ermessen gemäß den Vorgaben des *NADC* aus. Sie schuldet keine Begründung für die getroffene Auswahl. Das Auswahlverfahren richtet sich nach den jeweils einschlägigen Bestimmungen des *Standards* für *Dopingkontrollen* und Ermittlungen. Die *NADA* stellt der *WADA* auf Anfrage den aktuellen Dopingkontrollplan zur Verfügung.

5.6.2 Bei *Athleten*, die *vorläufig suspendiert* sind oder gegen die eine *Sperre* verhängt wurde, können während der *vorläufigen Suspendierung* oder der *Sperre Trainingskontrollen* durchgeführt werden.

5.6.3 Bei der Auswahl von *Athleten* für *Dopingkontrollen innerhalb des Wettkampfs* beachtet die *NADA* folgende Vorgaben:

(a) Bei *Wettkämpfen* in *Einzelsportarten* werden in der Regel die ersten drei Platzierungen kontrolliert sowie mindestens ein weiterer *Athlet*, der aus dem gesamten Feld zufällig ermittelt wird.

(b) Bei *Wettkämpfen* in *Mannschaftssportarten* werden in der Regel je drei zufällig ermittelte Spieler der beiden Mannschaften kontrolliert.

(c) Bei *Wettkampfveranstaltungen* werden bei *Mannschaftssportarten* in der Regel jeweils drei zufällig ermittelte *Athleten* der drei erstplatzierten Mannschaften sowie drei zufällig ermittelte *Athleten* mindestens einer weiteren zufällig ermittelten Mannschaft kontrolliert.

5.6.4 Der *NADA* bleibt es unbenommen, bei *Wettkämpfen* im Einklang mit dem *Standard* für *Dopingkontrollen* und Ermittlungen *Athleten* zielgerichtet nach eigenem Ermessen auszuwählen.

5.7 Rückkehr von *Athleten*, die ihre aktive Laufbahn beendet hatten

5.7.1 Ein *Athlet*, der seine aktive Laufbahn beendet hat und gemäß Artikel 5.3.1 von der *NADA* aus dem *Testpool* herausgenommen wurde, kann erst wieder an *Wettkämpfen*, für die die Zugehörigkeit zu dem *Testpool* der *NADA* erforderlich ist, teilnehmen, soweit folgende Voraussetzungen erfüllt sind:

(a) Die FN, die für die Meldung des *Athleten* in den *Testpool* der *NADA* zuständig ist, hat schriftlich einen Antrag bei der *NADA* auf Wiederaufnahme des *Athleten* gestellt;

(b) Der *Athlet* war nach Wiederaufnahme mindestens 6 Monate dem *Testpool* der *NADA* zugehörig und war den gemäß dem *Standard* für *Meldepflichten* vorgesehenen *Meldepflichten* unterworfen.

5.7.2 In Abweichung zu Artikel 5.7.1 (b) kann – in Fällen von *internationalen Spitzenathleten* – die *WADA* in Absprache mit der FEI und der *NADA* und – in Fällen *nationaler Spitzenathleten* die *NADA* nach Ausübung pflichtgemäßen Ermessens eine Ausnahmeentscheidung treffen, dass eine verkürzte Zugehörigkeit des *Athleten* zum *Testpool* der *NADA* als Voraussetzung für die Teilnahme an *Wettkämpfen*, für die die Zugehörigkeit zu dem *Testpool* der *NADA* erforderlich ist, ausreicht.

Die FN, die für die Meldung des *Athleten* in den *Testpool* der *NADA* zuständig ist, stellt hierfür in Ergänzung zum Antrag auf Wiederaufnahme des *Athleten* gemäß Artikel 5.7.1 (a) schriftlich – bei einem *internationalen Spitzenathleten* – bei *WADA* und *NADA* oder – bei einem *nationalen Spitzenathleten* – bei der *NADA* einen ausreichend begründeten Antrag auf eine Ausnahmeentscheidung. Dabei gibt die FN Auskunft über alle ihr bekannten möglichen, tatsächlichen und bereits sanktionierten Verstößen des *Athleten* gegen Anti-Doping-Bestimmungen.

Für die Ausnahmeentscheidung ziehen – bei *internationalen Spitzenathleten* – *WADA* und *NADA* oder – bei *nationalen Spitzenathleten* zieht die *NADA* insbesondere die folgenden Kriterien heran:

Der *Athlet* war trotz Beendigung seiner Laufbahn einem *WADA*-Kriterien entsprechenden Dopingkontrollsystem unterworfen oder der *Athlet* war lediglich für kurze Zeit keinem Dopingkontrollsystem unterworfen;

Der *Athlet* wurde nach dem Antrag auf Wiederaufnahme und vor der Teilnahme an *Wettkämpfen*, für die die Zugehörigkeit zu dem *Testpool* der *NADA* erforderlich ist, mindestens einer unangekündigten *Dopingkontrolle* der *NADA* oder einer anderen dem *International Standard* for Testing entsprechenden *Dopingkontrolle* unterzogen;

Der FN und der *NADA* liegen keine Hinweise auf ein Verhalten des *Athleten* vor, das einer vorzeitigen Teilnahme an *Wettkämpfen*, für die die Zugehörigkeit zu dem *Testpool* der *NADA* erforderlich ist, im Hinblick auf das Interesse aller an Chancengleichheit und Fairplay entgegen steht.

Gegen diese Entscheidung der *NADA* kann ein Rechtsbehelf gemäß Artikel 13.2 eingelegt werden.

5.7.3 Wettkampfergebnisse, die durch einen Verstoß gegen Artikel 5.7.1 und 5.7.2 erzielt wurden, werden *annulliert*.

5.7.4 Beendet ein *Athlet* seine aktive Laufbahn, während er gesperrt ist, und möchte sie später wieder aufnehmen, startet er solange nicht bei *internationalen* oder *nationalen Wettkampfveranstaltungen*, bis er für *Dopingkontrollen* zur Verfügung steht, indem er die FEI, die FN und die *NADA* 6 Monate im Voraus schriftlich benachrichtigt (oder einen Zeitraum, welcher der ab dem Tag seines Ausscheidens aus dem Sport verbliebenen Dauer der *Sperre* entspricht, wenn dieser Zeitraum länger als 6 Monate ist).

5.8 Ermittlungen und Informationsbeschaffung

Die *NADA* führt Ermittlungen auf der Grundlage des *International Standards* for Testing and Investigations und des *Standards* für *Dopingkontrollen* und Ermittlungen nach eigenem Ermessen durch. Sie schuldet keine Begründung für Art und Umfang der Ermittlungsmaßnahmen.

Artikel 6 Analyse von *Proben*

6.1 Beauftragung akkreditierter und anerkannter Labore

Für die Zwecke des Artikels 2.1 werden *Proben* ausschließlich in von der *WADA* akkreditierten oder anderweitig von der *WADA* anerkannten Laboren analysiert. Die Auswahl des von der *WADA* akkreditierten oder anerkannten Labors, das mit der Analyse der *Probe* beauftragt werden soll, wird ausschließlich von der *Organisation* getroffen, die die Probenahme veranlasst hat.

[Kommentar zu Artikel 6.1: Ein Verstoß gegen Artikel 2.1 kann nur durch die Analyse einer *Probe* festgestellt werden, die von einem von der *WADA* akkreditierten oder einem anderen von der *WADA* anerkannten Labor durchgeführt wurde. Ein Verstoß gegen andere Artikel kann unter Verwendung von Analyseergebnissen anderer Labore festgestellt werden, solange die Ergebnisse zuverlässig sind.]

6.2 Zweck der *Proben*analyse

Proben werden analysiert, um die in der *Verbotsliste* aufgeführten *verbotenen Substanzen* und *verbotenen Methoden* oder andere Substanzen nachzuweisen, die die *WADA* gemäß Artikel 4.5 des *Codes* überwacht, oder um der FN und der *NADA* zum Zwecke der Dopingbekämpfung dabei zu helfen, ein Profil relevanter Parameter im Urin, Blut oder einer anderen Matrix eines *Athleten* zu erstellen. Darunter fällt auch die DNS- oder Genomprofilerstellung sowie jeder andere rechtmäßige Zweck der Dopingbekämpfung.

Die *NADA* darf hierzu unter Berücksichtigung gesetzlicher Vorgaben Datenbanken führen.

Proben können für eine spätere Analyse entnommen und gelagert werden.

[Kommentar zu Artikel 6.2: So könnten beispielsweise relevante Profilinformationen für die Ansetzung von *Zielkontrollen* oder zur Unterstützung eines Verfahrens aufgrund eines Verstoßes gegen Anti-Doping-Bestimmungen nach Artikel 2.2 oder für beide Zwecke genutzt werden.]

6.3 Verwendung von *Proben* zu Forschungszwecken

Proben dürfen ohne schriftliche Zustimmung des *Athleten* nicht zu Forschungszwecken verwendet werden. *Proben*, die für andere als die in Artikel 6.2 beschriebenen Zwecke verwendet werden, werden anonymisiert, sodass kein Rückschluss auf den jeweiligen *Athleten* möglich ist.

[Kommentar zu Artikel 6.3: Die Nutzung anonymisierter *Proben* zur Qualitätssicherung, Qualitätsverbesserung oder zur Schaffung einer Referenzpopulation gilt nicht als Forschungszweck und ist auch ohne Zustimmung des *Athleten* zulässig.]

6.4 Durchführung der Analyse und Berichterstattung

Die Labore analysieren die *Proben* und melden ihre Ergebnisse gemäß dem *International Standard* for Laboratories.

6.4.1 Die *NADA* kann verlangen, dass Labore ihre *Proben* in größerem Umfang analysieren, als von der *WADA* vorgegeben.

6.4.2 Die *NADA* kann verlangen, dass Labore ihre *Proben* in geringerem Umfang analysieren, als von der *WADA* vorgegeben, wenn sie gegenüber der *WADA* glaubhaft macht, dass ein geringerer Analyseumfang aufgrund der besonderen Umstände in ihrem Land oder einer bestimmten Sportart angemessen ist.

6.4.3 Die Labore können gemäß dem *International Standard* for Laboratories auf eigene Initiative und Kosten eine Analyse von *Proben* auf *verbotene Substanzen* oder *verbotene Methoden* durchführen, die nicht in dem von der *WADA* vorgegebenen Analyseumfang enthalten sind und/oder nicht von der *NADA*, einer anderen *Anti-Doping-Organisation* und/oder der FN in Auftrag gegeben wurde. Die Ergebnisse einer solchen Analyse werden der *WADA* und/oder der *NADA* gemeldet und haben dieselben *Konsequenzen* wie andere Analyseergebnisse.

6.5 Weitere Analyse von *Proben*

Die *NADA*, ist berechtigt, die Probe jederzeit weiter analysieren zu lassen, bevor er dem *Athleten* die Analyseergebnisse für die A- und B-*Probe* (oder das Ergebnis für die A-*Probe*, wenn auf eine Analyse der B-*Probe* verzichtet wurde und die B-*Probe* nicht analysiert wird) als Grundlage für einen möglichen Verstoß gegen Artikel 2.1 mitteilt.

Proben können für den Zweck des Artikels 6.2 gelagert und jederzeit weiter analysiert werden. Dies erfolgt ausschließlich auf Anweisung der *Organisation*, die die *Probe*nahme veranlasst und durchgeführt hat, oder auf Anweisung der *WADA* oder der *NADA*. (Veranlasst die *WADA* oder die *NADA* die Lagerung oder weitere Analyse von *Proben*, so trägt sie die anfallenden Kosten.) Die weitere Analyse von *Proben* muss den Anforderungen des *International Standards* for Laboratories sowie dem *International Standard* for Testing and Investigations und dem *Standard* für *Dopingkontrollen* und Ermittlungen entsprechen.

6.6 Eigentumsverhältnisse

Proben, die im Auftrag der *NADA* genommen worden sind, sind Eigentum der *NADA*.

Artikel 7 Ergebnismanagement

7.1 Allgemeines

7.1.1 Ergebnismanagement bezeichnet den Vorgang ab Kenntnis von einem *von der Norm abweichenden* oder *atypischen Analyseergebnis* oder von einem möglichen anderen Verstoß gegen Anti-Doping-Bestimmungen oder von einem möglichen *Meldepflichtversäumnis* oder einer *versäumten Kontrolle* bis zur Durchführung eines *Disziplinarverfahrens*.

7.1.2 Zuständig für das Ergebnismanagement bei *Trainingskontrollen* ist der jeweilige nationale Sportfachverband, bei *Dopingkontrollen innerhalb des Wettkampfs* die jeweilige den *Wettkampf* veranstaltende *Organisation*. Hiervon ausgenommen ist die erste Überprüfung gemäß Artikel 7.2.1.1, die in der Zuständigkeit der *NADA* liegt. Die Zuständigkeit für das Ergebnismanagement kann mittels schriftlicher Vereinbarung auf die *NADA* übertragen werden.

Von dieser Möglichkeit der Übertragung des Ergebnismanagements auf die *NADA* hat die FN durch schriftliche Vereinbarung vom 13.10.2016 *Gebrauch* gemacht.

7.1.3 Weist die *NADA* das Labor an, zusätzliche Analysen auf Kosten der *NADA* durchzuführen, bleibt die Zuständigkeit für das Ergebnismanagement der FEI oder der *Veranstalter großer Sportwettkämpfe*, die die ursprüngliche *Probe*nahme veranlasst und durchgeführt hat, unberührt.

7.1.4 Hat die *WADA* auf eigene Initiative eine *Dopingkontrolle* durchgeführt oder selbst einen möglichen Verstoß gegen Anti-Doping-Bestimmungen entdeckt, bestimmt die *WADA* die *Anti-Doping-Organisation*, die für die Durchführung des Ergebnismanagement- und *Disziplinarverfahrens* zuständig sein soll.

7.1.5 Hat das Internationale Olympische Komitee, das Internationale Paralympische Komitee oder ein anderer *Veranstalter großer Sportwettkämpfe* eine *Dopingkontrolle* durchgeführt oder selbst einen möglichen Verstoß gegen Anti-Doping-Bestimmungen entdeckt, wird die Zuständigkeit für die Durchführung des Ergebnismanagement- und *Disziplinarverfahrens* an die FEI übertragen, wenn die *Konsequenzen* über den Ausschluss von der *Wettkampfveranstaltung*, die *Annullierung* von Ergebnissen, die Aberkennung von Medaillen, Punkten oder Preisen oder die Rückerstattung von Kosten im Zusammenhang mit dem Verstoß gegen Anti-Doping-Bestimmungen hinausgehen.

7.1.6 Besteht keine Einigkeit darüber, welche *Organisation* für das Ergebnismanagement zuständig ist, entscheidet die *WADA* über die Zuständigkeit. Die Entscheidung der *WADA* kann vor dem *CAS* innerhalb von 7 Tagen nach der Benachrichtigung über die Entscheidung der *WADA* von den betroffenen *Organisationen* angefochten werden.

7.1.7 Die Zuständigkeit für die Feststellung von *Meldepflicht- und Kontrollversäumnissen* liegt bei der *NADA*. Einzelheiten zum Verfahren regelt der *Standard* für *Meldepflichten*.

7.2 Erste Überprüfung und Mitteilung bei von der Norm *abweichenden Analyseergebnissen*

7.2.1 Erste Überprüfung bei *von der Norm abweichenden Analyseergebnissen*

7.2.1.1 Bei *Dopingkontrollen* der *NADA* wird nach Erhalt eines *von der Norm abweichenden Analyseergebnisses* der A-*Probe* von der *NADA* die *Code*-Nummer der *Probe* dekodiert und eine erste Überprüfung durchgeführt, um festzustellen, ob:

(a) eine gültige *medizinische Ausnahmegenehmigung* gemäß dem *International Standard* for Therapeutic Use Exemptions und/oder dem *Standard* für *medizinische Ausnahmegenehmigungen* bewilligt wurde oder bewilligt wird, oder

(b) ob eine offensichtliche Abweichung vom *Standard* für *Dopingkontrollen* und Ermittlungen oder dem *International Standard* for Laboratories vorliegt, welche das *von der Norm abweichende Analyseergebnis* verursachte.

Diese erste Überprüfung sollte spätestens 7 *Werktage* nach Erhalt des Analyseberichts abgeschlossen sein.

7.2.1.2 Bei *Dopingkontrollen* anderer *Organisationen* wird nach Erhalt eines *von der Norm abweichenden Analyseergebnisses* der A-*Probe* von der jeweiligen *Organisation* die *Code*-Nummer der *Probe* dekodiert und eine erste Überprüfung durchgeführt, um festzustellen, ob:

(a) eine gültige *medizinische Ausnahmegenehmigung* gemäß dem *International Standard* for Therapeutic Use Exemptions und/oder dem *Standard* für *medizinische Ausnahmegenehmigungen* bewilligt wurde oder bewilligt wird, oder

(b) ob eine offensichtliche Abweichung vom *Standard* für *Dopingkontrollen* und Ermittlungen oder dem *International Standard* for Laboratories vorliegt, welche das *von der Norm abweichende Analyseergebnis* verursachte.

Diese erste Überprüfung sollte spätestens 7 *Werktage* nach Erhalt des Analyseberichts abgeschlossen sein.

Die *NADA* ist unverzüglich über die Identität des betroffenen *Athleten* zu informieren. Darüber hinaus sind der *NADA* unverzüglich das entsprechende Dopingkontrollformular sowie alle weiteren relevanten Unterlagen zur Verfügung zu stellen. Die *NADA* wird die FN über das Ergebnis in Kenntnis setzen.

7.2.2 Mitteilung nach der ersten Überprüfung bei *von der Norm abweichenden Analyseergebnissen*

7.2.2.1 Unverzüglich nach Abschluss der ersten Überprüfung des Sachverhaltes gemäß Artikel 7.2.1.1 teilt die *NADA* der FN die Identität des *Athleten* und das Ergebnis der ersten Überprüfung mit.

Nach Abschluss der ersten Überprüfung durch die für das Ergebnismanagemant zuständige *Organisation* gemäß Artikel 7.2.1.2 teilt diese unverzüglich Entsprechendes der *NADA* mit.

Wenn die erste Überprüfung des *von der Norm abweichenden Analyseergebnisses* gemäß Artikel 7.2.1.1 ergibt, dass eine gültige *medizinische Ausnahmegenehmigung* oder eine Abweichung vom *Standard* für *Dopingkontrollen* und Ermittlungen oder dem *International Standard* for Laboratories vorliegt, die das *von der Norm abweichende Analyseergebnis* verursacht hat, gilt die Kontrolle als negativ. In diesem Fall informiert die *NADA* den *Athleten*, die FEI und die FN des *Athleten* sowie die *WADA*.

7.2.2.2 Hat die erste Überprüfung ergeben, dass keine gültige *medizinische Ausnahmegenehmigung*, kein gemäß dem *Standard* für *medizinische Ausnahmegenehmigungen* festgelegter Sonderfall oder keine offensichtliche Abweichung, welche das *von der Norm abweichende Analyseergebnis* verursacht hat, vorliegt, teilt die *NADA* dem betroffenen *Athleten* unverzüglich schriftlich per Einschreiben mit Rückschein an die letzte ihr bekannte Adresse Folgendes mit:

(a) das *von der Norm abweichende Analyseergebnis*;

(b) die Anti-Doping-Bestimmung, gegen die verstoßen wurde;

(c) das Recht des *Athleten*, unverzüglich, spätestens innerhalb von 7 *Werktagen*, die Analyse der B-*Probe* gemäß Artikel 8 zu verlangen. Dabei wird der *Athlet* darauf hingewiesen, dass ein Unterlassen, die Analyse der B-*Probe* zu verlangen, als Verzicht auf die Analyse der B-*Probe* gewertet wird;

(d) den festgelegten Tag, Zeit und Ort für die Analyse der B-*Probe*, falls der *Athlet* oder die FN sich für die Analyse der B-*Probe* entscheidet;

(e) das Recht des *Athleten* und/oder eines Vertreters gemäß den Bestimmungen des Artikel 8.2 bei der Analyse der B-*Probe* anwesend zu sein, falls eine solche Analyse beantragt wurde;

(f) das Recht des *Athleten*, das *Documentation Package* zu den A- und B-*Proben* entsprechend dem *International Standard* for Laboratories anzufordern;

(g) das Recht des *Athleten*, innerhalb von 7 *Werktagen* nach Erhalt dieser Benachrichtigung zu den Vorwürfen schriftlich gegenüber der *NADA* Stellung zu nehmen.

7.2.2.3 Beschließt die *NADA* nach Prüfung der Stellungnahme des *Athleten* kein *Disziplinarverfahren* einzuleiten, so informiert sie den *Athleten*, die FEI, die FN und die *WADA* hierüber in schriftlicher Form.

7.3 Überprüfung und Mitteilung bei *atypischen Analyseergebnissen*

7.3.1 Gemäß dem *International Standard* for Laboratories sind die Labore unter gewissen Umständen angewiesen, das Vorhandensein *verbotener Substanzen*, die auch endogen erzeugt werden können, als *atypische Analyseergebnisse* für weitergehende Untersuchungen zu melden. Bei Erhalt eines *atypischen Analyseergebnisses* führt die *NADA* oder eine andere *Organisation*, die die Probenahme veranlasst hat, eine erste Überprüfung durch, um festzustellen, ob:

(a) eine gültige *medizinische Ausnahmegenehmigung* gemäß dem *International Standard* for Therapeutic Use Exemptions und/oder dem *Standard* für *medizinischen Ausnahmegenehmigungen* bewilligt wurde oder bewilligt wird, oder

(b) ob eine offensichtliche Abweichung vom *Standard* für *Dopingkontrollen* und Ermittlungen oder dem *International Standard* for Laboratories vorliegt, welche das *atypische Analyseergebnis* verursacht hat.

Diese erste Überprüfung sollte spätestens 7 *Werktage* nach Erhalt des Analyseberichts abgeschlossen sein. Wenn die erste Überprüfung des *atypischen Analyseergebnisses* gemäß Artikel 7.3.1. ergibt, dass eine gültige *medizinische Ausnahmegenehmigung* oder eine Abweichung vom *Standard* für *Dopingkontrollen* und Ermittlungen oder dem *International Standard* for Laboratories vorliegt, die das *atypische Analyseergebnis* verursacht hat, gilt die Kontrolle als negativ. In diesem Fall informiert die *NADA* den *Athleten*, die FEI und die FN sowie die *WADA*.

7.3.2 Hat diese erste Überprüfung ergeben, dass weder eine gültige *medizinische Ausnahmegenehmigung* noch eine Abweichung vom *Standard* für *Dopingkontrollen* und Ermittlungen oder dem *International Standard* for Laboratories, die das *atypische Analyseergebnis* verursachte, vorliegt, so veranlasst die *NADA* oder die *Anti-Doping-Organisation*, die die Probenahme veranlasst hat, die erforderlichen weiteren Untersuchungen.

Ergeben die weiteren Untersuchungen, dass das *atypische Analyseergebnis* ein *von der Norm abweichendes Analyseergebnis* darstellt, so ist entsprechend Artikel 7.2 zu verfahren.

Ergibt das *atypische Analyseergebnis* kein *von der Norm abweichendes Analyseergebnis*, informiert die *NADA* den *Athleten*, die FN, die FEI und die *WADA* entsprechend.

7.3.3 Die *NADA* meldet ein *atypisches Analyseergebnis* grundsätzlich nicht vor Abschluss der weiteren Untersuchungen und vor dem Ergebnis, ob das *atypische Analyseergebnis* ein *von der Norm abweichendes Analyseergebnis* darstellt.

Stellt die *NADA* oder die andere *Anti-Doping-Organisation* fest, dass die B-*Probe* vor Abschluss der weiteren Untersuchungen nach Artikel 7.3 analysiert werden sollte, so kann die Analyse der B-*Probe* nach Benachrichtigung des *Athleten* durchgeführt werden, wobei die Benachrichtigung das *atypische Analyseergebnis* und die in Artikel 7.2.2.2 (b) bis (g) beschriebenen Informationen enthalten muss.

[Kommentar zu Artikel 7.3: Art und Umfang der in diesem Artikel beschriebenen, erforderlichen weiteren Untersuchungen richten sich nach dem Einzelfall.]

7.4 Überprüfung und Mitteilung *atypischer Ergebnisse* des *biologischen Athletenpasses* und *von der Norm abweichender Ergebnisse* des *biologischen Athletenpasses.*
Die Überprüfung und Mitteilung *atypischer Ergebnisse* des *biologischen Athletenpasses* und *von der Norm abweichender Ergebnisse* des *biologischen Athletenpasses* erfolgt gemäß dem *Standard* für *Dopingkontrollen* und Ermittlungen und dem *International Standard* for Laboratories.

7.5 Überprüfung von *Meldepflicht*verstößen
Die Überprüfung möglicher *Meldepflicht- und Kontrollversäumnisse* erfolgt gemäß dem *Standard* für *Meldepflichten.*

7.6 Überprüfung und Mitteilung bei anderen Verstößen gegen Anti-Doping-Bestimmungen, die nicht von Artikel 7.2 bis 7.5 erfasst sind

7.6.1 Sofern die FN oder eine andere *Organisation* Kenntnis von einem möglichen Verstoß gegen Anti-Doping-Bestimmungen erhält, der nicht von Artikel 7.2 bis 7.5 erfasst ist, ist die *NADA* hierüber unverzüglich zu informieren. Dabei ist die Identität des *Athleten* oder der anderen *Person* sowie dessen/deren Disziplin oder Funktion und der zugrunde liegende Sachverhalt mitzuteilen.

7.6.2 Die *NADA*, die FN oder eine andere *Organisation* führen nach der Erkenntnis eines möglichen Verstoßes gegen Anti-Doping-Bestimmungen, der nicht von Artikel 7.2 bis 7.5 erfasst ist, Ermittlungen in einer Art und einem Umfang durch, die sie zur Aufklärung des Sachverhalts für angemessen und erforderlich erachten.
Diese Ermittlungen sollten grundsätzlich spätestens 7 *Werktage* ab Kenntnis von einem möglichen Verstoß abgeschlossen sein.

7.6.3 Kommt die *NADA* oder eine andere *Organisation* zu dem Ergebnis, dass ein Verstoß gegen Anti-Doping-Bestimmungen vorliegt, der nicht von Artikel 7.2 bis 7.5 erfasst ist, teilt die *NADA* dem betroffenen *Athleten* oder der anderen *Person* unverzüglich schriftlich per Einschreiben mit Rückschein an die letzte ihr bekannte Adresse Folgendes mit:
(a) die Anti-Doping-Bestimmung, gegen die verstoßen wurde;
(b) der dem Verstoß zugrunde liegende Sachverhalt;
(c) das Recht des *Athleten* oder der anderen *Person*, innerhalb von 7 *Werktagen* nach Erhalt dieser Benachrichtigung zu den Vorwürfen schriftlich gegenüber der *NADA* Stellung zu nehmen.

7.7 Feststellung früherer Verstöße gegen Anti-Doping-Bestimmungen
Bevor ein *Athlet* oder eine andere *Person* über einen Verstoß gegen Anti-Doping-Bestimmungen in Kenntnis gesetzt wird, konsultiert die *Organisation ADAMS*, die *WADA* oder andere zuständige *Anti-Doping-Organisationen*, um herauszufinden, ob ein früherer Verstoß gegen Anti-Doping-Bestimmungen vorliegt.

7.8 *Vorläufige Suspendierung*

7.8.1 Zwingend zu verhängende *vorläufige Suspendierung* nach einem *von der Norm abweichenden Analyseergebnis*

Wird ein *von der Norm abweichendes Analyseergebnis* in der A-*Probe* festgestellt, welches auf einer *verbotenen Substanz*, die keine *spezifische Substanz* ist, oder einer *verbotenen Methode* beruht, ist von der *NADA* unverzüglich eine *vorläufige Suspendierung* auszusprechen, nachdem die erste Überprüfung gemäß Artikel 7.2.1 abgeschlossen und die Mitteilung gemäß Artikel 7.2.2 erfolgt ist.

Eine *vorläufige Suspendierung* darf jedoch nur ausgesprochen werden, wenn dem *Athleten*:

(a) die Möglichkeit einer *vorläufigen Anhörung* entweder vor Verhängung der *vorläufigen Suspendierung* oder unverzüglich nach Verhängung der *vorläufigen Suspendierung* gegeben wird; oder

(b) die Möglichkeit eines beschleunigten Verfahrens, das den Verfahrensgrundsätzen gemäß Artikel 12.2.2 entsprechen muss, unverzüglich nach Verhängung einer *vorläufigen Suspendierung* gegeben wird.

Eine an sich zwingend zu verhängende *vorläufige Suspendierung* kann abgewendet werden, wenn der *Athlet* oder eine andere *Person* gegenüber der *NADA* überzeugend darlegt, dass der Verstoß wahrscheinlich auf ein *kontaminiertes Produkt* zurückzuführen ist. Die Entscheidung der *NADA* auf der Grundlage des Vorbringens des *Athleten* oder einer anderen *Person* in Bezug auf ein *kontaminiertes Produkt* die zwingend zu verhängende *vorläufige Suspendierung* nicht abzuwenden, ist nicht anfechtbar.

7.8.2 Optional zu verhängende *vorläufige Suspendierung* aufgrund eines *von der Norm abweichenden Analyseergebnisses* bei *spezifischen Substanzen*, *kontaminierten Produkten* oder anderen Verstößen gegen Anti-Doping-Bestimmungen

Bei Verstößen gegen Anti-Doping-Bestimmungen, die nicht von Artikel 7.8.1 erfasst werden, kann von der *NADA* eine *vorläufige Suspendierung* des *Athleten* oder einer anderen *Person* ausgesprochen werden.

Die *vorläufige Suspendierung* kann vor der Analyse der B-*Probe* oder vor einer Anhörung im Rahmen eines *Disziplinarverfahrens* gemäß Artikel 12 ausgesprochen werden, jedoch erst, nachdem die Mitteilung gemäß Artikel 7.6.3 erfolgt ist oder die erste Überprüfung gemäß Artikel 7.2.1 abgeschlossen und die Mitteilung gemäß Artikel 7.2.2 erfolgt ist.

Eine *vorläufige Suspendierung* darf jedoch nur ausgesprochen werden, wenn dem *Athleten* oder einer anderen *Person*:

(a) die Möglichkeit einer *vorläufigen Anhörung* entweder vor Verhängung der *vorläufigen Suspendierung* oder unverzüglich nach Verhängung der *vorläufigen Suspendierung* gegeben wird; oder

(b) die Möglichkeit eines beschleunigten Verfahrens, das den Verfahrensgrundsätzen gemäß Artikel 12.2.2 entsprechen muss, unverzüglich nach Verhängung einer *vorläufigen Suspendierung* gegeben wird.

In allen Fällen, in denen ein *Athlet* oder eine andere *Person* über einen Verstoß gegen Anti-Doping-Bestimmungen benachrichtigt wurde, der nicht zu einer zwingend zu verhängenden *vorläufigen Suspendierung* gemäß Artikel 7.8.1 führt, wird dem *Athleten* oder einer anderen *Person* die Gelegenheit gegeben, eine *vorläufige Suspendierung* zu akzeptieren, bis die Angelegenheit geklärt ist.

Bei der Entscheidung, ob eine *vorläufige Suspendierung* verhängt wird, ist zwischen den Auswirkungen einer im Nachhinein unbegründeten *vorläufigen Suspendierung* für den *Athleten* oder eine andere *Person* und dem Interesse aller an Chancengleichheit und Fair Play abzuwägen.

Hierbei sind insbesondere der vorgeworfene Verstoß gegen Anti-Doping-Bestimmungen, der Grad des *Verschuldens* sowie die zu erwartenden Sanktionen zu berücksichtigen.

7.8.3 Aufhebung der *vorläufigen Suspendierung* bei negativer B-*Probe*

Wird aufgrund eines *von der Norm abweichenden Analyseergebnisses* der A-*Probe* eine *vorläufige Suspendierung* verhängt, so ist die *vorläufige Suspendierung* unverzüglich wieder aufzuheben, wenn eine vom *Athleten* oder einer *Anti-Doping-Organisation* beantragte Analyse der B-*Probe* dieses Analyseergebnis nicht bestätigt.

In Fällen, in denen der *Athlet* oder die Mannschaft des betroffenen *Athleten* von einem *Wettkampf* ausgeschlossen wurde und das Analyseergebnis der A-*Probe* durch eine anschließende B-*Probe* nicht bestätigt wird, kann der *Athlet* oder die Mannschaft die Teilnahme am *Wettkampf* fortsetzen, falls ein Wiedereinstieg ohne weitere Beeinträchtigung des *Wettkampfs* noch möglich ist.

[Kommentar zu Artikel 7.8: Bevor eine *vorläufige Suspendierung* einseitig von dem nationalen Sportfachverband verhängt werden kann, muss die im *NADC*, bzw. diesen Anti-Doping-Bestimmungen spezifizierte erste Überprüfung abgeschlossen sein. Darüber hinaus stellt die zuständige *Organisation*, die eine *vorläufige Suspendierung* ausspricht, sicher, dass dem *Athleten* entweder vor oder unverzüglich nach Verhängung der *vorläufigen Suspendierung* die Möglichkeit einer *vorläufigen Anhörung* oder andernfalls dem *Athleten* unverzüglich nach Verhängung der *vorläufigen Suspendierung* die Möglichkeit eines beschleunigten Verfahrens gewährt wird. Der *Athlet* hat das Recht, gegen die *vorläufige Suspendierung* einen Rechtsbehelf gemäß Artikel 13.2 einzulegen.

Gesetzt den seltenen Fall, dass die Analyse der B-*Probe* das Ergebnis der A-*Probe* nicht bestätigt, ist es dem *vorläufig suspendierten Athleten* gestattet, soweit es die Umstände zulassen, an nachfolgenden *Wettkämpfen* der *Wettkampfveranstaltung* teilzunehmen. Entsprechend kann der *Athlet* nach Maßgabe der einschlägigen Regeln des internationalen Sportfachverbandes in einer *Mannschaftssportart* an nachfolgenden *Wettkämpfen* teilnehmen, wenn die Mannschaft noch am *Wettkampf* teilnimmt.

Dem *Athleten* oder einer anderen *Person* wird nach den Maßgaben des Artikels 10.11.3 die Dauer einer *vorläufigen Suspendierung* auf eine letztendlich verhängte *Sperre* angerechnet.]

7.9 Mitteilung von Entscheidungen des Ergebnismanagements

Eine *Organisation*, die einen Verstoß gegen Anti-Doping-Bestimmungen festgestellt, die Feststellung des Verstoßes gegen Anti-Doping-Bestimmungen zurückgenommen, eine *vorläufige Suspendierung* verhängt oder mit einem *Athleten* oder einer anderen *Person* die Verhängung einer Sanktion ohne Anhörung vereinbart hat, teilt dies gemäß Artikel 14.1.1 anderen *Anti-Doping-Organisationen*, die ein Recht haben, gemäß Artikel 13.2.3 einen Rechtsbehelf einzulegen, mit.

7.10 Beendigung der aktiven Laufbahn

Beendet ein *Athlet* oder eine andere *Person* die aktive Laufbahn während des Ergebnismanagements, so behält die *NADA* die Zuständigkeit für dessen Abschluss. Beendet ein *Athlet* oder eine andere *Person* die aktive Laufbahn bevor ein Ergebnismanagementverfahren aufgenommen wurde, so bleibt die *NADA* auch für die spätere Durchführung dieses Ergebnismanagements zuständig.

[Kommentar zu Artikel 7.10: Das Verhalten eines *Athleten* oder einer anderen *Person* zu einem Zeitpunkt, als er oder sie noch nicht in die Zuständigkeit einer *Organisation* fiel, stellt keinen Verstoß gegen Anti-Doping-Bestimmungen dar. Es könnte jedoch einen legitimen Grund dafür darstellen, dem *Athleten* oder der anderen *Person* die Mitgliedschaft in einer Sportorganisation zu verweigern.]

7.11 Abgekürztes Verfahren

Nicht alle Verfahren, die von *Anti-Doping-Organisationen* aufgrund von Verstößen gegen Anti-Doping-Bestimmungen eingeleitet werden, müssen zu einem *Disziplinarverfahren* führen. Auf Vorschlag der *NADA* kann der *Athlet* oder eine andere *Person* der Sanktion zustimmen, die im *Code* vorgeschrieben ist oder die die *NADA* für angemessen erachtet, sofern flexible Sanktionen erlaubt sind. Eine Sanktion, die aufgrund einer solchen Einwilligung verhängt wird, wird in allen Fällen gemäß Artikel 14.1.3 an die Parteien, die ein Recht haben, gemäß Artikel 13.2.3 einen Rechtsbehelf einzulegen, gemeldet und gemäß Artikel 14.3.2 veröffentlicht.

Artikel 8 Analyse der B-*Probe*

8.1 Recht, die Analyse der B-*Probe* zu verlangen

8.1.1 Der *Athlet* und die *NADA* haben das Recht, die Analyse der B-*Probe* zu verlangen.

8.1.2 Verzichtet der *Athlet* auf sein Recht, die Analyse der B-*Probe* zu verlangen, ist die *NADA* nicht verpflichtet, eine Analyse der B-*Probe* durchzuführen. Führt die *NADA* dennoch eine Analyse der B-*Probe* durch, ist der *Athlet* gemäß Artikel 8.1.4 zu benachrichtigen.

Verzichtet der *Athlet* auf sein Recht, die Analyse der B-*Probe* zu verlangen, wird dies nicht als Geständnis eines Verstoßes gegen Anti-Doping-Bestimmungen gewertet, sondern stellt die unwiderlegbare Vermutung auf, dass die Analyse der B-*Probe* das Analyseergebnis der A-*Probe* bestätigt hätte.

Als Verzicht wird ebenfalls das Versäumnis angesehen, die Analyse der B-*Probe* überhaupt nicht oder nicht fristgerecht gemäß Artikel 8.1.3 schriftlich zu verlangen.

8.1.3 Der *Athlet* muss die Analyse der B-*Probe* innerhalb von 7 *Werktagen* nach Erhalt der Mitteilung gemäß Artikel 7.2.2.2 von der *NADA* schriftlich verlangen. Maßgeblich für die Einhaltung der Frist ist der Eingang bei der *NADA*.

8.1.4 Die *NADA* informiert den *Athleten* rechtzeitig über Ort, Datum und Uhrzeit der Analyse der B-*Probe*.

8.2 Anwesenheitsrecht bei der Analyse der B-*Probe*

Bei der Analyse der B-*Probe* haben folgende *Personen* das Recht, anwesend zu sein:

(a) der *Athlet* und/oder ein Stellvertreter
(b) ein Vertreter der *NADA*
(c) ein Vertreter des DOSB, der FN und der FEI
(d) ein Übersetzer

Der Laborleiter kann die Zahl der anwesenden *Personen* beschränken, soweit ihm dies aufgrund von Schutz- und Sicherheitsaspekten geboten erscheint.

Falls die unter (a) bis (d) aufgeführten *Personen* trotz rechtzeitiger Ankündigung zum festgelegten Analysetermin nicht oder nicht rechtzeitig erscheinen, ohne dies vor Analysebeginn mit angemessener Begründung anzuzeigen, wird ihr Nichterscheinen bei Analysebeginn als Verzicht auf ihr Anwesenheitsrecht gewertet.

8.3 Durchführung der Analyse der B-*Probe*

8.3.1 Die Analyse der B-*Probe* wird in demselben Labor gemäß den Bestimmungen des *International Standards* for Laboratories durchgeführt, das auch die Analyse der A-*Probe* vorgenommen hat.

8.3.2 Die Analyse der B-*Probe* soll unverzüglich, spätestens jedoch *7 Werktage* nach Verlangen der Analyse der B-*Probe* durchgeführt werden. Kann das Labor aufgrund von technischen oder logistischen Gründen die Analyse erst zu einem späteren Zeitpunkt durchführen, stellt dies keinen Verstoß gegen den *International Standard* for Laboratories dar und kann nicht herangezogen werden, um das Analyseverfahren oder das Analyseergebnis infrage zu stellen.

8.4 Kosten der Analyse der B-*Probe*

Der *Athlet* trägt die Kosten der Analyse der B-*Probe*, es sei denn, die Analyse der B-*Probe* bestätigt nicht das *von der Norm abweichende Analyseergebnis* der A-*Probe* oder die Analyse der B-*Probe* wurde gemäß Artikel 8.1.2 von der *NADA* angeordnet.

8.5 Benachrichtigung über das Analyseergebnis der B-*Probe*

Der *Athlet* ist von der *NADA* unverzüglich über das Analyseergebnis der Analyse der B-*Probe* schriftlich zu informieren.

8.6 Vorgehen, falls das Analyseergebnis der B-*Probe* das *von der Norm abweichende Analyseergebnis* der A-*Probe* nicht bestätigt

Bestätigt die Analyse der B-*Probe* das *von der Norm abweichende Analyseergebnis* der A-*Probe* nicht, werden bereits verhängte Sanktionen und *Konsequenzen* aufgehoben und der *Athlet* wird keinen weiteren Disziplinarmaßnahmen unterworfen.

Entsprechend Artikel 7.8.3 kann in Fällen, in denen der *Athlet* oder die Mannschaft des *Athleten* von einem *Wettkampf* ausgeschlossen wurde, der *Athlet* oder die Mannschaft die Teilnahme am *Wettkampf* fortsetzen, falls ein Wiedereinstieg ohne weitere Beeinträchtigung des *Wettkampfs* noch möglich ist.

Artikel 9 Automatische Annullierung von Einzelergebnissen

Bei *Einzelsportarten* führt ein Verstoß gegen Anti-Doping-Bestimmungen in Verbindung mit einer *Dopingkontrolle innerhalb des Wettkampfs* automatisch zur *Annullierung* des in diesem *Wettkampf* erzielten Ergebnisses, mit allen daraus entstehenden *Konsequenzen*, einschließlich der Aberkennung von Medaillen, Punkten und Preisen.

[Kommentar zu Artikel 9: Bei *Mannschaftssportarten* werden die Ergebnisse *annulliert*, die einzelnen Spielern zugerechnet werden können. Die *Disqualifizierung* der Mannschaft erfolgt jedoch ausschließlich gemäß Artikel 11. Bei Sportarten, die nicht zu den *Mannschaftssportarten* zählen, bei denen jedoch Mannschaften ausgezeichnet werden, unterliegt die *Annullierung* oder die Verhängung anderer disziplinarischer Maßnahmen gegen die Mannschaft, bei der mindestens ein Mitglied der Mannschaft einen Verstoß gegen Anti-Doping-Bestimmungen begangen hat, den geltenden Regeln des internationalen Sportfachverbands.]

Artikel 10 Sanktionen gegen Einzel*personen*

10.1 *Annullierung* von Ergebnissen bei einer *Wettkampfveranstaltung*, bei der ein Verstoß gegen Anti-Doping-Bestimmungen erfolgt

Ein Verstoß gegen Anti-Doping-Bestimmungen während oder in Verbindung mit einer *Wettkampfveranstaltung* kann aufgrund einer entsprechenden Entscheidung des Veranstalters zur *Annullierung* aller von einem *Athleten* in dieser *Wettkampfveranstaltung* erzielten Ergebnisse mit allen *Konsequenzen* führen, einschließlich der Aberkennung von Medaillen, Punkten und Preisen, unbeschadet der Bestimmungen des Artikels 10.1.1.

Zu den Faktoren, die in die Erwägung, ob andere, bei derselben *Wettkampfveranstaltung* erzielten, Ergebnisse *annulliert* werden, einbezogen werden müssen, gehört etwa die Schwere des Verstoßes gegen Anti-Doping-Bestimmungen des *Athleten* und ob für die anderen *Wettkämpfe* ein negatives Kontrollergebnis des *Athleten* vorliegt.

[Kommentar zu Artikel 10.1: Während gemäß Artikel 9 das Ergebnis in einem einzelnen *Wettkampf*, in dem der *Athlet* „positiv getestet" wurde (z.B. 100 m Rückenschwimmen), *annulliert* wird, kann es aufgrund dieses Artikels zur *Annullierung* sämtlicher Ergebnisse in allen Wettbewerben einer *Wettkampfveranstaltung* (z.B. der FINA-Weltmeisterschaft) kommen.]

10.1.1 Weist der *Athlet* nach, dass er für den Verstoß *kein Verschulden* trägt, so werden die Einzelergebnisse, die der *Athlet* in den anderen *Wettkämpfen* erzielt hat, nicht *annulliert*. Dies gilt nicht, sofern die Wahrscheinlichkeit besteht, dass die Ergebnisse, die der *Athlet* bei anderen *Wettkämpfen* als dem *Wettkampf*, bei dem der Verstoß gegen Anti-Doping-Bestimmungen erfolgte, erzielt hat, durch den Verstoß gegen Anti-Doping-Bestimmungen beeinflusst worden sind.

10.2 *Sperre* wegen des Vorhandenseins, des *Gebrauchs* oder des *Versuchs* des *Gebrauchs* oder des Besitzes einer *verbotenen Substanz* oder einer *verbotenen Methode*

Für einen Erstverstoß gegen Artikel 2.1, 2.2 oder 2.6 wird die folgende *Sperre* verhängt, vorbehaltlich einer möglichen Herabsetzung oder Aufhebung der *Sperre* gemäß Artikel 10.4, 10.5 oder 10.6:

10.2.1 Die *Sperre* beträgt 4 Jahre, wenn

10.2.1.1 der Verstoß gegen Anti-Doping-Bestimmungen keine *spezifische Substanz* betrifft, es sei denn, der *Athlet* oder eine andere *Person* weist nach, dass der Verstoß nicht absichtlich begangen wurde;

10.2.1.2 der Verstoß gegen Anti-Doping-Bestimmungen eine *spezifische Substanz* betrifft und die *NADA* nachweist, dass der Verstoß absichtlich begangen wurde.

10.2.2 Weist im Fall von Artikel 10.2.1.1 der *Athlet* oder eine *andere Person* nach, dass der Verstoß nicht absichtlich begangenen wurde, beträgt die *Sperre* 2 Jahre. Dasselbe gilt, wenn die *NADA* im Fall von Artikel 10.2.1.2 nicht nachweist, dass der Verstoß absichtlich begangen wurde.

10.2.3 Absicht im Sinne von Artikel 10 bedeutet dass der *Athlet* oder eine andere *Person* wusste, dass er/sie einen Verstoß gegen Anti-Doping-Bestimmungen begehen würde und dies auch wollte.

Ein Verstoß gegen Anti-Doping-Bestimmungen, der aufgrund eines *von der Norm abweichenden Analyseergebnisses* für eine *spezifische Substanz* festgestellt wurde, die nur im *Wettkampf* verboten ist, gilt als nicht absichtlich begangen, wenn der *Athlet* nachweist, dass der *Gebrauch* der *verbotenen Substanz* außerhalb des *Wettkampfs* erfolgte.

Ein Verstoß gegen Anti-Doping-Bestimmungen, der aufgrund eines *von der Norm abweichenden Analyseergebnisses* für eine Substanz festgestellt wurde, die keine *spezifische Substanz*, und nur im *Wettkampf* verboten ist, gilt als nicht absichtlich begangen, wenn der *Athlet* nachweist, dass der *Gebrauch* der *verbotenen Substanz* außerhalb des *Wettkampfs* und nicht im Zusammenhang mit der Erbringung sportlicher Leistung erfolgte.

10.3 *Sperre* bei anderen Verstößen gegen Anti-Doping-Bestimmungen

Für Verstöße gegen Anti-Doping-Bestimmungen, die nicht in Artikel 10.2 geregelt sind, sind, soweit nicht die Artikel 10.5 oder 10.6 einschlägig sind, die folgenden *Sperren* zu verhängen:

10.3.1 Bei Verstößen gegen Artikel 2.3 oder 2.5 beträgt die *Sperre* 4 Jahre, es sei denn, ein *Athlet*, der es unterlässt, sich einer *Probe*nahme zu unterziehen, weist nach, dass der Verstoß gegen Anti-Doping-Bestimmungen nicht absichtlich im Sinne des Artikel 10.2.3 begangen wurde; in diesem Fall beträgt die *Sperre* 2 Jahre.

10.3.2 Bei Verstößen gegen Artikel 2.4 beträgt die *Sperre* 2 Jahre, mit der Möglichkeit der Herabsetzung, je nach Grad des *Verschuldens* des *Athleten*. Die *Sperre* beträgt jedoch mindestens ein Jahr. Die Möglichkeit der Herabsetzung der *Sperre* nach Satz 1 gilt nicht für *Athleten*, die ihre Angaben zu Aufenthaltsort und Erreichbarkeit nach einem bestimmten Muster entweder sehr kurzfristig ändern oder mit einem anderen Verhalten den Verdacht erwecken, *Dopingkontrollen* umgehen zu wollen.

10.3.3 Bei Verstößen gegen Artikel 2.7 oder 2.8 beträgt die *Sperre* mindestens 4 Jahre bis hin zu einer lebenslangen *Sperre*, je nach Schwere des Verstoßes. Ein Verstoß gegen Artikel 2.7 oder 2.8, bei dem *Minderjährige* betroffen sind, gilt als besonders schwerwiegender Verstoß; wird ein solcher Verstoß von *Athletenbetreuern* begangen und betrifft er keine *spezifischen Substanzen*, ist gegen den *Athletenbetreuer* eine lebenslange *Sperre* zu verhängen. Darüber hinaus müssen erhebliche Verstöße gegen Artikel 2.7 oder 2.8, die auch nicht sportrechtliche Gesetze und Vorschriften verletzen können, den zuständigen Verwaltungs-, Berufs- oder Justizbehörden gemeldet werden.

[Kommentar zu Artikel 10.3.3: Diejenigen, die am Doping von *Athleten* oder an der Verdunkelung von Doping beteiligt sind, sollten härteren Sanktionen unterworfen werden als die *Athleten*, deren Kontrollbefunde „positiv" waren. Da die Befugnis von Sportorganisationen generell auf den Entzug von Akkreditierungen, Mitgliedschaften und sportlichen Vergünstigungen beschränkt ist, ist das Anzeigen von *Athletenbetreuern* bei den zuständigen Stellen eine wichtige Abschreckungsmaßnahme in der Dopingbekämpfung.]

10.3.4 Bei Verstößen gegen Artikel 2.9 beträgt die *Sperre* je nach Schwere des Verstoßes 2 bis 4 Jahre.

10.3.5 Bei Verstößen gegen Artikel 2.10 beträgt die *Sperre* 2 Jahre, mit der Möglichkeit der Herabsetzung je nach Grad des *Verschuldens* des *Athleten* oder einer anderen *Person* und den jeweiligen Umständen des Einzelfalls. Die *Sperre* beträgt jedoch mindestens ein Jahr.

[Kommentar zu Artikel 10.3.5: Handelt es sich bei der in Artikel 2.10 genannten „anderen *Person*" nicht um eine natürliche, sondern um eine juristische *Person*, kann die juristische *Person* sanktioniert werden.]

10.4 Absehen von einer *Sperre*, wenn *kein Verschulden* vorliegt

Weist ein *Athlet* oder eine andere *Person* im Einzelfall nach, dass ihn oder sie *kein Verschulden* trifft, so ist von der ansonsten zu verhängenden *Sperre* abzusehen.

[Kommentar zu Artikel 10.4: Dieser Artikel und Artikel 10.5.2 finden lediglich auf die Verhängung von Sanktionen Anwendung; sie finden keine Anwendung auf die Feststellung, ob ein Verstoß gegen Anti-Doping-Bestimmungen vorliegt. Sie greifen nur unter besonderen Umständen, z.B. wenn ein *Athlet* beweisen kann, dass er trotz gebührender Sorgfalt Opfer eines Sabotageaktes eines Konkurrenten wurde. Dagegen ist die Annahme von *kein Verschulden* in folgenden Fällen ausgeschlossen: (a) bei Vorliegen eines „positiven" Testergebnisses aufgrund einer falschen Etikettierung oder Verunreinigung eines Vitaminpräparats oder eines Nahrungsergänzungsmittels (*Athleten* sind verantwortlich für das, was sie zu sich nehmen (Artikel 2.1.1), und die *Athleten* wurden auf die Möglichkeit von Verunreinigungen bei Nahrungsergänzungsmitteln hingewiesen); (b) die *Verabreichung* einer *verbotenen Substanz* durch den eigenen Arzt oder Trainer des *Athleten*, ohne dass dies dem *Athleten* mitgeteilt worden

wäre (*Athleten* sind verantwortlich für die Auswahl ihres medizinischen *Person* als und dafür, dass sie ihr medizinisches Personal anweisen, ihnen keine *verbotenen Substanzen* zu geben); und (c) Sabotage der Speisen und Getränke des *Athleten* durch Ehepartner, Trainer oder eine andere *Person* im engeren Umfeld des *Athleten* (*Athleten* sind verantwortlich für das, was sie zu sich nehmen, sowie für das Verhalten der *Personen*, denen sie Zugang zu ihren Speisen und Getränken gewähren). In Abhängigkeit von den Umständen des Einzelfalls kann jedoch jedes der oben genannten Beispiele zu einer Herabsetzung der Sanktion gemäß Artikel 10.5 aufgrund *kein signifikanten Verschuldens* führen.]

10.5 Herabsetzung der *Sperre* aufgrund *kein signifikanten Verschuldens*

10.5.1 Herabsetzung von Sanktionen für *spezifische Substanzen* oder *kontaminierte Produkte* bei Verstößen gegen Artikel 2.1, 2.2 oder 2.6

10.5.1.1 *Spezifische Substanzen*

Betrifft der Verstoß gegen Anti-Doping-Bestimmungen eine *spezifische Substanz* und der *Athlet* oder eine andere *Person* kann nachweisen, dass *kein signifikantes Verschulden* vorliegt, kann eine Sanktion von einer Verwarnung bis zu 2 Jahren *Sperre*, je nach Grad des *Verschuldens* des *Athleten* oder einer anderen *Person*, verhängt werden.

10.5.1.2 *Kontaminierte Produkte*

Kann der *Athlet* oder die andere *Person* nachweisen, dass *kein signifikantes Verschulden* vorliegt und die gefundene *verbotene Substanz* aus einem *kontaminierten Produkt* stammt, kann eine Sanktion von einer Verwarnung bis hin zu 2 Jahren *Sperre*, je nach Grad des *Verschuldens* des *Athleten* oder der anderen *Person*, verhängt werden.

[Kommentar zu Artikel 10.5.1.2: Bei der Bewertung des Grads des *Verschuldens* des *Athleten* kann es beispielsweise für den *Athleten* sprechen, wenn er das Produkt, bei dem später die Kontamination festgestellt wurde, bereits auf dem Dopingkontrollformular angegeben hatte.]

10.5.2 Anwendung von *kein signifikantes Verschulden* über die Anwendung von Artikel 10.5.1 hinaus

Weist der *Athlet* oder eine andere *Person* im Einzelfall, in dem Artikel 10.5.1 keine Anwendung findet, nach, dass ihn oder sie *kein signifikantes Verschulden* trifft, kann die ansonsten zu verhängende *Sperre*, vorbehaltlich einer weiteren Herabsetzung oder Aufhebung gemäß Artikel 10.6, entsprechend dem Grad des *Verschuldens* des *Athleten* oder einer anderen *Person* herabgesetzt werden, muss jedoch mindestens die Hälfte der ansonsten zu verhängenden *Sperre* betragen. Wenn die ansonsten zu verhängende *Sperre* eine lebenslange *Sperre* ist, muss die nach diesem Artikel herabgesetzte *Sperre* mindestens 8 Jahre betragen.

[Kommentar zu Artikel 10.5.2: Artikel 10.5.2 kann bei jedem Verstoß gegen Anti-Doping-Bestimmungen zur Anwendung kommen, außer bei den Artikeln, bei denen

entweder Vorsatz ein Tatbestandsmerkmal des Verstoßes (z.B. Artikel 2.5, 2.7, 2.8 oder 2.9) oder bei denen Absicht ein Bestandteil einer bestimmten Sanktion (z.B. 10.2.1) ist oder wenn ein Artikel bereits den Sanktionsrahmen je nach des Grads des *Verschuldens* des *Athleten* oder der anderen *Person* vorgibt.]

10.6 Absehen von, Herabsetzung oder Aussetzung einer *Sperre* oder anderer *Konsequenzen* aus Gründen, die nicht mit dem *Verschulden* zusammenhängen

10.6.1 *Substanzielle Hilfe* bei der Aufdeckung oder dem Nachweis eines Verstoßes gegen Anti-Doping-Bestimmungen

10.6.1.1 Die *NADA* kann im Falle eines Verstoßes gegen Anti-Doping-Bestimmungen vor einer endgültigen Rechtsbehelfsentscheidung gemäß Artikel 13 oder vor dem Ablauf der Frist für die Einlegung eines Rechtsbehelfs einen Teil einer in einem Einzelfall verhängten *Sperre* aussetzen, wenn der *Athlet* oder die andere *Person* der *NADA*, einer anderen *Organisation*, einer Strafverfolgungsbehörde oder einem zuständigen Berufs-Disziplinargericht *substanzielle Hilfe* geleistet hat, aufgrund derer die *NADA* einen Verstoß gegen Anti-Doping-Bestimmungen einer anderen *Person* aufdeckt oder voranbringt oder aufgrund derer eine Strafverfolgungsbehörde oder ein zuständiges Berufs-Disziplinargericht eine Straftat oder den Verstoß gegen Berufsstandsregeln einer anderen *Person* aufdeckt oder voranbringt, und die Informationen von der *Person*, die wesentliche Unterstützung leistet, der *NADA* zur Verfügung gestellt werden.

Wenn bereits die endgültige Rechtsbehelfsentscheidung gemäß Artikel 13 ergangen ist oder die Frist für die Einlegung eines Rechtsbehelfs verstrichen ist, darf die *NADA* einen Teil der ansonsten zu verhängenden *Sperre* nur mit der Zustimmung der *WADA* und der FEI aussetzen.

Der Umfang, in dem die ansonsten zu verhängende *Sperre* ausgesetzt werden darf, richtet sich nach der Schwere des Verstoßes gegen Anti-Doping-Bestimmungen, den der *Athlet* oder die andere *Person* begangen hat, und nach der Bedeutung der vom *Athleten* oder der anderen *Person* geleisteten *substanziellen Hilfe* für die Dopingbekämpfung im Sport. Von der ansonsten zu verhängenden *Sperre* dürfen nicht mehr als Dreiviertel ausgesetzt werden. Wenn die ansonsten zu verhängende *Sperre* eine lebenslange *Sperre* ist, darf der nach diesem Artikel nicht ausgesetzte Teil der *Sperre* nicht unter 8 Jahren liegen.

Verweigert der *Athlet* oder eine andere *Person* die weitere Zusammenarbeit und leistet nicht die umfassende und glaubwürdige *substanzielle Hilfe*, aufgrund derer die *Sperre* ausgesetzt wurde, setzt die *NADA*, die die *Sperre* ausgesetzt hat, die ursprüngliche *Sperre* wieder in Kraft.

Sowohl die Entscheidung der *NADA*, die ausgesetzte *Sperre* wieder in Kraft zu setzen als auch deren Entscheidung, die ausgesetzte *Sperre* nicht wieder in Kraft zu setzen, kann von jeder *Person* angefochten werden, die das Recht hat, gemäß Artikel 13 einen Rechtsbehelf einzulegen.

10.6.1.2 Die *WADA* kann auf Anfrage der *NADA* oder des *Athleten* oder einer anderen *Person*, der oder die gegen Anti-Doping-Bestimmungen verstoßen hat, in jeder Phase des Ergebnismanagements- und *Disziplinarverfahrens*, und auch wenn bereits der endgültige Rechtsbehelfsentscheid nach Artikel 13 ergangen ist,

einer ihrer Ansicht nach angemessenen Aussetzung der ansonsten zu verhängenden *Sperre* und anderer *Konsequenzen* zustimmen.
In Ausnahmefällen kann die *WADA* bei einer *substanziellen Hilfe* der Aussetzung der *Sperre* und anderer *Konsequenzen* für einen längeren Zeitraum als in diesem Artikel vorgesehen bis hin zu einer vollständigen Aufhebung der *Sperre* und/ oder einem Erlass von Bußgeldern, Kosten oder Rückzahlung von Preisgeldern zustimmen. Die Zustimmung der *WADA* gilt unter dem Vorbehalt der Wiedereinsetzung der Sanktion gemäß diesem Artikel. Unbeschadet von Artikel 13 können die Entscheidungen der *WADA* im Sinne dieses Artikels nicht von der *NADA* oder von einer anderen *Organisation* angefochten werden.

10.6.1.3 Setzt die *NADA* oder eine sonstige *Organisation* einen Teil einer ansonsten zu verhängenden Sanktion aufgrund *substanzieller Hilfe* aus, sind die anderen *Organisationen*, die das Recht haben, gegen die Entscheidung Rechtsbehelf gemäß Artikel 13.2.3 einzulegen, unter Angabe von Gründen für die Entscheidung gemäß Artikel 14.1 zu benachrichtigen. In besonderen Ausnahmefällen kann die *WADA* im Interesse der Dopingbekämpfung der *NADA* oder einer anderen *Organisation* gestatten, geeignete Vertraulichkeitsvereinbarungen zu treffen, um die Veröffentlichung der Vereinbarung über die *substanzielle Hilfe* oder die Art der *substanziellen Hilfe* zu beschränken.

[Kommentar zu Artikel 10.6.1: Die Zusammenarbeit von *Athleten*, *Athletenbetreuern* und anderen *Personen*, die ihre Fehler einräumen und bereit sind, andere Verstöße gegen Anti-Doping-Bestimmungen ans Licht zu bringen, sind für einen sauberen Sport sehr wichtig. Dies ist entsprechend den Bestimmungen des *NADC* der einzige Umstand, unter dem die Aussetzung einer ansonsten zu verhängenden *Sperre* erlaubt ist.]

10.6.2 Geständnis eines Verstoßes gegen Anti-Doping-Bestimmungen ohne das Vorliegen anderer Beweise

Wenn ein *Athlet* oder eine andere *Person* freiwillig die Begehung eines Verstoßes gegen Anti-Doping-Bestimmungen gesteht, bevor er/sie zu einer *Probe*nahme aufgefordert wurde, durch die ein Verstoß gegen Anti-Doping-Bestimmungen nachgewiesen werden könnte (oder im Falle eines anderen Verstoßes als der gemäß Artikel 2.1 vor der Mitteilung gemäß Artikel 7 des Verstoßes, auf den sich das Geständnis bezieht), und wenn dieses Geständnis zu dem Zeitpunkt den einzigen verlässlichen Nachweis des Verstoßes darstellt, kann die *Sperre* herabgesetzt werden, muss jedoch mindestens die Hälfte der ansonsten zu verhängenden *Sperre* betragen.

[Kommentar zu Artikel 10.6.2: Dieser Artikel soll dann zur Anwendung kommen, wenn sich ein *Athlet* oder eine andere *Person* meldet und einen Verstoß gegen Anti-Doping-Bestimmungen unter Umständen gesteht, unter denen keiner *Organisation* bewusst ist, dass ein Verstoß gegen eine Anti-Doping-Bestimmung vorliegen könnte. Er soll dann nicht angewendet werden, wenn das Geständnis zu einem Zeitpunkt erfolgt, zu dem der *Athlet* oder die andere *Person* bereits vermutet, dass er/sie bald überführt werden wird.

In welchem Umfang die *Sperre* herabgesetzt wird, sollte von der Wahrscheinlichkeit abhängig gemacht werden, dass der *Athlet* oder eine andere *Person* überführt worden wäre, hätte er/sie sich nicht freiwillig gemeldet.]

10.6.3 Unverzügliches Geständnis eines Verstoßes gegen Anti-Doping-Bestimmungen nach Vorhalten eines Verstoßes, der gemäß Artikel 10.2.1 oder 10.3.1 sanktionsfähig ist

Die *Sperre* eines *Athleten* oder einer anderen *Person*, der/die gemäß Artikel 10.2.1 oder 10.3.1 (Umgehung der Probenahme, Weigerung oder Unterlassen, sich einer Probenahme zu unterziehen oder *unzulässige Einflussnahme* auf eine *Probe*nahme) bis zu 4 Jahre gesperrt werden kann, kann je nach Schwere des Verstoßes und Grad des *Verschuldens* des *Athleten* oder einer anderen *Person* bis auf 2 Jahre herabgesetzt werden, wenn der *Athlet* oder die andere *Person* den behaupteten Verstoß gegen Anti-Doping-Bestimmungen unverzüglich gesteht, sobald dieser ihm oder ihr von einer *Organisation* vorgehalten wurde. Die Herabsetzung kann nur mit Zustimmung der *WADA* und der für das Ergebnismanagement zuständigen *Organisation* erfolgen.

10.6.4 Anwendung mehrfacher Gründe für die Herabsetzung einer Sanktion

Weist der *Athlet* oder eine andere *Person* nach, dass er/sie nach mehr als einer Bestimmung der Artikel 10.4, 10.5 oder 10.6 ein Recht auf eine Herabsetzung der Sanktion hat, wird, bevor eine Herabsetzung oder Aussetzung nach Artikel 10.6 angewendet wird, die ansonsten zu verhängende *Sperre* gemäß Artikel 10.2, 10.3, 10.4 und 10.5 festgelegt. Weist der *Athlet* oder eine andere *Person* ein Recht auf Herabsetzung oder Aussetzung der *Sperre* gemäß Artikel 10.6 nach, kann die *Sperre* herabgesetzt oder ausgesetzt werden, muss aber mindestens ein Viertel der ansonsten zu verhängenden *Sperre* betragen.

[Kommentar zu Artikel 10.6.4: Die angemessene Sanktion wird in insgesamt vier Schritten festgelegt. Erstens, stellt das *Disziplinarorgan* fest, welche der grundlegenden Sanktionen (Artikel 10.2, 10.3, 10.4 oder 10.5) auf den jeweiligen Verstoß gegen Anti-Doping-Bestimmungen anzuwenden ist. Zweitens, soweit die grundlegende Sanktion einen Sanktionsrahmen vorsieht, muss das *Disziplinarorgan* die anwendbare Sanktion innerhalb dieses Sanktionsrahmens je nach Grad des *Verschuldens* des *Athleten* oder einer anderen *Person* festlegen. In einem dritten Schritt ermittelt das *Disziplinarorgan*, ob es eine Grundlage für die Aufhebung, Aussetzung oder Herabsetzung der Sanktion gibt (Artikel 10.6). Abschließend legt das *Disziplinarorgan* den Beginn der *Sperre* nach Artikel 10.11 fest.]

[In Anhang 2 sind mehrere Anwendungsbeispiele für Artikel 10 aufgeführt.]

10.7 Mehrfachverstöße

10.7.1 Bei einem zweiten Verstoß eines *Athleten* oder einer anderen *Person* gegen Anti-Doping-Bestimmungen wird die längste der folgenden *Sperren* verhängt:

(a) 6 Monate;

(b) die Hälfte der für den ersten Verstoß verhängten *Sperre* ohne Berücksichtigung einer Herabsetzung gemäß Artikel 10.6; oder

(c) die doppelte Dauer der ansonsten zu verhängenden *Sperre* für einen zweiten Verstoß, wenn dieser wie ein Erstverstoß behandelt wird, ohne Berücksichtigung einer Herabsetzung gemäß Artikel 10.6.

Die so festgelegte *Sperre* kann anschließend gemäß Artikel 10.6 herabgesetzt werden.

10.7.2 Ein dritter Verstoß gegen Anti-Doping-Bestimmungen führt immer zu einer lebenslangen *Sperre*, es sei denn, der dritte Verstoß erfüllt die Voraussetzungen für ein Absehen von einer *Sperre* oder eine Herabsetzung der *Sperre* gemäß Artikel 10.4 oder 10.5 oder stellt einen Verstoß gegen Artikel 2.4 dar. In diesen besonderen Fällen beträgt die *Sperre* 8 Jahre bis hin zu lebenslänglich.

10.7.3 Ein Verstoß gegen Anti-Doping-Bestimmungen, für den der *Athlet* oder eine andere *Person* nachweisen kann, dass *kein Verschulden* vorliegt, gilt nicht als Verstoß im Sinne dieses Artikels.

10.7.4 Zusätzliche Regeln für bestimmte mögliche Mehrfachverstöße

10.7.4.1 Für die Verhängung von Sanktionen gemäß Artikel 10.7 stellt ein Verstoß gegen Anti-Doping-Bestimmungen nur dann einen zweiten Verstoß dar, wenn die *NADA* nachweisen kann, dass der *Athlet* oder die andere *Person* den zweiten Verstoß gegen Anti-Doping-Bestimmungen erst begangen hat, nachdem der *Athlet* oder die andere *Person* die Mitteilung gemäß Artikel 7 erhalten hat oder nachdem die *NADA* einen angemessenen *Versuch* unternommen hat, ihn/sie davon in Kenntnis zu setzen. Sofern die *NADA* dies nicht darlegen kann, werden die Verstöße zusammen als ein einziger erster Verstoß gewertet. Die zu verhängende Sanktion richtet sich nach dem Verstoß, der die strengere Sanktion nach sich zieht.

10.7.4.2 Wenn die *NADA* nach der Verhängung einer Sanktion für einen ersten Verstoß gegen Anti-Doping-Bestimmungen aufdeckt, dass der *Athlet* oder die andere *Person* bereits vor der Mitteilung des ersten Verstoßes gegen Anti-Doping-Bestimmungen verstoßen hat, verhängt das *Deutsche Sportschiedsgericht* als *Disziplinarorgan* nach Artikel 12.1.3 eine zusätzliche Sanktion, die derjenigen entspricht, die hätte verhängt werden können, wenn beide Verstöße gleichzeitig abgeurteilt worden wären. Die Ergebnisse aller *Wettkämpfe* seit dem früheren Verstoß gegen Anti-Doping-Bestimmungen werden gemäß Artikel 10.8 *annulliert*.

10.7.5 Mehrfachverstöße gegen Anti-Doping-Bestimmungen innerhalb eines Zeitraums von 10 Jahren

Ein Mehrfachverstoß im Sinne des Artikels 10.7 liegt nur vor, wenn die Verstöße gegen Anti-Doping-Bestimmungen innerhalb eines Zeitraums von 10 Jahren begangen wurden.

10.8 *Annullierung* von Wettkampfergebnissen nach einer *Probe*nahme oder einem Verstoß gegen Anti-Doping-Bestimmungen

Zusätzlich zu der gemäß Artikel 9 erfolgenden automatischen *Annullierung* der Ergebnisse, die in dem *Wettkampf* erzielt wurden, bei dem die positive Probe genommen wurde, werden alle Wettkampfergebnisse des *Athleten*, die in dem Zeitraum von der Entnahme der positiven *Probe* (unabhängig davon, ob es sich um eine *Dopingkontrolle innerhalb des Wettkampfs* oder um eine *Trainings-*

kontrolle handelt) oder der Begehung eines anderen Verstoßes gegen Anti-Doping-Bestimmungen bis zum Beginn einer *vorläufigen Suspendierung* oder einer *Sperre* erzielt wurden, *annulliert*, mit allen daraus entstehenden *Konsequenzen*, einschließlich der Aberkennung von Medaillen, Punkten und Preisen, sofern nicht aus Gründen der Fairness eine andere Vorgehensweise geboten ist.

[Kommentar zu Artikel 10.8: Unbeschadet der Bestimmungen des *NADC* können *Athleten* oder andere *Personen*, die durch die Handlungen einer *Person*, die gegen Anti-Doping-Bestimmungen verstoßen hat, geschädigt wurden, das ihnen ansonsten zustehende Recht auf Schadenersatz gegen diese *Person* geltend machen.]

10.9 Verteilung der *CAS*-Prozesskosten und des aberkannten Preisgeldes
Die Prozesskosten beim *CAS* und das aberkannte Preisgeld werden in folgender Reihenfolge zurückgezahlt: 1. Zahlung der vom *CAS* festgelegten Prozesskosten; 2. Neuverteilung des aberkannten Preisgeldes an andere *Athleten*, soweit dies nach den Bestimmungen des zuständigen internationalen Sportfachverbands vorgesehen ist; und 3. Rückerstattung der Ausgaben der *Organisation*, die das Ergebnismanagement in diesem Fall durchgeführt hat.

10.10 *Finanzielle Konsequenzen*
Organisationen können in eigenen Regelwerken finanzielle Sanktionen für Verstöße gegen Anti-Doping-Bestimmungen festlegen. Sie dürfen nur dann finanzielle Sanktionen verhängen, wenn bereits die Höchstdauer der ansonsten zu verhängenden *Sperre* verhängt wurde. Kostenrückerstattungen oder finanzielle Sanktionen dürfen nur im Einklang mit dem Grundsatz der Verhältnismäßigkeit auferlegt werden. Kostenrückerstattungen oder finanzielle Sanktionen dürfen nicht herangezogen werden, um die nach diesen Anti-Doping-Bestimmungen ansonsten zu verhängende *Sperre* oder sonstige Sanktion herabzusetzen.

10.11 Beginn der *Sperre*
Außer in den unten aufgeführten Fällen beginnt die *Sperre* mit dem Tag der letzten Verhandlung, in der die *Sperre* verhängt wurde, oder, wenn auf eine Verhandlung verzichtet wurde oder keine mündliche Verhandlung stattgefunden hat, mit dem Tag, an dem die *Sperre* akzeptiert oder anderweitig verhängt wurde.

10.11.1 Nicht dem *Athleten* oder einer anderen *Person* zurechenbare Verzögerungen
Bei erheblichen Verzögerungen während des *Disziplinarverfahrens* oder anderer Teile des *Dopingkontrollverfahrens*, die dem *Athleten* oder einer anderen *Person* nicht zuzurechnen sind, kann das *Deutsche Sportschiedsgericht* den Beginn der *Sperre* auf ein früheres Datum vorverlegen, frühestens jedoch auf den Tag der *Probe*nahme oder des anderen Verstoßes gegen Anti-Doping-Bestimmungen. Alle ab dem Zeitpunkt der Vorverlegung und während der *Sperre* erzielten Wettkampfergebnisse werden *annulliert*.

[Kommentar zu Artikel 10.11.1: Handelt es sich um andere Verstöße gegen Anti-Doping-Bestimmungen als solche gemäß Artikel 2.1, kann die Ermittlung und das Zusammentragen ausreichender Nachweise für einen Verstoß gegen Anti-Doping-

Bestimmungen langwierig sein, insbesondere wenn der *Athlet* oder eine andere *Person* gezielte Anstrengungen unternommen hat, eine Aufdeckung zu vermeiden. In diesen Fällen sollte nicht von der Möglichkeit *Gebrauch* gemacht werden, den Beginn der Sanktion nach diesem Artikel vorzuverlegen.]

10.11.2 Rechtzeitiges Geständnis
Gesteht der *Athlet* oder die andere *Person* den Verstoß gegen Anti-Doping-Bestimmungen unverzüglich (bei *Athleten* hat dies in jedem Fall vor erneuter Wettkampfteilnahme zu erfolgen), nachdem ihm von der *NADA* ein Verstoß gegen Anti-Doping-Bestimmungen vorgehalten wurde, kann der Beginn der *Sperre* bis zu dem Tag der *Probe*nahme oder eines anderen Verstoßes gegen Anti-Doping-Bestimmungen vorverlegt werden. Jedoch muss der *Athlet* oder eine andere *Person* mindestens noch die Hälfte der *Sperre* verbüßen, beginnend mit dem Tag, an dem der *Athlet* oder die andere *Person* die festgelegte Sanktion akzeptiert hat oder mit dem Tag der Verhandlung, in der die *Sperre* festgelegt wurde oder mit dem Tag, an dem die Sanktion auf andere Weise verhängt wurde. Dieser Artikel gilt nicht, wenn die *Sperre* bereits gemäß Artikel 10.6.3 herabgesetzt wurde.

10.11.3 Anrechnung einer *vorläufigen Suspendierung* oder bereits verbüßten *Sperre*

10.11.3.1 Wenn eine *vorläufige Suspendierung* verhängt und vom *Athleten* oder einer anderen *Person* eingehalten wurde, wird die Dauer der *vorläufigen Suspendierung* des *Athleten* oder der anderen *Person* auf eine ggf. später verhängte *Sperre* angerechnet. Wird eine *Sperre* aufgrund einer Entscheidung verbüßt, die später angefochten wird, dann wird die Dauer der bereits verbüßten *Sperre* des *Athleten* oder einer anderen *Person* auf eine später aufgrund des Rechtsbehelfs verhängte *Sperre* angerechnet.

10.11.3.2 Erkennt ein *Athlet* oder eine andere *Person* freiwillig eine von der *NADA* verhängte *vorläufige Suspendierung* in schriftlicher Form an und hält die *vorläufige Suspendierung* ein, wird die Dauer der freiwilligen *vorläufigen Suspendierung* auf eine ggf. später verhängte *Sperre* angerechnet. Eine Kopie dieser schriftlichen freiwilligen Anerkennung der *vorläufigen Suspendierung* durch den *Athleten* oder die andere *Person* wird unverzüglich jeder Partei zur Verfügung gestellt, die berechtigt ist, über einen behaupteten Verstoß gegen Anti-Doping-Bestimmungen gemäß Artikel 14.1 informiert zu werden.

[Kommentar zu Artikel 10.11.3.2: Die freiwillige Anerkennung einer *vorläufigen Suspendierung* durch einen *Athleten* gilt nicht als Geständnis des *Athleten* und wird in keiner Weise dazu genutzt, Rückschlüsse zum Nachteil des *Athleten* zu ziehen.]

10.11.3.3 Zeiten vor dem Beginn der *vorläufigen Suspendierung* oder der freiwilligen *vorläufigen Suspendierung* werden nicht auf die *Sperre* angerechnet, unabhängig davon, ob der *Athlet* nicht an *Wettkämpfen* teilnahm oder von seiner Mannschaft suspendiert wurde.

10.11.3.4 Wird bei *Mannschaftssportarten* eine *Sperre* gegen eine Mannschaft verhängt, beginnt die *Sperre* mit dem Tag der letzten Verhandlung, in der die *Sperre* verhängt wurde, oder, wenn auf eine Verhandlung verzichtet wurde, mit dem Tag, an dem die *Sperre* akzeptiert oder anderweitig verhängt wurde, sofern nicht aus Gründen der Fairness eine andere Vorgehensweise geboten ist. Jede *vorläufige Suspendierung* einer Mannschaft (unabhängig davon, ob sie verhängt oder freiwillig anerkannt wurde) wird auf die Gesamtdauer der *Sperre* angerechnet.

[Kommentar zu Artikel 10.11: Artikel 10.11 stellt klar, dass Verzögerungen, die der *Athlet* nicht zu vertreten hat, das rechtzeitige Geständnis des *Athleten* sowie eine *vorläufige Suspendierung* die einzigen Gründe sind, die rechtfertigen, dass eine *Sperre* vor dem Tag der letzten Verhandlung, in der die *Sperre* verhängt wurde, beginnt.]

10.12 Status während einer *Sperre*

10.12.1 Teilnahmeverbot während einer *Sperre*

Ein *Athlet* oder eine andere *Person*, gegen den/die eine *Sperre* verhängt wurde, darf während dieser *Sperre* in keiner Funktion an *Wettkämpfen* oder sportlichen Aktivitäten teilnehmen (außer an autorisierten Anti-Doping-Präventions- oder Rehabilitationsprogrammen), die von der FN einem sonstigen *Unterzeichner* oder einem Verein oder einer anderen Mitgliedsorganisation der Mitgliedsorganisation eines *Unterzeichners* autorisiert oder organisiert werden, oder an *Wettkämpfen*, die von einer Profiliga oder einem internationalen oder nationalen Veranstalter autorisiert oder organisiert werden oder an jeglichen, staatlich geförderten Maßnahmen und Veranstaltungen des organisierten Spitzensports in Deutschland.

Ein *Athlet* oder eine andere *Person*, gegen den/die eine *Sperre* von mehr als 4 Jahren verhängt wurde, darf nach Ablauf von 4 Jahren der *Sperre* als *Athlet* an lokalen Sportveranstaltungen teilnehmen, die nicht von einem *Unterzeichner* des *Code* oder einer Mitgliedsorganisation des *Unterzeichners* des *Code* verboten sind oder seiner/ihrer Zuständigkeit unterliegen, und dies nur, sofern diese lokale Sportveranstaltung nicht auf einer Ebene stattfindet, auf der sich der *Athlet* oder die andere *Person* ansonsten direkt oder indirekt für die Teilnahme an einer nationalen Meisterschaft oder einer *internationalen Wettkampfveranstaltung* qualifizieren könnte (oder Punkte für eine derartige Qualifikation sammeln könnte), und der *Athlet* oder eine andere *Person* in keiner Form mit *Minderjährigen* zusammenarbeitet.

Ein *Athlet* oder eine andere *Person*, gegen den/die eine *Sperre* verhängt wurde, wird weiterhin *Dopingkontrollen* unterzogen.

[Kommentar zu Artikel 10.12.1: Wenn der nationale Sportfachverband des *Athleten* oder ein Mitgliedsverein des nationalen Sportfachverbands beispielsweise ein Trainingslager, eine Veranstaltung oder eine Übung organisiert, die staatlich gefördert ist, darf der gesperrte *Athlet* nicht daran teilnehmen. Ferner darf ein gesperrter *Athlet* nicht in einer Profiliga eines Nicht-*Unterzeichners* antreten (z.B. National Hockey League, National Basketball Association usw.) und auch nicht an einer *Wettkampfveranstaltung* teilnehmen, die von einem Veranstalter *internationaler* oder *nationaler Wettkampfveranstaltungen* organisiert wird, der den *Code* nicht unterzeichnet hat, ohne die in Artikel 10.12.2 genannten *Konsequenzen* zu tragen.

Der Begriff „sportliche Aktivitäten" umfasst beispielsweise auch sämtliche Verwaltungstätigkeiten wie die Tätigkeit als Funktionär, Direktor, Führungskraft, Angestellter oder Ehrenamtlicher der in diesem Artikel beschriebenen *Organisation*. Sanktionen in einer Sportart werden auch von anderen Sportarten anerkannt (siehe Artikel 18.5.1 Gegenseitige Anerkennung).]

10.12.2 Rückkehr ins Training

Abweichend von Artikel 10.12.1 kann ein *Athlet* vor Ablauf der *Sperre* ins Mannschaftstraining zurückkehren oder die Sportstätten eines Vereins oder einer anderen Mitgliedsorganisation der Mitgliedsorganisation eines *Unterzeichners* nutzen:

(1) in den letzten beiden Monaten der *Sperre* des *Athleten* oder

(2) im letzten Viertel der verhängten *Sperre*,

je nachdem, welcher Zeitraum kürzer ist.

[Kommentar zu Artikel 10.12.2: In vielen *Mannschaftssportarten* und einigen *Einzelsportarten* (z.B. Skispringen und Turnen) kann ein *Athlet* nicht effektiv allein trainieren, um am Ende seiner *Sperre* für Wettkämpfe vorbereitet zu sein. Während der in diesem Artikel beschriebenen vorzeitigen Rückkehr ins Training darf ein gesperrter *Athlet* nicht an *Wettkämpfen* teilnehmen oder anderen sportlichen Aktivitäten gemäß Artikel 10.12.1 als dem Training nachgehen.]

10.12.3 Verstoß gegen das Teilnahmeverbot während der *Sperre*

Wenn ein *Athlet* oder eine andere *Person*, gegen den/die eine *Sperre* verhängt wurde, während der *Sperre* gegen das Teilnahmeverbot gemäß Artikel 10.12.1 verstößt, werden die Ergebnisse dieser Teilnahme *annulliert*, und eine neue *Sperre*, deren Dauer der ursprünglich festgelegten *Sperre* entspricht, wird auf das Ende der ursprünglich festgelegten *Sperre* hinzugerechnet.

Diese erneute *Sperre* kann je nach Grad des *Verschuldens* des *Athleten* oder einer anderen *Person* angepasst werden. Die Entscheidung darüber, ob ein *Athlet* oder eine andere *Person* gegen das Teilnahmeverbot verstoßen hat, und ob eine Anpassung angemessen ist, trifft die *NADA*. Gegen diese Entscheidung kann ein Rechtsbehelf gemäß Artikel 13 eingelegt werden.

Wenn ein *Athletenbetreuer* oder eine andere *Person* eine *Person* bei dem Verstoß gegen das Teilnahmeverbot während einer *Sperre* unterstützt, verhängt die *NADA* für diesen *Athletenbetreuer* oder die andere *Person* Sanktionen wegen eines Verstoßes gegen Artikel 2.9.

10.12.4 Einbehalten finanzieller Unterstützung während einer *Sperre*

Darüber hinaus wird bei einem Verstoß gegen Anti-Doping-Bestimmungen, der nicht mit einer herabgesetzten Sanktion gemäß Artikel 10.4 oder 10.5 bestraft wurde, die im Zusammenhang mit dem Sport stehende finanzielle Unterstützung oder andere sportbezogene Leistungen, welche die *Person* von den Nationalen Sportfachverbänden, dem Staat oder sonstigen Institutionen zur Sportförderung, erhält, teilweise oder gänzlich einbehalten.

[Kommentar zu Artikel 10.12.4: Gilt ebenfalls für *Anti-Doping-Organisation*, die den *NADC* angenommen haben, jedoch nicht einer der in diesem Artikel genannten Gruppen unterfällt.]

10.13 Veröffentlichung einer Sanktion
Die Veröffentlichung gemäß Artikel 14.3 ist zwingender Bestandteil jeder Sanktion.

[Kommentar zu Artikel 10: Die Harmonisierung von Sanktionen ist eine der am meisten diskutierten Fragen im Bereich der Dopingbekämpfung. Harmonisierung bedeutet, dass dieselben Regeln und Kriterien angewandt werden, um die individuellen Fakten jedes Falls zu bewerten. Die Argumente gegen eine Harmonisierung von Sanktionen basieren auf den Unterschieden zwischen Sportarten, einschließlich der folgenden: bei einigen Sportarten sind die *Athleten* Profisportler, die mit dem Sport ein beträchtliches Einkommen erzielen, bei anderen Sportarten handelt es sich um Amateure; bei den Sportarten, in denen die Laufbahn eines *Athleten* kurz ist, hat eine 2-jährige *Sperre* viel schwerwiegendere Auswirkungen als in Sportarten, in denen sich die Laufbahn üblicherweise über einen längeren Zeitraum erstreckt. Ein vorrangiges Argument für die Harmonisierung ist, dass es schlichtweg nicht richtig ist, dass gegen zwei *Athleten* aus demselben Land, deren *Dopingkontrollen* im Hinblick auf dieselbe *verbotene Substanz* „positiv" waren, unter ähnlichen Umständen unterschiedliche Sanktionen verhängt werden, nur weil sie verschiedene Sportarten ausüben. Darüber hinaus ist ein flexibler Sanktionsrahmen oft als nicht hinnehmbare Möglichkeit für einige Sportorganisationen gesehen worden, nachsichtiger mit „Dopingsündern" umzugehen. Die fehlende Harmonisierung von Sanktionen hat auch häufig zu juristischen Auseinandersetzungen zwischen internationalen Sportfachverbänden und nationalen Sportfachverbänden oder der *NADA* geführt.]

Artikel 11 *Konsequenzen* für Mannschaften

11.1 *Dopingkontrollen* bei *Mannschaftssportarten*
Wenn mehr als ein Mitglied einer Mannschaft in einer *Mannschaftssportart* über einen Verstoß gegen Anti-Doping-Bestimmungen in Verbindung mit dieser *Wettkampfveranstaltung* Mitteilung gemäß Artikel 7 erhalten hat, veranlasst der Wettkampfveranstalter während der Dauer der *Wettkampfveranstaltung* geeignete *Zielkontrollen* bei der Mannschaft.

11.2 *Konsequenzen* bei *Mannschaftssportarten*
Wenn bei mehr als zwei Mitgliedern einer Mannschaft in einer *Mannschaftssportart* während der Dauer einer *Wettkampfveranstaltung* ein Verstoß gegen Anti-Doping-Bestimmungen festgestellt wurde, verhängt der Wettkampfveranstalter zusätzlich zu den *Konsequenzen*, die für einzelne *Athleten* festgelegt wurden, die gegen Anti-Doping-Bestimmungen verstoßen haben, eine angemessene Sanktion gegen die Mannschaft (beispielsweise Punktverlust, *Disqualifizierung* vom *Wettkampf* oder der *Wettkampfveranstaltung*, oder eine sonstige Sanktion).

11.3 Wettkampfveranstalter können strengere *Konsequenzen* für *Mannschaftssportarten* festlegen.
Es bleibt dem Wettkampfveranstalter unbenommen, Regeln für die *Wettkampfveranstaltung* festzulegen, die strengere *Konsequenzen* für *Mannschaftssportarten* vorsehen als die, die gemäß Artikel 11.2 für *Wettkampfveranstaltungen* vorgegeben sind.

[Kommentar zu Artikel 11.3: Beispielsweise könnte das Internationale Olympische Komitee Regeln aufstellen, nach denen eine *Mannschaft* bereits bei einer geringeren Anzahl von Verstößen gegen Anti-Doping-Bestimmungen während der Olympischen Spiele von diesen ausgeschlossen wird.]

Artikel 12 *Disziplinarverfahren*

12.1 Allgemeines

12.1.1 Kommt die *NADA* nach Durchführung des Ergebnismanagements zu dem Ergebnis, dass ein Verstoß gegen Anti-Doping-Bestimmungen des *Athleten* oder der anderen *Person* nicht auszuschließen ist, leitet sie bei dem *Deutschen Sportschiedsgericht* ein *Disziplinarverfahren* ein.

Stellt die *NADA* bei Durchführung des Ergebnismanagements fest, dass mit dem *Athleten* keine Schiedsvereinbarung getroffen wurde, bemüht sich die FN nachträglich eine derartige Schiedsvereinbarung einzuholen.

Ist der *Athlet* nicht dazu bereit, eine solche Schiedsvereinbarung nachträglich abzuschließen, übergibt die *NADA* den Sachverhalt einschließlich aller Dokumente an die FN zur Durchführung eines *Disziplinarverfahrens.* In diesem Fall ist nach § 15 Ziff. 5 FN-Satzung die Disziplinarkommission das zuständige *Disziplinarorgan* für die Durchführung des *Disziplinarverfahrens.*

Die FN informiert die *NADA* über die Einleitung und das Ergebnis eines *Disziplinarverfahrens* oder über die Gründe, warum ein solches nicht eingeleitet oder eingestellt wurde. Auf Anfrage der *NADA* gibt die FN ihr über den aktuellen Stand des *Disziplinarverfahrens* Auskunft. Die *NADA* hat das Recht, einer mündlichen Verhandlung beizuwohnen.

Leitet die Disziplinarkommission der FN ein *Disziplinarverfahren* nicht innerhalb von 2 Monaten nach Zugang der Dokumente ein, ist die *NADA* befugt, selbst ein *Disziplinarverfahren* bei der zuständigen Disziplinarkommission der FN einzuleiten oder die Rechtmäßigkeit der Nichteinleitung des *Disziplinarverfahrens* durch die FN vor dem *Deutschen Sportschiedsgericht* überprüfen zu lassen.

Wird das *Deutsche Sportschiedsgericht* mit der Überprüfung der Rechtmäßigkeit befasst und stellt fest, dass eine Verfahrenseinleitung zu Unrecht unterblieben ist, leitet die FN in Anerkennung des Schiedsspruchs das Disziplinarkommission bei der Anti-Doping-Kommission der FN ein.

Wird das *Disziplinarverfahren* von der FN durchgeführt, so gelten die Verfahrensgrundsätze der LPO sowie der Disziplinarordnung FN Bereich Sport. Die Normen dieser Anti-Doping-Ordnung gelten entsprechend. Die folgenden Absätze dieses Artikels finden keine Anwendung.

12.1.2 Die *NADA* wird selbst Partei des *Disziplinarverfahrens.*

12.1.3 Zuständiges *Disziplinarorgan* für die Durchführung des *Disziplinarverfahrens* ist entsprechend der Schiedsvereinbarung zwischen dem *Athleten* oder der anderen *Person* und der FN das *Deutsche Sportschiedsgericht* als Erstinstanz.

Behauptete Verstöße gegen Anti-Doping-Bestimmungen können mit Zustimmung des betroffenen *Athleten*, der *NADA*, der *WADA* und jeder anderen *Organisation*, die das Recht hat, einen Rechtsbehelf gegen eine erstinstanzliche

Entscheidung vor dem *CAS* einzulegen, direkt vor dem *CAS* verhandelt werden, ohne dass es eines vorherigen *Disziplinarverfahrens* gemäß Artikel 12.1.1 bedarf.

[Kommentar zu Artikel 12.1.3: In einigen Fällen können für ein erstinstanzliches *Disziplinarverfahren* auf internationaler oder nationaler Ebene, gefolgt von einer weiteren Instanz vor dem *CAS* erhebliche Kosten entstehen. Sind alle in Artikel 12.1.3 Absatz 2 genannten Parteien überzeugt, dass ihre Interessen in einer einzigen Instanz angemessen gewahrt werden, ist es nicht nötig, dass für den *Athleten* oder die *Anti-Doping-Organisationen* Kosten für zwei Instanzen anfallen. Eine *Organisation*, die an dem *Disziplinarverfahren* vor dem *CAS* als Partei oder Beobachter teilnehmen möchte, kann ihre Zustimmung zu einem *Disziplinarverfahren* unmittelbar vor dem *CAS* davon abhängig machen, dass ihr dieses Recht zugestanden wird.]

12.2 Verfahrensgrundsätze

12.2.1 Das *Disziplinarverfahren* wird nach der Verfahrensordnung des *Deutschen Sportschiedsgerichts* durchgeführt.

12.2.2 Insbesondere sind die folgenden Verfahrensgrundsätze zu beachten:

(a) eine zügige Durchführung des Verfahrens;
(b) eine Besetzung des *Disziplinarorgans* mit fairen und unparteilichen *Personen*;
(c) das Recht, sich anwaltlich vertreten zu lassen;
(d) das Recht, über den behaupteten Verstoß gegen Anti-Doping-Bestimmungen angemessen und rechtzeitig informiert zu werden;
(e) das Recht, zu dem Vorwurf des Verstoßes gegen Anti-Doping-Bestimmungen und den sich daraus ergebenden *Konsequenzen* Stellung zu nehmen;
(f) das Recht jeder Partei, Beweismittel vorzubringen, einschließlich des Rechts, Zeugen zu stellen und zu befragen. Dabei können auch telefonische Zeugenaussagen oder schriftliche Beweismittel zugelassen werden;
(g) das Recht auf Hinzuziehung eines Dolmetschers;
(h) eine rechtzeitige, schriftliche und begründete Entscheidung, die insbesondere die Gründe für eine ggf. verhängte *Sperre* erläutert.

12.3 Absehen von einer mündlichen Verhandlung

Das *Deutsche Sportschiedsgericht* als *Disziplinarorgan* kann von einer mündlichen Verhandlung absehen und eine Entscheidung auf der Grundlage eines schriftlichen Verfahrens treffen, wenn der *Athlet* oder die andere *Person*, dem/der ein Verstoß gegen Anti-Doping-Bestimmungen vorgeworfen wird, hierzu gegenüber dem *Deutschen Sportschiedsgericht* schriftlich sein/ihr Einverständnis erklärt hat. Die abschließende Entscheidung über das Absehen von einer mündlichen Verhandlung trifft der Vorsitzende des *Deutschen Sportschiedsgerichts*.

Hat der *Athlet* oder die andere *Person*, dem/der ein Verstoß gegen Anti-Doping-Bestimmungen vorgeworfen wird, einen Verstoß gegen Anti-Doping-Bestimmungen gestanden, kann im Wege des schriftlichen Verfahrens ohne Einverständnis des *Athleten* oder der anderen *Person* entschieden werden.

Ein Absehen von einer mündlichen Verhandlung ist im Falle der Säumnis unter den Voraussetzungen des Artikels 12.4 möglich, wenn der *Athlet* oder die andere *Person*, dem/der ein Verstoß gegen Anti-Doping-Bestimmungen vorgeworfen wird, in der Aufforderung zur Stellungnahme und in der Ladung auf die Folgen seiner/ihrer Säumnis hingewiesen wurde.

12.4 Säumnis

Säumig ist ein *Athlet* oder eine andere *Person*, der/die trotz ordnungsgemäßer Ladung und eines entsprechenden Hinweises auf diese Folge der Säumnis zu einer mündlichen Verhandlung nicht erscheint oder es unterlässt, sich innerhalb der vom *Deutschen Sportschiedsgericht* bestimmten Frist zu äußern oder Beweismittel vorzulegen.

Wird die Säumnis nach Überzeugung des *Deutschen Sportschiedsgerichts* genügend entschuldigt, bleibt sie außer Betracht.

Im Falle einer Säumnis kann eine Entscheidung im schriftlichen Verfahren auf Grundlage der dem *Deutschen Sportschiedsgericht* zum vorgesehenen Zeitpunkt der mündlichen Verhandlung vorliegenden Tatsachen ergehen.

Artikel 13 Rechtsbehelfe

13.1 Anfechtbare Entscheidungen

Gegen Entscheidungen, die durch das *Deutsche Sportschiedsgericht* auf Grundlage dieser Anti-Doping-Bestimmungen ergehen, können Rechtsbehelfe gemäß den Bestimmungen der Artikel 13.2 bis 13.4 beim *CAS* eingelegt werden. Diese Entscheidungen bleiben während des Rechtsbehelfsverfahrens in Kraft, es sei denn, der *CAS* bestimmt etwas anderes. Bevor ein Rechtsbehelfsverfahren gemäß diesem Artikel eingeleitet wird, müssen sämtliche nach den Bestimmungen des *NADC* in seiner jeweils aktuellen Fassung verfügbaren Entscheidungsüberprüfungsinstanzen ausgeschöpft werden, sofern diese im Einklang mit den Grundsätzen des Artikels 13.2.2 stehen. Dies gilt nicht in den Fällen des Artikels 13.1.3. Wird das *Disziplinarverfahren* gemäß Art. 12.1.1 von der FN durchgeführt, so gelten für das Rechtsbehelfsverfahren die Verfahrensgrundsätze der LPO. In diesem Fall ist nach § 22 Ziff. 2 FN-Satzung das Große *Schiedsgericht* der FN das zuständige Organ für die Durchführung des Rechtsbehelfsverfahrens. Die folgenden Absätze dieses Artikels finden dann keine Anwendung.

13.1.1 Uneingeschränkter Prüfungsumfang

Der Prüfungsumfang im Rechtsbehelfsverfahren umfasst alle für den Fall relevanten Tatsachen und ist ausdrücklich nicht beschränkt auf die Tatsachen oder den Prüfungsumfang des erstinstanzlichen *Disziplinarorgans*.

13.1.2 *CAS* nicht an die vorinstanzlichen Feststellungen gebunden

Bei seiner Entscheidungsfindung ist der *CAS* nicht an die rechtlichen Erwägungen des *Deutschen Sportschiedsgerichts*, gegen dessen Entscheidung Rechtsbehelf eingelegt wurde, gebunden.

[Kommentar zu Artikel 13.1.2: Der *CAS* führt ein de novo-Verfahren durch. Vorangegangene Instanzen haben daher weder Auswirkungen auf Art und Umfang der Beweismittel noch haben sie Bedeutung für das Verfahren vor dem *CAS*.]

13.1.3 *WADA* nicht zur Ausschöpfung interner Rechtsmittel verpflichtet
Hat die *WADA* ein Rechtsbehelfsrecht gemäß Artikel 13 und keine Partei hat Rechtsbehelf gegen die Entscheidung des *Disziplinarorgans* eingelegt, kann die *WADA* gegen diese Entscheidung beim *CAS* Rechtsbehelf einlegen.

[Kommentar zu Artikel 13.1.3: Wenn gegen eine Entscheidung des *Disziplinarorgans* keine Partei ein nach der entsprechenden Verfahrensordnung der *Organisation* vorgesehenes internes Rechtsmittel einlegt, kann die *WADA* die verbleibenden Schritte des internen Verfahrens der *Organisation* überspringen und direkt Rechtsbehelf beim *CAS* einlegen.]

13.2 Rechtsbehelfe gegen Entscheidungen über Verstöße gegen Anti-Doping-Bestimmungen, *Konsequenzen, vorläufige Suspendierungen* Anerkennung von Entscheidungen und Zuständigkeit
Gegen folgende Entscheidungen dürfen ausschließlich Rechtsbehelfe entsprechend den Vorgaben der Artikel 13.2 bis 13.4 eingelegt werden:

(a) Die Entscheidung, dass ein Verstoß gegen Anti-Doping-Bestimmungen vorliegt, welche *Konsequenzen* oder nicht ein solcher nach sich zieht oder dass kein Verstoß gegen Anti-Doping-Bestimmungen vorliegt
(b) Die Entscheidung, dass ein Verfahren wegen eines Verstoßes gegen Anti-Doping-Bestimmungen aus verfahrensrechtlichen Gründen nicht fortgeführt werden kann (beispielsweise Verjährung)
(c) Eine Entscheidung der *WADA* oder *NADA*, dass keine Ausnahme von der 6-monatigen Zugehörigkeit des *Athleten* zum *Testpool* der *NADA* als Voraussetzung für die Teilnahme an *Wettkämpfen* gemäß Artikel 5.7.2 erteilt wird
(d) Eine Entscheidung der *WADA* über die Zuständigkeit für die Durchführung des Ergebnismanagement- und *Disziplinarverfahrens* gemäß Artikel 7.1.4
(e) Die Entscheidung einer *Organisation*, dass ein *von der Norm abweichendes Analyseergebnis* oder ein *atypisches Analyseergebnis* keinen Verstoß gegen Anti-Doping-Bestimmungen darstellt oder dass nach Ermittlungen gemäß Artikel 7.6 kein Verstoß gegen Anti-Doping-Bestimmungen vorliegt
(f) Eine Entscheidung über die Verhängung einer *vorläufigen Suspendierung*, die aufgrund einer *vorläufigen Anhörung* ergangen ist
(g) Die Nichteinhaltung der Voraussetzungen von Artikel 7.9 durch eine *Organisation*
(h) Eine Entscheidung, dass eine *Organisation* nicht zuständig ist, über einen vorgeworfenen Verstoß gegen Anti-Doping-Bestimmungen oder dessen *Konsequenzen* zu entscheiden
(i) Eine Entscheidung, eine *Sperre* gemäß Artikel 10.6.1 auszusetzen oder nicht auszusetzen oder eine ausgesetzte *Sperre* wieder in Kraft zu setzen oder nicht wieder in Kraft zu setzen
(j) Eine Entscheidung gemäß Artikel 10.12.3
(k) Eine Entscheidung einer *Organisation*, die Entscheidung einer anderen *Anti-Doping-Organisation* nicht gemäß Artikel 18.5 anzuerkennen

13.2.1 Rechtsbehelfe gegen Entscheidungen, die *Athleten* eines internationalen *Testpools* oder *internationale Wettkampfveranstaltungen* betreffen
In Fällen, die aufgrund einer Teilnahme an einer *internationalen Wettkampfveranstaltung* entstehen, oder in Fällen, die *Athleten* eines internationalen *Testpools* betreffen, können Rechtsbehelfe gegen Entscheidungen letztinstanzlich ausschließlich vor dem *CAS* eingelegt werden.

[Kommentar zu Artikel 13.2.1: Die Entscheidungen des *CAS* sind endgültig und verbindlich, mit Ausnahme einer Überprüfung, die nach dem Recht erforderlich ist, das auf die Aufhebung oder Vollstreckung von Schiedssprüchen Anwendung findet.]

13.2.2 Rechtsbehelfe gegen Entscheidungen, die andere *Athleten* oder andere *Personen* betreffen
Andere *Athleten* oder andere *Personen* können Rechtsbehelfe gegen Entscheidungen beim *CAS* als Rechtsmittelinstanz einlegen.
Das Rechtsbehelfsverfahren wird nach der Verfahrensordnung des *Deutschen Sportschiedsgerichts* durchgeführt.
Ungeachtet dessen sind die Verfahrensgrundsätze im Sinne des Artikels 12.2.2 zu beachten.
Die (erstinstanzlichen) Entscheidungen, die dem *Athleten* oder der anderen *Person* von dem *Disziplinarorgan* übermittelt worden sind, sind allen *Organisationen* mit Rechtsmittelbefugnis gemäß Artikel 13.2.3 zur Verfügung zu stellen.

13.2.3 Rechtsbehelfsbefugnis

13.2.3.1 In Fällen des Artikel 13.2.1 sind folgende Parteien berechtigt, vor dem *CAS* Rechtsbehelf einzulegen:
(a) der *Athlet* oder die andere *Person*, gegen den/die sich die Entscheidung richtet, gegen die der Rechtsbehelf eingelegt wird;
(b) die andere Partei des Verfahrens, in dem die Entscheidung ergangen ist;
(c) der jeweilige Internationale Sportfachverband;
(d) die *NADA* und falls abweichend die *Nationale-Anti-Doping-Organisation* des Landes, in dem der *Athlet* seinen Wohnsitz hat, dessen Staatsbürger er ist oder in dem ihm eine Lizenz ausgestellt wurde;
(e) das Internationale Olympische Komitee oder das Internationale Paralympische Komitee, wenn die Entscheidung Auswirkungen auf die Olympischen oder Paralympischen Spiele haben könnte, einschließlich Entscheidungen, die das Recht zur Teilnahme an Olympischen oder Paralympischen Spielen betreffen;
(f) die *WADA*.

13.2.3.2 In Fällen des Artikels 13.2.2 sind folgende Parteien berechtigt, beim *Deutschen Sportschiedsgericht* als Rechtsmittelinstanz oder dem *CAS* Rechtsbehelf einzulegen:
(a) der *Athlet* oder die andere *Person*, gegen den/die sich die Entscheidung richtet, gegen die der Rechtsbehelf eingelegt wird;
(b) die andere Partei des Verfahrens, in dem die Entscheidung ergangen ist;
(c) die FEI;

(d) die *NADA* und falls abweichend die *nationale Organisation* des Landes, in dem der *Athlet* seinen Wohnsitz hat, dessen Staatsbürger er ist oder in dem ihm eine Lizenz ausgestellt wurde;

(e) das Internationale Olympische Komitee oder das Internationale Paralympische Komitee, wenn die Entscheidung Auswirkungen auf die Olympischen oder Paralympischen Spiele haben könnte, einschließlich Entscheidungen, die das Recht zur Teilnahme an Olympischen oder Paralympischen Spielen betreffen;

(f) die *WADA*.

Gegen die Entscheidung des *Deutschen Sportschiedsgerichts* oder des zuständigen *Schiedsgerichts* sind die *WADA*, das Internationale Olympische Komitee, das Internationale Paralympische Komitee, die *NADA* und der jeweilige Internationale Sportfachverband auch dazu berechtigt, Rechtsbehelfe vor dem *CAS* einzulegen. Jede Partei, die einen Rechtsbehelf einlegt, hat Anspruch auf Unterstützung durch den *CAS*, um alle notwendigen Informationen von der *NADA* oder der sonst für das Ergebnismanagement zuständigen *Organisation* zu erhalten; die Informationen sind zur Verfügung zu stellen, wenn der *CAS* dies anordnet.

13.2.3.3 Die Frist für das Einlegen eines Rechtsbehelfs richtet sich nach dem anwendbaren *CAS-Code* und beginnt mit dem Zeitpunkt des Zugangs der Entscheidung beim jeweiligen Rechtsbehelfsbefugten. Ungeachtet dessen beträgt die Frist zum Einlegen eines Rechtsbehelfs oder das Einschreiten der *WADA*, je nachdem, welches Ereignis später eintritt:

(a) 21 Tage nach dem letzten Tag, an dem eine andere Partei in diesem Fall einen Rechtbehelf hätte einlegen können, oder

(b) 21 Tage, nachdem die *WADA* die vollständige Akte zu dieser Entscheidung erhalten hat.

13.2.3.4 Ungeachtet sonstiger Bestimmungen des *NADC* kann ein Rechtsbehelf gegen eine *vorläufige Suspendierung* nur von dem *Athleten* oder der anderen *Person* eingelegt werden, gegen den/die die *vorläufige Suspendierung* verhängt wurde.

13.2.4 Anschlussberufungen und andere nachfolgende Berufungen

Anschlussberufungen und andere nachfolgende Berufungen durch Beklagte in Fällen, die vor dem *CAS* verhandelt werden, sind ausdrücklich zulässig. Eine Anschlussberufung oder nachfolgende Berufung muss spätestens mit der Berufungserwiderung der Partei, die gemäß Artikel 13 befugt ist, Rechtbehelf einzulegen, erfolgen.

[Kommentar zu Artikel 13.2.4: Diese Bestimmung ist notwendig, weil die Vorschriften des *CAS* einem *Athleten* seit 2011 nicht mehr erlauben, eine Anschlussberufung einzulegen, wenn eine *Organisation* eine Entscheidung anficht, nachdem die Frist des *Athleten* für das Einlegen eines Rechtsbehelfs abgelaufen ist. Diese Bestimmung ermöglicht allen Parteien ein ordnungsgemäßes *Disziplinarverfahren*.]

13.3 Keine rechtzeitige Entscheidung des *Disziplinarorgans*

Versäumt das *Deutsche Sportschiedsgericht* in einem Einzelfall, innerhalb einer angemessenen, von der *WADA* festgelegten Frist, eine Entscheidung darüber zu treffen, ob ein Verstoß gegen die Anti-Doping-Bestimmungen vorliegt, kann die *WADA* Rechtsmittel unmittelbar beim *CAS* einlegen, so als ob das *Deutsche Sportschiedsgericht* entschieden hätte, dass kein Verstoß gegen Anti-Doping-Bestimmungen vorliegt.

Stellt der *CAS* fest, dass ein Verstoß gegen Anti-Doping-Bestimmungen vorliegt und das Vorgehen der *WADA*, unmittelbar beim *CAS* Rechtsbehelf einzulegen, angemessen war, werden der *WADA* ihre durch das Rechtsbehelfsverfahren entstandenen Kosten sowie Anwaltshonorare von der *NADA* zurückerstattet.

[Kommentar zu Artikel 13.3: Aufgrund der unterschiedlichen Umstände jeder Untersuchung eines Verstoßes gegen Anti-Doping-Bestimmungen und jedes Ergebnismanagementverfahrens kann kein fester Zeitraum bestimmt werden, in dem die *NADA* eine Entscheidung zu treffen hat, bevor die *WADA* eingreifen kann, indem sie direkt Rechtsbehelf beim *CAS* einlegt. Bevor sie eine solche Maßnahme ergreift, tritt die *WADA* jedoch mit der *NADA* in Verbindung und gibt dieser die Möglichkeit zu erklären, warum noch keine Entscheidung getroffen wurde.

Dieser Artikel hindert internationale Sportfachverbände nicht daran, eigene Regeln aufzustellen, die ihnen erlauben, sich in Fällen für zuständig zu erklären, in denen das Ergebnismanagement eines nationalen Sportfachverbandes unangemessen verzögert wurde.]

13.4 Rechtsbehelfe bezüglich *medizinischer Ausnahmegenehmigungen*

Entscheidungen über *medizinische Ausnahmegenehmigungen* können wie folgt angefochten werden:

(a) Gegen Entscheidungen der *NADA* über die Ablehnung einer *medizinischen Ausnahmegenehmigung* können *Athleten* auf nationaler Ebene Rechtsbehelf ausschließlich beim *Deutschen Sportschiedsgericht* einlegen.

(b) Gegen Entscheidungen eines *Veranstalters großer Sportwettkämpfe* eine *medizinische Ausnahmegenehmigung* nicht anzuerkennen oder auszustellen, kann der *Athlet* ausschließlich bei einer unabhängigen Beschwerdeinstanz Rechtsbehelf einlegen, die der *Veranstalter großer Sportwettkämpfe* für diesen Zweck eingerichtet oder einberufen hat.

(c) Gegen Entscheidungen eines internationalen Sportfachverbandes (oder einer nationalen *Organisation*, die den Antrag auf Erteilung einer *medizinischen Ausnahmegenehmigung* im Auftrag eines internationalen Sportfachverbandes bearbeitet) über eine *medizinischen Ausnahmegenehmigung*, die nicht von der *WADA* geprüft wurde oder die von der *WADA* geprüft, aber nicht aufgehoben wurde, kann der *Athlet* und/oder die *NADA* ausschließlich vor dem *CAS* Rechtsbehelf einlegen.

[Kommentar zu Artikel 13.4: Die Frist für die Anfechtung der Entscheidung, die *medizinische Ausnahmegenehmigung* nicht zu überprüfen oder nicht aufzuheben, beginnt erst zu dem Zeitpunkt, an dem die *WADA* ihre Entscheidung verkündet.]

(d) Gegen eine Entscheidung der *WADA*, eine Entscheidung über *medizinische Ausnahmegenehmigungen* aufzuheben, kann der *Athlet*, die *NADA* und/oder

der betroffene internationale Sportfachverband ausschließlich vor dem *CAS* Rechtsbehelf einlegen.

Der *Standard* für *medizinische Ausnahmegenehmigungen* gilt entsprechend.

13.5 Benachrichtigung über Entscheidungen im Rechtsbehelfsverfahren

Die *NADA*, die Partei in einem Rechtsbehelfsverfahren ist, benachrichtigt den *Athleten* oder eine andere *Person* und die anderen *Organisationen*, die Rechtsbehelfe gemäß Artikel 13.2.3 hätten einlegen dürfen, gemäß Artikel 14.1 über die ergangene Entscheidung.

Artikel 14 Information und Vertaulichkeit

14.1 Information anderer *Organisationen*

14.1.1 *Organisationen* sind über ihre im *NADC* festgelegten Informationspflichten hinaus berechtigt, sich gegenseitig sowie die *WADA* über mögliche und tatsächliche Verstöße gegen Anti-Doping-Bestimmungen durch *Athleten* oder andere *Personen* und die Ergebnisse des Ergebnismanagements und des *Disziplinarverfahrens* zu informieren.

14.1.2 Entscheidungen über Verstöße gegen Anti-Doping-Bestimmungen gemäß Artikel 7.11, 10.4, 10.5, 10.6 oder 13.5 müssen umfassend begründet sein, soweit einschlägig einschließlich einer Begründung dafür, weshalb nicht die höchstmögliche Sanktion verhängt wurde. Liegt die Entscheidung nicht auf Englisch oder Französisch vor, stellt die *Organisation* eine englische oder französische Kurzzusammenfassung der Entscheidung einschließlich der Begründung zur Verfügung.

14.1.3 Eine *Organisation*, die das Recht hat, einen Rechtsbehelf einzulegen, kann innerhalb von 15 Tagen nach Erhalt der Entscheidung eine Kopie aller Unterlagen zu der Entscheidung anfordern.

14.2 Meldung staatlicher Ermittlungsbehörden

Die *NADA* ist nach Ausübung pflichtgemäßen Ermessens befugt, soweit ein Verstoß gegen das Strafgesetzbuch, das Arzneimittel- bzw. Betäubungsmittelgesetz aufgrund Vorliegens eines *von der Norm abweichenden Analyseergebnisses* oder eines anderen möglichen Verstoßes gegen Anti-Doping-Bestimmungen nicht auszuschließen ist, noch vor Mitteilung gemäß Artikel 7.2.2 den Namen des betroffenen *Athleten*, seinen gewöhnlichen Aufenthaltsort, die Substanz, die zu dem *von der Norm abweichenden Analyseergebnis* geführt hat oder die Art des anderen möglichen Verstoßes gegen Anti-Doping-Bestimmungen sowie weitere relevante Informationen der zuständigen Staatsanwaltschaft oder dem Bundeskriminalamt zu melden.

Ungeachtet dessen hat die *NADA* die Verpflichtung, bei aufgrund von Hinweisen von *Athleten*, *Athletenbetreuern* oder anderen *Personen* begründetem Verdacht auf einen Verstoß gegen das Arznei- oder Betäubungsmittelgesetz oder das Strafgesetzbuch die jeweilige *Person* zur Anzeige zu bringen.

14.3 Information der Öffentlichkeit

14.3.1 Die Identität eines *Athleten* oder einer *Person*, dem/der von einer *Anti-Doping-Organisation* vorgeworfen wird, gegen Anti-Doping-Bestimmungen verstoßen zu haben, darf von *NADA* nur offengelegt werden, nachdem der *Athlet* oder die andere *Person* gemäß Artikel 7.3 bis 7.7, die FN, die FEI und gleichzeitig die *WADA* benachrichtigt wurden.

14.3.2 20 Tage nach Rechtskraft der Entscheidung, dass ein Verstoß gegen Anti-Doping-Bestimmungen vorliegt, soll die *NADA* die Entscheidung veröffentlichen und dabei insbesondere Angaben zur Sportart, zur verletzten Anti-Doping-Bestimmung, zum Namen des *Athleten* oder der anderen *Person*, der/die den Verstoß begangen hat, zur *verbotenen Substanz* oder zur *verbotenen Methode* sowie zu den *Konsequenzen* machen.

14.3.3 Wenn nach einem *Disziplinarverfahren* oder Rechtsbehelfsverfahren festgestellt wird, dass ein *Athlet* oder eine andere *Person* nicht gegen Anti-Doping-Bestimmungen verstoßen hat, darf die Entscheidung nur mit Zustimmung des *Athleten* oder einer anderen *Person* veröffentlicht werden, der/die von der Entscheidung betroffen ist. Die *NADA* unternimmt angemessene Anstrengungen, um diese Zustimmung zu erhalten und veröffentlicht die Entscheidung nach Erhalt der Zustimmung entweder ganz oder in einer von dem *Athleten* oder einer anderen *Person* gebilligten gekürzten Form.

14.3.4 Eine *Organisation* oder ein von der *WADA* akkreditiertes Labor darf öffentlich nicht zu Einzelheiten eines laufenden Verfahrens, mit Ausnahme von allgemeinen Beschreibungen verfahrenstechnischer, rechtlicher und wissenschaftlicher Natur, Stellung nehmen, es sei denn, dies geschieht in Reaktion auf öffentliche Stellungnahmen des *Athleten*, einer anderen *Person* oder ihrer Vertreter.

14.3.5 Die nach Artikel 14.3.2 an sich verpflichtende Veröffentlichung ist nicht zwingend, wenn der *Athlet* oder eine andere *Person*, der/die einen Verstoß gegen Anti-Doping-Bestimmungen begangenen hat, *minderjährig* ist. In Fällen, in denen ein *Minderjähriger* betroffen ist, kann die Veröffentlichung unter Berücksichtigung des Einzelfalls erfolgen und liegt im Ermessen des *Deutschen Sportschiedsgerichts* (gemäß Artikel 10.13).

14.4 Jahresbericht

Die *NADA* veröffentlicht mindestens einmal jährlich einen statistischen Bericht über ihre Dopingkontrollmaßnahmen sowie deren Ergebnisse und übermittelt diesen an die *WADA*.

14.5 Vertraulichkeit

Die *Personen* oder *Organisationen*, welche gemäß Artikel 14.1 und 14.2 benachrichtigt wurden, dürfen die Informationen erst dann veröffentlichen, wenn die *NADA* die Informationen veröffentlicht hat oder es versäumt hat, die Informationen gemäß der Bestimmungen des Artikels 14.3 zu veröffentlichen. Bis dahin sind die Informationen vertraulich zu behandeln.

14.6 Datenschutz

Die *NADA* darf *personenbezogene Daten* von *Athleten* und von anderen am *Dopingkontrollverfahren* beteiligten *Personen* erheben, verarbeiten oder nutzen, soweit dies zur Planung, Koordinierung, Durchführung, Auswertung und Nachbearbeitung von *Dopingkontrollen* und Zwecke einer effektiven Anti-Doping-Bekämpfung erforderlich ist.

Die *NADA* behandelt diese Daten vertraulich und stellt sicher, dass sie beim Umgang mit diesen Daten in Übereinstimmung mit geltendem nationalen Datenschutzrecht sowie dem *Standard* für Datenschutz handelt. Die Daten sind zu vernichten, sobald sie für diese Zwecke nicht mehr benötigt werden.

Artikel 15 Dopingprävention

15.1 Ziel der Dopingprävention

Ziel der Dopingprävention ist es, den Sportsgeist zu bewahren und zu verhindern, dass er durch Doping untergraben wird. Im Sinne des Fairplays und zum Schutz der körperlichen Unversehrtheit und Gesundheit sollen *Athleten* davor bewahrt werden, bewusst oder unbewusst *verbotene Substanzen* und *Methoden* anzuwenden.

15.2 Präventionsprogramme

Die *Anti-Doping-Organisationen* planen im Rahmen ihrer Möglichkeiten und Kompetenzen und in Zusammenarbeit miteinander Präventionsprogramme für einen dopingfreien Sport, setzen diese um, werten sie aus und überwachen sie. Durch diese Programme sollen *Athleten* oder andere *Personen* insbesondere die folgenden Informationen erhalten:

- *verbotene Substanzen* und *verbotene Methoden*, die auf der *Verbotsliste* geführt werden;
- Verstöße gegen die Anti-Doping-Bestimmungen;
- die Folgen von Doping, darunter Sanktionen sowie gesundheitliche und soziale Folgen;
- *Dopingkontrollverfahren*;
- Rechte und Pflichten der *Athleten* und *Athletenbetreuer*;
- *medizinische Ausnahmegenehmigungen*;
- Umgang mit Risiken von Nahrungsergänzungsmitteln;
- Schaden von Doping für den Sportsgeist.

15.3 Koordinierung und Zusammenarbeit

Anti-Doping-Organisationen, *Athleten* und andere *Personen* arbeiten zusammen, um ihre Bemühungen bei der Dopingprävention abzustimmen, Erfahrungen auszutauschen und sicherzustellen, dass Doping im Sport wirksam verhindert wird. Die FN bestellt einen Anti-Doping-Beauftragten und meldet diesen der *NADA*. Der Anti-Doping-Beauftragte ist Ansprechpartner für *Athleten* und die *NADA*.

Artikel 16 *Dopingkontrollverfahren* bei Tieren in sportlichen *Wettkämpfen*

16.1 Bei jeder Sportart, in der Tiere an *Wettkämpfen* teilnehmen, legt der Internationale Sportfachverband dieser Sportart für die Tiere, die an der jeweiligen Sportart beteiligt sind, Anti-Doping-Bestimmungen fest und setzt diese um. Die Anti-Doping-Bestimmungen beinhalten eine Liste *verbotener Substanzen*, ein geeignetes *Dopingkontrollverfahren* und eine Liste anerkannter Labore für die Analyse von Proben.

16.2 Hinsichtlich der Feststellung von Verstößen gegen Anti-Doping-Bestimmungen, des Ergebnismanagements, ordnungsgemäßer *Disziplinarverfahren*, der *Konsequenzen* und der Rechtsbehelfsverfahren bei Tieren im Sport legt der Internationale Sportfachverband dieser Sportart für die Tiere, die an der Sportart beteiligt sind, Regeln fest und setzt sie um, die im Allgemeinen mit den Artikeln 1, 2, 3, 9, 10, 11, 13 und 17 des *Code* übereinstimmen.

16.3 Es bleibt der *NADA* unbenommen, ein geeignetes *Dopingkontrollverfahren* für Tiere, die an sportlichen *Wettkämpfen* teilnehmen, einzurichten.

Artikel 17 Verjährung

Gegen einen *Athleten* oder eine andere *Person* kann nur dann ein Verfahren aufgrund eines Verstoßes gegen Anti-Doping-Bestimmungen gemäß dieser Anti-Doping-Bestimmungen oder nach dem *NADC* eingeleitet werden, wenn ihm/ihr innerhalb von 10 Jahren beginnend ab dem Zeitpunkt des möglichen Verstoßes der Verstoß gegen Anti-Doping-Bestimmungen gemäß Artikel 7 mitgeteilt wurde oder eine Mitteilung ernsthaft versucht wurde.

Artikel 18 Schlussbestimmungen

18.1 Diese Anti-Doping-Bestimmungen basieren auf dem *NADC* und wurden am 11.12.2018 von dem zuständigen Organ der FN beschlossen. Sie treten am **01.01.2019** in Kraft. Der *NADC* tritt am 1. Januar 2015 in Kraft. Er setzt den *Code* der *WADA* (Fassung 2015) für den Zuständigkeitsbereich der *NADA* um und ersetzt den bis zum 31. Dezember 2014 geltenden *NADC* (Version 2.0 Fassung 2010). Diese Anti-Doping-Bestimmungen setzen den *Code* und *NADC* für den Zuständigkeitsbereich der FN um und ersetzen die bis zum 15.10.2016 geltende ADO.

18.2 Die Begriffsbestimmungen, die Kommentare, die *Verbotsliste* sowie die *Standards* und *International Standards* sind Bestandteil dieser Anti-Doping-Bestimmungen und des *NADC* (abrufbar unter www.pferd-aktuell.de oder www.nada.de).

18.3 Die FN nimmt den *NADC* durch Zeichnung der *Vereinbarung über die Organisation und Durchführung von Dopingkontrollen* vom 20.12.2007 an. Die FN setzt den *NADC* sowie zukünftige Änderungen des *NADC* unverzüglich nach deren Inkrafttreten um. Die FN hat durch geeignete, insbesondere rechtliche und organisatorische Maßnahmen dafür Sorge zu tragen, dass eine Anpassung seiner entsprechenden Regelwerke an die geänderten Fassungen unverzüglich erfolgt und die ihnen angehörigen beziehungsweise nachgeordneten Verbände, Vereine, *Athleten* und sonstigen Beteiligten über die Änderungen informiert und daran gebunden werden.

18.4 Diese Anti-Doping-Bestimmungen sind ein unabhängiger und eigenständiger Text. Sofern nicht ausdrücklich anderweitig geregelt stellen sie keinen Verweis auf bestehendes Recht oder bestehende Satzungen und Ordnungen der FN dar. Bei Widersprüchen dieser Anti-Doping-Bestimmungen mit dem *NADC* gilt der *NADC*. In Zweifelsfragen sind die Kommentare und der *Code* in seiner englischen Originalfassung zur Auslegung heranzuziehen.

18.5 Anerkennung und Kollision

18.5.1 Gegenseitige Anerkennung

Vorbehaltlich des in Artikel 13 vorgesehenen Rechts zur Einlegung von Rechtsbehelfen werden *Dopingkontrollen*, die Entscheidungen von *Disziplinarorganen* oder andere endgültige Entscheidungen eines *Unterzeichners* des *Code*, der den *NADC* angenommen hat, die mit dem *Code* und dem *NADC* übereinstimmen und in der Zuständigkeit dieses *Unterzeichners* oder dieser *Anti-Doping-Organisation* liegen, von allen *Unterzeichnern* und allen *Organisationen*, die den *NADC* angenommen haben, anerkannt und beachtet.

Die *Unterzeichner* und *Organisationen*, die den *NADC* angenommen haben, erkennen dieselben Maßnahmen anderer *Organisationen* an, die den *Code* und den *NADC* nicht angenommen haben, wenn die Regeln dieser *Organisationen* mit dem *Code* und dem *NADC* übereinstimmen.

[Kommentar zu Artkel 18.5.1: In welchem Umfang die Entscheidungen anderer *Anti-Doping-Organisationen* zu *medizinischen Ausnahmegenehmigungen* anerkannt werden müssen, ist im *Standard* für *medizinische Ausnahmegenehmigungen* und im *International Standard* geregelt.]

Wenn die Entscheidung einer *Organisation*, die den *Code*/den *NADC* nicht angenommen hat, in einigen Punkten dem *Code*/dem *NADC* entspricht und in anderen Punkten nicht, sollten die *Organisationen* versuchen, die Entscheidung im Einklang mit den Grundsätzen des *Code*/des *NADC* anzuwenden.

Wenn beispielsweise ein *Nicht-Unterzeichner* in einem Verfahren, das dem *Code*/dem *NADC* entspricht, festgestellt hat, dass ein *Athlet* gegen Anti-Doping-Bestimmungen verstoßen hat, weil sich eine *verbotene Substanz* in seinem Körper befand, aber die verhängte *Sperre* kürzer ist als der im *Code*/im *NADC* festgelegte Zeitraum, dann sollte die Feststellung, dass ein Verstoß gegen Anti-Doping-Bestimmungen vorliegt, von allen *Unterzeichnern* anerkannt werden und die *Organisation* des *Athleten* sollte ein Verfahren gemäß den Verfahrensgrundsätzen des *Code*/des *NADC* durchführen, um festzustellen, ob die vom *Code*/vom *NADC* verlangte längere *Sperre* verhängt werden sollte.]

18.5.2 Kollision mit Regelwerken internationaler Sportfachverbände

Sollte eine Bestimmung des *NADC* oder dieser Anti-Doping-Bestimmungen mit dem für die FN verbindlichen Regelwerk ihres internationalen Sportfachverbandes unvereinbar sein, so gilt die entsprechende Bestimmung des internationalen Sportfachverbandes, soweit sie mit dem *Code* und den *International Standards* übereinstimmt und mit deutschem Recht vereinbar ist.

18.6 Rückwirkung und Anwendbarkeit

18.6.1 Der *Code*, der *NADC* und diese Anti-Doping-Bestimmungen finden mit Ausnahme der Artikel 10.7.5 und 17 keine rückwirkende Anwendung auf Angelegenheiten, die vor dem Tag der Annahme des *Code*, dieser Anti-Doping-Bestimmungen und des *NADC* und seiner Umsetzung in die Regelwerke durch die *Unterzeichner* oder *Organisationen* anhängig waren, wobei Artikel 17 nur rückwirkend angewendet wird, wenn die Verjährungsfrist am Tag des Inkrafttretens nicht bereits abgelaufen ist. Verstöße gegen Anti-Doping-Bestimmungen vor Annahme des *Code* und des *NADC* gelten jedoch zum Zweck der Strafbemessung nach Artikel 10 für Verstöße nach Annahme des *Code* und des *NADC* als Erstverstöße oder Zweitverstöße.

18.6.2 *Meldepflicht- und Kontrollversäumnisse*, die vor dem Tag des Inkrafttretens begangen wurden, bleiben – soweit noch nicht abgelaufen – gemäß dem *Standard* für *Meldepflichten* und dem *International Standard* für *Dopingkontrollen* und Ermittlungen bestehen, allerdings nur bis zum Ablauf von 12 Monaten nachdem sie jeweils entstanden sind.

18.6.3 Für ein *Disziplinarverfahren* wegen eines Verstoßes gegen Anti-Doping-Bestimmungen, das am Tag des Inkrafttretens des *NADC* anhängig ist und für ein *Disziplinarverfahren*, das ab dem Tag des Inkrafttretens eingeleitet wurde und einen Verstoß behandelt, der zuvor begangen wurde, gelten die Anti-Doping-Bestimmungen, die zu dem Zeitpunkt wirksam waren, zu dem der Verstoß gegen Anti-Doping-Bestimmungen begangen wurde, sofern im *Disziplinarverfahren* nicht festgelegt wird, dass auf dieses der Lex-Mitior-Grundsatz anzuwenden ist.

18.6.4 In Fällen, bei denen ein Verstoß gegen Anti-Doping-Bestimmungen vor dem Tag des Inkrafttretens endgültig festgestellt wurde, der *Athlet* oder die andere *Person* jedoch nach diesem Tag weiterhin eine *Sperre* verbüßt, kann der *Athlet* oder die andere *Person* bei der *Organisation*, die bei diesem Verstoß für das Ergebnismanagement zuständig war, eine Herabsetzung der *Sperre* unter Berücksichtigung des *Code* und des *NADC* aus dem Jahr 2015 beantragen. Dieser Antrag muss vor Ablauf der *Sperre* gestellt werden. Gegen die Entscheidung der *Organisation* können gemäß Artikel 13.2 Rechtsbehelfe eingelegt werden. Der *Code*, der *NADC* aus dem Jahr 2015 und diese Anti-Doping-Bestimmungen finden keine Anwendung auf Fälle, in denen ein Verstoß gegen Anti-Doping-Bestimmungen bereits endgültig festgestellt wurde und die *Sperre* bereits abgelaufen ist.

18.6.5 Zum Zwecke der Berechnung der *Sperre* für einen zweiten Verstoß gemäß Artikel 10.7.1 wird in Fällen, in denen die Sanktion für den Erstverstoß auf Bestimmungen vor Inkrafttretens des *Code* und des *NADC* 2015 beruht, die *Sperre* für einen Erstverstoß zugrunde gelegt, die verhängt worden wäre, hätte der *Code* und der *NADC* 2015 bereits gegolten.

[Kommentar zu Artikel 18.6.5: Abgesehen von dem in Artikel 25.3 (Anmerkung *NADA*: Dieser ist inhaltlich in Artikel 18.6.4 *NADC* umgesetzt) beschriebenen Fall, bei dem ein Verstoß gegen Anti-Doping-Bestimmungen vor Annahme des *Code*/des *NADC* oder nach Annahme des *Code*/des *NADC*, aber vor Inkrafttreten der Fassung des Jahres 2015, endgültig festgestellt und die *Sperre* vollständig verbüßt wurde, darf der *Code*/der *NADC* aus dem Jahr 2015 nicht zugrunde gelegt werden, um einen zuvor begangenen Verstoß neu zu bewerten.]

Anhang 1 Begriffsbestimmungen

ADAMS
Das „Anti-Doping Administration and Management System" ist ein webbasiertes Datenmanagementsystem für Dateneingabe, Datenspeicherung, Datenaustausch und Berichterstattung, das die *WADA* und sonstige Berechtigte bei ihren Anti-Doping-Maßnahmen unter Einhaltung des Datenschutzrechts unterstützen soll.

Annullierung
Siehe *Konsequenzen*

Anti-Doping-Organisation
Eine *Organisation*, die für die Annahme von Regeln zur Einleitung, Umsetzung oder Durchführung des *Dopingkontrollverfahrens* zuständig ist. Dazu zählen insbesondere das Internationale Olympische Komitee, das Internationale Paralympische Komitee sowie *Veranstalter großer Sportwettkämpfe*, die bei ihren *Wettkampfveranstaltungen Dopingkontrollen* durchführen, die *WADA*, internationale Sportfachverbände und *Nationale Anti-Doping-Organisationen*.

Athlet
Eine *Person*, die auf internationaler Ebene (von den internationalen Sportfachverbänden festgelegt) und nationaler Ebene (von den nationalen *Anti-Doping-Organisationen* festgelegt) an Sportveranstaltungen teilnimmt. Eine *Anti-Doping-Organisation* kann die Anti-Doping-Bestimmungen nach eigenem Ermessen auf *Athleten*, die weder *internationale* noch *nationale Spitzenathleten* sind, so anwenden, dass sie ebenfalls als *Athleten* im Sinne des *Codes* und des *NADC* gelten. Bei *Athleten*, die weder *internationale* noch *nationale Spitzenathleten* sind, kann eine *Organisation* eine verringerte Anzahl oder keine *Dopingkontrollen* durchführen; Proben nur in eingeschränktem Umfang auf *verbotene Substanzen* analysieren, eingeschränkte oder keine Angaben zu Aufenthaltsort und Erreichbarkeit verlangen oder auf die Beantragung vorheriger *medizinischer Ausnahmegenehmigungen* verzichten. Verstößt ein *Athlet*, der an *Wettkämpfen* unterhalb der internationalen oder nationalen Ebene teilnimmt, im Zuständigkeitsbereich der *Anti-Doping-Organisation* gegen Artikel 2.1, 2.3 oder 2.5, müssen die im *Code* festgelegten *Konsequenzen* angewendet werden (mit Ausnahme von Artikel 14.3.2). Im Sinne von Artikel 2.8 und 2.9 sowie im Sinne der Anti-Doping-Prävention ist ein *Athlet* eine *Person*, die an Sportveranstaltungen unter der Zuständigkeit eines *Unterzeichners*, einer Regierung oder einer anderen Sportorganisation, die den *Code* und/oder den *NADC* annimmt, teilnimmt.

[Kommentar: Diese Begriffsbestimmung verdeutlicht, dass alle *internationalen* und *nationalen Spitzenathleten* den Anti-Doping-Bestimmungen des *Codes* oder des *NADC* unterliegen, wobei in den Anti-Doping-Bestimmungen der *internationalen Sportfachverbände* und/oder der *Nationalen Anti-Doping-Organisationen* genaue Begriffsbestimmungen für den internationalen und nationalen Spitzensport dargelegt werden. Nach dieser Begriffsbestimmung ist es der *Nationalen Anti-Doping-Organisation* möglich, ihr Anti-Doping-Programm nach eigenem Ermessen von *internationalen* und *nationalen Spitzenathleten* auf *Athleten* auszudehnen, die sich auf niedrigerer Ebene an *Wettkämpfen* beteiligen oder auf *Personen*, die sich sportlich betätigen, aber nicht an

Wettkämpfen teilnehmen. So könnte eine _Nationale Anti-Doping-Organisation_ beispielsweise entscheiden, _Dopingkontrollen_ bei Freizeitsportlern durchzuführen, ohne jedoch die Beantragung vorheriger _medizinischer Ausnahmegenehmigungen_ zu verlangen. Allerdings zieht ein Verstoß gegen Anti-Doping-Bestimmungen im Zusammenhang mit einem _von der Norm abweichenden Analyseergebnis_ oder einer _unzulässigen Einflussnahme_ alle im _Code_ oder _NADC_ vorgesehenen _Konsequenzen_ nach sich (mit Ausnahme von Artikel 14.3.2). Es liegt im Ermessen der _Nationalen Anti-Doping-Organisation_, ob die _Konsequenzen_ für Freizeitsportler gelten, die nie an _Wettkämpfen_ teilnehmen. Entsprechend könnte ein _Veranstalter_ von _großen Sportwettkämpfen_, der einen _Wettkampf_ für Alterssportler organisiert, _Dopingkontrollen_ bei den _Wettkämpfen_ durchführen, aber die Proben nicht in vollem Umfang auf _verbotene Substanzen_ analysieren. _Athleten_ auf allen Wettkampfebenen sollten von der Anti-Doping-Prävention profitieren können.]

Athletenbetreuer
Trainer, sportliche Betreuer, Manager, Vertreter, Teammitglieder, Funktionäre, medizinisches Personal, medizinisches Hilfspersonal, Eltern oder andere *Personen*, die mit *Athleten*, die an Sport*wettkämpfen* teilnehmen oder sich auf diese vorbereiten, zusammenarbeiten, sie unterstützen oder behandeln.

Atypisches Analyseergebnis
Ein Bericht eines *WADA*-akkreditierten Labors oder einer anderen von der *WADA* anerkannten Einrichtung, der weitere Untersuchungen gemäß dem *International Standard* for Laboratories und zugehörige technische Unterlagen erfordert, bevor ein *von der Norm abweichendes Analyseergebnis* festgestellt wird.

Atypisches Ergebnis des biologischen Athletenpasses
Ein Bericht beschrieben als *atypisches Ergebnis* des *biologischen Athletenpasses*, wie in den anwendbaren *Internationalen Standards* festgelegt.

Außerhalb des Wettkampfs
Zeitraum, der nicht innerhalb des für einen *Wettkampf* festgelegten Zeitraums liegt (Siehe auch *innerhalb des Wettkampfs*).

Besitz
Der tatsächliche, unmittelbare *Besitz* oder der mittelbare *Besitz* (der nur dann vorliegt, wenn die *Person* die ausschließliche Verfügungsgewalt über die *verbotene Substanz/verbotene Methode* oder die Räumlichkeiten, in denen eine *verbotene Substanz/verbotene Methode* vorhanden ist, inne hat oder beabsichtigt, die ausschließliche Verfügungsgewalt auszuüben), vorausgesetzt jedoch, dass, wenn die *Person* nicht die ausschließliche Verfügungsgewalt über die *verbotene Substanz/verbotene Methode* oder die Räumlichkeit, in der eine *verbotene Substanz/verbotene Methode* vorhanden ist, besitzt, mittelbarer *Besitz* nur dann vorliegt, wenn die *Person* vom Vorhandensein der *verbotenen Substanz/verbotenen Methode* in den Räumlichkeiten wusste und beabsichtigte, Verfügungsgewalt über diese auszuüben. Ein Verstoß gegen Anti-Doping-Bestimmungen kann nicht alleine auf den

Besitz gestützt werden, sofern die *Person* eine konkrete Handlung ausgeführt hat, durch welche die *Person* zeigt, dass sie nie beabsichtigte, Verfügungsgewalt auszuüben und auf ihre bisherige Verfügungsgewalt verzichtet, indem sie dies der *Anti-Doping-Organisation* ausdrücklich mitteilt. Letzteres gilt nur, wenn die Handlung erfolgte, bevor die *Person* auf irgendeine Weise davon in Kenntnis gesetzt wurde, dass sie gegen Anti-Doping-Bestimmungen verstoßen hat. Ungeachtet anders lautender Aussagen in dieser Definition gilt der Kauf (auch auf elektronischem und anderem Wege) einer *verbotenen Substanz* oder einer *verbotenen Methode* als *Besitz* durch die *Person*, die den Kauf tätigt.

[Kommentar: Gemäß dieser Begriffsbestimmung würde ein Verstoß vorliegen, wenn im Fahrzeug eines *Athleten* Steroide gefunden werden, sofern der *Athlet* nicht überzeugend darlegt, dass eine andere *Person* das Fahrzeug benutzt hat; in diesem Fall obliegt es der *Anti-Doping-Organisation*, überzeugend darzulegen, dass der *Athlet* von den Steroiden wusste und die Absicht hatte, die Verfügungsgewalt über die Steroide auszuüben, obwohl der *Athlet* nicht die ausschließliche Verfügungsgewalt über das Fahrzeug ausübte. Gleiches gilt für das Beispiel, dass Steroide in einer Hausapotheke, die unter der gemeinsamen Verfügungsgewalt des *Athleten* und seines Ehepartners steht; gefunden werden; die *Anti-Doping-Organisation* muss überzeugend darlegen, dass der *Athlet* wusste, dass sich die Steroide darin befanden und der *Athlet* beabsichtigte, die Verfügungsgewalt über die Steroide auszuüben. Schon allein der Kauf einer *verbotenen Substanz* stellt *Besitz* dar, selbst wenn das Produkt beispielsweise nicht ankommt, von jemand anderem angenommen oder an die Adresse eines Dritten geliefert wird.]

Biologischer Athletenpass
Das Programm und die Methoden zum Erfassen und Abgleichen von Daten gemäß dem *Internationalen Standard* für *Dopingkontrollen* und Ermittlungen und dem *International Standard* for Laboratories.

CAS
Internationaler Sportgerichtshof (Court of Arbitration for Sports mit Sitz in Lausanne)

Code
Der Welt-Anti-Doping-*Code*

Deutsches Sportschiedsgericht
Schiedsgericht im Sinne des 10. Buches der Zivilprozessordnung, welches auf Initiative der *NADA* bei der Deutschen Institution für Schiedsgerichtsbarkeit e.V. (DIS) eingerichtet wurde (www.dis-sportschiedsgericht.de).

Disqualifikation
Siehe *Konsequenzen*

Disziplinarorgan
Gemäß den Vorgaben des *NADC* von den *Anti-Doping-Organisationen* festzulegendes Organ zur Durchführung von *Disziplinarverfahren*

[*NADA*-Kommentar: Als *Disziplinarorgan* kann entweder das *Deutsche Sportschiedsgericht* als Erstinstanz, ein anderes *Schiedsgericht* oder ein Verbandsorgan festgelegt werden.]

Disziplinarverfahren
Von dem zuständigen *Disziplinarorgan* durchzuführendes Verfahren zur Feststellung von Verstößen gegen Anti-Doping-Bestimmungen durch einen *Athleten* oder eine andere *Person.*

Documentation Package
Siehe Definition von „Laboratory *Documentation Package*" im *International Standard* for Laboratories

Dopingkontrolle
Die Teile des *Dopingkontrollverfahrens,* welche die Verteilung der Kontrollen, die *Probe*nahme und den weiteren Umgang mit den *Proben* sowie deren Transport zum Labor umfassen

Dopingkontrollverfahren
Alle Schritte und Verfahren von der Kontrollplanung bis hin zum Rechtsbehelfsverfahren sowie alle Schritte und Verfahren dazwischen, z.B. *Meldepflichten,* Entnahme von und weiterer Umgang mit *Proben,* Laboranalyse, *medizinische Ausnahmegenehmigungen,* Ergebnismanagement und Verhandlungen

Einzelsportart
Jede Sportart, die keine *Mannschaftssportart* ist

Finanzielle Konsequenzen
Siehe *Konsequenzen*

Gebrauch
Die Verwendung, *Verabreichung,* Injektion oder Einnahme auf jedwede Art und Weise einer *verbotenen Substanz* oder einer *verbotenen Methode*

Innerhalb des Wettkampfs
Soweit nicht durch einen Internationalen Sportfachverband oder eine andere zuständige *Anti-Doping-Organisation* für den betreffenden *Wettkampf* anders geregelt, beginnt der Zeitraum *innerhalb des Wettkampfs* 12 Stunden vor Beginn eines *Wettkampfs,* an dem der *Athlet* teilnehmen soll und schließt mit dem Ende dieses *Wettkampfs* und des *Probe*nahmeprozesses in Verbindung mit diesem *Wettkampf.*

[Kommentar: Ein internationaler Sportfachverband oder Wettkampfveranstalter kann einen Zeitraum für *innerhalb des Wettkampfs* festlegen, der sich von der *Wettkampfdauer* unterscheidet.]

Internationaler Spitzenathlet
Athleten, die an internationalen Sport*wettkämpfen*, die von den internationalen Sportfachverbänden und im Einklang mit dem *International Standard* for Testing and Investigation festgelegt werden, teilnehmen.

Internationale Wettkampfveranstaltung
Eine *Wettkampfveranstaltung* oder ein *Wettkampf*, bei der/dem das Internationale Olympische Komitee, das Internationale Paralympische Komitee, ein internationaler Sportfachverband, ein *Veranstalter großer Sportwettkämpfe* oder eine andere internationale Sportorganisation als Veranstalter der *Wettkampfveranstaltung* auftritt oder die technischen Funktionäre der *Wettkampfveranstaltung* bestimmt

International Standard
Ein von der *WADA* verabschiedeter *Standard* zur Unterstützung des *Codes*. Für die Einhaltung der Bestimmungen eines *International Standards* (im Gegensatz zu anderen praktischen und technischen Guidelines) ist es im Ergebnis ausreichend, dass die in *International Standards* geregelten Verfahren ordnungsgemäß durchgeführt wurden. Die *International Standards* umfassen alle technischen Unterlagen, die in Übereinstimmung mit den *International Standards* veröffentlicht werden.

Inverkehrbringen
Verkauf, Abgabe, Beförderung, Versendung, Lieferung oder Vertrieb (oder *Besitz* zu einem solchen Zweck) einer *verbotenen Substanz* oder einer *verbotenen Methode* (entweder physisch oder auf elektronischem oder anderem Wege) durch einen *Athleten, Athletenbetreuer* oder eine andere *Person*, die in den Zuständigkeitsbereich einer *Anti-Doping-Organisation* fällt, an eine dritte *Person*; diese Definition trifft jedoch nicht auf Handlungen von gutgläubigem medizinischen Personal zu, das *verbotene Substanzen* für tatsächliche und rechtmäßige therapeutische Zwecke oder aus anderen vertretbaren Gründen anwendet, und auch nicht auf *verbotene Substanzen*, die im Rahmen von *Trainingskontrollen* nicht verboten sind, es sei denn, aus den Gesamtumständen geht hervor, dass diese *verbotenen Substanzen* nicht für tatsächliche und rechtmäßige Zwecke eingesetzt werden oder geeignet sind, die sportliche Leistung zu steigern.

Kein Verschulden
Die überzeugende Darlegung durch den *Athleten* oder eine andere *Person*, dass er/sie weder wusste noch vermutete noch unter Anwendung der äußersten Sorgfalt hätte wissen oder vermuten müssen, dass er eine *verbotene Substanz* eingenommen oder eine *verbotene Methode* angewendet hat oder dass ihm eine *verbotene Substanz* verabreicht oder bei ihm eine *verbotene Methode* angewendet wurde oder anderweitig gegen eine Anti-Doping-Bestimmung verstoßen hat. Bei einem Verstoß gegen Artikel 2.1 muss der *Athlet*, sofern er nicht *minderjährig* ist, ebenfalls nachweisen, wie die *verbotene Substanz* in seinen Organismus gelangte.

Kein signifikantes Verschulden

Die überzeugende Darlegung durch den *Athleten* oder eine andere *Person*, dass sein/ihr *Verschulden* unter Berücksichtigung der Gesamtumstände, insbesondere der Kriterien für *kein Verschulden*, im Verhältnis zu dem Verstoß gegen die Anti-Doping-Bestimmung nicht wesentlich war. Bei einem Verstoß gegen Artikel 2.1 muss der *Athlet*, sofern er nicht *minderjährig* ist, ebenfalls nachweisen, wie die *verbotene Substanz* in seinen Organismus gelangte.

[Kommentar: Bei Cannabinoiden liegt *kein signifikantes Verschulden* vor, wenn der *Athlet* oder eine andere *Person* nachweisen kann, dass der *Gebrauch* nicht im Zusammenhang mit der Erbringung sportlicher Leistung stand.]

Konsequenzen

Der Verstoß eines *Athleten* oder einer anderen *Person* gegen Anti-Doping-Bestimmungen kann folgende Maßnahmen nach sich ziehen:

(a) *Annullierung* bedeutet, dass die Ergebnisse eines *Athleten* bei einem bestimmten Einzel*wettkampf* oder einer bestimmten *Wettkampfveranstaltung* für ungültig erklärt werden, mit allen daraus entstehenden *Konsequenzen*, einschließlich der Aberkennung aller Medaillen, Punkte und Preise;

(b) *Disqualifikation* bedeutet, dass der *Athlet* oder die Mannschaft von der weiteren Teilnahme an dem *Wettkampf* oder der *Wettkampfveranstaltung* unmittelbar ausgeschlossen wird;

(c) *Sperre* bedeutet, dass der *Athlet* oder eine andere *Person* wegen eines Verstoßes gegen Anti-Doping-Bestimmungen für einen bestimmten Zeitraum von jeglicher Teilnahme an *Wettkämpfen* oder sonstigen Aktivitäten oder finanzieller Unterstützung gemäß Artikel 10.12.4 ausgeschlossen wird;

(d) *Vorläufige Suspendierung* bedeutet, dass der *Athlet* oder eine andere *Person* von der Teilnahme an *Wettkämpfen* oder sportlichen Aktivitäten vorübergehend ausgeschlossen wird, bis eine endgültige Entscheidung nach einem gemäß Artikel 12 durchzuführenden Verfahren gefällt wird;

(e) *Finanzielle Konsequenzen* bedeuten, dass eine finanzielle Sanktion für einen Verstoß gegen Anti-Doping-Bestimmungen oder die Rückerstattung von (Prozess-)Kosten, die im Zusammenhang mit einem Verstoß gegen Anti-Doping-Bestimmungen angefallen sind, verhängt wird; und

(f) *Veröffentlichung* bedeutet, dass Informationen gemäß Artikel 14 an die Öffentlichkeit oder an *Personen*, die nicht dem Kreis von *Personen* angehören, welche ein Recht auf eine vorzeitige Benachrichtigung haben, weitergegeben oder verbreitet werden.

Gegen Mannschaften in *Mannschaftssportarten* können gemäß Artikel 11 ebenfalls *Konsequenzen* verhängt werden.

Kontaminiertes Produkt

Ein Produkt, das eine *verbotene Substanz* enthält, die nicht auf dem Etikett des Produkts aufgeführt ist oder über die mit einer angemessenen (Internet-) Recherche keine Informationen gefunden werden können.

Mannschaftssportart
Eine Sportart, in der das Auswechseln von Spielern während eines *Wettkampfs* erlaubt ist.

Marker
Eine Verbindung, Gruppe von Verbindungen oder ein oder mehrere biologische Variablen, welche die Anwendung einer *verbotenen Substanz* oder einer *verbotenen Methode* anzeigen.

Medizinische Ausnahmegenehmigung (TUE)
Medizinische Ausnahmegenehmigung wie in Artikel 4.4 beschrieben

Meldepflichten
Die gemäß dem *Standard* für *Meldepflichten* festgelegten Pflichten zur Abgabe von Erreichbarkeits- und Aufenthaltsinformationen für *Testpoolathleten*

Meldepflichtversäumnis
Das Versäumnis des *Athleten*, die gemäß dem *Standard* für *Meldepflichten* festgelegten Pflichten zu Abgabe von Erreichbarkeits- und Aufenthaltsinformationen zu erfüllen (Entspricht: „Filling Failure")

Meldepflicht- und Kontrollversäumnis
Meldepflichtversäumnis oder *Kontrollversäumnis*, das für die Feststellung eines Verstoßes gegen Artikel 2.4 *NADC* maßgeblich ist (Entspricht: „Whereabout Failure")

Metabolit
Jedes Stoffwechselprodukt, das bei einem biologischen Umwandlungsprozess erzeugt wird

Minderjähriger
Eine natürliche *Person*, die das 18. Lebensjahr noch nicht vollendet hat

NADA
Stiftung *Nationale Anti Doping-Agentur* Deutschland; *Nationale Anti-Doping-Organisation* in Deutschland mit Sitz in Bonn (www.NADA.de)

NADC
Nationaler Anti Doping Code der *NADA*

Nationale Anti-Doping-Organisation
Die von einem Land eingesetzte(n) Einrichtung(en), welche die primäre Verantwortung und Zuständigkeit für die Einführung und Umsetzung von Anti-Doping-Bestimmungen, die Steuerung der Entnahme von *Proben*, für das Management der Kontrollergebnisse und für die Durchführung von Verfahren auf nationaler Ebene besitzt/besitzen. Wenn die zuständige(n) Behörde(n) keine solche Einrichtung einsetzt/einsetzen, fungiert das *Nationale Olympische Komitee* oder eine von diesem eingesetzte Einrichtung als *Nationale Anti-Doping-Organisation*. In Deutschland hat diese Funktion die *NADA*.

Nationaler Spitzenathlet
Athleten, die sich im *Testpool* der *NADA* befinden oder an nationalen *Wettkämpfen*, wie von den nationalen Sportfachverbänden im Einklang mit dem *International Standard* for Testing definiert, teilnehmen. Es sei denn, die *Athleten* werden als *internationale Spitzenathleten* durch ihre jeweiligen internationalen Sportfachverbände eingestuft.

Nationaler Testpool
Ein *Testpool* der *NADA* nach den Voraussetzungen des *Standards* für *Meldepflichten*

Nationales Olympisches Komitee
Die vom Internationalen Olympischen Komitee anerkannte *Organisation*. Der Begriff *Nationales Olympisches Komitee* umfasst in denjenigen Ländern, in denen der nationale Sportfachverband typische Aufgaben des *Nationalen Olympischen Komitees* in der Dopingbekämpfung wahrnimmt, auch den nationalen Sportfachverband. Die Funktion des *Nationalen Olympischen Komitees* übernimmt in Deutschland der Deutsche Olympische Sportbund (DOSB).

Nationale Wettkampfveranstaltung
Eine *Wettkampfveranstaltung* oder ein *Wettkampf*, an der/dem *internationale* oder *nationale Spitzenathleten* teilnehmen, die keine *internationale Wettkampfveranstaltung* ist.

Organisation
Jede *Anti-Doping-Organisation* gemäß *WADA-Code* und jeder nationale Sportfachverband

Person
Eine natürliche *Person*, eine *Organisation* oder eine andere Einrichtung

Personenbezogene Daten
Einzelangaben über persönliche oder sachliche Verhältnisse einer bestimmten oder bestimmbaren natürlichen *Person* (§ 3 Abs.1 BDSG)

Probe
Biologisches Material, das zum Zweck des *Dopingkontrollverfahrens* entnommen wurde

[Kommentar: Bisweilen wurde behauptet, dass die Entnahme von Blut*proben* die Grundsätze bestimmter religiöser oder kultureller Gruppen verletze. Es wurde jedoch festgestellt, dass es für derartige Behauptungen keine Grundlage gibt.]

Registered Testing Pool
Die Gruppe der *nationalen* und der *internationalen Spitzenathleten*, die international von jedem internationalen Sportfachverband und national von jeder *Nationalen Anti-Doping-Organisation* jeweils zusammengestellt wird und den *Wettkampf-* und *Trainingskontrollen* des jeweiligen für die Zusammenstellung verantwortlichen internationalen Sportfachverbands oder der *Nationalen Anti-Doping-Organisation* unterliegt und sich daher verpflichtet, die *Meldepflichten* gemäß Artikel 5.4 und dem *International Standard* und dem *Standard* für *Meldepflichten* zu erfüllen

Schiedsgericht
Ein Gericht im Sinne des 10. Buches der Zivilprozessordnung

Sperre
Siehe *Konsequenzen*

Spezifische Substanz
Siehe Artikel 4.2.2

Standard
Ausführungsbestimmungen zum *NADC*; *Standard* für *Meldepflichten*, *Standard* für *Dopingkontrollen* und Ermittlungen, *Standard* für *medizinische Ausnahmegenehmigungen* und *Standard* für Datenschutz

Strict Liability (verschuldensunabhängige Haftung)
Die Regel, wonach es nach Artikel 2.1 und 2.2 nicht notwendig ist, dass die *Anti-Doping-Organisation* Vorsatz, *Verschulden, Fahrlässigkeit* oder bewussten *Gebrauch* seitens des *Athleten* nachweist, um einen Verstoß gegen Anti-Doping-Bestimmungen zu begründen

Substanzielle Hilfe
Um im Sinne des Artikels 10.6.1 *substanzielle Hilfe* zu leisten, muss eine *Person* (1) in einer schriftlichen Erklärung alle Informationen offenlegen, die sie über Verstöße gegen Anti-Doping-Bestimmungen besitzt, und (2) die Untersuchung und Entscheidungsfindung in Fällen, die mit diesen Informationen in Verbindung stehen, in vollem Umfang unterstützen, beispielsweise indem sie auf Ersuchen einer *Anti-Doping-Organisation* oder eines *Disziplinarorgans* bei einer Verhandlung als Zeuge aussagt. Darüber hinaus müssen die zur Verfügung gestellten Informationen glaubhaft sein und einen wesentlichen Teil des eingeleiteten Verfahrens ausmachen oder, wenn kein Verfahren eingeleitet wird, eine ausreichende Grundlage dafür geboten haben, dass ein Fall hätte verhandelt werden können.

Teilnehmer
Jeder *Athlet* oder *Athletenbetreuer*

Testpool
Der von der *NADA* in Abstimmung mit der jeweiligen *Anti-Doping-Organisation* festgelegte Kreis von *Athleten*, der *Trainingskontrollen* unterzogen werden soll

Trainingskontrolle
Eine *Dopingkontrolle*, die in einem Zeitraum durchgeführt wird, der nicht *innerhalb eines Wettkampfs* liegt

Unterzeichner
Diejenigen Einrichtungen, die den *Code* unterzeichnen und sich zu dessen Einhaltung gemäß Artikel 24 des *Codes* verpflichten

Unzulässige Einflussnahme
Veränderung zu einem unzulässigen Zweck oder auf unzulässige Weise; unzulässiger Eingriff; Verschleierung, Täuschung oder Beteiligung an betrügerischen Handlungen, um Ergebnisse zu verändern oder die Einleitung der üblichen Verfahren zu verhindern

Verabreichung
Anbieten, Überwachen oder Ermöglichen der Anwendung oder versuchten Anwendung einer *verbotenen Substanz* oder einer *verbotenen Methode* durch eine andere *Person* oder eine anderweitige Beteiligung daran.

[Kommentar: Diese Definition umfasst jedoch keine Handlungen von Ärzten und medizinischem Personal, bei denen *verbotene Substanzen* oder *verbotene Methoden* lege artis oder im Rahmen zulässiger und rechtmäßiger therapeutischer Zwecke verabreichet oder angewendet werden; gleiches gilt für die *Verabreichung* von Substanzen, die *außerhalb von Wettkämpfen* nicht verboten sind, es sei denn aus den Gesamtumständen geht hervor, dass diese *verbotenen Substanzen* nicht für zulässige und rechtmäßige therapeutische Zwecke eingesetzt werden oder zur Leistungssteigerung dienen.]

Veranstalter großer Sportwettkämpfe
Die kontinentalen Vereinigungen der *Nationalen Olympischen Komitees* und anderer internationaler Dachorganisationen, die als Veranstalter einer kontinentalen, regionalen oder anderen internationalen *Wettkampfveranstaltung* fungieren

Veranstaltungsorte
Sportstätten, die als solche vom Wettkampfveranstalter ausgewiesen werden

Verbotene Methode
Jede Methode, die in der *Verbotsliste* als solche beschrieben wird

Verbotene Substanz
Jede Substanz oder Substanzklasse, die in der *Verbotsliste* als solche beschrieben wird

Verbotsliste
Die Liste der *WADA*, in der die *verbotenen Substanzen* und *verbotenen Methoden* als solche aufgeführt werden

Vereinbarung über die Organisation und Durchführung von Dopingkontrollen
Individualvertragliche Vereinbarung zwischen der *NADA* und den nationalen Sportfachverbänden, in der sich die Verbände insbesondere zur Umsetzung des *NADC* in das jeweilige Verbandsregelwerk verpflichten.

Versäumte Kontrollen
Versäumnis des *Athleten*, gemäß der Bestimmungen des *Standards* für *Meldepflichten*, an dem Ort und während des 60-minütigen Zeitfensters, das er für diesen Tag angegeben hat, für eine *Dopingkontrolle* zur Verfügung zu stehen (Entspricht: „Missed Test")

Verschulden

Verschulden ist eine Pflichtverletzung oder ein Mangel an Sorgfalt in einer bestimmten Situation. Folgende Faktoren sind bei der Bewertung des Grads des *Verschuldens* eines *Athleten* oder einer anderen *Person* z.B. zu berücksichtigen: die Erfahrung des *Athleten* oder einer anderen *Person*, ob der *Athlet* oder eine andere *Person minderjährig* ist, besondere Erwägungen wie eine Behinderung, das Risiko, das ein *Athlet* hätte erkennen müssen, und die Sorgfalt und Prüfung durch einen *Athleten* in Bezug auf das Risiko, das hätte erkannt werden müssen. Bei der Bewertung des Grads des *Verschuldens* seitens des *Athleten* oder einer anderen *Person* müssen die in Betracht gezogenen Umstände spezifisch und relevant sein, um die Abweichung von der erwarteten Verhaltensnorm seitens des *Athleten* oder einer anderen *Person* zu erklären. So wären beispielsweise die Tatsache, dass ein *Athlet* während einer *Sperre* die Gelegenheit versäumen würde, viel Geld zu verdienen, dass er nur noch eine kurze sportliche Laufbahn vor sich hat, oder der Umstand, dass ein ungünstiger Zeitpunkt im sportlichen Jahreskalender vorliegt, keine relevanten Faktoren, die bei der Herabsetzung der *Sperre* nach Artikel 10.5.1 oder 10.5.2 zu berücksichtigen sind.

[Kommentar: Für alle Artikel, in denen das *Verschulden* eine Rolle spielt, gelten dieselben Kriterien für die Bewertung des Grads des *Verschuldens* eines *Athleten*. Allerdings kann eine Sanktion gemäß Artikel 10.5.2 nur herabgesetzt werden, wenn bei der Bewertung des Grads des *Verschuldens* festgestellt wird, dass seitens des *Athleten* oder einer anderen *Person kein signifikantes Verschulden* vorliegt.]

Versuch

Vorsätzliches Verhalten, das einen wesentlichen Schritt im geplanten Verlauf einer Handlung darstellt, die darauf abzielt, in einem Verstoß gegen Anti-Doping-Bestimmungen zu enden. Dies vorausgesetzt, stellt der alleinige *Versuch*, einen Verstoß zu begehen, noch keinen Verstoß gegen Anti-Doping-Bestimmungen dar, wenn die *Person* den *Versuch* aufgibt, bevor Dritte, die nicht an dem *Versuch* beteiligt sind, davon erfahren.

Von der Norm abweichendes Analyseergebnis

Bericht eines *WADA*-akkreditierten Labors oder eines anderen von der *WADA* anerkannten Labors, das im Einklang mit dem *International Standard* for Laboratories und mit diesem zusammenhängenden technischen Unterlagen, in einer Körpergewebs- oder Körperflüssigkeitsprobe das Vorhandensein einer *verbotenen Substanz*, seiner *Metaboliten* oder *Marker* (einschließlich erhöhter Werte endogener Substanzen) oder die Anwendung einer *verbotenen Methode* feststellt.

Von der Norm abweichende Ergebnisse des biologischen Athletenpasses

Ein Bericht im Rahmen des im geltenden technischen Dokument oder Leitfaden beschriebenen Prozesses, in dem festgestellt wird, dass die geprüften Analyseergebnisse keinem normalen physiologischen Zustand oder keiner bekannten Symptomatik entsprechen und auf die Anwendung einer *verbotenen Substanz* oder einer *verbotenen Methode* schließen

Vorläufige Anhörung
Im Sinne des Artikels 7.8 eine beschleunigte, verkürzte Anhörung, die vor einem *Disziplinarverfahren* gemäß Artikel 12 durchgeführt wird, und bei der der *Athlet* von den ihm vorgeworfenen Verstößen in Kenntnis gesetzt wird und die Möglichkeit erhält, in schriftlicher oder mündlicher Form zu diesen Vorwürfen Stellung zu nehmen.

[Kommentar: Eine *vorläufige Anhörung* ist lediglich ein vorläufiges Verfahren, in dem nicht unbedingt alle Umstände des Falls geprüft werden. Nach einer *vorläufigen Anhörung* hat der *Athlet* weiterhin das Recht auf eine ordnungsgemäße Anhörung in der Hauptsache. Dagegen handelt es sich bei dem in Artikel 7.8 verwendeten Begriff „beschleunigtes Verfahren" um ein umfassendes Verfahren, das schneller als üblich durchgeführt wird.]

Vorläufige Suspendierung
Siehe *Konsequenzen*

WADA
Die Welt-Anti-Doping-Agentur (www.WADA-ama.org)

Werktage
Alle Kalendertage, die nicht Sonn- oder gesetzliche Feiertage sind

Wettkampf
Ein einzelnes Rennen, ein einzelnes Match, ein einzelnes Spiel oder ein einzelner sportlicher Wettbewerb. Zum Beispiel ein Basketballspiel oder das Finale des olympischen 100-Meter-Laufs in der Leichtathletik. Bei *Wettkämpfen*, die über Etappen stattfinden und anderen sportlichen Wettbewerben, bei denen Preise täglich oder in anderen zeitlichen Abständen verliehen werden, gilt die in den Regeln des jeweiligen internationalen Sportfachverbandes für Einzel*wettkampf*- und *Wettkampfveranstaltung* festgelegte Abgrenzung.

Wettkampfdauer
Die vom Wettkampfveranstalter festgelegte Zeit vom Anfang bis zum Ende einer *Wettkampfveranstaltung*

Wettkampfkontrolle
Dopingkontrolle, die *innerhalb eines Wettkampfs* durchgeführt wird

Wettkampfveranstaltung
Eine Reihe einzelner *Wettkämpfe*, die gemeinsam von einem Veranstalter durchgeführt werden (z.B. die Olympischen Spiele, die FINA-Weltmeisterschaft oder die Panamerikanischen Spiele)

Zielkontrolle
Auswahl bestimmter *Athleten* zu *Dopingkontrollen* auf der Grundlage von Kriterien, die im *International Standard* for Testing and Investigations und dem *Standard* für *Dopingkontrollen* und Ermittlungen festgelegt sind.

Die übrigen Definitionen des *Codes*, die nicht im *NADC* verwendet werden, finden gemäß Artikel 23.2.2 des *Codes* Berücksichtigung. Artikel 24 des *Codes* gilt entsprechend.

Anhang 2 Checkliste für Artikel 10

Die angemessene Sanktion wird in insgesamt vier Schritten festgelegt:

1. Welche der grundlegenden Sanktionen (Artikel 10.1, 10.2 oder 10.3) ist auf den vorliegenden Verstoß gegen eine Anti-Doping-Bestimmung anzuwenden?
2. Gibt es eine Grundlage für die Aussetzung, Aufhebung oder Herabsetzung der Sanktion, die auf dem Grad des *Verschuldens* beruht (Artikel 10.4 und 10.5)?
   ☞ Hinweis: Nicht alle Gründe für eine Aussetzung, Aufhebung oder Herabsetzung können mit den Bestimmungen zu den Standardsanktionen kombiniert werden. So ist beispielsweise Artikel 10.5.2 nicht in Fällen anzuwenden, in denen Artikel 10.2.1.2 bereits herangezogen wurde, da davon auszugehen ist, dass das *Disziplinarorgan* nach Artikel 10.2.3 bereits anhand der Schwere der Schuld des *Athleten* oder der anderen *Person* die Dauer der *Sperre* bestimmt hat.
3. Bestehen Gründe für die Aufhebung, Herabsetzung oder Aussetzung der *Sperre* nach Artikel 10.6, die nicht mit dem *Verschulden* zusammenhängen?
4. Handelt es sich um einen Erstfall oder um eine wiederholtes Verhalten im Sinne des Artikels 10.7, wonach die Disziplinarmaßnahme(n) zu verschärfen ist/sind?
5. Wie sind die finanziellen *Konsequenzen* nach Artikeln 10.9 und 10.10?
6. Wann soll die *Sperre* nach Artikel 10.11 beginnen?

Artikel 3 Anwendungsbeispiele für Artikel 10

Beispiel 1

Sachverhalt: Ein *von der Norm abweichendes Analyseergebnis* ist auf das Vorhandensein eines anabolen Steroids bei einer *Wettkampfkontrolle* zurückzuführen (Artikel 2.1); der *Athlet* gesteht den Verstoß sofort; der *Athlet* weist nach, dass *kein signifikantes Verschulden* vorliegt; und der *Athlet* leistet *substanzielle Hilfe.*

Anwendung des Artikels 10:

1. Ausgangspunkt wäre Artikel 10.2. Da bei dem *Athleten* von *keinem signifikanten Verschulden* ausgegangen werden kann, würde dies als Beweis (Artikel 10.2.1.1 und 10.2.3) dafür ausreichen, dass der Verstoß gegen Anti-Doping-Bestimmungen nicht absichtlich begangen wurde; die *Sperre* würde daher 2 statt 4 Jahre (Artikel 10.2.2) betragen.
2. Im zweiten Schritt würde das *Disziplinarorgan* prüfen, ob die vom *Verschulden* abhängigen Herabsetzungsmöglichkeiten (Artikel 10.4 und 10.5) auf die *Sperre* angewendet werden können. Aufgrund des fehlenden *signifikanten Verschuldens* (Artikel 10.5.2) und der Tatsache, dass es sich bei dem anabolen Steroid um eine nicht-*spezifische Substanz* handelt, würde der ansonsten geltende Sanktionsrahmen auf einen Umfang von 2 Jahren mindestens jedoch ein Jahr (mindestens die Hälfte der 2-jährigen *Sperre*) herabgesetzt werden. Das *Disziplinarorgan* würde daraufhin entsprechend des Grads des *Verschuldens* des *Athleten* die anwendbare *Sperre* innerhalb dieses Zeitraums festlegen. (In diesem Beispiel wird angenommen, dass das *Disziplinarorgan* eine *Sperre* von 16 Monaten verhängen würde.)
3. Im dritten Schritt würde das *Disziplinarorgan* prüfen, ob gemäß Artikel 10.6 von einer *Sperre* abgesehen oder diese herabgesetzt werden kann (vom *Verschulden* unabhängige Herabsetzung). Im vorliegenden Fall trifft nur Artikel 10.6.1 (*substanzielle Hilfe*) zu. (Artikel 10.6.3, unverzügliches Geständnis, kann nicht angewendet werden, da die *Sperre* bereits unter der in Artikel 10.6.3 festgelegten Mindestdauer von 2 Jahren liegt.) Durch die *substanzielle Hilfe* könnte die *Sperre* um bis zu Dreiviertel der 16 Monate herabgesetzt werden.* Die Mindestdauer der *Sperre* würde also 4 Monate betragen. (In diesem Beispiel wird angenommen, dass das *Disziplinarorgan* 10 Monate der *Sperre* aussetzt und die *Sperre* somit 6 Monaten beträgt.)
4. Gemäß Artikel 10.11 würde die *Sperre* grundsätzlich mit dem Datum der letzten Verhandlung, in der die *Sperre* festgelegt wurde, beginnen. Da der *Athlet* den Verstoß allerdings unverzüglich gestand, könnte der Beginn der *Sperre* auf den Tag der *Probe*nahme vorverlegt werden; in jedem Fall müsste der *Athlet* jedoch mindestens die Hälfte der *Sperre* (d.h. mindestens 3 Monate) nach dem Tag der Verhandlung, in der die *Sperre* festgelegt wurde, verbüßen (Artikel 10.11.2).
5. Da das *von der Norm abweichende Analyseergebnis* bei einer *Wettkampfkontrolle* festgestellt wurde, müsste das *Disziplinarorgan* das in diesem *Wettkampf* erzielte Ergebnis automatisch *annullieren* (Artikel 9).
6. Gemäß Artikel 10.8 würden auch alle Ergebnisse *annulliert* werden, die der *Athlet* von der *Probe*nahme bis zum Beginn der *Sperre* erzielt hat, sofern nicht aus Gründen der Fairness eine andere Vorgehensweise geboten ist.

7. Die in Artikel 14.3.2 genannten Informationen müssten, wie bei jeder Sanktionierung, verpflichtend veröffentlicht werden, sofern der *Athlet* nicht *minderjährig* ist (Artikel 10.13).
8. Der *Athlet* darf während seiner *Sperre* in keiner Eigenschaft an einem *Wettkampf* oder einer sportlichen Aktivität im Zuständigkeitsbereich eines *Unterzeichners* oder seiner Vereine teilnehmen (Artikel 10.12.1). Jedoch kann der *Athlet* schon vorher ins Mannschaftstraining zurückkehren oder die Anlagen eines Vereins oder einer anderen Mitgliedsorganisation eines *Unterzeichners* oder seiner Vereine nutzen, sobald:
   (a) die letzten beiden Monate der *Sperre* des *Athleten* oder
   (b) das letzte Viertel der verhängten *Sperre* (Artikel 10.12.2) angebrochen sind, je nachdem, welcher Zeitraum kürzer ist. Somit dürfte der *Athlet* anderthalb Monate vor dem Ende der *Sperre* ins Training zurückkehren.

Beispiel 2

Sachverhalt: Ein *von der Norm abweichendes Analyseergebnis* ist auf das Vorhandensein einer Stimulans zurückzuführen, die bei einer *Wettkampfkontrolle* als *spezifische Substanz* gilt (Artikel 2.1); die *Anti-Doping-Organisation* kann nachweisen, dass der *Athlet* den Verstoß gegen die Anti-Doping-Bestimmung absichtlich begangen hat; der *Athlet* kann nicht nachweisen, dass er die *verbotene Substanz außerhalb des Wettkampfs* und nicht im Zusammenhang mit seiner sportlicher Leistung gebrauchte; der *Athlet* gesteht den vermuteten Verstoß nicht sofort ein; der *Athlet* leistet aber *substanzielle Hilfe*.

Anwendung des Artikels 10:
1. Ausgangspunkt wäre Artikel 10.2. Da die *Anti-Doping-Organisation* nachweisen kann, dass absichtlich gegen Anti-Doping-Bestimmungen verstoßen wurde, und der *Athlet* nicht nachweisen kann, dass die Substanz *außerhalb des Wettkampfs* erlaubt war und der *Gebrauch* nicht im Zusammenhang mit seiner sportlicher Leistung stand (Artikel 10.2.3), würde die *Sperre* 4 Jahre betragen (Artikel 10.2.1.2).
2. Da der Verstoß absichtlich begangen wurde, kann die *Sperre* nicht aus Erwägungen des *Verschuldens* herabgesetzt werden (Artikel 10.4 und 10.5 finden keine Anwendung). Aufgrund der *substanziellen Hilfe*, könnte die Sanktion für bis zu Dreiviertel der 4 Jahre ausgesetzt werden.* Die Mindestdauer der *Sperre* würde daher ein Jahr betragen.
3. Gemäß Artikel 10.11 würde die *Sperre* grundsätzlich mit dem Datum der letzten Verhandlung, in der die *Sperre* festgelegt wurde, beginnen.
4. Da das *von der Norm abweichende Analyseergebnis* während eines *Wettkampfs* festgestellt wurde, würde das *Disziplinarorgan* das in dem *Wettkampf* erzielte Ergebnis automatisch *annullieren*.
5. Gemäß Artikel 10.8 würden auch alle Ergebnisse *annulliert* werden, die der *Athlet* von der *Probe*nahme bis zum Beginn der *Sperre* erzielt hat, sofern nicht aus Gründen der Fairness eine andere Vorgehensweise geboten ist.
6. Die in Artikel 14.3.2 genannten Informationen müssen, wie bei jeder Sanktionierung, verpflichtend veröffentlicht werden, sofern der *Athlet* nicht *minderjährig* ist (Artikel 10.13).

7. Der *Athlet* darf während seiner *Sperre* in keiner Eigenschaft an einem *Wettkampf* oder einer sportlichen Aktivität im Zuständigkeitsbereich eines *Unterzeichners* oder seiner Vereine teilnehmen (Artikel 10.12.1). Jedoch kann der *Athlet* schon vorher ins Mannschaftstraining zurückkehren oder die Anlagen eines Vereins oder einer anderen Mitgliedsorganisation eines *Unterzeichners* oder seiner Vereine nutzen, sobald:
   (a) die letzten beiden Monate der *Sperre* des *Athleten* oder
   (b) das letzte Viertel der verhängten *Sperre* (Artikel 10.12.2) angebrochen sind, je nachdem, welcher Zeitraum kürzer ist. Somit dürfte der *Athlet* 2 Monate vor dem Ende der *Sperre* ins Training zurückkehren.

Beispiel 3

<u>Sachverhalt:</u> Ein *von der Norm abweichendes Analyseergebnis* ist auf das Vorhandensein eines anabolen Steroids bei einer *Wettkampfkontrolle* zurückzuführen (Artikel 2.1); der *Athlet* weist nach, dass *kein signifikantes Verschulden* vorliegt; der *Athlet* weist ebenfalls nach, dass das *von der Norm abweichende Analyseergebnis* durch ein *kontaminiertes Produkt* verursacht wurde.

<u>Anwendung des Artikels 10:</u>

1. Ausgangspunkt wäre Artikel 10.2. Da der *Athlet* beweisen kann, dass er nicht absichtlich gegen Anti-Doping-Bestimmungen verstoßen hat, d.h. ihn trifft *kein signifikantes Verschulden* beim *Gebrauch* eines *kontaminierten Produkts* (Artikel 10.2.1.1 und 10.2.3), würde die *Sperre* 2 Jahre betragen (Artikel 10.2.2).
2. Im zweiten Schritt würde das *Disziplinarorgan* die Möglichkeit der Herabsetzung aufgrund des *Verschuldens* prüfen (Artikel 10.4 und 10.5). Da der *Athlet* nachweisen kann, dass der Verstoß gegen Anti-Doping-Bestimmungen auf ein *kontaminiertes Produkt* zurückzuführen ist und dass ihn gemäß Artikel 10.5.1.2 *kein signifikantes Verschulden* trifft, würde der Umfang der *Sperre* auf 2 Jahre bis hin zu einer Verwarnung herabgesetzt werden können. Das *Disziplinarorgan* würde aufgrund des Grads des *Verschuldens* des *Athleten* eine entsprechende *Sperre* verhängen. (In diesem Beispiel wird angenommen, dass das *Disziplinarorgan* eine *Sperre* von 4 Monaten verhängen würde.)
3. Gemäß Artikel 10.8 würden alle Ergebnisse *annulliert* werden, die der *Athlet* von der *Probe*nahme bis zum Beginn der *Sperre* erzielt hat, sofern nicht aus Gründen der Fairness eine andere Vorgehensweise geboten ist.
4. Die in Artikel 14.3.2 genannten Informationen müssen, wie bei jeder Sanktionierung, verpflichtend veröffentlicht werden, sofern der *Athlet* nicht *minderjährig* ist (Artikel 10.13).
5. Der *Athlet* darf während seiner *Sperre* in keiner Eigenschaft an einem *Wettkampf* oder einer sportlichen Aktivität im Zuständigkeitsbereich eines *Unterzeichners* oder seiner Vereine teilnehmen (Artikel 10.12.1). Jedoch kann der *Athlet* schon vorher ins Mannschaftstraining zurückkehren oder die Anlagen eines Vereins oder einer anderen Mitgliedsorganisation eines *Unterzeichners* oder seiner Vereine nutzen, sobald:
   (a) die letzten beiden Monate der *Sperre* des *Athleten* oder
   (b) das letzte Viertel der verhängten *Sperre* (Artikel 10.12.2) angebrochen sind, je nachdem, welcher Zeitraum kürzer ist. Somit dürfte der *Athlet* einen Monat vor dem Ende der *Sperre* ins Training zurückkehren.

Beispiel 4

Sachverhalt: Ein *Athlet*, für den noch nie ein *von der Norm abweichendes Analyseergebnis* vorlag und dem noch nie ein Verstoß gegen Anti-Doping-Bestimmungen zum Vorwurf gemacht wurde, gibt spontan zu, dass er ein anaboles Steroid zur Leistungssteigerung gebraucht hat. Darüber hinaus leistet der *Athlet substanzielle Hilfe*.

Anwendung des Artikels 10:

1. Da der Vorstoß absichtlich begangen wurde, wäre Artikel 10.2.1 anwendbar, sodass die Regel*sperre* 4 Jahre betragen würde.
2. Die *Sperre* kann nicht aus Erwägungen des *Verschuldens* herabgesetzt werden (keine Anwendung von Artikel 10.4 und 10.5).
3. Die *Sperre* könnte einzig aufgrund des spontanen Geständnisses des *Athleten* (Artikel 10.6.2) um bis zur Hälfte der 4 Jahre herabgesetzt werden. Da der *Athlet substanzielle Hilfe* geleistet hat (Artikel 10.6.1), könnte die *Sperre* um bis zu Dreiviertel der 4 Jahre ausgesetzt werden.* Berücksichtigt man sowohl das spontane Geständnis als auch die *substanzielle Hilfe*, könnte gemäß Artikel 10.6.4 die Strafe somit insgesamt maximal bis zu Dreiviertel der 4 Jahre herabgesetzt oder ausgesetzt werden. Die Mindestdauer der *Sperre* würde ein Jahr betragen.
4. Die *Sperre* beginnt grundsätzlich mit dem Tag der letzten Verhandlung, in der die *Sperre* verhängt wurde, (Artikel 10.11). Wurde die *Sperre* aufgrund des spontanen Geständnisses herabgesetzt, wäre ein früherer Beginn der *Sperre* gemäß Artikel 10.11.2 nicht zulässig. Mit dieser Bestimmung soll verhindert werden, dass ein *Athlet* von denselben Umständen doppelt profitiert. Wurde die *Sperre* jedoch ausschließlich aufgrund der *substanziellen Hilfe* ausgesetzt, kann Artikel 10.11.2 immer noch angewendet werden, und die *Sperre* beginnt bereits an dem Tag, an dem der *Athlet* zuletzt anabole Steroide gebraucht hat.
5. Gemäß Artikel 10.8 würden alle Ergebnisse *annulliert* werden, die der *Athlet* von der *Probe*nahme bis zum Beginn der *Sperre* erzielt hat, sofern nicht aus Gründen der Fairness eine andere Vorgehensweise geboten ist.
6. Die in Artikel 14.3.2 genannten Informationen müssen, wie bei jeder Sanktionierung, verpflichtend veröffentlicht werden, sofern der *Athlet* nicht *minderjährig* ist (Artikel 10.13).
7. Der *Athlet* darf während seiner *Sperre* in keiner Eigenschaft an einem *Wettkampf* oder einer sportlichen Aktivität im Zuständigkeitsbereich eines *Unterzeichners* oder seiner Vereine teilnehmen (Artikel 10.12.1). Jedoch kann der *Athlet* schon vorher ins Mannschaftstraining zurückkehren oder die Anlagen eines Vereins oder einer anderen Mitgliedsorganisation eines *Unterzeichners* oder seiner Vereine nutzen, sobald:
   (a) die letzten beiden Monate der *Sperre* des *Athleten* oder
   (b) das letzte Viertel der verhängten *Sperre* (Artikel 10.12.2) angebrochen sind, je nachdem, welcher Zeitraum kürzer ist. Somit dürfte der *Athlet* 2 Monate vor dem Ende der *Sperre* ins Training zurückkehren.

Beispiel 5

Sachverhalt: Ein *Athletenbetreuer* hilft einem *Athleten*, eine *Sperre* zu umgehen, indem er den *Athleten* unter falschem Namen bei einem *Wettkampf* anmeldet. Der *Athletenbetreuer* gesteht diesen Verstoß gegen Anti-Doping-Bestimmungen (Artikel 2.9) unmittelbar ein, bevor er von einer *Anti-Doping-Organisation* über einen Verstoß gegen Anti-Doping-Bestimmungen benachrichtigt wird.

Anwendung des Artikels 10:

1. Gemäß Artikel 10.3.4 würde die *Sperre* je nach Schwere des Verstoßes 2 bis 4 Jahre betragen. (In diesem Beispiel wird angenommen, dass das *Disziplinarorgan* eine *Sperre* von 3 Jahren verhängen würde.)
2. Die *Sperre* kann nicht aus Erwägungen des *Verschuldens* herabgesetzt werden, da der in Artikel 2.9 beschriebene Verstoß gegen Anti-Doping-Bestimmungen das Element der Absicht beinhaltet (siehe Kommentar zu Artikel 10.5.2).
3. Gemäß Artikel 10.6.2 kann die *Sperre* um bis zur Hälfte gemindert werden, vorausgesetzt das Geständnis ist der einzige zuverlässige Beweis. (In diesem Beispiel wird angenommen, dass das *Disziplinarorgan* eine *Sperre* von 18 Monaten verhängen würde.)
4. Die in Artikel 14.3.2 genannten Informationen müssen, wie bei jeder Sanktionierung, verpflichtend veröffentlicht werden, sofern der *Athletenbetreuer* nicht *minderjährig* ist (Artikel 10.13).

Beispiel 6

Sachverhalt: Gegen einen *Athleten* wurde wegen eines ersten Verstoßes gegen Anti-Doping-Bestimmungen eine *Sperre* von 14 Monaten verhängt, von denen 4 Monate aufgrund von *substanzieller Hilfe* ausgesetzt wurden. Nun begeht der *Athlet* aufgrund des Vorhandenseins einer Stimulans, die bei einer *Wettkampfkontrolle* als nicht-*spezifische Substanz* gilt, einen zweiten Verstoß gegen Anti-Doping-Bestimmungen (Artikel 2.1); der *Athlet* weist nach, dass *kein signifikantes Verschulden* vorliegt; und der *Athlet* leistete *substanzielle Hilfe*. Wäre dies ein Erstverstoß, würde das *Disziplinarorgan* den *Athleten* für 16 Monate ***sperren*** und davon 6 Monate aufgrund der *substanziellen Hilfe* aussetzen.

Anwendung des Artikels 10:

1. Für den zweiten Verstoß gegen Anti-Doping-Bestimmungen ist Artikel 10.7 maßgeblich, da Artikel 10.7.4.1 und 10.7.5 anwendbar sind.
2. Gemäß Artikel 10.7.1 würde die längste der folgenden *Sperren* verhängt werden:
   (a) 6 Monate;
   (b) die Hälfte der *Sperre* für den ersten Verstoß gegen Anti-Doping-Bestimmungen ohne Berücksichtigung einer Herabsetzung gemäß Artikel 10.6 (in diesem Beispiel wäre das die Hälfte von 14 Monaten, also 7 Monate); oder
   (c) die doppelte Dauer der ansonsten geltenden *Sperre* für einen zweiten Verstoß, der als Erstverstoß behandelt wird, ohne Berücksichtigung einer Herabsetzung gemäß Artikel 10.6 (in diesem Beispiel wären das zweimal 16 Monate, also 32 Monate).

   Somit würde eine *Sperre* von 32 Monaten verhängt werden, also dem längsten Zeitraum aus (a), (b) und (c).

3. In nächsten Schritt würde das *Disziplinarorgan* prüfen, ob die *Sperre* gemäß Artikel 10.6 ausgesetzt oder herabgesetzt werden kann (vom *Verschulden* unabhängige Herabsetzung). Im Fall des zweiten Verstoßes kann nur auf Artikel 10.6.1 (*substanzielle Hilfe*) abgestellt werden. Da *substanzielle Hilfe* geleistet wurde, könnte die Strafe für bis zu Dreiviertel der 32 Monate ausgesetzt werden.* Die Mindestdauer der *Sperre* würde also 8 Monate betragen. (In diesem Beispiel wird angenommen, dass das *Disziplinarorgan* 8 Monate der *Sperre* aufgrund der *substanziellen Hilfe* aussetzt, sodass sich die *Sperre* auf 2 Jahre verkürzt.)
4. Da das *von der Norm abweichende Analyseergebnis* während eines *Wettkampfs* festgestellt wurde, würde das *Disziplinarorgan* das in dem *Wettkampf* erzielte Ergebnis automatisch *annullieren.*
5. Gemäß Artikel 10.8 würden alle Ergebnisse *annulliert* werden, die der *Athlet* von der *Probe*nahme bis zum Beginn der *Sperre* erzielt hat, sofern nicht aus Gründen der Fairness eine andere Vorgehensweise geboten ist.
6. Die in Artikel 14.3.2 genannten Informationen müssen, wie bei jeder Sanktionierung, verpflichtend veröffentlicht werden, sofern der *Athlet* nicht *minderjährig* ist (Artikel 10.13).
7. Der *Athlet* darf während seiner *Sperre* in keiner Eigenschaft an einem *Wettkampf* oder einer sportlichen Aktivität im Zuständigkeitsbereich eines *Unterzeichners* oder seiner Vereine teilnehmen (Artikel 10.12.1). Jedoch kann der *Athlet* schon vorher ins Mannschaftstraining zurückkehren oder die Anlagen eines Vereins oder einer anderen Mitgliedsorganisation eines *Unterzeichners* oder seiner Vereine nutzen, sobald:
   (a) die letzten beiden Monate der *Sperre* des *Athleten* oder
   (b) das letzte Viertel der verhängten *Sperre* (Artikel 10.12.2) angebrochen sind, je nachdem, welcher Zeitraum kürzer ist. Somit dürfte der *Athlet* 2 Monate vor dem Ende der *Sperre* ins Training zurückkehren.

* Mit Zustimmung der *WADA* kann die *Sperre* bei *substanzieller Hilfe* in Ausnahmefällen um mehr als Dreiviertel ausgesetzt werden, und die Berichterstattung und Veröffentlichung können verzögert werden.

Den Text dieser Anti-Doping-Ordnung (ADO) finden Sie auch unter
www.pferd-aktuell.de/fairersport/human-anti-doping

Notizen

Teil D: Durchführungsbestimmungen (DB)

Durchführungsbestimmungen zu §§ 2, 4.2.1, 5.1.1 und 5.1.3

1. Präambel

Die Durchführungsbestimmung (DB) dient der Ausgestaltung und Ergänzung der in der LPO enthaltenen Bestimmungen für die Genehmigung und Durchführung von internationalen und Bundes-Veranstaltungen/-prüfungen sowie von der FN vergebenen Veranstaltungen/Prüfungen.

2. Definition

Veranstaltungen im Sinne dieser Durchführungsbestimmungen sind:

1. Internationale Veranstaltungen:
   Diese werden gemäß FEI-Reglement genehmigt und durchgeführt.
2. Bundes-Veranstaltungen und -LP sowie von der FN vergebene Veranstaltungen:
   Deutsche Meisterschaften und ähnliche jährlich stattfindende Veranstaltungen aller Disziplinen und Altersklassen, wie z.B. Bundes-Nachwuchschampionate, Goldene Schärpe, Bundesvergleichswettkämpfe usw.
3. Von der FN vergebene LP:
   Sichtungsprüfungen zu FEI- oder sonstigen internationalen Championaten.

3. Zuständigkeit

1. Gemäß LPO § 2.2 erfolgt die Genehmigung von Bundesveranstaltungen/-prüfungen und von der FN vergebenen PLS/LP durch die FN.
   Werden auf derselben PLS gemäß § 2.1 bzw. 2 Durchführungsbestimmungen, LP aus dem Zuständigkeitsbereich der jeweiligen Landeskommission ausgeschrieben, erfolgt die Genehmigung – auch als eigenständige PLS – dieser LP in der Regel durch die zuständige LK.
2. Gemäß LPO § 2.3 und § 53 erfolgt die Beaufsichtigung von Bundes-Veranstaltungen/-LP und von der FN vergebenen PLS/LP durch einen Beauftragten der FN. Werden auf derselben PLS LP des Zuständigkeitsbereichs der jeweiligen Landeskommission durchgeführt, erfolgt die Beaufsichtigung dieser Prüfungen durch den Beauftragten der FN, der im Einvernehmen mit der zuständigen LK benannt wird und dann auch die LK vertritt.
3. Bei allen anderen PLS, bei denen LP gemäß § 2.3 Durchführungsbestimmungen durchgeführt werden, erfolgt die Genehmigung und Beaufsichtigung durch die zuständige LK, die Genehmigung der LP gemäß § 2.3 Durchführungsbestimmungen in der Regel durch die FN.

4. Ausschreibungen

1. Alle von der FN genehmigten PLS bzw. LP-Ausschreibungen werden – gegebenenfalls auszugsweise – gemäß LPO § 30.2 im offiziellen Mitteilungsorgan der FN veröffentlicht.
2. Alle von der FN genehmigten Ausschreibungen tragen folgenden Genehmigungsvermerk:
   „Die Veranstaltung .... in ....
   und die Ausschreibung hierzu sind genehmigt.“

5. Allgemeine und Besondere Bestimmungen der Landeskommissionen

Allgemeine und Besondere Bestimmungen der Landeskommissionen gemäß § 5.2 LPO haben für von der FN genehmigte Veranstaltungen gemäß § 2.1 und 2.2 Durchführungsbestimmungen keine Gültigkeit, sofern sie von den LPO-Bestimmungen abweichende Regelungen vorsehen bzw. im Widerspruch zum genehmigten Ausschreibungs-Text stehen.

6. Terminanmeldungen

Bei PLS mit von der FN vergebenen (Bundes-)Prüfungen gemäß § 2.3 gelten für die Terminanmeldung die einschlägigen LK-Bestimmungen; bei Veranstaltungen gemäß § 2.1 und 2.2 Durchführungsbestimmungen besteht eine Informationspflicht der FN gegenüber der zuständigen LK analog § 10 LPO.

Durchführungsbestimmungen zu § 16.4

Identifizierung von Pferden bei PLS

Voraussetzung für das Verbringen eines Pferdes aus seinem Stall zur Teilnahme an PLS ist ein vollständig ausgefüllter Equidenpass. Die Identifikation vor und während einer PLS erfolgt anhand des ordnungsgemäß ausgefüllten Abzeichendiagramms und/oder der Transpondernummer. Die im Abzeichendiagramm eingezeichneten Abzeichen müssen mit der Beschreibung der Abzeichen übereinstimmen. Ein gemäß Passangaben nicht identifizierbares Pferd ist von der Teilnahme auszuschließen. Fehlende oder falsch eingetragene Abzeichen (im Diagramm und/oder in der Abzeichenbeschreibung) dürfen ausschließlich im Abschnitt 1, Teil C (Überprüfung der Beschreibung) des Equidenpasses korrigiert werden. Das heißt, auch wenn eine Korrektur während der PLS durch den Turniertierarzt erfolgt, muss der registrierenden Stelle der Pass schnellstmöglich (max. 30 Tage) vorgelegt werden, um die Änderung der in der Datenbank erfassten Daten vorzunehmen. Ein Eintrag über diese Auflage erfolgt an der im Equidenpass für die Kontrolle der Identität vorgesehenen Stelle (in roter Blockschrift).

Durchführungsbestimmungen zu § 16.5

Messbescheinigung

1. Ponys, die als Turnierpony gemäß § 16.5 registriert werden sollen, dürfen eine Widerristhöhe von max. 1,48 m ohne bzw. 1,49 m mit Eisen aufweisen. Für G-Ponys mit einem Stockmaß von 1,42 m und größer bei der Erstmessung muss bis zum Alter von 7 Jahren jedes Jahr mit der Beantragung der Fortschreibung eine aktuelle Messbescheinigung der LK bei der FN vorgelegt werden. Für alle anderen Ponys reicht der Nachweis der Pony-Messbescheinigung der Landeskommission (LK) bei der Ersteintragung als Turnierpony bei der FN aus.
   Bei älteren G-Ponys mit einem Stockmaß von 1,42 m und größer ist die LK-Messbescheinigung der zuletzt vorgenommenen Messung vorzulegen.
   Im Zweifelsfall kann – unabhängig vom Alter des Ponys, jedoch höchstens einmal

jährlich – auf Antrag der zuständigen LK, der FN oder des Besitzers eine Nachmessung durch einen von der FN beauftragten FEI-Tierarzt erfolgen, der nicht an der Erstmessung beteiligt war. Eine im Ausland ausgestellte Messbescheinigung hat im Geltungsbereich der LPO keine Gültigkeit.

2. Jede Pony-Messung muss nach folgenden Bestimmungen vorgenommen werden:
   a) Es muss eine angemessene glatte und ebene Fläche von mindestens 3 x 1 m für den Platz der Messung vorhanden sein.
   b) Das Pony sollte an die Anwendung des Messstabes gewöhnt und korrekt auf die Messung vorbereitet werden.
   c) Das Pony kann mit oder ohne jeglichen Beschlag gemessen werden.
   d) Der Platz für die Messung soll frei von vermeidbaren Störungen und Ablenkungen für das Pony sein.
   e) Der Messbeauftragte/Tierarzt, der die Messung durchführt, muss das Pony anhand seines FEI-Passes bzw. Equidenpasses identifizieren.
   f) Das Pony sollte mit einem Halfter oder auf Trense gezäumt zur Messung vorgestellt werden.
   g) Dem Pony soll vor der Messung etwas Zeit gegeben werden, um sich zu beruhigen und zu entspannen.
   h) Für die Messung müssen die Vorderbeine des Ponys parallel und senkrecht stehen; die Zehen der Vorderhufe sollen eine Linie bilden. Das Gewicht soll von den Hinterbeinen getragen werden, die so senkrecht wie möglich stehen müssen; die Zehen der Hinterhufe sollten nicht mehr als 15 cm voneinander entfernt sein.
   i) Der Kopf des Ponys muss sich in seiner natürlichen Position befinden.
   j) Die Messung muss am höchsten Punkt des Widerristes vorgenommen werden (d.h. direkt oberhalb des Dornfortsatzes des fünften Brustwirbels), der durch Auftastung bestimmt und wenn nötig markiert werden soll, bevor die Messung durchgeführt wird.
   k) Der Messbeauftragte/Tierarzt, der die Messung durchführt, ist dafür verantwortlich, dass der benutzte Messstab geeicht ist. Der Messstab muss mit einer Wasserwaage ausgerüstet sein. Ein geeichtes Lasergerät kann ebenso verwendet werden.
3. Für „Zweifelsfälle" im Sinne der Ziffer 1 gilt:
   – Ein Zweifelsfall liegt vor, wenn z.B. das Pferd bzw. Pony bei der Messung für eine aktuelle Messbescheinigung das zulässige Pony-Maß überschreitet oder ein Pferd bei der Messung als Pony eingestuft wird und vom Besitzer oder der FN/LK dieses Messergebnis angezweifelt wird.
   – Eine Nachmessung aus Anlass von Zweifelsfällen kann nur einmal jährlich (unabhängig vom Alter des Ponys) durchgeführt werden. Das bei der Nachmessung festgestellte Ergebnis ist maßgeblich.
     Die Nachmessung erfolgt durch einen von der FN beauftragten FEI-Tierarzt, der an der Erstmessung nicht beteiligt war. Die Kosten der Nachmessung gehen zulasten des Besitzers.

Durchführungsbestimmungen zu § 20.5

Gastlizenzregelung zur Teilnahme ausländischer Reiter/Fahrer/Voltigierer an nationalen PLS in Deutschland

Bezug: Reglement General der FEI, Art. 101 und 119 – LPO §§ 20 und 63

I. Gastlizenzregelung

1. Voraussetzungen

a) Einverständniserklärung der FN des Heimatlandes des Teilnehmers
b) Einverständnis der/s Veranstalter/s der PLS, an denen der Teilnehmer teilnehmen möchte

2. Einschränkungen

a) Zulässige Höchstzahlen von Teilnehmern mit Gastlizenzen je PLS:
- 15 Teilnehmer pro CDN, CSN, CCN, CVN-Einzel, CEN, CRN
- acht Teilnehmer pro CAN
- zwei Gruppen je CVN

b) Zulässige Höchstzahlen von Gastnationen:
- vier Nationen pro PLS

c) Ausnahme:
Sofern in der Ausschreibung festgelegt, kann bei grenznahen, vereinspartnerschaftlichen o.ä. PLS eine unbegrenzte Anzahl von Teilnehmern mit Gastlizenzen aus bis zu vier Nationen zugelassen werden (Sammelgastlizenz) – vgl. Art. 101.4 RG der FEI.

3. Gebühren

Die Erteilung einer Gastlizenz ist gebührenpflichtig (vgl. jeweils aktuelle Gebührenordnung, veröffentlicht im offiziellen Mitteilungsorgan der FN).

4. Leistungsklassen

Vgl. Durchführungsbestimmungen zu § 63.

II. Regelungen für ausländische Teilnehmer, die in Deutschland wohnen

Ausländische Teilnehmer, die in Deutschland leben, können ab dem Beginn ihres Aufenthalts in Deutschland einen Ausweis (FN-Jahresturnierlizenz) beantragen. Voraussetzung ist eine Einverständniserklärung der FN des jeweiligen Heimatlandes. Ansonsten gelten die Bestimmungen des § 20 sinngemäß.

Bei der Erstausstellung erfolgt auf Antrag die Einstufung in eine Leistungsklasse (Reiten/Fahren)/Klasse (Voltigieren) gemäß § 63 auf der Grundlage bisheriger Erfolge im Heimat- bzw. Ausland; rechtfertigen die Turniererfolge diese Einstufung, sind ausländische Reiter/Fahrer von der Nachweispflicht des Reit-/Fahr-/Longierabzeichens gemäß § 20.3 befreit, andernfalls ist eine entsprechende Prüfung nachzuweisen.

Durchführungsbestimmungen zu § 20.6.7

Präambel

Amateure:

Ein „Amateur“ im Turniersport mit der Teilnahmemöglichkeit an geschlossenen LP (Option A) erzielt gewerbsmäßig kein Einkommen

- durch den Beritt von Pferden für Dritte,
- durch das Erteilen von Reitunterricht,
- durch regelmäßigen Handel mit Pferden.

Folgende Voraussetzungen für die Teilnahmemöglichkeit an „geschlossenen“ bzw. Amateur-LP (Option A gemäß LPO § 20.6.7) sind zu erfüllen:

- Lkl. 7, 6 und 5: automatische Einstufung in Option A (Ausnahme: Pferdewirte und Pferdewirtschaftsmeister „klassische Reitausbildung“)
- Lkl. 4, 3, 2: Keinerlei Platzierungen in der zurückliegenden Saison (in der Zeit vom 01.10. des vorletzten bis 30.09. des letzten Jahres) mit mehr als drei verschiedenen Pferden in der betreffenden Disziplin (inkl. Aufbau-LP; exkl. Pony-LP und – auf Antrag – Mannschafts-LP)
- Keine Einstufung für Teilnehmer der Lkl. D1 bzw. S1.
- Keinerlei Teilnahme an LP der Kl. S*** und/oder höher der betreffenden Disziplin vom 01.10. des vorletzten Jahres bis zum 30.09. des Vorjahres
- Keine erfolgreich abgelegte Prüfung zum Pferdewirtschaftsmeister „klassische Reitausbildung“.
- Keine innerhalb der letzten 4 Jahre erfolgreich abgelegte Prüfung zum Pferdewirt „klassische Reitausbildung“. Nach Ablauf der 4 Jahre kann auf begründeten (vgl. Präambel) Antrag die Teilnahmemöglichkeit in „geschlossenen“ LP gewährt werden.

Auf Antrag kann in begründeten Einzelfällen auch bei Nichtvorliegen dieser Voraussetzungen der Amateurstatus gemäß Präambel gewährt werden.

Durchführungsbestimmungen zu § 23.1.3

Maximalzahl der zulässigen Nennungen

Bei Vorgabe einer Maximalzahl der zulässigen Nennungen gilt:

LP mit einer Maximalzahl der zulässigen Nennungen sind mindestens mit einem räumlichen (z.B. Regionalverband, Kreisverband etc.; nicht bundesweit) sowie mit einem weiteren Handicap (z.B. Leistungsklassen, Ranglistenpunkte, Vorerfolge, Alter etc.) auszuschreiben.

Durchführungsbestimmungen zu § 25

Mindest-Gesamtgeldpreise und Aufteilung in Einzelgeldpreise

1. Für die nachstehenden LP gelten folgende Mindest-Gesamtgeldpreise als Ausschreibungs-Rahmenbedingungen. Einzelheiten vgl. nachstehende Tabellen.

1.1 Dressur

Dressur-LP Kl. E	€	100,–
Dressur-LP Kl. A*/**	€	150,–
Dressur-LP Kl. L*/**	€	200,–
Dressur-LP Kl. M*	€	300,–
Dressur-LP Kl. M**	€	500,–
Dressur-LP Kl. S	€	750,–
Dressur-LP Kl. S mit Piaffe und Passage	€	1.500,–
Grand Prix, Grand Prix-Kür und Grand Prix Special (S***)	€	2.500,–
Grand Prix (S****)	€	5.000,–
Grand Prix-Kür und Grand Prix Special (S****)	€	7.500,–

1.2 Springen

Spring-LP Kl. E	€	100,–
Spring-LP Kl. A*/**	€	150,–
Spring-LP Kl. L	€	200,–
Spring-LP Kl. M*	€	300,–
Spring-LP Kl. M**	€	500,–
Spring-LP Kl. S*	€	1.000,–
Spring-LP Kl. S* Junioren/Junge Reiter	€	750,–
Spring-LP Kl. S**	€	3.000,–
Spring-LP Kl. S***	€	8.000,–
Spring-LP Kl. S****	€	30.000,–
Spring-LP Kl. S mit mehrmaligem Stechen (Mächtigkeits-/Zweikampf-/Barrierenspringen)	€	3.000,–

Bei Spring-LP mit Stechen bzw. mit zwei Umläufen und bei Kombinierten Dressur-LP erhöht sich der entsprechende Mindestgeldpreis um jeweils mindestens 25% (Ausnahme: Spring-LP Kl. S****). Bei nicht in den folgenden Tabellen aufgeführten Beträgen ist auf den nächstniedrigeren in den Tabellen ausgewiesenen Gesamtgeldpreis zurückzugehen.

1.3 Vielseitigkeit

(Ausnahme: bei zusätzlicher Ausschreibung der einzelnen Teilprüfungen als Einzel-LP ist der Geldpreis gemäß 1.1 auszuschreiben)

1.3.1 Vielseitigkeits-LP

Vielseitigkeits-LP Kl. E				€	300,–
Vielseitigkeits-LP Kl. A und E/A	€	450,–	bis	€	1.200,–
Vielseitigkeits-LP Kl. L und A/L	€	600,–	bis	€	1.350,–
Vielseitigkeits-LP Kl. L/M	€	900,–	bis	€	1.350,–
Vielseitigkeits-LP Kl. M				€	1.500,–

Vielseitigkeits-LP Kl. S und M/S			€ 2.000,–
Große Vielseitigkeits-LP Kl. L			€ 1.500,–
Große Vielseitigkeits-LP Kl. M			€ 3.000,–
Große Vielseitigkeits-LP Kl. S			€ 6.000,–

1.3.2 Geländeritte/Stilgeländeritte

Geländeritte/Stilgeländeritte Kl. E			€ 100,–
Geländeritte/Stilgeländeritte Kl. A	€ 150,–	bis	€ 400,–
Geländeritte/Stilgeländeritte Kl. L	€ 200,–	bis	€ 450,–
Geländeritte/Stilgeländeritte Kl. M			€ 500,–

1.4 Fahren

1.4.1

		Dressur-/Hindernisfahren/ Gebrauchs-LP	Hindernisfahren mit Stechen
Kl. E	Einspänner	€ 100,–	€ 150,–
	Zweispänner	€ 100,–	€ 150,–
Kl. A	Einspänner	€ 150,–	€ 200,–
	Zweispänner	€ 200,–	€ 250,–
	Vier-/Mehrspänner	€ 300,–	€ 350,–
Kl. M	Einspänner	€ 200,–	€ 250,–
	Zweispänner	€ 300,–	€ 350,–
	Vier-/Mehrspänner	€ 400,–	€ 450,–
Kl. S	Einspänner	€ 500,–	€ 600,–
	Zweispänner	€ 600,–	€ 750,–
	Vier-/Mehrspänner	€ 750,–	€ 1.000,–

1.4.2

		Gelände-LP	Geländefahrt
Kl. E	Einspänner		€ 100,–
	Zweispänner		€ 100,–
Kl. A	Einspänner		€ 200,–
	Zweispänner		€ 250,–
	Vier-/Mehrspänner		€ 300,–
Kl. M	Einspänner		€ 300,–
	Zweispänner		€ 350,–
	Vier-/Mehrspänner		€ 400,–
Kl. S	Einspänner		€ 600,–
	Zweispänner		€ 750,–
	Vier-/Mehrspänner		€ 1.000,–

1.4.3 Kombinierte LP für Fahrpferde (mit Gelände-LP) wie Hindernisfahren mit Stechen.
Sofern die Teilprüfungen einer Kombinierten LP nicht separat als Einzel-LP ausgeschrieben werden (Vielseitigkeits-LP Fahren), ist der Gesamtgeldpreis dieser LP zu verdoppeln.

1.5 Basis-LP

Kl. A bzw. ohne Klasse	€ 150,–
Kl. L	€ 200,–

1.6 Aufbau-LP

Kl. A	€	150,–
Kl. L	€	200,–
Kl. M	€	250,–
Jagdpferde-LP		
Kl. M	€	500,–
Kl. S	€	600,–

1.7 Kombinierte LP

Kl. E	€	100,–
Kl. A	€	150,–
Kl. L	€	200,–

sowie ggf. Dotierung der jeweiligen Einzel-LP (s.o.)

1.8 Voltigier-LP

Kl. E, A und L	€	150,–
Kl. M	€	200,–
Kl. S und Junior	€	250,–

Bei jeglicher Form der reduzierten Geldpreisauszahlung gemäß § 25.1 bis 3 ist grundsätzlich der gemäß oben stehender Festlegung vorgesehene Mindestgesamtgeldpreis je LP auszuschreiben.

2. Für LP ab Kl. M mit einem höheren Geldpreis als unter Ziffer 1 aufgeführt gilt: Der Gesamtgeldpreis ist in vollen 50,– Euro-Beträgen weitgehend zu staffeln; der Siegergeldpreis beträgt ein Viertel bis ein Fünftel des Gesamtgeldpreises.
3. Für LP mit einer Dotierung bis 4.000,– Euro sind die gemäß Tabelle aufgeführten Einzelgeldpreise auszuzahlen (Ausnahme vgl. § 24.1.5 – hier gelten die in der Tabelle aufgeführten Einzelgeldpreise als Mindestbeträge; die Aufteilung in Einzelgeldpreise ist in der Ausschreibung festzulegen), siehe nachstehende Tabellen.
4. Bei Mannschafts-LP wird der Geldpreis gemäß nachstehender Tabelle I (Vorgaben „21 bis 35 Nennungen" bzw. „21 bis 40 Nennungen") ausgezahlt.
   Bei der Einzelwertung von Mannschafts-LP wird die Anzahl der gestarteten Mannschaften mit der Zahl der je Mannschaft zugelassenen Teilnehmer multipliziert und ergibt so die Anzahl der Nennungen.
5. Bei gleicher Platzierung mehrerer Teilnehmer werden die Geldpreise addiert und durch die Zahl der gleichplatzierten Teilnehmer geteilt. Der Einzelgeldpreis ist dann auf volle Euro aufzurunden.

Hinweis zu den Tabellen:

Bei Mehrplatzierung über die in der Tabelle aufgeführten Geldpreise hinaus ist für weitere Platzierte der jeweils letztaufgeführte Geldpreis auszuzahlen.
Bei LP mit einer Dotierung von 500,– Euro und höher kann bei Mehrplatzierung über die in der Tabelle aufgeführten Geldpreise hinaus für weitere Platzierte auf den zweifachen Einsatz zurückgegangen werden.

Tabelle I: Kl. E bis S (Ausnahme: Vielseitigkeits-LP bis 1.500 €)

Dotierung in €	Nennungen je Prfg./Abt.	Platz 1	2	3	4	5	6	7	8	9	10 und weitere
100	1–20	20	16	13	11	10					
	21–35	23	18	15	13	12	10	10	10		
	ab 36	25	20	17	15	14	10	10	10	10	10
150	1–20	30	24	20	17	15					
	21–35	33	27	23	20	18	15	15			
	ab 36	36	30	26	23	21	15	15	15	15	15
200	1–20	40	32	26	22	20					
	21–35	44	36	30	26	24	20	20	20		
	ab 36	48	40	34	30	28	20	20	20	20	20
250	1–20	50	40	33	28	25					
	21–35	55	45	38	33	30	25	25	25		
	ab 36	60	50	43	38	35	25	25	25	25	25
300	1–20	60	48	39	33	30					
	21–35	66	54	45	39	36	30	30	30		
	ab 36	72	60	51	45	42	30	30	30	30	30
350	1–20	70	56	46	39	35					
	21–35	77	63	53	46	42	35	35	35		
	ab 36	84	70	60	53	49	35	35	35	35	35
400	1–20	80	64	52	44	40					
	21–35	88	72	60	52	48	40	40	40		
	ab 36	96	80	68	60	56	40	40	40	40	40
450	1–20	90	72	59	50	45					
	21–35	99	80	68	59	50	45	45	45		
	ab 36	108	88	77	68	55	45	45	45	45	45
500	1–20	100	75	65	52	47					
	21–35	105	85	70	60	52	47	47	47		
	ab 36	110	90	80	69	57	50	47	47	47	47
600	1–20	120	85	70	55	50					
	21–35	125	90	75	62	55	50	50	50		
	ab 36	130	95	82	70	60	55	50	50	50	50
700	1–20	140	88	73	62	58					
	21–35	150	95	78	67	62	53	53	53		
	ab 36	155	105	88	77	67	60	53	53	53	53
750	1–20	150	106	84	67	60					
	21–35	157	111	88	72	64	54	54	54		
	ab 36	165	117	95	81	68	60	54	54	54	54
800	1–20	160	125	95	72	62					
	21–35	165	128	98	78	66	56	55	55		
	ab 36	175	130	102	85	70	60	55	55	55	55

Dotierung in €	Nennungen je Prfg./Abt.	Platz 1	2	3	4	5	6	7	8	9	10 und weitere
900	1–20	180	145	105	81	68					
	21–35	185	147	110	85	70	58	57	57		
	ab 36	195	150	112	92	75	62	57	57	57	57
1.000	1–20	200	165	120	90	75					
	21–40	210	167	122	95	77	62	60	60		
	41–60	220	170	125	100	80	65	60	60	60	60
	ab 61	230	180	135	105	85	70	70	65	60	60
1.100	1–20	220	180	132	99	82					
	21–40	231	183	134	104	84	68	63	63		
	41–60	242	187	137	110	88	71	63	63	63	63
	ab 61	253	198	148	115	93	77	75	63	63	63
1.200	1–20	240	198	144	108	90					
	21–40	252	200	146	114	92	74	66	66		
	41–60	264	204	150	115	96	78	66	66	66	66
	ab 61	276	216	162	126	102	84	77	66	66	66
1.250	1–20	250	205	150	112	92					
	21–40	262	208	152	116	94	77	67	67		
	41–60	275	212	156	117	98	81	67	67	67	67
	ab 61	287	225	168	130	104	87	78	69	67	67
1.300	1–20	260	212	156	117	94					
	21–40	273	217	158	119	97	80	69	69		
	41–60	286	221	162	120	100	84	69	69	69	69
	ab 61	299	234	175	134	107	90	79	72	69	69
1.400	1–20	280	214	160	121	95					
	21–40	294	218	164	123	98	82	73	72		
	41–60	308	230	171	125	102	85	75	72	72	72
	ab 61	315	242	180	135	110	93	82	74	72	72
1.500	1–20	300	215	165	125	96					
	21–40	305	220	170	128	99	85	77	75		
	41–60	310	240	180	130	105	87	80	75	75	75
	ab 61	320	250	185	136	112	95	85	75	75	75
1.750	1–20	350	255	195	135	105					
	21–40	355	265	205	145	110	100	90	85		
	41–60	360	275	215	160	115	105	95	85	85	85
	ab 61	375	295	225	180	130	110	95	85	85	85
2.000	1–20	400	300	240	175	140					
	21–40	410	305	245	177	145	120	105	95		
	41–60	420	310	250	180	150	120	110	100	90	90
	ab 61	450	335	260	200	160	135	120	110	100	90

Dotierung in €	Nennungen je Prfg./Abt.	Platz 1	2	3	4	5	6	7	8	9	10 und weitere
2.250	1–20	450	350	270	195	165					
	21-40	470	360	275	205	170	135	120	115		
	41-60	480	370	285	210	175	145	130	120	115	115
	ab 61	515	400	300	220	180	150	135	125	120	115
2.500	1–20	500	405	300	220	185					
	21-40	525	415	305	230	190	155	135	135		
	41-60	540	425	315	240	195	165	145	135	135	135
	ab 61	575	450	325	250	205	170	150	140	135	135
2.750	1–20	550	420	315	240	190					
	21-40	570	430	320	245	200	165	145	140		
	41-60	580	450	340	255	210	175	155	140	140	140
	ab 61	610	480	355	265	225	185	165	150	140	140
3.000	1–20	600	430	330	250	195					
	21-40	610	460	350	260	210	170	155	150		
	41-60	620	480	360	270	220	180	160	150	150	150
	ab 61	650	510	390	280	250	210	175	160	150	150
3.250	1–20	650	470	365	260	205					
	21-40	660	495	380	280	215	185	170	160		
	41-60	670	515	395	295	225	195	175	160	160	160
	ab 61	700	550	425	320	265	230	190	175	160	160
3.500	1–20	700	510	400	270	210					
	21-40	710	530	410	300	220	200	180	170		
	41-60	720	550	430	320	230	210	190	170	170	170
	ab 61	750	590	460	360	280	250	200	190	170	170
3.750	1–20	750	555	440	310	245					
	21-40	765	570	450	325	260	220	195	180		
	41-60	780	585	465	340	265	225	205	185	175	175
	ab 61	825	630	490	380	300	260	220	205	185	175
4.000	1–20	800	600	480	350	280					
	21-40	820	610	490	355	300	240	210	190		
	41-60	840	620	500	360	300	240	220	200	180	180
	ab 61	900	670	520	400	320	270	240	220	200	180

Tabelle II: Vielseitigkeits-LP Reiten Kl. E bis L sowie Fahren Kl. E bis M

Dotierung	Nennungen					Platz					10 und
in €	je Prfg./Abt.	1	2	3	4	5	6	7	8	9	weitere
300	1–30	60	45	35	30	30	30				
	31–40	65	50	45	35	35	30	30	30		
	ab 41	75	60	50	45	35	30	30	30	30	30
400	1–30	80	60	50	40	40	40				
	31–40	90	70	60	50	50	40	40	40		
	ab 41	100	80	70	60	50	40	40	40	40	40
450	1–30	90	65	60	45	45	45				
	31–40	105	80	65	55	55	45	45	45		
	ab 41	110	90	80	65	55	45	45	45	45	45
500	1–30	100	75	65	50	50	50				
	31–40	115	90	75	65	65	50	50	50		
	ab 41	125	100	90	75	65	50	50	50	50	50
600	1–30	120	90	75	60	60	60				
	31–40	135	105	90	75	75	60	60	60		
	ab 41	150	120	105	90	75	60	60	60	60	60
700	1–30	140	105	90	70	70	70				
	31–40	160	125	105	90	90	70	70	70		
	ab 41	175	140	125	105	90	70	70	70	70	70
750	1–30	150	110	95	75	75	75				
	31–40	170	135	110	95	95	75	75	75		
	ab 41	185	150	135	110	95	75	75	75	75	75
900	1–30	180	135	110	90	90	90				
	31–40	200	155	135	110	110	90	90	90		
	ab 41	225	180	155	135	110	90	90	90	90	90
1.000	1–30	200	150	130	100	100	100				
	31–40	230	180	150	130	130	100	100	100		
	ab 41	250	200	180	150	130	100	100	100	100	100
1.050	1–30	210	155	135	105	105	105				
	31–40	240	185	155	135	135	105	105	105		
	ab 41	260	210	185	155	135	105	105	105	105	105
1.200	1–30	240	180	150	120	120	120				
	31–40	270	210	180	150	150	120	120	120		
	ab 41	300	240	210	180	150	120	120	120	120	120
1.350	1–30	270	200	165	135	135	135				
	31–40	300	235	200	165	165	135	135	135		
	ab 41	335	270	235	200	165	135	135	135	135	135
1.500	1–30	300	225	195	150	150	150				
	31–40	345	270	225	195	195	150	150	150		
	ab 41	375	300	270	225	195	150	150	150	150	150

Tabelle III: Voltigier-LP Kl. E bis S

Dotierung in €	Platz 1	2	3	4	5	6	7
150	35	30	25	15	15	15	15
200	45	40	30	25	20	20	20
250 gemäß Ausschreibung							

Durchführungsbestimmungen zu § 27

Höhe von Nenngeld, Startgeld, Einsatz

Die Höhe des Einsatzes bzw. des Nenn-, Start- und Gewinngeldes ist abhängig von der ausgeschriebenen LP-Art und LP-Klasse. Sofern in der Ausschreibung nicht anders geregelt, handelt es sich beim Einsatz bzw. bei Nenn-, Start- und Gewinngeldern um Bruttobeträge.

1. Das Nenngeld beträgt für LP mit Gesamtgeldpreisen
   - zwischen 500,– und 4.000,– € zwischen 13,– und 18,– €
   - zwischen 4.100,– und 10.000,– € einheitlich 20,– €
   - ab 10.100,– € einheitlich 50,– €

   Für Vielseitigkeits-LP Reiten ab GVL/VM und Fahren Kl. S (sofern die einzelnen Teilprüfungen nicht als Einzel-LP ausgeschrieben werden) beträgt das Nenngeld zwischen 35,– und 50,– €.
2. Das Startgeld beträgt für LP mit Gesamtgeldpreisen
   - zwischen 500,– und 4.000,– € maximal 1,00%
   - zwischen 4.100,– und 10.000,– € maximal 0,75%
   - ab 10.100,– € maximal 0,50%

   des ausgeschriebenen Gesamtgeldpreises.

   Wird gemäß § 24.1.7 im Gesamtgeldpreis zurückgegangen, ist die maximale Höhe des Startgeldes entsprechend zu berechnen.
3. a) Der Einsatz bei einer Dotierung bis zu 500,– Euro setzt sich (außer für Vielseitigkeits-LP Reiten/Fahren, sofern die einzelnen Teilprüfungen nicht als Einzel-LP ausgeschrieben werden; hierzu siehe c) grundsätzlich zusammen aus:
      - einem Organisationsbeitrag in Höhe von 3,– bis 8,– Euro sowie
      - 3% des ausgeschriebenen Gesamtgeldpreises (dies gilt für sämtliche Varianten der Geldpreisauszahlung gemäß § 25).

   b) Bei einer Dotierung von bis zu 1.500,– Euro (außer für Vielseitigkeits-LP Reiten/Fahren, sofern die einzelnen Teilprüfungen nicht als Einzel-LP ausgeschrieben werden; hierzu siehe c) kann gemäß Ausschreibung festgelegt werden, dass lediglich Einsatz fällig wird.

   Der Einsatz bei einer Dotierung von 500,– bis 1.500,– Euro beträgt bei einem Gesamtgeldpreis der LP:

von	€	500,–	=	€	18,00 bis 23,00
von	€	600,–	=	€	19,00 bis 24,00
von	€	700,–	=	€	20,00 bis 25,00

von	€	750,–	=	€	20,50 bis 25,50
von	€	800,–	=	€	21,00 bis 26,00
von	€	900,–	=	€	22,00 bis 27,00
von	€	1.000,–	=	€	23,00 bis 28,00
von	€	1.100,–	=	€	24,00 bis 29,00
von	€	1.200,–	=	€	25,00 bis 30,00
von	€	1.250,–	=	€	25,50 bis 30,50
von	€	1.300,–	=	€	26,00 bis 31,00
von	€	1.400,–	=	€	27,00 bis 32,00
von	€	1.500,–	=	€	28,00 bis 33,00

c) Der Einsatz setzt sich in Vielseitigkeits-LP Reiten und Fahren, bei denen die einzelnen Teilprüfungen nicht als Einzel-LP ausgeschrieben werden, bis zu einem Geldpreis von 1.500,– Euro grundsätzlich zusammen aus einem Organisationsbeitrag in Höhe von 10,– bis 30,– Euro sowie 3% des ausgeschriebenen Gesamtgeldpreises. Bei Gelände-LP (Reiten), die ausschließlich als Einzel-LP ausgeschrieben werden, setzt sich der Einsatz aus einem Organisationsbeitrag in Höhe von 10,– bis 20,– Euro sowie 3% des ausgeschriebenen Gesamtgeldpreises zusammen.

4. In LP für Mannschaften und in der Disziplin Fahren werden Nenngeld, Startgeld bzw. Einsatz nur für die Mannschaft bzw. das Gespann erhoben.
5. In allen V-LP beträgt der Einsatz 30,– Euro je Gruppe, 10,– Euro je Einzelvoltigierer und 15,– Euro je Voltigiererpaar. Zusätzlich kann ein Organisationsbeitrag von bis zu 15,– Euro (Gruppen) bzw. 5,– Euro (Einzelvoltigierer)/7,50 Euro (Voltigiererpaar) erhoben werden. In V-LP mit Geldpreisen wird zusätzlich ein Startgeld von 8,– Euro erhoben.

Durchführungsbestimmungen zu § 28

Züchterprämien

1. Für die Auszeichnung der Züchter
   a) der jährlichen Champions bei den Bundeschampionaten der FN,
   b) deutscher Reitpferde, die bei Weltmeisterschaften oder Olympischen Spielen Einzel- oder Mannschaftsmedaillen für das deutsche Team in den Disziplinen Springen, Dressur, Vielseitigkeit und Fahren errungen haben,
   c) der international erfolgreichsten deutschen 15 Spring-, 10 Dressur- und 5 Vielseitigkeitspferde unter ausländ. Teilnehmern gem. Rangliste der FEI/WBFSH,
   d) der erfolgreichsten deutschen 2500 Spring-, 1000 Dressur-, 100 Vielseitigkeits- und 100 Fahrpferden auf der Basis der jährlichen Rangliste des FN-Bereichs Zucht und
   e) der erfolgreichsten deutschen 200 Spring-, 100 Dressur-, 20 Vielseitigkeits- und 50 Fahrponys auf der Basis der jährlichen Rangliste des FN-Bereichs Zucht sowie für die Öffentlichkeitsarbeit für Züchter sind als Züchterprämien an die FN zur weiteren Verteilung und Verwendung gem. FN-Gebührenordung abzuführen: Bei einer Gesamtsumme der ausgeschriebenen Gesamtgeldpreise und des Wertes der anstelle von Geldpreisen ausgelobten Sachpreise sowie der Geldpreise in Sonderwertungen u.Ä. sind

bei nationalen PLS	– von Beträgen bis zu	20.000 €	3%
	– von Beträgen ab	20.001 €	2%
bei internationalen PLS	– von Beträgen bis zu	100.000 €	3%
	– von Beträgen ab	100.001 €	1%

als Züchterprämien vom Veranstalter innerhalb von 8 Tagen nach Rechnungslegung an die FN abzuführen.

2. Empfangsberechtigt ist der im Geltungsbereich der LPO wohnende Züchter gemäß § 11 eines Pferdes gemäß § 16.6 Liste I und II, der
   a) für die Auszeichnung gemäß 1.a) bis c) Mitglied einer Züchtervereinigung war oder ist, die der FN angeschlossen ist,
   b) für die Auszeichnung gemäß 1.d) und e) Mitglied einer Züchtervereinigung ist, die der FN angeschlossen ist und der Eigentümer wenigstens eines eingetragenen Zuchtpferdes ist.
3. Bei Todesfall, vorgezogener Erbfolge oder Rechtsnachfolge geht der Anspruch auf den/die Zuchtstätte weiterführenden Erben oder Rechtsnachfolger über. Falls kein Empfangsberechtigter vorhanden ist, entfällt der Anspruch.
   Züchter müssen ihre nicht im Jahrbuch Zucht der FN veröffentlichten erfolgreichen Pferde bis zum 30.03. des Folgejahres des Züchterprämienanfalls bei der FN anmelden. Danach erlischt der Anspruch für erfolgreiche, nicht als deutsche Pferde erkannte Pferde.
4. Die Aufteilung der Züchterprämien eines Jahres zur Auszeichnung erfolgreicher Züchter gemäß 1.a) bis e) sowie zur Öffentlichkeitsarbeit für Züchter erfolgt auf der Grundlage der jährlichen Ranglisten und des festgesetzten prozentualen Verteilungsschlüssels des FN-Bereichs Zucht.

Durchführungsbestimmungen zu § 34

Nennungsschluss

1. Der Nennungsschluss liegt im Regelfall zwischen 11 bis 21 Tage (max. 28 Tage möglich) vor PLS-Beginn, er kann jedoch auf 5 Tage vor PLS-Beginn verkürzt werden.
2. Für PLS mit maximal acht LP, die grundsätzlich an nur einem Tag stattfinden, liegt der Nennungsschluss bis zu 7 Tage vor PLS-Beginn („Late-Entry"-Turnier). Bei derartigen PLS ist ein erhöhter, maximal doppelter/s Einsatz/Nenngeld, jedoch lediglich der geringstmögliche Organisationsbeitrag zulässig. Gebühren für Nachnennungen dürfen bei „Late-Entry"-Turnieren nicht erhoben werden.

Durchführungsbestimmungen zu § 35

Nachnennung
(auf Antrag des Veranstalters) (§ 35.1.2)

1. Vor Nachnennungsschluss bzw. vor Schließen der Prüfung für weitere Nachnennungen durch den Veranstalter: Die Startplatz-/Teilnehmer-/Pferde-Nachnennung erfolgt über NeOn und wird dem Veranstalter zum Download bereitgestellt.
   Gebühr: 8,– Euro je Startplatz-/Teilnehmer-/Pferde-Nachnennung zzgl. Einsatz etc. (vgl. Gebührenordnung).
2. Während einer laufenden PLS: Die Startplatz-/Teilnehmer-/Pferde-Nachnennung

erfolgt auf der PLS bis zum Meldeschluss der jeweiligen LP und wird der FN mit der Ergebnisbearbeitung übermittelt.

Gebühr: 25,– Euro je Startplatz-/Teilnehmer-/Pferde-Nachnennung zzgl. Einsatz etc. (vgl. Gebührenordnung)

3. Bei Nachnennungen für Mannschafts-LP bzw. LP mit Mannschaftswertung sowie Teilnehmernach-/Pferde-Nachnennungen ausschließlich für Mannschafts-LP bzw. LP mit Mannschaftswertung wird keine Gebühr fällig.

Teilnehmerwechsel/Startplatzübernahme (auf Antrag des Teilnehmers) (§ 35.1.3)

Ein zur betreffenden PLS bereits genannter oder durch Teilnehmer-Nachnennung nachgenannter Teilnehmer übernimmt den reservierten Startplatz eines anderen Teilnehmers. Er muss ein von dem ursprünglichen Teilnehmer bis Nennungsschluss zu der PLS genanntes Pferd auswählen. Dem ursprünglich genannten Teilnehmer steht dieser Startplatz in der betreffenden LP nicht mehr zur Verfügung.

Liegen diese Voraussetzungen nicht vor, handelt es sich um eine Nachnennung gemäß § 35.1.2 bzw. Durchführungsbestimmungen.

Teilnehmer-Nachnennung (auf Antrag des Teilnehmers) (§ 35.1.4)

Ein noch nicht zur betreffenden PLS genannter Teilnehmer kann bis zum Meldeschluss der jeweiligen LP eine Teilnehmer-Nachnennung für diese PLS vornehmen. Voraussetzung hierfür ist:

- der Nachweis der Teilnahmeberechtigung gemäß LPO bzw. Ausschreibung,
- eine ordnungsgemäß genannte LP bzw. eine entsprechende Nachnennung sowie die Abgabe eines gültigen NeOn-Nachweises des Reit-/Fahrausweises (FN-Jahresturnierlizenz) vor Ort.

Eine nicht termingerecht abgegebene oder den Bestimmungen der Ausschreibung bzw. der LPO-Vorschriften nicht entsprechende Teilnehmer-Nachnennung führt zum Ausschluss.

Pferde-Nachnennung (auf Antrag des Teilnehmers) (§ 35.1.5)

Für ein nicht zur betreffenden PLS genanntes Pferd kann bis Meldeschluss der jeweiligen LP eine Pferde-Nachnennung für diese PLS vorgenommen werden.

Das noch nicht genannte Pferd darf nur in LP gestartet werden, in denen es gemäß LPO und Ausschreibung startberechtigt ist und für die der Teilnehmer ordnungsgemäß genannt bzw. Nachnennung vorgenommen hat.

Voraussetzung hierfür ist die Abgabe eines gültigen NeOn-Fortschreibungs-Nachweises sowie die Vorlage des Equidenpasses.

Nachgetragene Pferde sind stichprobenartig anhand des Equidenpasses auf ihre Identität zu überprüfen.

Für LP Fahren wird die Nachnenngebühr pro Gespann erhoben, ungeachtet der Anzahl der für dieses Gespann nachgenannten Pferde.

Durchführungsbestimmungen zu § 38.1

Erfolgsanrechnung von nationalen LP im Ausland

Für die Erfolgsanrechnung von nationalen LP im Ausland gilt:

1. Gemäß §§ 1.2 bzw. 20.1 ist der Besitz einer FN-Jahresturnierlizenz (Reit-, Fahr-, Longenführer- bzw. Voltigierausweis) erforderlich.

2. Gemäß § 63.3.3 muss für die Teilnahme an nationalen LP im Ausland eine Startgenehmigung der FN (für LP ≈ Kl. S) bzw. der zuständigen LK (für LP ≈ Kl. E bis M) vorliegen.
   Für die Erteilung einer Startgenehmigung muss frühzeitig eine Kopie der genehmigten Ausschreibung bei FN bzw. LK vorliegen. Die Erteilung einer Startgenehmigung ist gebührenpflichtig (vgl. Gebührenordnung FN).
3. Bis 14 Tage nach der Veranstaltung müssen die offiziellen, vom Veranstalter unterschriebenen Ergebnislisten der betreffenden LP (bei LP ≈ bis Kl. M über die Landeskommissionen) mit folgenden Angaben bei der FN vorliegen:
   - Eintragungs-Nummer der platzierten Pferde,
   - Platzierung und ausgeschütteter Geldpreis in Euro,
   - bei Spring-LP: Strafpunkte/Zeit,
   - bei Dressur-LP: Gesamtwertnote bzw. Punktsumme/erreichte Prozentzahl, sofern Dressuraufgaben der FEI geritten wurden, werden Erfolge in diesen nur angerechnet, wenn die Prüfung von mindestens drei Richtern bewertet wurde,
   - bei Fahr- und Vielseitigkeits-LP: komplette Ergebnisübersichten der jeweiligen LP.

Durchführungsbestimmungen zu § 40.2

Tierärztliche Versorgung

Bei allen PLS sowie allen LP im Gelände (Reiten und Fahren) gilt, dass grundsätzlich ein Tierarzt an allen Tagen einer PLS beziehungsweise während der gesamten Prüfung anwesend sein muss. Im Einzelfall (Ausnahme: Gelände-LP Reiten und Fahren) ist die schnellste Einsatzbereitschaft (max. ca. 15 Minuten) möglich.
Bei Gelände-LP Reiten und Fahren hat sich der Tierarzt mit der Geländestrecke vertraut zu machen.
Grundlage für die tierärztliche Versorgung ist eine schriftliche Vereinbarung zwischen Veranstalter und Tierarzt (vgl. Merkblatt zu § 40 – Mustervertrag).

Durchführungsbestimmungen zu § 47

Nummernschilder/Rückennummern

A. Die Nummernschilder müssen folgende Voraussetzungen erfüllen:
   1. Zahlen in schwarzer Schrift auf weißem Untergrund.
   2. Die Fläche/der Durchmesser von Nummernschildern dürfen folgende Größen nicht unterschreiten:
      - eine Fläche von ca. 80 cm^2 bei quadratischen oder rechteckigen Nummernschildern,
      - einen Durchmesser von mindestens 9 cm bei runden/ovalen Nummernschildern.

B. Die Rückennummern müssen folgende Voraussetzungen erfüllen:
   1. Ausreichend große Zahlen in schwarzer Schrift auf weißem Untergrund.
   2. Die Flächengröße der Rückennummern soll ca. 20 x 30 cm (600 cm^2)/DIN-A4 nicht unterschreiten.

Durchführungsbestimmungen zu § 52.2

Erlaubte/nicht erlaubte Aufbauarten in der Prüfungsvorbereitung Springen

Abb. 51: Beispiele für erlaubte Aufbauarten

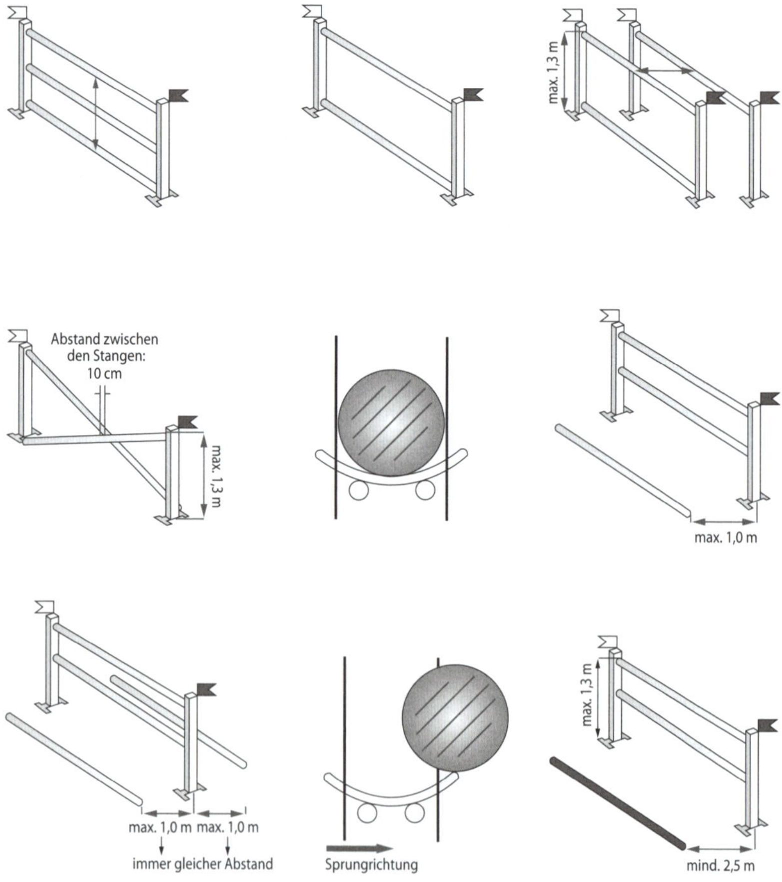

Max. Hindernishöhe: Prüfungsanforderungen + 10 cm

Abb. 52: Beispiele für nicht erlaubte Aufbauarten

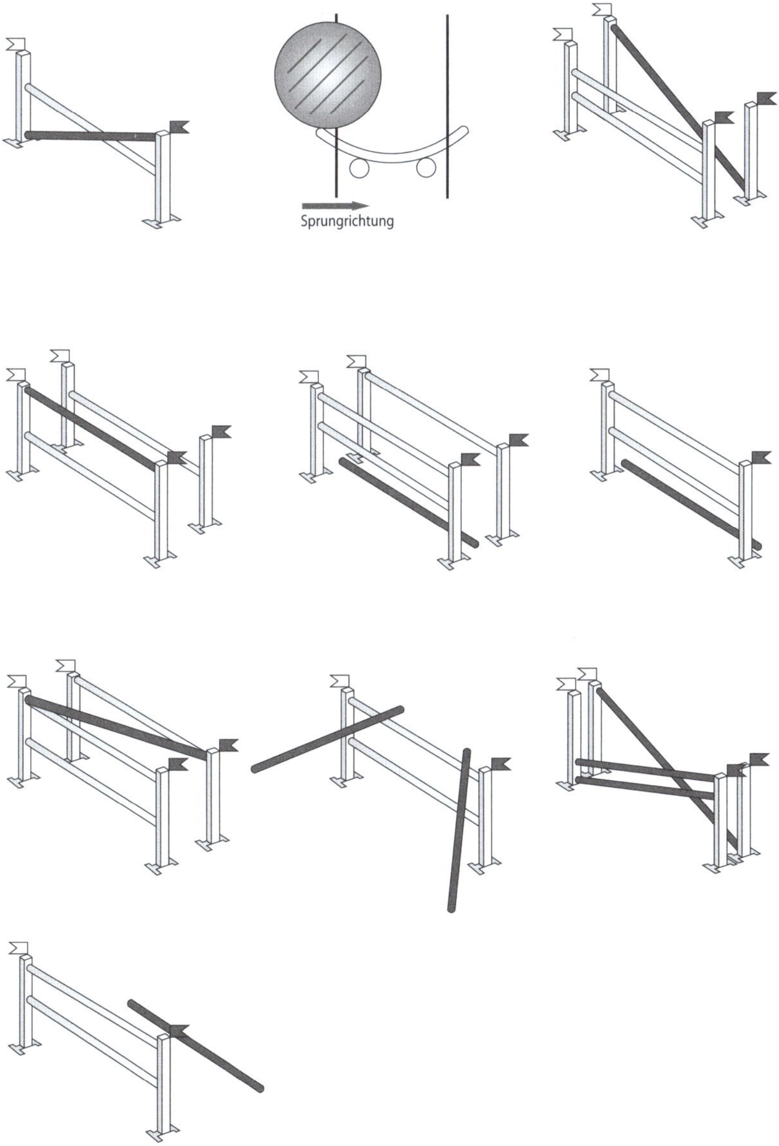

Durchführungsbestimmungen zu § 56.3

Aufsicht Vorbereitungsplatz

Als Aufsicht auf dem Vorbereitungsplatz können zusammen mit mindestens einem gesamtverantwortlichen Richter entsprechend für diesen Aufgabenbereich geschulte/qualifizierte Personen eingesetzt werden. Bis zur Schaffung eines bundesweit einheitlichen Ausbildungsweges „Richter Vorbereitungsplatz (Steward)“ obliegt die Ausbildung dieser Personen den LK. Über die Anerkennung einer in einer anderen LK erworbenen Qualifikation im Bereich der Aufsicht auf dem Vorbereitungsplatz entscheidet die jeweilige LK.

Durchführungsbestimmungen zu § 63

I. Leistungsklassen (Reiten/Fahren/Voltigieren)

1. Gültigkeit

Gemäß § 63 ergibt sich die Teilnahmeberechtigung für Aufbau-LP (Teil B III.2) sowie für die Disziplinen Dressur (Teil B IV), Springen (Teil B V), Vielseitigkeit (Teil B VI), Fahren (Teil B VII) und Voltigieren (Teil B II) aufgrund der Zugehörigkeit zu einer bestimmten Leistungsklasse. Der Ausschreibungstext der betreffenden LP ist entsprechend zu kennzeichnen. Für die Teilnahme an LP der Kl. E mit der Lkl. 7 ist lediglich die Registrierung und Nennung über NeOn erforderlich. Eine Einstufung in die Lkl. 7 ist max. für 2 aufeinanderfolgende Jahre möglich. Das Mindestalter für die Beantragung der Lkl. 7 beträgt 6 Jahre, d.h., der Teilnehmer wird im laufenden Kalenderjahr 6 Jahre alt (ausgenommen Voltigieren).

2. Startberechtigungsregelung

Die Startberechtigung der Inhaber der einzelnen Leistungsklassen/Klassen regelt sich für die jeweilige Disziplin (bzw. die LP der jeweiligen Paragrafen der LPO) grundsätzlich wie folgt:

1. Dressur und Springen:

Lkl. 1:	LP Kl. S, M, L, A (nur Aufbau-LP)
Lkl. 2:	LP Kl. S, M, L, A** und Aufbau-LP
Lkl. 3:	LP Kl. S (in Spring-LP nur Kl. S* und S**), M, L, A
Lkl. 4:	LP Kl. M (inkl. Aufbau-LP), L, A
Lkl. 5:	LP Kl. L, A
Lkl. 6:	LP Kl. A, E
Lkl. 7:	LP Kl. E

2. Vielseitigkeit:

Lkl. 1:	LP Kl. S, M, L, A
Lkl. 2:	LP Kl. S, M, L, A
Lkl. 3:	LP Kl. S, M, L, A
Lkl. 4:	LP Kl. M, L, A
Lkl. 5:	LP Kl. L, A
Lkl. 6:	LP Kl. A, E
Lkl. 7:	LP Kl. E

3. Fahren:
   Lkl. 1: LP Kl. S, M, A
   Lkl. 2: LP Kl. S (nur Ein- und Zweispänner), M, A
   Lkl. 3: LP Kl. S (nur Einspänner), M, A
   Lkl. 5: LP Kl. M, A
   Lkl. 6: LP Kl. A, E
   Lkl. 7: LP Kl. E
4. Voltigieren:
   Gruppenvoltigieren
   Lkl. 1: LP Kl. S**
   Lkl. 2: LP Kl. S*
   Lkl. 3: LP Kl. M**
   Lkl. 4: LP Kl. M*
   Lkl. 5: LP Kl. L
   Lkl. 6: LP Kl. A
   Lkl. 7: LP Kl. E
   Einzelvoltigieren
   Lkl. 1: LP Kl. S
   Lkl. 2: LP Kl. M
   Lkl. 3: LP Kl. L
   In LP für Doppelvoltigierer und Junior-Gruppen erfolgt keine Einteilung in Leistungsklassen.
   4.1 Gruppenvoltigieren:
   Teilnahmeberechtigt sind Gruppen gemäß § 63, die im laufenden und/oder vergangenen Kalenderjahr folgende Kriterien erfüllen:
   a) LP der Kl. E:
      - Startberechtigung maximal 2 Kalenderjahre in Kl. E
   b) LP der Kl. A:
      - maximal dreimal die Endnote 5,5 oder höher in Kl. A
   c) LP der Kl. L:
      - maximal dreimal die Endnote 5,8 oder höher in Kl. L
      - mindestens zweimal die Endnote 5,5 oder höher in Kl. A
      - mindestens einmal die Endnote 5,0 oder höher in Kl. L
      - mindestens zweimal die Endnote 5,5 oder höher in Kl. Junior
      - mindestens vier Voltigierer der Gruppe sind bei Meldung zum Start nachweislich im Besitz des VA 3
   d) LP der Kl. M:
      - mindestens zweimal die Endnote 5,8 oder höher in Kl. L
      - mindestens einmal die Endnote 5,3 oder höher in Kl. M
      - mindestens zweimal die Endnote 5,8 oder höher in Kl. Junior
   e) LP der Kl. S:
      - mindestens zweimal die Endnote 6,5 oder höher in Kl. M
      - mindestens einmal die Endnote 6,0 oder höher in Kl. S
      - mindestens zweimal die Endnote 6,5 oder höher in Kl. Junior
   f) LP der Junior-Gruppen: Keine Einschränkungen

Alle Wertnoten müssen jeweils in LP mit komplettem Pflicht- und Kürprogramm erreicht werden.

4.2 Einzelvoltigieren: Teilnahmeberechtigt sind alle Einzelvoltigierer gemäß § 63, die im laufenden und/oder vergangenen Kalenderjahr folgende Endnoten erreicht haben:

a) LP der Kl. L: max. dreimal die Endnote 6,5 oder höher in Kl. L oder Junior
b) LP der Kl. M: mindestens zweimal die Endnote 6,5 oder höher in Kl. L oder Junior, max. dreimal die Endnote 7,3 oder höher in Kl. M
c) LP der Kl. S: mindestens zweimal die Endnote 7,3 oder höher in Kl. M oder Junior

Alle Wertnoten müssen jeweils in LP mit komplettem Pflicht- und Kürprogramm erreicht werden.

Für den Verbleib in der Klasse M muss im laufenden oder vergangenen Kalenderjahr mindestens einmal die Endnote 6,0 erreicht werden.

Für den Verbleib in der Klasse S muss im laufenden oder vergangenen Kalenderjahr mindestens einmal die Endnote 6,8 erreicht werden.

Maßgeblich ist die Festlegung in der Ausschreibung. Eine LP kann für eine oder mehrere Lkl. ausgeschrieben werden (vgl. auch §§ 400.6 und 500.7).

Bei Zulassung von mehr als einer Leistungsklasse für eine LP dürfen nur benachbarte Leistungsklassen ausgeschrieben werden.

Die Ausschreibung nach Leistungsklassen kann für Meisterschafts-LP entfallen.

Die Leistungsklassen können mit anderen, gemäß LPO möglichen, Handicaps gekoppelt werden. Zum Beispiel: Die Koppelung der Leistungsklasse mit

a) den Ranglistenpunkten des Teilnehmers oder
b) der Altersklasse/dem Jahrgang des Teilnehmers oder
c) dem Geschlecht des Teilnehmers oder
d) dem Alter des Pferdes oder
e) den Gewinnsummenpunkten/Erfolgen des Pferdes etc.

Darüber hinaus bieten sich regionale Abgrenzungen als Koppelungshandicap an.

3. Einstufungskriterien

Die Kriterien werden jeweils zum Ende eines Jahres für das folgende Kalenderjahr vom FN-Bereich Sport festgelegt und bei Änderungen im offiziellen Mitteilungsorgan der FN veröffentlicht.

Kriterien für die automatische Einstufung in eine Leistungsklasse sind die erzielten Turniererfolge in bestimmten Prüfungsklassen (maßgeblich sind die Erfolge im Anrechnungszeitraum gemäß § 62) bzw. die Beantragung des Reit-/Fahrausweises (FN-Jahresturnierlizenz) (vgl. entsprechende Veröffentlichungen der FN, www.pferd-aktuell.de).

Werden die Bedingungen zur Einstufung in eine Leistungsklasse nicht durch die Platzierungen in einer Prüfungsklasse erfüllt, werden entsprechende Erfolge höherer Prüfungsklassen hinzugerechnet.

Erfolge aus Dressurpferde- bzw. Springpferde-LP werden wie Erfolge aus Dressur- bzw. Spring-LP berechnet.

Erfolge aus Kombinierten Dressur-/Spring-/Gelände-LP (KDSG) werden wie Erfolge in Vielseitigkeits-LP der entsprechenden Klasse angerechnet.
Erfolge aus Dressurreiter-LP werden wie Erfolge aus Dressur-LP angerechnet.
Erfolge aus reinen Pony-LP (außer Fahren) werden nur auf Antrag berücksichtigt.

Voraussetzungen für Lkl. D6/S6/V6 und D5/S5/V5

Für die Einstufung in Lkl. D6/S6/V6 ist mindestens der Besitz des DRA IV (bis 2013) bzw. RA 5 (ab 2014), für die Einstufung in die Lkl. D5/S5/V5 ist der Besitz des DRA III (bis 2013) bzw. RA 4 (ab 2014) nachzuweisen.

Voraussetzungen für Lkl. F6 und F5

Für die Einstufung in Lkl. F6 ist mindestens der Besitz des „Kleinen Fahrabzeichens" DFA IV (bis 2013) bzw. FA 5 (ab 2014), für die Einstufung in die Lkl. F5 ist der Besitz des „Bronzenen Fahrabzeichens" DFA III (bis 2013) bzw. FA 4 (ab 2014) nachzuweisen.

4. **Höherstufung und Rückstufung auf Antrag**

Die Höherstufung von einer Leistungsklasse in die nächsthöhere ist jederzeit möglich, sofern die verlangten Erfolge bzw. der Besitz eines entsprechenden Reit-/Fahrabzeichens bzw. der Ausbilderprüfung (vgl. Merkblatt Leistungsklassen: Durchführungsbestimmungen zu § 63 LPO – www.pferd-aktuell.de) nachprüfbar vorliegen. Ebenso kann eine Höherstufung aufgrund nachprüfbarer und verwertbarer früherer Erfolge auf Antrag vorgenommen werden.

Die Höherstufung aufgrund von Abzeichen, Ausbilderprüfungen oder nachprüfbarer früherer Erfolge muss jährlich neu beantragt werden.

Für die Höherstufung einer Leistungsklasse im Laufe der Saison ist eine formlose Angabe der gewünschten Disziplin, Leistungsklasse und des Veranstaltungstermins, ab dem die neue Leistungsklasse in Kraft treten soll, erforderlich:

- Höherstufung aufgrund von Erfolgen – Angabe mit Ort und Datum
- Höherstufung aufgrund eines Abzeichens – Beilage vollständiger Kopie
- Höherstufung aufgrund einer Ausbilderprüfung – Beilage der Kopie des Zeugnisses

Ein Teilnehmer kann so lange mit seiner bisherigen Leistungsklasse seine Nennungen abgeben, bis die neue Leistungsklasse in den sportfachlichen Daten des NeOn-Systems geändert ist; erst dann tritt die Höherstufung in Kraft. Den Veranstaltern ist ein kurzer Hinweis auf die beantragte Höherstufung zu geben. Ein Nachweis der neuen Leistungsklasse – Ausdruck der sportfachlichen Daten aus dem NeOn-System – ist der Meldestelle vorzulegen.

Eine Rückstufung ist grundsätzlich nur in die Lkl. D6 und/oder S6 und/oder V6 und/oder F6 zum Beginn der neuen Saison und nur bei Antrag auf Wiederausstellung eines Reit-/Fahrausweises (FN-Jahresturnierlizenz) möglich.

Die Ausstellung eines geänderten Reit-/Fahrausweises (FN-Jahresturnierlizenz) ist gebührenpflichtig (Gebühr für Wiederausstellung).

Voltigieren:

1. Höherstufung: In Ausnahmefällen kann eine Höherstufung für Voltigierer

auch unabhängig von den o.g. Bestimmungen auf Antrag bei der FN erfolgen. Eine Befürwortung des/der zuständigen LV/LK ist dem Antrag, die Bestätigung der Höherstufung dem Leistungsnachweis beizufügen.
Höherstufungen während des laufenden Kalenderjahres können nur in besonders begründeten Fällen beantragt werden.

2. Rückstufung: Rückstufungen für Voltigierer erfolgen grundsätzlich auf Antrag bei der FN. Eine Befürwortung des/der zuständigen LV/LK ist dem Antrag beizufügen.
   Rückstufungen während des laufenden Kalenderjahres können nur in besonders begründeten Fällen vorgenommen werden.

5. Teilnehmer mit Gastlizenz

Teilnehmer, die eine Gastlizenz beantragen, werden in eine Leistungsklasse (Reiten/Fahren/Voltigieren) eingestuft. Sofern sie bereits aus den Vorjahren Erfolge auf PLS im Bereich der Deutschen Reiterlichen Vereinigung (FN) erlangt haben, erfolgt die Einstufung aufgrund dieser Erfolge. Liegen keine Erfolge vor, können sie sich mit der Antragstellung selbst für eine Lkl. entscheiden.
Teilnehmer mit Gastlizenz verbleiben auch bei einer evtl. Verlängerung der Gastlizenz in dem betreffenden Jahr in der Leistungsklasse, in die sie bei Ausstellung der Gastlizenz eingestuft wurden. Im Übrigen gilt Ziffer 4 entsprechend.

II. FN-Punktesystem (Ranglistenpunkte)

Die Kriterien werden jeweils zum Ende eines Jahres für das folgende Kalenderjahr vom FN-Bereich Sport festgelegt und bei Änderungen im offiziellen Mitteilungsorgan der FN veröffentlicht.

Kriterien für die Errechnung der auf dem Reit-/Fahrausweis (FN-Jahresturnierlizenz) aufgeführten Ranglistenpunkte sind die Turniererfolge der jeweils zurückliegenden Saison (in der Zeit vom 1. Oktober des vorletzten Jahres bis 30. September des letzten Jahres). Punktevergabe: Vgl. entsprechende Veröffentlichungen der FN, www.pferd-aktuell.de.

Durchführungsbestimmungen zu § 66.1.7

Impfschutz gegen Influenzavirusinfektionen

Impfungen gegen Influenzavirusinfektionen sind von einem Tierarzt wie folgt durchzuführen und von diesem entsprechend, einschließlich Unterschrift und Stempel, im Equidenpass zu dokumentieren:

A) Grundimmunisierung
   Die Grundimmunisierung besteht aus drei Impfungen. Bei den ersten zwei Impfungen ist ein Abstand von mind. 28 Tagen bis höchstens 70 Tagen einzuhalten. Die dritte Impfung ist im Abstand von maximal 6 Monaten + 21 Tagen nach der zweiten Impfung durchzuführen.

B) Wiederholungsimpfungen
   Wiederholungsimpfungen sind im Abstand von maximal 6 Monaten + 21 Tagen durchzuführen.

Zusätzlich wird eine Impfung gegen Herpesvirusinfektionen empfohlen.

Ordnungsgemäß durchgeführte Impfungen gegen Tetanus werden als selbstverständlich erachtet.

Eine Teilnahme an einer PLS ist möglich, wenn:

a) bei der Grundimmunisierung die ersten zwei Impfungen erfolgt sind und nach der zweiten Impfung 14 Tage vergangen sind,
b) bei Wiederholungsimpfungen und der dritten Impfung der Grundimmunisierung 7 Tage nach der letzten Impfung vergangen sind,
c) bei fehlender Information über die Grundimmunisierung das Pferd in den letzten 3 Jahren regelmäßig, das heißt im Abstand von maximal 6 Monaten + 21 Tagen, nachweislich geimpft wurde.

Die Kontrolle des Impfschutzes gegen Influenzavirusinfektionen erfolgt durch den Turniertierarzt anhand der Eintragungen im Equidenpass; diese Kontrolle kann bei der Anreise zur PLS sowie jederzeit während der PLS erfolgen. Zusätzlich können aus wissenschaftlichen Gründen Blutproben genommen werden.
Eintragungen über Verstöße sind im Equidenpass in den Seiten zur Impfung vom kontrollierenden Tierarzt entsprechend vorzunehmen.

Durchführungsbestimmungen zu § 66.6.6

Besteht während der Vorbereitung oder des Verlaufs einer LP der Verdacht auf frisches Blut am Pferd, so wird das Pferd untersucht und dazu ggf. die Prüfungsvorstellung dieses Teilnehmers von einem verantwortlichen Richter unterbrochen und das Pferd von diesem und/oder dem Turniertierarzt in Augenschein genommen. Ist kein frisches Blut feststellbar, wird die Prüfungsvorstellung bzw. -vorbereitung fortgesetzt.
Sofern eine Unterbrechung der Prüfungsvorstellung dieses Teilnehmers nicht möglich ist bzw. unangemessen erscheint, ist unverzüglich nach Beendigung der Vorstellung gemäß § 67.6.1 sowie den diesbezüglichen Durchführungsbestimmungen das Pferd in Augenschein zu nehmen und ggf. im Nachhinein zu disqualifizieren. Die erforderliche Entscheidung wird durch die Richter der LP in Abstimmung mit dem untersuchenden Tierarzt nach Beendigung der LP getroffen.

Durchführungsbestimmungen zu § 67

Durchführung von Verfassungsprüfungen, Pferde- und Fitnesskontrollen

1. Verfassungsprüfungen und Fitnesskontrollen sind gemäß Merkblatt für Turniertierärzte durchzuführen. Einzelheiten zu Pferdekontrollen enthält das nachfolgende Untersuchungsprotokoll.
2. Pferdekontrollen sind gemäß dem folgenden Untersuchungsprotokoll durchzuführen. Nur bei von der Norm abweichenden Befunden ist das Protokoll auszufüllen.

Betr.: PLS/BV ______________________ am ______________ 20___

Auf Veranlassung der FN/LK/Richtergruppe wurde folgendes Pferd untersucht:

Name: ______________________ Programm-/Eintragungs-/Lebensnummer: ______________

Farbe/Abzeichen: ______________________

Besitzer: ______________________ Wohnort: ______________

Teilnehmer: ______________________ Wohnort: ______________

Untersuchender Tierarzt: ______________________ Wohnort: ______________

Telefon: ______________ Anwesender Richter: ______________

Die Untersuchung erfolgte in Gegenwart des Teilnehmers/Besitzers/dessen Beauftragten (Nichtzutreffendes streichen).

Die Überprüfung des Pferdes bzw. der Ausrüstung hat Folgendes ergeben:

Haltungs- und Pflegezustand: ______________________

Zustand der Extremitäten: ______________________

Bandagen: ______________ Springglocken: ______________

Gamaschen: ______________ Flanken/Sporen: ______________

Gurt/Sattellage: ______________ Maul/Zäumung/Gebiss: ______________

Anspannung: ______________ Verpassen Geschirr: ______________

❑ Es wurde eine Verfassungsprüfung angeordnet.
❑ Es wurde eine Medikationskontrolle angeordnet.
❑ Es wurde eine weitergehende Untersuchung (z.B. des Maules, der Kronränder etc. oder spezieller Ausrüstungsgegenstände) angeordnet.

____
Ergebnis der Verfassungsprüfung

______________________ ______________________
Ort und Tag | Unterschrift des Richters

______________________ ______________________
Unterschrift des Teilnehmers, Besitzers oder dessen Beauftragten | Unterschrift des Tierarztes

Durchführungsbestimmungen zu § 67.4

Ein Merkblatt für das Vorgehen im Falle eines toten Pferdes im Zusammenhang mit einer PLS findet sich unter (www.pferd-aktuell.de). Die FN ist innerhalb von 72 Stunden nach dem Tod des Pferdes mithilfe des Meldeformulars (www.pferd-aktuell.de) in Kenntnis zu setzen.

Durchführungsbestimmungen zu § 70

Kriterien für die Zulassung von Ausrüstungsgegenständen gemäß § 70

I. Gebisse

A. Alle Prüfungsarten Zäumung auf Trense (siehe Abb. 53 „Wie ein Gebiss gemessen wird")

1. Material

- Materialien, die angemessenen Zugbelastungen standhalten und durch das Kauen der Pferde nicht in ihren Konturen zerstört werden können und die für Pferde nicht gesundheitsschädigend sind
- Grundsätzlich abgerundete Konturen und glatte Oberflächen, um Verletzungen an den Maulwinkeln, den Laden, dem Gaumen und der Zunge der Pferde zu vermeiden

2. Gebissweite

Gebisse dürfen die Maulwinkel nicht einklemmen und zwischen Maulwinkel und Gebissring nicht mehr als 0,5 cm herausragen, wenn das Gebiss gerade im Maul liegt.

3. Gebisssstärke

- Zwischen 14 und 21 mm am Maulwinkel gemessen (Pferde) [1] siehe Abb. 53
- Nicht weniger als 8 mm an der dünnsten Stelle (Pferde) [2] siehe Abb. 53
- Zwischen 10 und 18 mm am Maulwinkel gemessen (Ponys) [1] siehe Abb. 53
- Nicht weniger als 8 mm an der dünnsten Stelle (Ponys) [2] siehe Abb. 53
- Die Stärke der Gelenke bzw. das Mittelstück bei doppelt gebrochenen Gebissen liegt zwischen 14 und 21 mm [3] siehe Abb. 53

4. Form

Gebrochene Gebisse

- Einfach gebrochen
- Doppelt gebrochen
- Mit geraden Mundstücken
- Mit der Anatomie angepassten, gebogenen Mundstücken

Stangengebisse (nur für Spring- und Gelände-LP ab Kl. A)

- Mit geradem Mundstück
- Mit der Anatomie angepasstem, gebogenem Mundstück (Zungenfreiheit: 0 bis 40 mm gemäß Kandaren-Abbildung)

5. **Verbindungen bei gebrochenen Gebissen**
   - Gelenk in der Mitte des Gebisses
   - Bei doppelt gebrochenen Gebissen: Mittelstück mittig
   - In allen Bereichen abgerundete Kanten und Übergänge
   - Einzelne Teile von Verbindungsgliedern nicht dünner als 5 mm im Bereich der Auflagefläche [4] siehe Abb. 53
   - Arretierende Gebisse sind wie Stangengebisse zu behandeln.
6. **Mittelstück bei doppelt gebrochenen Gebissen**
   - Mittelstück vergleichbar mit Abb. 4 „Erlaubte Gebisse und Ausrüstungsgegenstände", § 70
   - Runde Konturen in allen Dimensionen
   - Glatte Oberfläche
   - Stärke zwischen 14 und 21 mm bzw. 10 und 18 mm für Ponys
   - Länge: max. 4 cm [5] siehe Abb. 53

Abb. 53: Wie ein Gebiss gemessen wird

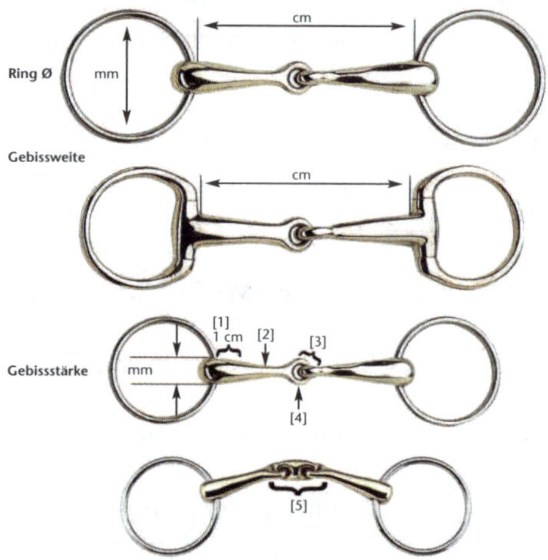

7. **Gebissringe und Verbindungen zu den Ringen**
   - Durchmesser zwischen 55 und 90 mm für Pferde
   - Durchmesser zwischen 45 und 70 mm für Ponys
   - Durchlaufend mit kreisrunden Ringen, rund und abgerundete Konturen
   - Olivenkopf
   - Olivenkopf mit durchlaufenden Trensenringen
   - Renn-D-Trense
   - Auch Schenkeltrense gemäß § 70, Abb. 7 „Erlaubte Gebisse und Ausrüstungsgegenstände"
   - Der Zügel muss frei durch die Ringe gleiten können.

B. Springpferde-, Geländepferde, Jagdpferde- sowie Spring- und Gelände-LP der Kl. A bis S

Zusätzlich zu A): Stangengebisse, Pelhams und Drei-Ringe-Gebisse (in einfach und doppelt gebrochener Form oder ungebrochen entsprechend Abb. 14) müssen den unter Material beschriebenen Beschaffenheitskriterien entsprechen.
Der Zügel muss beim Pelham frei im vorgeschriebenen Steg gleiten können (Ausnahme § 70.B.IV).

C. Kandare für die Dressur

1. **Materialien**
   Metalle oder Kunststoffe, die für Pferde nicht gesundheitsschädigend sind
2. **Gebissstärke**
   - Zwischen 14 und 21 mm am Maulwinkel gemessen (Pferde)
   - Nicht weniger als 8 mm an der dünnsten Stelle (Pferde)
   - Zwischen 10 und 18 mm am Maulwinkel gemessen (Ponys)
   - Nicht weniger als 8 mm an der dünnsten Stelle (Ponys)
   - Stange starr, mit abgerundeten Konturen mit Zungenfreiheit bis max. 40 mm gemäß Abb. 54
3. **Anzüge**
   Feststehend, nicht drehbar; Oberbaum max. 5 cm; Unterbaum max. 10 cm
   Verhältnis von Oberbaum zu Unterbaum: 1 : 1 bis 1 : 2
   Definition der einzelnen Teile gemäß Abb. 54
4. **Unterlegtrense**
   Grundsätzlich wie „Erlaubte Gebisse" siehe § 70.B.I. Unterlegtrense (Material: Metall oder Kunststoff, unterschiedliche Metalle und Kunststoffe sind grundsätzlich kombinierbar. Ausnahme: nachweislich gesundheitsschädigende Kombinationen). Kandarenanzüge und Gebiss dürfen bei leicht angenommenem Zügel nicht kollidieren. Eine unabhängige Zügeleinwirkung muss gewährleistet sein.
   Gebissstärke: mind. 10 mm, an der dünnsten Stelle: 8 mm, max. 16 mm
5. **Kinnkette**
   gemäß Abb. 13 „Erlaubte Gebisse und Ausrüstungsgegenstände"
   Eine Kinnkettenunterlage zur Schonung ist zulässig.

Abb. 54: Länge der Seitenteile bei Kandaren oder Pelhams

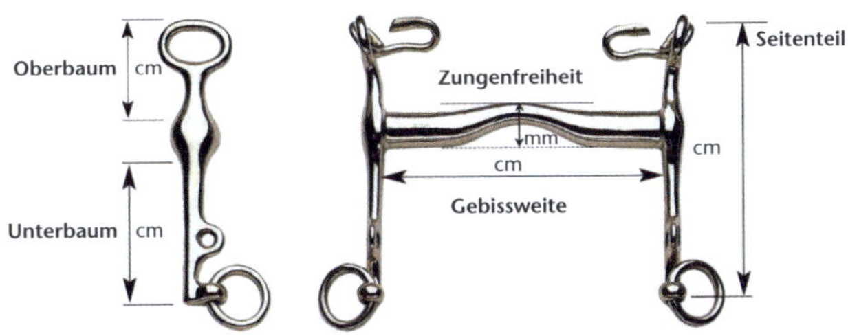

II. Reithalfter

Verschnallung des Reithalfters

Die Verschnallung des Reithalfters richtet sich nach der jeweiligen Lage auf dem Nasenrücken des Pferdes. Bspw. finden bei einem korrekt verschnallten Hannoverschen Reithalfter zwei, bei einem Englischen Reithalfter ein Finger Platz zwischen Nasenrücken und Reithalfter.

III. Beinschutz

Neben den in § 70.C aufgeführten Vorschriften gelten für den Gebrauch von Gamaschen und allen sonstigen Ausrüstungsgegenständen zum Schutz der Pferdebeine folgende weiterführenden Regeln:

Gamaschen und alle sonstigen erlaubten Ausrüstungsgegenstände an den Beinen dienen dem Schutz der Beine und sind korrekt anzulegen. Nur so ist die gewünschte Schutzwirkung gegeben.

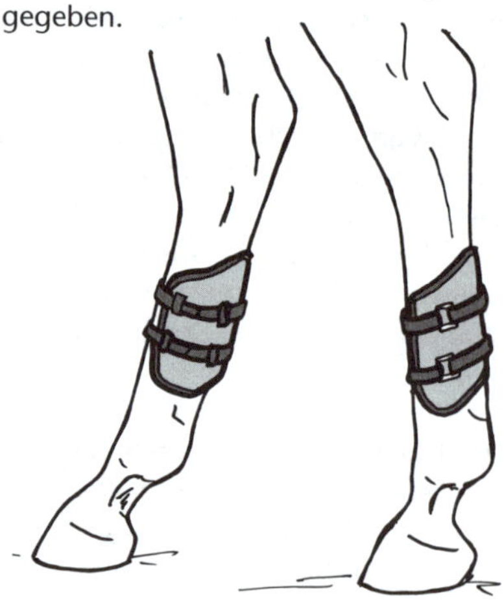

Abb. 55
Beispiel für die nicht korrekte Verschnallung einer Hinterbeingamasche

Mit Betreten des Vorbereitungsplatzes Springen darf die Ausrüstung an den Pferdebeinen nicht mehr geändert werden. Zu diesem Zweck ist auch ein Verlassen des Vorbereitungsplatzes nicht zulässig. Sollte im Verlauf der Vorbereitung dennoch eine Korrektur an der Ausrüstung notwendig sein, da z.B. durch ein Verrutschen der Ausrüstung die Schutzfunktion nicht mehr gegeben ist, ist dies durch den Teilnehmer der Aufsicht auf dem Vorbereitungsplatz anzuzeigen und hat in dessen Gegenwart zu erfolgen. Die Nichtanzeige der Änderung des Beinschutzes ist als „unsportliches Verhalten" gemäß § 52.2.a) zu werten. Ein Anbringen unmittelbar vor dem Einritt ist nicht erlaubt.

IV. Kriterien für die Zulassung von Ballenschonern und Fesselbändern

Ballenschoner

Der Ballenschoner darf den Hufmechanismus nicht behindern. Solche, die über den Kronenrand des Hufes hinausreichen, sind nicht zugelassen.

Fesselband

Das Fesselband muss weich und mit einem Klettverschluss versehen sein.

Durchführungsbestimmungen zu § 140

Wettkampfordnung für Menschen mit Behinderung im Pferdesport

Die Teilnehmer sind verpflichtet, vor Beginn einer LP, an der sie teilnehmen möchten, sowohl dem Richter auf dem Vorbereitungsplatz als auch den Richtern der Prüfung je eine Kopie ihres Sportgesundheitspasses vorzulegen. Zusätzlich ist das Original des gültigen Sportgesundheitspasses vorzulegen. Teilnehmer, die das Original des Sportgesundheitspasses auf Aufforderung nicht vorlegen können, werden von der jeweiligen Prüfung disqualifiziert.
Grundsätzlich dürfen alle Teilnehmer, die im Besitz eines gültigen Sportgesundheitspasses sind, nur durch Kopfnicken grüßen.
Im Gegensatz zum FEI-Reglement muss im Geltungsbereich der LPO in der Dressur bezüglich der Zäumung immer so geritten werden, wie dies durch die Ausschreibung vorgegeben ist. In Fahrprüfungen, Springprüfungen und Prüfungen im Gelände ist die Zäumung zugelassen, die lt. LPO erlaubt ist. Spezialzügel/andere Zügelführungen müssen im Sportgesundheitspass dokumentiert sein.
Sehbehinderte und Blinde müssen auf dem Vorbereitungsplatz aus Sicherheitsgründen am Oberarm eine Blindenbinde tragen, damit sich andere Teilnehmer darauf einstellen können.
Sehbehinderte und Blinde dürfen immer vom Inneren des Vierecks einreiten, auch wenn andere Teilnehmer der Prüfung von außen einreiten müssen.
Wenn im Sportgesundheitspass die Zuhilfenahme von Vorleser (international Commander) und Zurufern (international Caller) zugelassen ist, gilt Folgendes:

- Vorleser lesen die zu reitende Aufgabe vor. Sie müssen bei E oder B positioniert sein; wenn das nicht möglich ist, möglichst nah bei C.
- Die Aufgabe darf, wenn lt. Sportgesundheitspass ein Vorleser erlaubt ist, auch dann vorgelesen werden, wenn sie lt. Ausschreibung eigentlich auswendig zu reiten ist. Es darf nur die zu reitende Aufgabe vorgelesen werden.
- Darüber hinaus darf keine weitere Stimmhilfe gegeben werden.
- Zurufer rufen die Viereckbuchstaben zu. Maximal neun Zurufer dürfen verwendet werden. Einer davon darf in der Nähe von X stehen.

Abb. 56: Sportgesundheitspass

Sportgesundheitspass

Deutsches Kuratorium für Therapeutisches Reiten e.V.

Vor- und Zuname:	*Max Mustermann*
Geburtsdatum:	*01.01.2012*
Adresse:	*Freiherr-von-Langen-Str. 8a* *48231 Warendorf*
FN-Landesverband:	*Muster*
Reitverein:	*RV Muster*

Portrait-foto

Wettkampfklasse:

Para-Equestrian Dressur	*Grade ....*
Para-Equestrian Fahren	*Grade ....*

Kompensatorische Hilfsmittel:

- *Kompensatorisches Hilfsmittel I*
- *Kompensatorisches Hilfsmittel II*
- *Kompensatorisches Hilfsmittel III*

Sportgesund: ❑

Sportgesund mit Einschränkungen: ❑

Einschränkung der Reitsporttauglichkeit: *z.B. kein Springen*

Gültig bis:

- Taube und Hörgeschädigte dürfen Gehörlosensprache oder Funkkommunikation verwenden. (Die sportartspezifische Klassifizierung von Taubheit oder einer Hörschädigung ist nur in Verbindung mit einer weiteren Einschränkung/Behinderung möglich.) Bei Verwendung von Funkkommunikation bei Hörgeschädigten muss sichergestellt werden, dass ausschließlich die Aufgabe vorgelesen wird.
- In LP über Hindernisse sind nur Teilnehmer zugelassen, in deren Sportgesundheitspass Springen eingetragen ist.

Durchführungsbestimmungen zu § 307

(Analog Leitlinien für die Veranlagungsprüfung von Hengsten der Deutschen Reitpferdezuchten)

Freispring-LP
Angestrebt wird ein willig-flüssiges, aufmerksames Überwinden der Hindernisse mit hergegebenem Rücken und der Hindernishöhe entsprechendem Aufwand.
Verlangt werden zwei kleine Einsprünge und ein Aussprung, der zunächst als Steilsprung, dann als Hochweitsprung aufgebaut wird.

- Erster Sprung: Cavaletti oder entsprechendes Hindernis mit vorgezogener Grundlinie, ca. 40 cm hoch, Distanz zum zweiten Sprung ca. 7,00 m
- Zweiter Sprung: Kleiner Steilsprung mit vorgezogener Grundlinie, ca. 60 cm hoch, Distanz zum dritten Sprung ca. 7,20 m
- Dritter Sprung: Zunächst kleiner Steilsprung mit vorgezogener Grundlinie, ca. 70 cm hoch; dann nach und nach Erhöhung/Erweiterung zum Hochweitsprung mit einer Maximalhöhe von 130 cm, gemäß Weisung der Richter, entsprechend der Veranlagung der teilnehmenden Pferde

Ausreichende Sicherheit ist durch entsprechende Absperrmaßnahmen sowie durch Sicherheitsauflagen an den Sprüngen zu gewährleisten.
An Sprung 1, 2 und 3 steht jeweils ein Peitschenführer. Die Peitschenführer sollen erfahrene Fachleute sein. Das Freispringen hat bei nötiger Ruhe für die teilnehmenden Pferde zu erfolgen.
Beurteilt wird das Freispringen in Anlehnung an das „Merkblatt für Durchführung und Richten von Springpferdeprüfungen“ der Deutschen Reiterlichen Vereinigung (FN) anhand der Kriterien:

- Galopp, Rhythmus und Balance
- energisches Abfußen und Leichtigkeit am Sprung
- Hals- und Rückendehnung (Bascule)
- Beintechnik (vorn/hinten)
- Leistungsbereitschaft
- Anpassungsfähigkeit an Absprungsituation/Übersicht
- Vermögen im Rahmen der alters- und ausbildungsentsprechend gestellten Anforderungen

Durchführungsbestimmungen zu § 636

Anhalten eines Teilnehmers auf der Geländestrecke

Ist ein Teil der Geländestrecke vorübergehend unpassierbar geworden, so sind nachfolgende Teilnehmer an dafür vorgesehenen „Stopp"-Hindernissen wie folgt anzuhalten:
Ein Hindernisrichter läuft dem ankommenden Teilnehmer ca. 80 bis 100 m entgegen und betätigt am Zeitnahmepunkt die Stoppuhr bzw. notiert die Funkuhrzeit, wenn er von dem Teilnehmer passiert wird. Der Standort des zeitnehmenden Hindernisrichters am Zeitnahmepunkt sollte (ggf. vorab) durch einen Gegenstand oder ein Schild markiert werden. Der andere Hindernisrichter stellt sich vor das „Stopp"-Hindernis und schwenkt nach erfolgter Zeitnahme eine rote Fahne. Der Teilnehmer ist über die voraussichtliche Dauer der Unterbrechung zu informieren, jedoch mindestens 3 Minuten vor Wiederfreigabe der Strecke. Das „Wieder-Loslassen" erfolgt mit „fliegendem Start". Die zu vergütende Zeit wird gestoppt/dokumentiert, wenn der Teilnehmer den Zeitnahmepunkt/zeitnehmenden Hindernisrichter (im Prüfungstempo) wieder passiert.

Durchführungsbestimmungen zu §§ 643 und 644

Abb. 57: Anreiten/Überwinden von Hindernissen

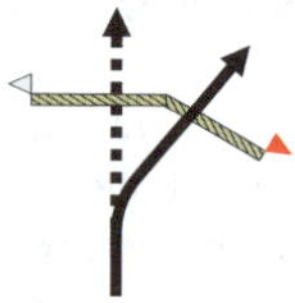

Absichtsänderung des Teilnehmers: 0 Strafpunkte, falls linkes Element nicht bereits angeritten wurde

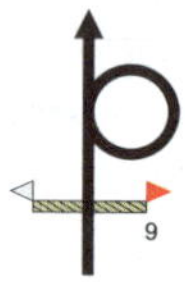

0 Strafpunkte

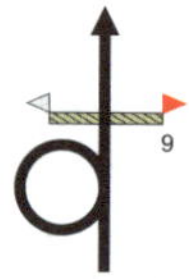

Falls angeritten, 20 Strafpunkte

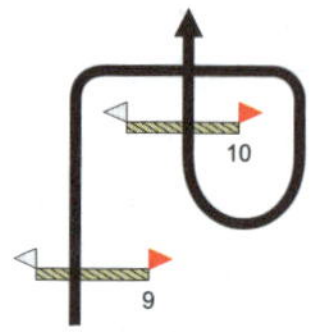

0 Strafpunkte, wenn Hindernis 10 nicht direkt angeritten wurde

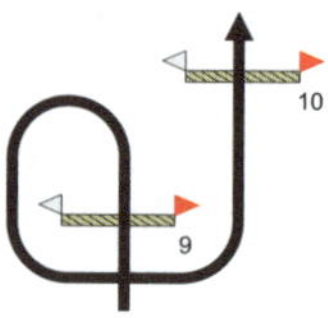

0 Strafpunkte

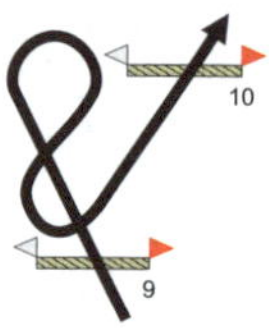

0 Strafpunkte

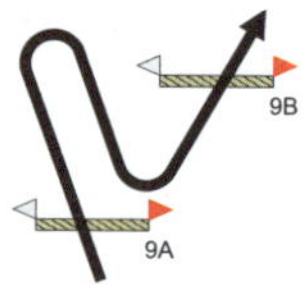

0 Strafpunkte

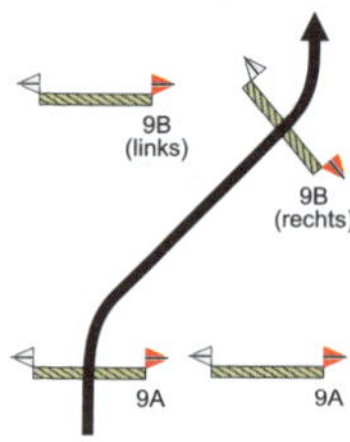

0 Strafpunkte

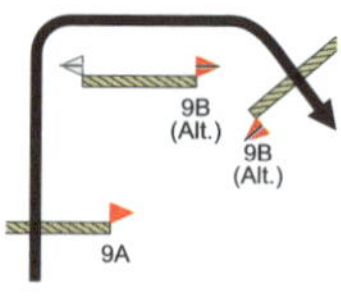

0 Strafpunkte, wenn andere Alternative nicht angeritten wurde

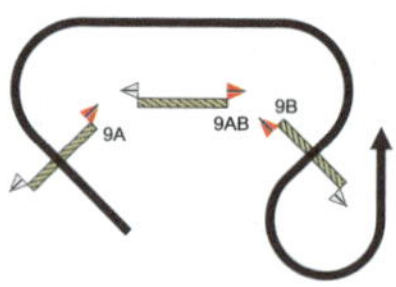

0 Strafpunkte

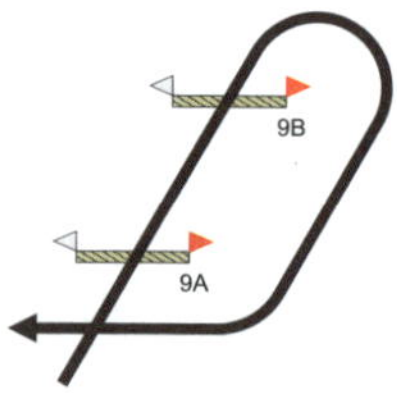

0 Strafpunkte

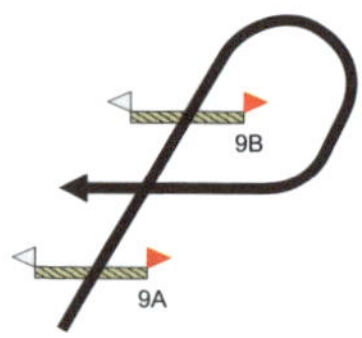

0 Strafpunkte

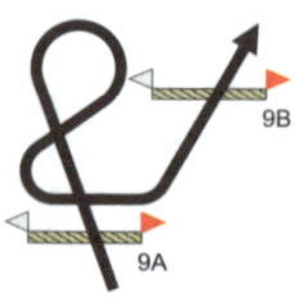

20 Strafpunkte

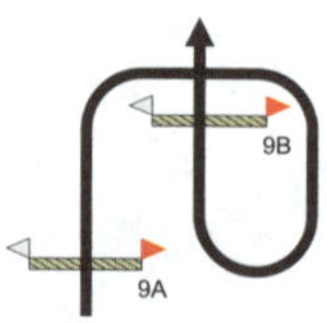

20 Strafpunkte – das Hindernis besteht aus mehreren Elementen

Anhang

1. Empfehlungen zur Beschaffenheit von Hindernismaterial für Spring-LP einschließlich Vorbereitungsplatz

Zusammengestellt vom Fachbeirat Parcoursaufbau der Deutschen Richtervereinigung und vom FN-Ausschuss Turniersport, Stand: 21. Juni 1996, überarbeitet im Februar 2004. Weitere Hinweise siehe auch „Roter Faden", Parcourschef Lehr-CD der DRV e.V.

1. **Stangen**
   a) **Stangenlänge**
   - Hallen mit nur Mindestbreite: maximal 3,50 m
   - kleine Plätze: 3,00 bis 4,00 m
   - mittlere Plätze: 3,50 bis 4,00 m
   - große Plätze: maximal 4,00 m

   Evtl. Ausnahmen von diesen Regeln sind in Mächtigkeitsspringen denkbar. Als Regel gilt: Je kürzer die Stangen, desto wichtiger sind breite Seitenteile.

   b) **Stangendurchmesser**

   Massive Stangen:
   - bis 4,00 m Länge: Durchmesser ca. 10 cm
   - über 4,00 m Länge (Ausnahme, z.B. Naturhindernisse): nicht mehr als 10 cm
   - größere Durchmesser sind nur bei Hohlstangen zu verwenden

   Naturgewachsene Stangen:

   Hier sind die Durchmesser so zu wählen, dass sich das Abwurfverhalten der naturgewachsenen Stangen von dem der massiven Stangen nicht unterscheidet.
2. **Auflagen**

   Schalenauflagen mit einer Mindesttiefe von 1,8 cm, bei Vielseitigkeits-Springprüfungen ca. 2,5 cm Tiefe (Innendurchmesser 18 cm, siehe Skizze). Bei Hochweitsprüngen müssen jeweils für die hintere Stange, bei Triplebarren für die mittlere und hintere Stange und bei überbauten Wassergräben für alle Stangen Sicherheitsauflagen vom Veranstalter zur Verfügung gestellt werden.

   Sollten Planken oder Ähnliches als oberstes abwerfbares Element verwendet werden, sind flache Auflagen mit einer schräg nach außen verlaufenden Nase (Höhe ca. 3 mm) zu verwenden.

   Für alle übrigen Arten von Sprüngen wird die Verwendung von Sicherheitsauflagen empfohlen (§ 507.3). Für die hinteren Stangen von Hochweitsprüngen werden solche Sicherheitsauflagen empfohlen, die von der FEI nach Test freigegeben sind (Liste von Herstellern: siehe www.horsesport.org/s/PDFS/SafetyCups Manufacturers_000.pdf).

Abb. 58: Durchmesser der Stangenauflage

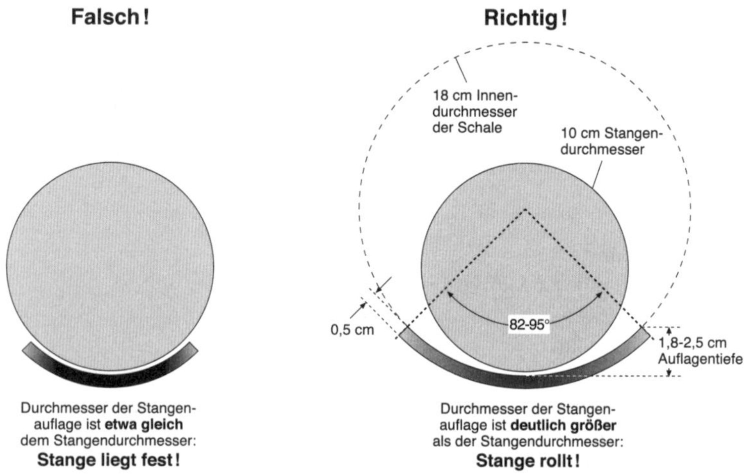

3. **Ständer**
   Es werden Ständer mit 5 cm Höhenverstellung empfohlen. Die Zahl der für eine PLS notwendigen Ständer bzw. tragenden Seitenteile ist gleich Mindestzahl der Hindernisse der schwersten Spring-LP der PLS (§ 504) x vier Ständer, zuzüglich der vorgeschriebenen Ständer für den Vorbereitungsplatz.
4. **Wassergraben**
   Werden auf einem Springplatz Spring-LP der Kl. M und/oder S ausgetragen, muss mindestens ein, ggf. mobiler, Wassergraben vorhanden sein (§ 51.B.1.2).
   Bei der Anlage von Wassergräben ist zu beachten, dass die Vorderfront deutlich breiter ist, als der Graben weit ist (z.B. 5 x 3 m; 6 x 4 m).
   Ein für die FEI erarbeitetes Konzept für die Anlage neuer Wassergräben ist auf den nächsten Seiten abgedruckt (siehe Abb. 59 und 60).
5. **Weiteres Material**
   Die Anschaffung und Verwendung von Fangständern wird dringend empfohlen. Für mindestens ein Drittel aller Hindernisse eines Parcours sollen Unterbauten wie Buschhürden, Gatter, Unterstellteile, kleine Mauern usw. vorhanden sein (leichte, mehrteilige Bauweise, aus Sicherheitsgründen leicht umwerfbar).
   Neben den unter Ziffer 1 beschriebenen runden Stangen können auch eckige Stangen (mit abgerundeten Kanten), wellenförmige Planken, verschiedenartige Planken, Gatter oder Gatterteile in dafür geeigneten Auflagen sowie Mauerkästen als abwerfbare Topelemete Verwendung finden.

Abb. 59: Wassergraben DESIGN I

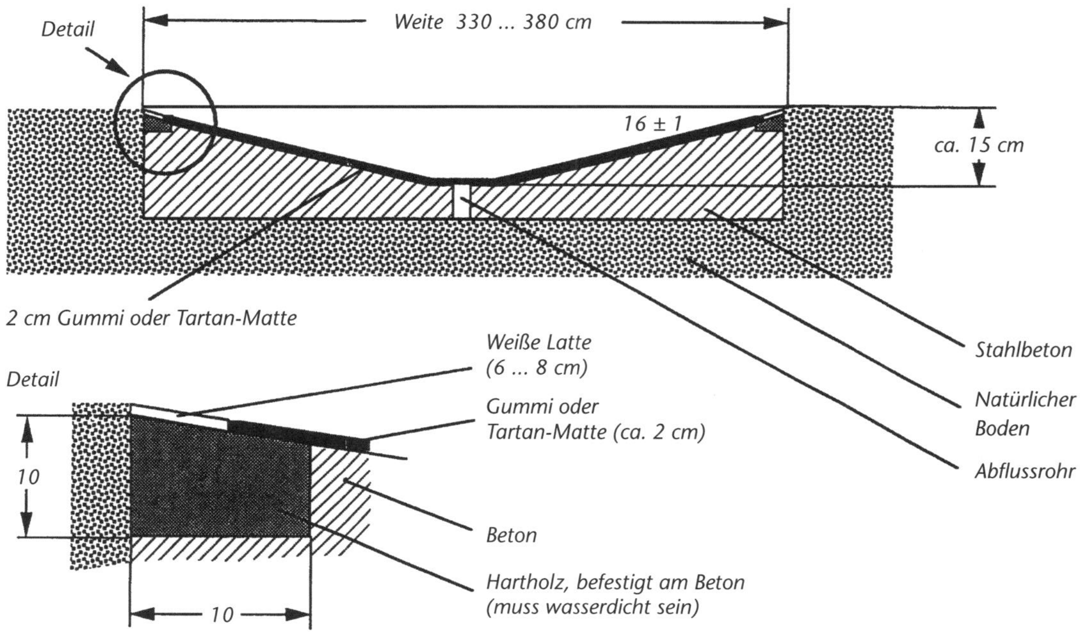

Alle Maße in cm

Design: ***Arno Gego***
Olaf Petersen
Paul Weier
05.12.1995

Abb. 60: Wassergraben DESIGN II

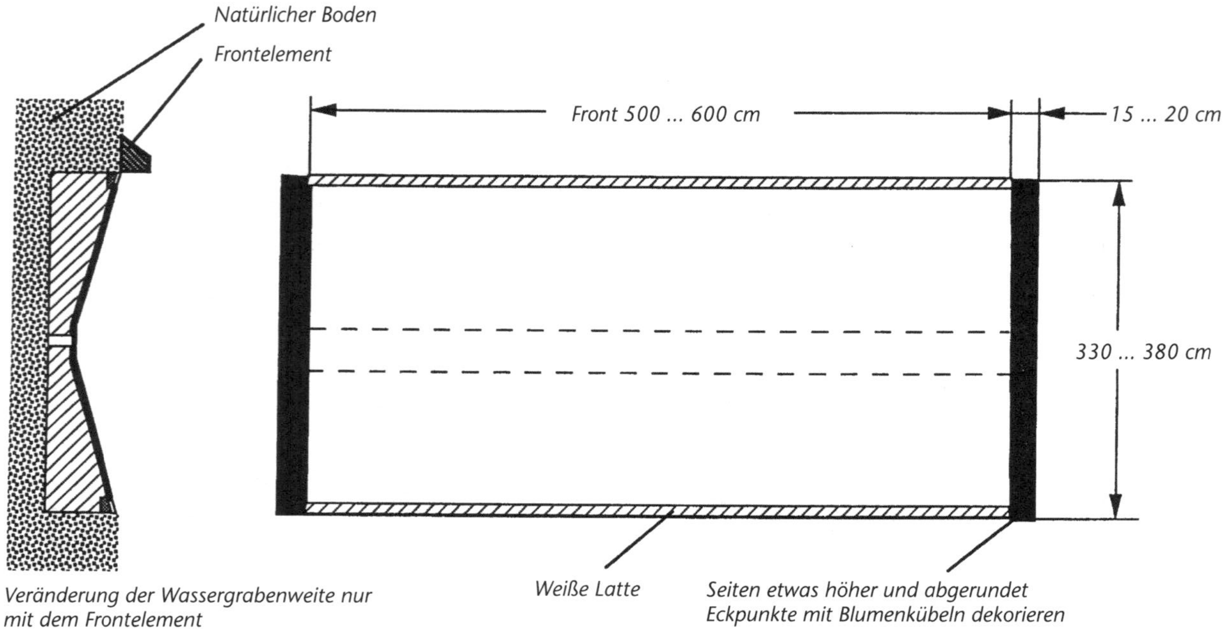

Design: ***Arno Gego***
Olaf Petersen
Paul Weier
05.12.1995

Alle Maße in cm

2. Empfehlungen zur Beschaffenheit von Hindernismaterial für Fahr-LP

Empfehlungen zu § 727.2

Abb. 61: Beispiel „Einfach-Hindernis“ (Kegelpaar)

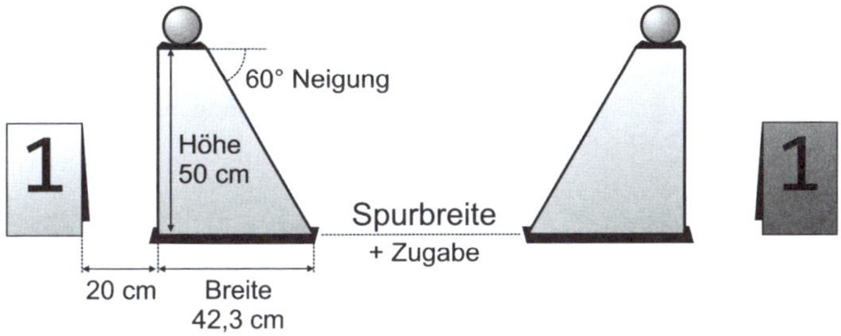

Empfehlungen zu § 727.6

Abb. 62: Beispiel „Abwerfbares Teil“ im Mehrfachhindernis

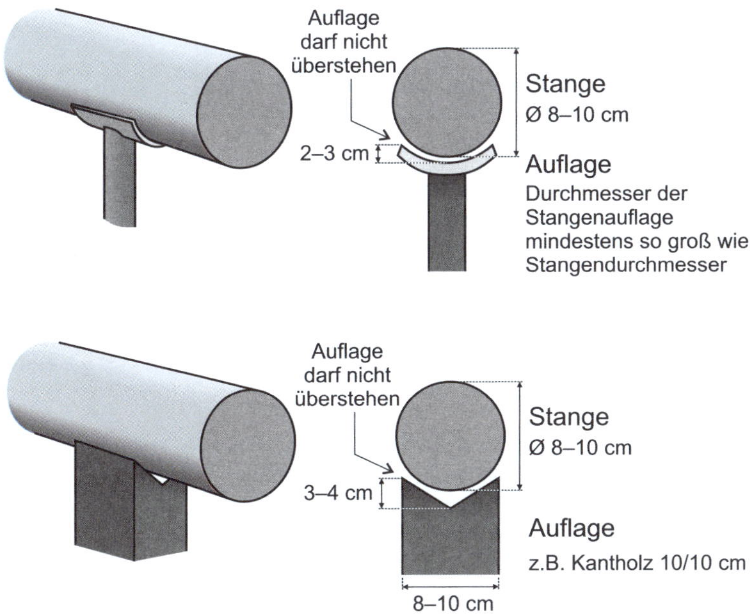

Empfehlungen zu § 757

Abb. 63: Beispiel „Abwerfbares Teil" im Geländehindernis

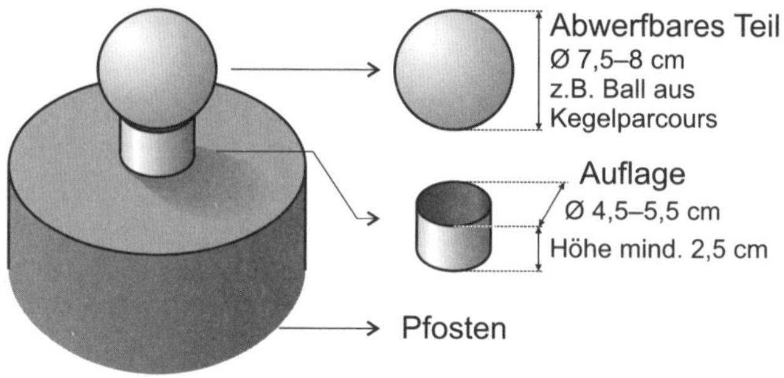

Abb. 64: Beispiel „Abwerfbares Teil (Klette)" im Geländehindernis

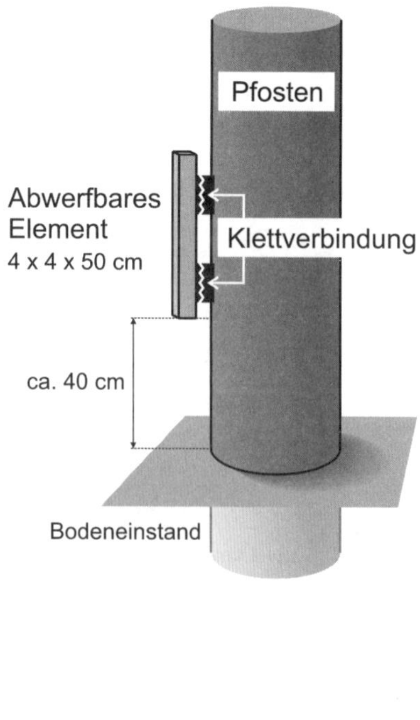

3. Aufbau und Struktur der Wettbewerbsordnung (WBO)

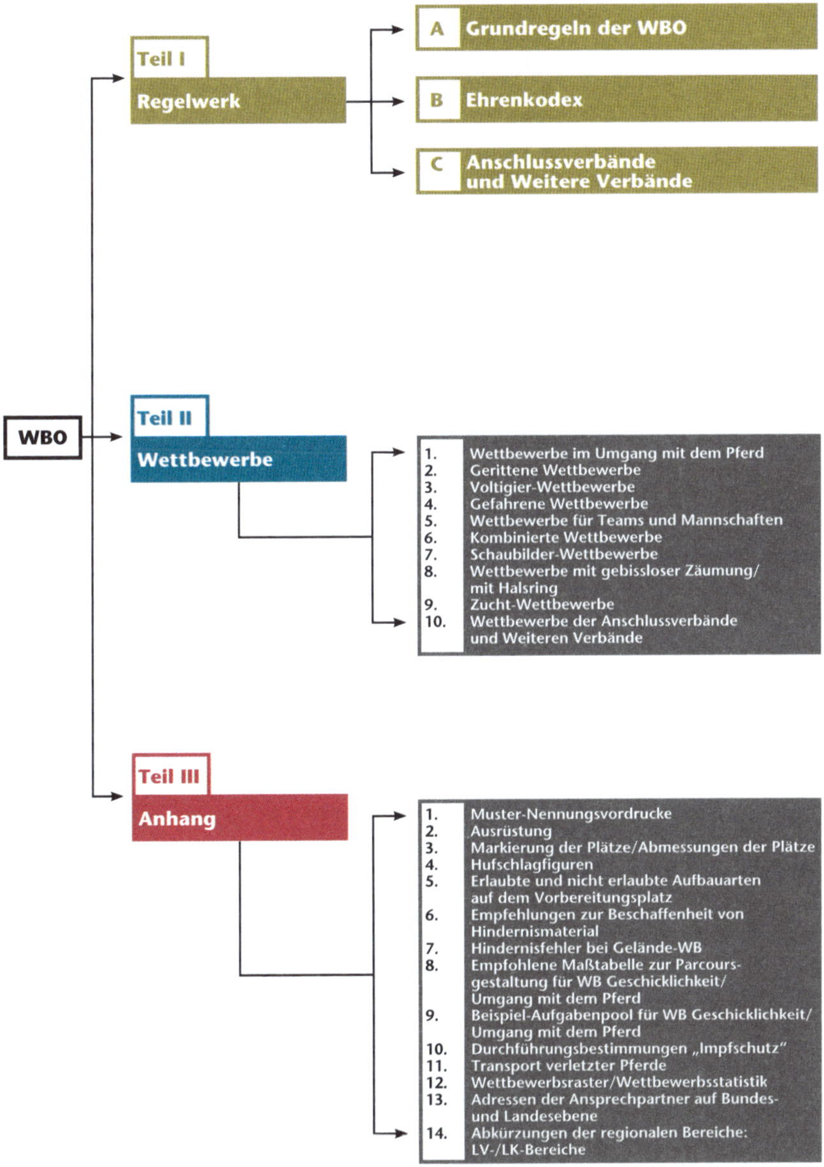

Tabelle 1 a
für die Umrechnung von Strafpunkten aus Springprüfungen und Hindernisfahren in Wertnoten nach dem System 10,00 bis 0,00

Formel: $10 - \frac{\text{Fehlersumme} \times 10}{\text{Zahl der Sprünge/Durchfahrten} \times 3} = \text{Gesamtwertnote}$

Straf-	Zahl der Sprünge/Durchfahrten											
punkte	**6**	**7**	**8**	**9**	**10**	**11**	**12**	**13**	**14**	**15**	**16**	**17**
1	9,44	9,52	9,58	9,63	9,67	9,70	9,72	9,74	9,76	9,78	9,79	9,80
2	8,89	9,05	9,17	9,26	9,33	9,39	9,44	9,49	9,52	9,56	9,58	9,61
3	8,33	8,57	8,75	8,89	9,00	9,09	9,17	9,23	9,29	9,33	9,38	9,41
4	7,78	8,10	8,33	8,52	8,67	8,79	8,89	8,97	9,05	9,11	9,17	9,22
5	7,22	7,62	7,92	8,15	8,33	8,48	8,61	8,72	8,81	8,89	8,96	9,02
6	6,67	7,14	7,50	7,78	8,00	8,18	8,33	8,46	8,57	8,67	8,75	8,82
7	6,11	6,67	7,08	7,41	7,67	7,88	8,06	8,21	8,33	8,44	8,54	8,63
8	5,56	6,19	6,67	7,04	7,33	7,58	7,78	7,95	8,10	8,22	8,33	8,43
9	5,00	5,71	6,25	6,67	7,00	7,27	7,50	7,69	7,86	8,00	8,13	8,24
10	4,44	5,24	5,83	6,30	6,67	6,97	7,22	7,44	7,62	7,78	7,92	8,04
11	3,89	4,76	5,42	5,93	6,33	6,67	6,94	7,18	7,38	7,56	7,71	7,84
12	3,33	4,29	5,00	5,56	6,00	6,36	6,67	6,92	7,14	7,33	7,50	7,65
13	2,78	3,81	4,58	5,19	5,67	6,06	6,39	6,67	6,90	7,11	7,29	7,45
14	2,22	3,33	4,17	4,81	5,33	5,76	6,11	6,41	6,67	6,89	7,08	7,25
15	1,67	2,86	3,75	4,44	5,00	5,45	5,83	6,15	6,43	6,67	6,88	7,06
16	1,11	2,38	3,33	4,07	4,67	5,15	5,56	5,90	6,19	6,44	6,67	6,86
17	0,56	1,90	2,92	3,70	4,33	4,85	5,28	5,64	5,95	6,22	6,46	6,67
18	0,00	1,43	2,50	3,33	4,00	4,55	5,00	5,38	5,71	6,00	6,25	6,47
19		0,95	2,08	2,96	3,67	4,24	4,72	5,13	5,48	5,78	6,04	6,27
20		0,48	1,67	2,59	3,33	3,94	4,44	4,87	5,24	5,56	5,83	6,08
21		0,00	1,25	2,22	3,00	3,64	4,17	4,62	5,00	5,33	5,63	5,88
22			0,83	1,85	2,67	3,33	3,89	4,36	4,76	5,11	5,42	5,69
23			0,42	1,48	2,33	3,03	3,61	4,10	4,52	4,89	5,21	5,49
24			0,00	1,11	2,00	2,73	3,33	3,85	4,29	4,67	5,00	5,29
25				0,74	1,67	2,42	3,06	3,59	4,05	4,44	4,79	5,10
26				0,37	1,33	2,12	2,78	3,33	3,81	4,22	4,58	4,90
27				0,00	1,00	1,82	2,50	3,08	3,57	4,00	4,38	4,71
28					0,67	1,52	2,22	2,82	3,33	3,78	4,17	4,51
29					0,33	1,21	1,94	2,56	3,10	3,56	3,96	4,31
30					0,00	0,91	1,67	2,31	2,86	3,33	3,75	4,12

Abzüge für	6	7	8	9	10	11	12	13	14	15	16	17
¼	0,14	0,12	0,10	0,09	0,08	0,08	0,07	0,06	0,06	0,06	0,05	0,05
½	0,28	0,24	0,21	0,19	0,17	0,15	0,14	0,13	0,12	0,11	0,10	0,10
¾	0,42	0,36	0,31	0,28	0,25	0,23	0,21	0,19	0,18	0,17	0,16	0,15

Straf-punkte	Zahl der Sprünge/Durchfahrten 6	7	8	9	10	11	12	13	14	15	16	17
31						0,61	1,39	2,05	2,62	3,11	3,54	3,92
32						0,30	1,11	1,79	2,38	2,89	3,33	3,73
33						0,00	0,83	1,54	2,14	2,67	3,13	3,53
34							0,56	1,28	1,90	2,44	2,92	3,33
35							0,28	1,03	1,67	2,22	2,71	3,14
36							0,00	0,77	1,43	2,00	2,50	2,94
37								0,51	1,19	1,78	2,29	2,75
38								0,26	0,95	1,56	2,08	2,55
39								0,00	0,71	1,33	1,88	2,35
40									0,48	1,11	1,67	2,16
41									0,24	0,89	1,46	1,96
42									0,00	0,67	1,25	1,76
43										0,44	1,04	1,57
44										0,22	0,83	1,37
45										0,00	0,63	1,18
46											0,42	0,98
47											0,21	0,78
48											0,00	0,59
49												0,39
50												0,20
51												0,00

Abzüge für	6	7	8	9	10	11	12	13	14	15	16	17
¼	0,14	0,12	0,10	0,09	0,08	0,08	0,07	0,06	0,06	0,06	0,05	0,05
½	0,28	0,24	0,21	0,19	0,17	0,15	0,14	0,13	0,12	0,11	0,10	0,10
¾	0,42	0,36	0,31	0,28	0,25	0,23	0,21	0,19	0,18	0,17	0,16	0,15

Tabelle 1 b
für die Umrechnung von Strafpunkten aus Springprüfungen und Hindernisfahren in Wertnoten nach dem System 10,00 bis 0,00

$$\text{Formel: } 10 - \frac{\text{Fehlersumme x 10}}{\text{Zahl der Sprünge/Durchfahrten x 3}} = \text{Gesamtwertnote}$$

Straf-	Zahl der Sprünge/Durchfahrten												
punkte	18	19	20	21	22	23	24	25	26	27	28	29	30
1	9,81	9,82	9,83	9,84	9,85	9,86	9,86	9,87	9,87	9,88	9,88	9,89	9,89
2	9,63	9,65	9,67	9,68	9,70	9,71	9,72	9,73	9,74	9,75	9,76	9,77	9,78
3	9,44	9,47	9,50	9,52	9,55	9,57	9,58	9,60	9,62	9,63	9,64	9,66	9,67
4	9,26	9,30	9,33	9,37	9,39	9,42	9,44	9,47	9,49	9,51	9,52	9,54	9,56
5	9,07	9,12	9,17	9,21	9,24	9,28	9,31	9,33	9,36	9,38	9,40	9,43	9,44
6	8,89	8,95	9,00	9,05	9,09	9,13	9,17	9,20	9,23	9,26	9,29	9,31	9,33
7	8,70	8,77	8,83	8,89	8,94	8,99	9,03	9,07	9,10	9,14	9,17	9,20	9,22
8	8,52	8,60	8,67	8,73	8,79	8,84	8,89	8,93	8,97	9,01	9,05	9,08	9,11
9	8,33	8,42	8,50	8,57	8,64	8,70	8,75	8,80	8,85	8,89	8,93	8,97	9,00
10	8,15	8,25	8,33	8,41	8,48	8,55	8,61	8,67	8,72	8,77	8,81	8,85	8,89
11	7,96	8,07	8,17	8,25	8,33	8,41	8,47	8,53	8,59	8,64	8,69	8,74	8,78
12	7,78	7,89	8,00	8,10	8,18	8,26	8,33	8,40	8,46	8,52	8,57	8,62	8,67
13	7,59	7,72	7,83	7,94	8,03	8,12	8,19	8,27	8,33	8,40	8,45	8,51	8,56
14	7,41	7,54	7,67	7,78	7,88	7,97	8,06	8,13	8,21	8,27	8,33	8,39	8,44
15	7,22	7,37	7,50	7,62	7,73	7,83	7,92	8,00	8,08	8,15	8,21	8,28	8,33
16	7,04	7,19	7,33	7,46	7,58	7,68	7,78	7,87	7,95	8,02	8,10	8,16	8,22
17	6,85	7,02	7,17	7,30	7,42	7,54	7,64	7,73	7,82	7,90	7,98	8,05	8,11
18	6,67	6,84	7,00	7,14	7,27	7,39	7,50	7,60	7,69	7,78	7,86	7,93	8,00
19	6,48	6,67	6,83	6,98	7,12	7,25	7,36	7,47	7,56	7,65	7,74	7,82	7,89
20	6,30	6,49	6,67	6,83	6,97	7,10	7,22	7,33	7,44	7,53	7,62	7,70	7,78
21	6,11	6,32	6,50	6,67	6,82	6,96	7,08	7,20	7,31	7,41	7,50	7,59	7,67
22	5,93	6,14	6,33	6,51	6,67	6,81	6,94	7,07	7,18	7,28	7,38	7,47	7,56
23	5,74	5,96	6,17	6,35	6,52	6,67	6,81	6,93	7,05	7,16	7,26	7,36	7,44
24	5,56	5,79	6,00	6,19	6,36	6,52	6,67	6,80	6,92	7,04	7,14	7,24	7,33
25	5,37	5,61	5,83	6,03	6,21	6,38	6,53	6,67	6,79	6,91	7,02	7,13	7,22
26	5,19	5,44	5,67	5,87	6,06	6,23	6,39	6,53	6,67	6,79	6,90	7,01	7,11
27	5,00	5,26	5,50	5,71	5,91	6,09	6,25	6,40	6,54	6,67	6,79	6,90	7,00
28	4,81	5,09	5,33	5,56	5,76	5,94	6,11	6,27	6,41	6,54	6,67	6,78	6,89
29	4,63	4,91	5,17	5,40	5,61	5,80	5,97	6,13	6,28	6,42	6,55	6,67	6,78
30	4,44	4,74	5,00	5,24	5,45	5,65	5,83	6,00	6,15	6,30	6,43	6,55	6,67

Abzüge für	18	19	20	21	22	23	24	25	26	27	28	29	30
¼	0,05	0,04	0,04	0,04	0,04	0,04	0,03	0,03	0,03	0,03	0,03	0,03	0,03
½	0,09	0,09	0,08	0,08	0,08	0,07	0,07	0,07	0,06	0,06	0,06	0,06	0,06
¾	0,14	0,13	0,12	0,12	0,11	0,11	0,10	0,10	0,10	0,09	0,09	0,09	0,08

Straf-punkte	Zahl der Sprünge/Durchfahrten 18	19	20	21	22	23	24	25	26	27	28	29	30
31	4,26	4,56	4,83	5,08	5,30	5,51	5,69	5,87	6,03	6,17	6,31	6,44	6,56
32	4,07	4,39	4,67	4,92	5,15	5,36	5,56	5,73	5,90	6,05	6,19	6,32	6,44
33	3,89	4,21	4,50	4,76	5,00	5,22	5,42	5,60	5,77	5,93	6,07	6,21	6,33
34	3,70	4,04	4,33	4,60	4,85	5,07	5,28	5,47	5,64	5,80	5,95	6,09	6,22
35	3,52	3,86	4,17	4,44	4,70	4,93	5,14	5,33	5,51	5,68	5,83	5,98	6,11
36	3,33	3,68	4,00	4,29	4,55	4,78	5,00	5,20	5,38	5,56	5,71	5,86	6,00
37	3,15	3,51	3,83	4,13	4,39	4,64	4,86	5,07	5,26	5,43	5,60	5,75	5,89
38	2,96	3,33	3,67	3,97	4,24	4,49	4,72	4,93	5,13	5,31	5,48	5,63	5,78
39	2,78	3,16	3,50	3,81	4,09	4,35	4,58	4,80	5,00	5,19	5,36	5,52	5,67
40	2,59	2,98	3,33	3,65	3,94	4,20	4,44	4,67	4,87	5,06	5,24	5,40	5,56
41	2,41	2,81	3,17	3,49	3,79	4,06	4,31	4,53	4,74	4,94	5,12	5,29	5,44
42	2,22	2,63	3,00	3,33	3,64	3,91	4,17	4,40	4,62	4,81	5,00	5,17	5,33
43	2,04	2,46	2,83	3,17	3,48	3,77	4,03	4,27	4,49	4,69	4,88	5,06	5,22
44	1,85	2,28	2,67	3,02	3,33	3,62	3,89	4,13	4,36	4,57	4,76	4,94	5,11
45	1,67	2,11	2,50	2,86	3,18	3,48	3,75	4,00	4,23	4,44	4,64	4,83	5,00
46	1,48	1,93	2,33	2,70	3,03	3,33	3,61	3,87	4,10	4,32	4,52	4,71	4,89
47	1,30	1,75	2,17	2,54	2,88	3,19	3,47	3,73	3,97	4,20	4,40	4,60	4,78
48	1,11	1,58	2,00	2,38	2,73	3,04	3,33	3,60	3,85	4,07	4,29	4,48	4,67
49	0,93	1,40	1,83	2,22	2,58	2,90	3,19	3,47	3,72	3,95	4,17	4,37	4,56
50	0,74	1,23	1,67	2,06	2,42	2,75	3,06	3,33	3,59	3,83	4,05	4,25	4,44
51	0,56	1,05	1,50	1,90	2,27	2,61	2,92	3,20	3,46	3,70	3,93	4,14	4,33
52	0,37	0,88	1,33	1,75	2,12	2,46	2,78	3,07	3,33	3,58	3,81	4,02	4,22
53	0,19	0,70	1,17	1,59	1,97	2,32	2,64	2,93	3,21	3,46	3,69	3,91	4,11
54	0,00	0,53	1,00	1,43	1,82	2,17	2,50	2,80	3,08	3,33	3,57	3,79	4,00
55		0,35	0,83	1,27	1,67	2,03	2,36	2,67	2,95	3,21	3,45	3,68	3,89
56		0,18	0,67	1,11	1,52	1,88	2,22	2,53	2,82	3,09	3,33	3,56	3,78
57		0,00	0,50	0,95	1,36	1,74	2,08	2,40	2,69	2,96	3,21	3,45	3,67
58			0,33	0,79	1,21	1,59	1,94	2,27	2,56	2,84	3,10	3,33	3,56
59			0,17	0,63	1,06	1,45	1,81	2,13	2,44	2,72	2,98	3,22	3,44
60			0,00	0,48	0,91	1,30	1,67	2,00	2,31	2,59	2,86	3,10	3,33
61				0,32	0,76	1,16	1,53	1,87	2,18	2,47	2,74	2,99	3,22
62				0,16	0,61	1,01	1,39	1,73	2,05	2,35	2,62	2,87	3,11
63				0,00	0,45	0,87	1,25	1,60	1,92	2,22	2,50	2,76	3,00
64					0,30	0,72	1,11	1,47	1,79	2,10	2,38	2,64	2,89

Abzüge für	18	19	20	21	22	23	24	25	26	27	28	29	30
¼	0,05	0,04	0,04	0,04	0,04	0,04	0,03	0,03	0,03	0,03	0,03	0,03	0,03
½	0,09	0,09	0,08	0,08	0,08	0,07	0,07	0,07	0,06	0,06	0,06	0,06	0,06
¾	0,14	0,13	0,12	0,12	0,11	0,11	0,10	0,10	0,10	0,09	0,09	0,09	0,08

Strafpunkte	Zahl der Sprünge/Durchfahrten												
	18	19	20	21	22	23	24	25	26	27	28	29	30
65					0,15	0,58	0,97	1,33	1,67	1,98	2,26	2,53	2,78
66					0,00	0,43	0,83	1,20	1,54	1,85	2,14	2,41	2,67
67						0,29	0,69	1,07	1,41	1,73	2,02	2,30	2,56
68						0,14	0,56	0,93	1,28	1,60	1,90	2,18	2,44
69						0,00	0,42	0,80	1,15	1,48	1,79	2,07	2,33
70							0,28	0,67	1,03	1,36	1,67	1,95	2,22
71							0,14	0,53	0,90	1,23	1,55	1,84	2,11
72							0,00	0,40	0,77	1,11	1,43	1,72	2,00
73								0,27	0,64	0,99	1,31	1,61	1,89
74								0,13	0,51	0,86	1,19	1,49	1,78
75								0,00	0,38	0,74	1,07	1,38	1,67
76									0,26	0,62	0,95	1,26	1,56
77									0,13	0,49	0,83	1,15	1,44
78									0,00	0,37	0,71	1,03	1,33
79										0,25	0,60	0,92	1,22
80										0,12	0,48	0,80	1,11
81										0,00	0,36	0,69	1,00
82											0,24	0,57	0,89
83											0,12	0,46	0,78
84											0,00	0,34	0,67
85												0,23	0,56
86												0,11	0,44
87												0,00	0,33
88													0,22
89													0,11
90													0,00

Abzüge für	18	19	20	21	22	23	24	25	26	27	28	29	30
¼	0,05	0,04	0,04	0,04	0,04	0,04	0,03	0,03	0,03	0,03	0,03	0,03	0,03
½	0,09	0,09	0,08	0,08	0,08	0,07	0,07	0,07	0,06	0,06	0,06	0,06	0,06
¾	0,14	0,13	0,12	0,12	0,11	0,11	0,10	0,10	0,10	0,09	0,09	0,09	0,08

Tabelle 2
für die Umrechnung von Strafpunkten aus Springprüfungen und Hindernisfahren
gemäß **Richtverfahren A nach dem Wertnotensystem**

$$\text{Formel: } 8 - \frac{\text{Fehlersumme x 2}}{\text{Zahl der Sprünge/Durchfahrten}} = \text{Gesamtwertnote}$$

Straf-	Zahl der Sprünge/Durchfahrten												
punkte	**8**	**9**	**10**	**11**	**12**	**13**	**14**	**15**	**16**	**17**	**18**	**19**	**20**
1	7,75	7,78	7,80	7,82	7,83	7,85	7,86	7,87	7,88	7,88	7,89	7,89	7,90
2	7,50	7,56	7,60	7,64	7,67	7,69	7,71	7,73	7,75	7,76	7,78	7,79	7,80
3	7,25	7,33	7,40	7,45	7,50	7,54	7,57	7,60	7,63	7,65	7,67	7,68	7,70
4	7,00	7,11	7,20	7,27	7,33	7,38	7,43	7,47	7,50	7,53	7,56	7,58	7,60
5	6,75	6,89	7,00	7,09	7,17	7,23	7,29	7,33	7,38	7,41	7,44	7,47	7,50
6	6,50	6,67	6,80	6,91	7,00	7,08	7,14	7,20	7,25	7,29	7,33	7,37	7,40
7	6,25	6,44	6,60	6,73	6,83	6,92	7,00	7,07	7,13	7,18	7,22	7,26	7,30
8	6,00	6,22	6,40	6,55	6,67	6,77	6,86	6,93	7,00	7,06	7,11	7,16	7,20
9	5,75	6,00	6,20	6,36	6,50	6,62	6,71	6,80	6,88	6,94	7,00	7,05	7,10
10	5,50	5,78	6,00	6,18	6,33	6,46	6,57	6,67	6,75	6,82	6,89	6,95	7,00
11	5,25	5,56	5,80	6,00	6,17	6,31	6,43	6,53	6,63	6,71	6,78	6,84	6,90
12	5,00	5,33	5,60	5,82	6,00	6,15	6,29	6,40	6,50	6,59	6,67	6,74	6,80
13	4,75	5,11	5,40	5,64	5,83	6,00	6,14	6,27	6,38	6,47	6,56	6,63	6,70
14	4,50	4,89	5,20	5,45	5,67	5,85	6,00	6,13	6,25	6,35	6,44	6,53	6,60
15	4,25	4,67	5,00	5,27	5,50	5,69	5,86	6,00	6,13	6,24	6,33	6,42	6,50
16	4,00	4,44	4,80	5,09	5,33	5,54	5,71	5,87	6,00	6,12	6,22	6,32	6,40
17	3,75	4,22	4,60	4,91	5,17	5,38	5,57	5,73	5,88	6,00	6,11	6,21	6,30
18	3,50	4,00	4,40	4,73	5,00	5,23	5,43	5,60	5,75	5,88	6,00	6,11	6,20
19	3,25	3,78	4,20	4,55	4,83	5,08	5,29	5,47	5,63	5,76	5,89	6,00	6,10
20	3,00	3,56	4,00	4,36	4,67	4,92	5,14	5,33	5,50	5,65	5,78	5,89	6,00
21	2,75	3,33	3,80	4,18	4,50	4,77	5,00	5,20	5,38	5,53	5,67	5,79	5,90
22	2,50	3,11	3,60	4,00	4,33	4,62	4,86	5,07	5,25	5,41	5,56	5,68	5,80
23	2,25	2,89	3,40	3,82	4,17	4,46	4,71	4,93	5,13	5,29	5,44	5,58	5,70
24	2,00	2,67	3,20	3,64	4,00	4,31	4,57	4,80	5,00	5,18	5,33	5,47	5,60
25	1,75	2,44	3,00	3,45	3,83	4,15	4,43	4,67	4,88	5,06	5,22	5,37	5,50
26	1,50	2,22	2,80	3,27	3,67	4,00	4,29	4,53	4,75	4,94	5,11	5,26	5,40
27	1,25	2,00	2,60	3,09	3,50	3,85	4,14	4,40	4,63	4,82	5,00	5,16	5,30
28	1,00	1,78	2,40	2,91	3,33	3,69	4,00	4,27	4,50	4,71	4,89	5,05	5,20
29	0,75	1,56	2,20	2,73	3,17	3,54	3,86	4,13	4,38	4,59	4,78	4,95	5,10
30	0,50	1,33	2,00	2,55	3,00	3,38	3,71	4,00	4,25	4,47	4,67	4,84	5,00

Abzüge für	8	9	10	11	12	13	14	15	16	17	18	19	20
¼	0,06	0,05	0,05	0,04	0,04	0,03	0,03	0,03	0,03	0,03	0,02	0,02	0,02
½	0,12	0,11	0,10	0,09	0,08	0,07	0,07	0,06	0,06	0,06	0,05	0,05	0,05
¾	0,18	0,16	0,15	0,13	0,12	0,11	0,10	0,10	0,09	0,09	0,08	0,08	0,07

Strafpunkte	8	9	10	11	12	13	14	15	16	17	18	19	20
	Zahl der Sprünge/Durchfahrten												
31	0,25	1,11	1,80	2,36	2,83	3,23	3,57	3,87	4,13	4,35	4,56	4,74	4,90
32	0,00	0,89	1,60	2,18	2,67	3,08	3,43	3,73	4,00	4,24	4,44	4,63	4,80
33		0,67	1,40	2,00	2,50	2,92	3,29	3,60	3,88	4,12	4,33	4,53	4,70
34		0,44	1,20	1,82	2,33	2,77	3,14	3,47	3,75	4,00	4,22	4,42	4,60
35		0,22	1,00	1,64	2,17	2,62	3,00	3,33	3,63	3,88	4,11	4,32	4,50
36		0,00	0,80	1,45	2,00	2,46	2,86	3,20	3,50	3,76	4,00	4,21	4,40
37			0,60	1,27	1,83	2,31	2,71	3,07	3,38	3,65	3,89	4,11	4,30
38			0,40	1,09	1,67	2,15	2,57	2,93	3,25	3,53	3,78	4,00	4,20
39			0,20	0,91	1,50	2,00	2,43	2,80	3,13	3,41	3,67	3,89	4,10
40			0,00	0,73	1,33	1,85	2,29	2,67	3,00	3,29	3,56	3,79	4,00
41				0,47	1,10	1,63	2,08	2,48	2,82	3,13	3,40	3,64	3,86
42				0,36	1,00	1,54	2,00	2,40	2,75	3,06	3,33	3,58	3,80
43				0,18	0,83	1,38	1,86	2,27	2,63	2,94	3,22	3,47	3,70
44				0,05	0,71	1,27	1,75	2,17	2,54	2,86	3,14	3,40	3,63
45					0,58	1,15	1,64	2,07	2,44	2,76	3,05	3,31	3,55
46					0,33	0,92	1,43	1,87	2,25	2,59	2,89	3,16	3,40
47					0,17	0,77	1,29	1,73	2,13	2,47	2,78	3,05	3,30
48					0,00	0,62	1,14	1,60	2,00	2,35	2,67	2,95	3,20
49						0,46	1,00	1,47	1,88	2,24	2,56	2,84	3,10
50						0,31	0,86	1,33	1,75	2,12	2,44	2,74	3,00
51						0,15	0,71	1,20	1,63	2,00	2,33	2,63	2,90
52						0,00	0,57	1,07	1,50	1,88	2,22	2,53	2,80
53							0,43	0,93	1,38	1,76	2,11	2,42	2,70
54							0,29	0,80	1,25	1,65	2,00	2,32	2,60
55							0,14	0,67	1,13	1,53	1,89	2,21	2,50
56							0,00	0,53	1,00	1,41	1,78	2,11	2,40
57								0,40	0,88	1,29	1,67	2,00	2,30
58								0,27	0,75	1,18	1,56	1,89	2,20
59								0,13	0,63	1,06	1,44	1,79	2,10
60								0,00	0,50	0,94	1,33	1,68	2,00
61									0,38	0,82	1,22	1,58	1,90
62									0,25	0,71	1,11	1,47	1,80
63									0,13	0,59	1,00	1,37	1,70
64									0,00	0,47	0,89	1,26	1,60

Abzüge für	8	9	10	11	12	13	14	15	16	17	18	19	20
¼	0,06	0,05	0,05	0,04	0,04	0,03	0,03	0,03	0,03	0,03	0,02	0,02	0,02
½	0,12	0,11	0,10	0,09	0,08	0,07	0,07	0,06	0,06	0,06	0,05	0,05	0,05
¾	0,18	0,16	0,15	0,13	0,12	0,11	0,10	0,10	0,09	0,09	0,08	0,08	0,07

Straf-punkte	8	9	10	11	12	13	14	15	16	17	18	19	20
	Zahl der Sprünge/Durchfahrten												
65										0,35	0,78	1,16	1,50
66										0,24	0,67	1,05	1,40
67										0,12	0,56	0,95	1,30
68										0,00	0,44	0,84	1,20
69											0,33	0,74	1,10
70											0,22	0,63	1,00
71											0,11	0,53	0,90
72											0,00	0,42	0,80
73												0,32	0,70
74												0,21	0,60
75												0,11	0,50
76												0,00	0,40
77													0,30
78													0,20
79													0,10
80													0,00

Abzüge für	8	9	10	11	12	13	14	15	16	17	18	19	20
¼	0,06	0,05	0,05	0,04	0,04	0,03	0,03	0,03	0,03	0,03	0,02	0,02	0,02
½	0,12	0,11	0,10	0,09	0,08	0,07	0,07	0,06	0,06	0,06	0,05	0,05	0,05
¾	0,18	0,16	0,15	0,13	0,12	0,11	0,10	0,10	0,09	0,09	0,08	0,08	0,07

Tabelle 3
Für die Errechnung der Erlaubten Zeit in Spring-LP (vgl. **§ 504.5**)

Parcourslänge	EZ in Sekunden für Tempo				
Meter	300 m/Min.	325 m/Min.	350 m/Min.	375 m/Min.	400 m/Min.
150	30	28	26	24	23
155	31	29	27	25	24
160	32	30	28	26	24
165	33	31	29	27	25
170	34	32	30	28	26
175	35	33	30	28	27
180	36	34	31	29	27
185	37	35	32	30	28
190	38	36	33	31	29
195	39	36	34	32	30
200	40	37	35	32	30
205	41	38	36	33	31
210	42	39	36	34	32
215	43	40	37	35	33
220	44	41	38	36	33
225	45	42	39	36	34
230	46	43	40	37	35
235	47	44	41	38	36
240	48	45	42	39	36
245	49	46	42	40	37
250	50	47	43	40	38
255	51	48	44	41	39
260	52	48	45	42	39
265	53	49	46	43	40
270	54	50	47	44	41
275	55	51	48	44	42
280	56	52	48	45	42
285	57	53	49	46	43
290	58	54	50	47	44
295	59	55	51	48	45
300	60	56	52	48	45
305	61	57	53	49	46
310	62	58	54	50	47
315	63	59	54	51	48
320	64	60	55	52	48
325	65	60	56	52	49
330	66	61	57	53	50
335	67	62	58	54	51
340	68	63	59	55	51
345	69	64	60	56	52
350	70	65	60	56	53
355	71	66	61	57	54
360	72	67	62	58	54
365	73	68	63	59	55
370	74	69	64	60	56
375	75	70	65	60	57

Parcourslänge	EZ in Sekunden für Tempo				
Meter	300 m/Min.	325 m/Min.	350 m/Min.	375 m/Min.	400 m/Min.
380	76	71	66	61	57
385	77	72	66	62	58
390	78	72	67	63	59
395	79	73	68	64	60
400	80	74	69	64	60
405	81	75	70	65	61
410	82	76	71	66	62
415	83	77	72	67	63
420	84	78	72	68	63
425	85	79	73	68	64
430	86	80	74	69	65
435	87	81	75	70	66
440	88	82	76	71	66
445	89	83	77	72	67
450	90	84	78	72	68
455	91	84	78	73	69
460	92	85	79	74	69
465	93	86	80	75	70
470	94	87	81	76	71
475	95	88	82	76	72
480	96	89	83	77	72
485	97	90	84	78	73
490	98	91	84	79	74
495	99	92	85	80	75
500	100	93	86	80	75
505	101	94	87	81	76
510	102	95	88	82	77
515	103	96	89	83	78
520	104	96	90	84	78
525	105	97	90	84	79
530	106	98	91	85	80
535	107	99	92	86	81
540	108	100	93	87	81
545	109	101	94	88	82
550	110	102	95	88	83
555	111	103	96	89	84
560	112	104	96	90	84
565	113	105	97	91	85
570	114	106	98	92	86
575	115	107	99	92	87
580	116	108	100	93	87
585	117	108	101	94	88
590	118	109	102	95	89
595	119	110	102	96	90
600	120	111	103	96	90
605	121	112	104	97	91
610	122	113	105	98	92
615	123	114	106	99	93
620	124	115	107	100	93

Parcourslänge	EZ in Sekunden für Tempo				
Meter	300 m/Min.	325 m/Min.	350 m/Min.	375 m/Min.	400 m/Min.
625	125	116	108	100	94
630	126	117	108	101	95
635	127	118	109	102	96
640	128	119	110	103	96
645	129	120	111	104	97
650	130	120	112	104	98
655	131	121	113	105	99
660	132	122	114	106	99
665	133	123	114	107	100
670	134	124	115	108	101
675	135	125	116	108	102
680	136	126	117	109	102
685	137	127	118	110	103
690	138	128	119	111	104
695	139	129	120	112	105
700	140	130	120	112	105
705	141	131	121	113	106
710	142	132	122	114	107
715	143	132	123	115	108
720	144	133	124	116	108
725	145	134	125	116	109
730	146	135	126	117	110
735	147	136	126	118	111
740	148	137	127	119	111
745	149	138	128	120	112
750	150	139	129	120	113
755	151	140	130	121	114
760	152	141	131	122	114
765	153	142	132	123	115
770	154	143	132	124	116
775	155	144	133	124	117
780	156	144	134	125	117
785	157	145	135	126	118
790	158	146	136	127	119
795	159	147	137	128	120
800	160	148	138	128	120
805	161	149	138	129	121
810	162	150	139	130	122
815	163	151	140	131	123
820	164	152	141	132	123
825	165	153	142	132	124
830	166	154	143	133	125
835	167	155	144	134	126
840	168	156	144	135	126
845	169	156	145	136	127
850	170	157	146	136	128
855	171	158	147	137	129
860	172	159	148	138	129
865	173	160	149	139	130

Parcourslänge	EZ in Sekunden für Tempo				
Meter	300 m/Min.	325 m/Min.	350 m/Min.	375 m/Min.	400 m/Min.
870	174	161	150	140	131
875	175	162	150	140	132
880	176	163	151	141	132
885	177	164	152	142	133
890	178	165	153	143	134
895	179	166	154	144	135
900	180	167	155	144	135
905	181	168	156	145	136
910	182	168	156	146	137
915	183	169	157	147	138
920	184	170	158	148	138
925	185	171	159	148	139
930	186	172	160	149	140
935	187	173	161	150	141
940	188	174	162	151	141
945	189	175	162	152	142
950	190	176	163	152	143
955	191	177	164	153	144
960	192	178	165	154	144
965	193	179	166	155	145
970	194	180	167	156	146
975	195	180	168	156	147
980	196	181	168	157	147
985	197	182	169	158	148
990	198	183	170	159	149
995	199	184	171	160	150
1000	200	185	172	160	150
1005	201	186	173	161	151
1010	202	187	174	162	152
1015	203	188	174	163	153
1020	204	189	175	164	153
1025	205	190	176	164	154
1030	206	191	177	165	155
1035	207	192	178	166	156
1040	208	192	179	167	156
1045	209	193	180	168	157
1050	210	194	180	168	158
1055	211	195	181	169	159
1060	212	196	182	170	159
1065	213	197	183	171	160
1070	214	198	184	172	161
1075	215	199	185	172	162
1080	216	200	186	173	162
1085	217	201	186	174	163
1090	218	202	187	175	164
1095	219	203	188	176	165
1100	220	204	189	176	165
1105	221	204	190	177	166
1110	222	205	191	178	167

Parcourslänge	EZ in Sekunden für Tempo				
Meter	300 m/Min.	325 m/Min.	350 m/Min.	375 m/Min.	400 m/Min.
1115	223	206	192	179	168
1120	224	207	192	180	168
1125	225	208	193	180	169
1130	226	209	194	181	170
1135	227	210	195	182	171
1140	228	211	196	183	171
1145	229	212	197	184	172
1150	230	213	198	184	173
1155	231	214	198	185	174
1160	232	215	199	186	174
1165	233	216	200	187	175
1170	234	216	201	188	176
1175	235	217	202	188	177
1180	236	218	203	189	177
1185	237	219	204	190	178
1190	238	220	204	191	179
1195	239	221	205	192	180
1200	240	222	206	192	180

Alphabetisches Sachverzeichnis

Die Zahlen geben die betreffenden Paragraphen an